소설 해석 교육론

소설 해석 교육론

우신영

역락

머리말

더 나은 삶을 위한 문학교육의 방향과 방법을 이리저리 고민했던 결과를 첫 책으로 엮는다. 1부는 소설 해석 교육의 방법을 구안하고자 하였던 학위 논문이고, 2부는 학습독자를 위한 문학교육의 방향을 모색했던 글 다섯 편이다. 1부는 그동안 학습자의 주체적이고 창의적인 문학 해석을 찬양하면서도 막상 그들에게 문학을 전면적으로 해석할 수 있는 권위를 양도한 적이 없다는 반성에서 출발하였다. 해석은 텍스트 앞에서, 그리고 텍스트를 통해서 학습자가 자신의 목소리를 공론화할 수 있는 결정적인 문학 활동이다. 이러한 해석의 본질에 육박하기 위해서는 학습자의 해석을 보다 의미롭고 타당하게 성장시킬 수 있는 방법론이 요청된다. 그동안 미지수 X처럼 여겨지던 학습자의 해석능력을 파악하기 위해 고등학생 독자군, 대학생 독자군, 전문독자군의 현대소설 해석텍스트를 질적 내용분석의 방법과 NVivo로 분석하여 독자군별 현대소설 해석 양상의 패턴과 특성을 확인하였다. 이에 기반하여 상위독자군의 해석 전략을 학습자에게 적합한 방식으로 전용한 해석 교육 방법을 제안하고 이에 대한 평가 준거를 마련하였다.

2부는 크게 5장으로 구성되어 있다. 1장에서는 학습자의 문학교육 경험기술지를 분석하여 그들의 목소리가 생생하게 보고하는 문학교육의 문제상을 들여다보았다. 그들은 나름의 문학교육 경험사를 고백하며 때로는 전문가들을 넘어서는 날카로운 시각과 대안을 보여주었다. 2장에서는 문학교육과 윤리의 '애매모호한 관계'에 대해 탐구하였다. 문학은 인간의 성장을 위한 교육적 가치를 인정받는 동시에 의심 받아왔다. 인성교육의 대두와 함께 더욱 미묘해진 이 관계에 대한 고찰을 수행하였다. 이 과정에서 예비교사들이 문학교육에 대해 갖고 있는 신념과 인식의 양상들이 집중적으로 분석되었다. 3 장에서는 일반 문학사와 대별되는 교육용 문학사의 필요성과 방향을 탐구하였다. 특히 문화사적 접근을 통한 교육용 문학사의 효용과 매력을 주장하며 그 구체적 서술의 예를 보였다. 4장에서는 그동안 전문작가소설의 결여태로만 인식되어 왔던 청소년창작소설의 문학적, 교육적 폭발력을 확인하고자 하였다. 이를 위해 최근 청소년창작소설에서 형상화되고 있는 부모-자녀 서사를 분석하였다. 그 결과 문학을 위한 문학교육이 아닌, 청소년을 위한 문학교육의 방향성에 대한 시사점을 도출할 수 있었다. 5장에서는 아동기 문학교육의 중핵이라 할 수 있는 동화 독서의 양태를 검토하고, 가장 순수해 보이는 동화 독서가 역으로 강력한 성 정치(gender politic)를 수행하고 있음을 분석하였다. 즉 아동/학습자의 욕망이 아닌, 성인/교수자의 욕망이 문학교육의 방법과 내용을 틀짓고 있음을 확인하고 이에 대한 대안을 제시하였다.

2부의 논문들은 대부분 1부의 학위논문과 함께 구상되거나 씌어졌기에 책 전체에 걸쳐 해당 시기 연구자가 붙잡고 있던 문제의식들이 비슷한 모양새로 잠재되어 있다. 그러다보니 결국 논의의 빈틈과 한계 역시 비슷비슷하게 드러날 것이라 조심스레 자인해본다. 그러나 그러한 드러남을 두려워하기보다는 연구자로서의 한 시기를 매듭짓고 새로운 시기를 모색하는 편을 선택하였다. 비평가 김현이 고백했듯, 나 역시 "나는 항상 옳다"고 주장하는 '나'와 "나는 항상 잘못한다"고 참담해히는 '나'로 매순긴 분열된다. 투사적 자부심 없이는 글을 쓸 수가 없고, 지독한 부끄러움 없이는 느끼고 사유할 수가 없다. 그러니 그 사이를 부지런히 왕복하며 읽고 쓰는 것 밖에는 내게 남은 선택지가 없다. 한편 이 시기의 연구를 점철하고 있는 한계와 오류들은 오직 그 시기였기에 가능했던 종류의 것들이다. 문학교육의 제문제를 모두 내 삶의 제문제로 치환했고, 그 역도 가능했던 시기였다. 그 열정의 성과가 공소하다 판정받더라도 유사한 열정의 시기를 통과하는 이들에게 약간의 위안과 제안이 될 수 있기를 기대한다.

나는 내 마음 속에 여러 스승님들을 검열관과 예상독자로 모시고 산다. 그

분들의 목소리를 상상하면서 쓰고 고치고 가르친다. 그분들께 혼나는 피학적 즐거움이야말로 내 글쓰기의 원천이다. 우한용 선생님께서는 나를 공부의 자리로 이끌어주셨고 언제나 높은 정신의 자세를 주문하셨다. 선생님의 큰 손이 일구어내는 글밭과 삶밭의 풍요로움이 내게는 학자적 삶의 규준이 되었다. 학위논문의 지도를 맡아주신 윤대석 선생님께는 늘 송구스런 마음이다. 얼마나 많은 마음의 짐을 드렸을지 가늠조차 되지 않는다. 어설픈 글을 써가면 꾸짖는 대신 맑은 차를 끓여주셨다. 그 온기에 기대어 겨우 힘겨운 여정을 계속할 수 있었다. 모자람 많은 논문의 심사를 맡아 내내 걸음을 함께 해주셔야 했던 김종철 선생님, 고정희 선생님, 노지승 선생님을 비롯하여 모교의 은사님들과 동학들께 감사드린다. 배운 대로 다 행하지 못해 죄송할 따름이다.

내게 끊임없이 모든 것을 내어주신 부모님께 경건한 마음으로 감사를 표한다. 그리고 내가 믿지 않았던 완벽한 사랑을 현현해주고 마침내 내 삶을 어둠의 삶에서 빛의 삶으로 갱신해준 오탁근에게도 감사의 뜻을 전한다. 나는 소리내어 웃고 기뻐하고 사랑하는 법을 그를 만나 처음 배웠다. 다음 생에는 반드시 내가 그의 남편으로 태어나 이 무거운 사랑의 빚을 갚고 싶다. 1부의 학위논문을 쓰던 시기는 모두 태중의 아이, 오영록과 함께 했다. 그러니 그는 어쩌면 이 책의 공동저자인 셈이다. 아무쪼록 그가 학문과 사랑과 자신의 존귀함을 아는 이로 자라기를 소망한다.

차 례

제2부 문학교육의 실천적 쟁점들

제1부

소설 해석교육의 이론과 실제

1장_왜 다시 해석교육인가

국어과 교육과정에는 국어능력의 목표 수준과 평가 지침이 명시되어 있다. 그렇지만 이것이 실제 학습자의 국어능력에 대한 진단과 문제의식에 기초한 것인지에 대해서는 답하기 어렵다. 즉 교육과정이 제시하는 국어능력은 그 구체상도 명확치 않거니와 학습자들이 그것에 도달하기 위해 익혀야 하는 내용과 방법에 대해 말해주는 바가 많지 않다. 여전히 국어과 교육과정은 학습자들에 대해서 '너무 적게' 알고 있다. 이 연구는 그러한 문제의식에서 출발한다.

구체적 논의를 위해 학습자의 소설 해석능력으로 논의의 범위를 좁혀보자. '소설 해석능력'은 문학능력에서도 중핵적 위치를 차지하며, 교육과정에서도 그러한 위치를 확인할 수 있다. 하지만 학습자가 공교육을 받는 동안 한 편의 소설작품에 대해 온전히 자신의 해석능력을 발휘할 수 있는 기회는 잦지 않다. 진정한 해석은 언제나 전문적인 해석 권한을 부여받은 해석자의 것이고, 학습자에게는 반응의 기회만이 허락된다. 그리고 이 반응은 어디까지나 사적(私的) 언어로만 취급된다.

'정확한' 해석의 결과물이 교수되면 이 반응은 바로 소거되고 교수된 해석이 그 자리를 차지한다. 때로 학습자들은 평가 목적의 해석텍스트 쓰기 과제를 통해 소설 작품의 의미를 탐구하라고 요구받기도 한다. 그러나 그들은 자신들의 반응을 쓰기라는 행위로 조직시켜 작품의 의미를 전유하는 데 어려움을 겪고 있다. 연구자가 그동안 고등학생 학습자들에게 수합했던 소설 해석 경험기술지[1] 135건에서는 이러한 실정이 더욱 가시적으로 드러난다.

    -해석을 하는 것 자체에 어려움을 느꼈다. 기준이 정해져 있는 것도 아니라 기준을 잡는 것이 곤란하다.
    -말이 이해가 안 되고 인물의 배경, 정서, 성격 파악이 어려워서 이야기의 구조가 잘 눈에 안 들어온다.
    -이해불가. 나는 모르고 선생님은 진도 나감.
    -보통 글을 읽을 때 이해하기 힘들어도 스토리 상으로 겨우겨우 이해하기도 하는데 가끔 여러 가지 관점으로 생각해보게 하거나 어떠한 방향으로 이해해야 하는지 헷갈리게 만들 때 힘들어요.

교육과정이 다양하고 창의적인 해석을 요구하는 동안, 대부분의 학습자들이 텍스트의 일차적 의미를 해독하는 것조차 버겁다는 점을 토로하고 있었다. 그들은 학교에서 이루어지는 소설교육이 해석능력을 길러주기 위한 충분한 지원을 제공하지 못하고 있다고 평가했다. 뿐만 아니라 국가수준 학업성취도 평가의 교과별 성취특성 분석 결과 역시 오직 우수집단만이 해석과 관련된 문학의 성취기준에 숙달해 있음을 실증적으로 보여준다.[2]

요컨대, 학교 교육에서 소설 해석교육의 현황은 다음과 같이 요약할 수 있다. "학습자들이 해석텍스트를 써 보는 경험을 할 수 있는 기회가 없고, 더 나은 해석텍스트를 쓰도록 교육적 지원을 빌을 수 있는 기회가 없으며, 의미 있는 피드백을 받을 수 있는 기회가 없다."

그 원인을 진단해 본다면 다음과 같다. 첫째, 문학능력에 대한 거시적 논의는 있어왔지만, 문학능력을 구성하는 하위능력들에 대한 세부적 탐구

---

1) 연구자는 2013년 2월 S시 소재 K고 4학급을 대상으로 소설 해석 경험기술지를 수합하였다. 해당 학급의 국어 수업을 담당하는 교사에게 학습자들이 소설 해석에서 겪는 어려움을 연구하고자 하는 목적과 취지를 설명한 후 "여러분의 소설 해석 경험에 대해 써 보십시오."라는 과제 안내에 따라 학습자들이 작성한 경험기술지이다.
2) 김동영 외, 「국가수준 학업성취도 평가의 교과별 성취특성 분석 및 활용 방안」, 『한국교육과정평가원 이슈페이퍼』(ORM 2013-57-12), 한국교육과정평가원, 2013, p.6.

가 충분하지 않았다. 특히 문학능력의 중핵을 구성하는 해석능력이 어떻게 구성되며 발달하는지에 대한 논의가 충분하지 않았다. 각 장르별 해석능력에 대한 논의는 더욱 그렇다.

둘째, 학습자들의 소설 해석능력에 대한 실증적 자료가 없다.

셋째, 따라서 소설 해석능력의 발달 과정도 알 수 없고, 위계에 대한 판단 근거를 마련하기 어려우므로 평가 역시 하기 어렵다.

넷째, 그러므로 교실에서 소설 해석텍스트 쓰기 활동은 위축될 수밖에 없고, 학습자들의 해석능력을 추정할 수 있는 실증적 자료를 수합하기도 어려워지며 이는 다시 악순환으로 이어진다.

문학교육의 성패를 가르는 기준에는 여러 가지가 있겠지만, 가장 궁극적이고 결정적인 기준은 학습자들이 문학 활동을 즐겨하고, 문학 '하기'를 통해 모종의 인간적 성장을 경험하는가의 여부일 것이다. 해석 활동은 학습자가 텍스트를 일차적으로 소비하는 데 그치지 않고, 텍스트의 의미를 삶 속으로 전유하여 인간적 성장으로 나아가도록 하는 활동이다. 동시에 해석 활동은 학습자의 문학 읽기를 문학 '하기'로 전환시킬 수 있는 장치로 이미 그 교육적 의의에 대해서는 충분히 논의되어 왔다.

그럼에도 불구하고 전술했듯 학습자의 소설 해석능력은 제대로 구현되지도, 교육되지도 못하고 있다. 이것은 결코 소설 해석교육 관련 담론이 적어서는 아닐 것이다. 오히려 학습자의 창의적이고 주체적인 해석에 대한 강조는 불문율이자 일반론이 되어버렸다. 이러한 명제로 인해 해석의 본질에 대한 탐구가 해석의 방법론에 대한 연구보다 승하게 된 측면이 있다. 물론 해석의 창의성과 주체성은 중요하다. 그러나 자유로운 해석이 찬양되는 동안 정작 학습자들은 자신의 해석에 공적 권위를 부여할 수 있는 기회를 제공받지 못하고 있다.

특히 교사에게는 해석능력의 위계화 기준이 절실하게 필요하다. 해석텍스트는 모두 다를 뿐 우열이 없는 것인가? 교육의 국면에서 다양성의 허용은 미덕(美德)으로만 간주될 수 없으며[3] 독자의 치열한 의미 구성을 위해서는 어떤 해석이 다른 해석보다 더 타당할 수 있다는 것이 전제되어야 한다.[4] 학습자의 해석도 타당할 수 있으며, 더 타당한 방향으로 성장할 수 있다는 관점이 수용되지 않는다면 문학교실에서 해석의 상대주의와 절대주의는 기묘한 방식으로 양립하게 될 것이다. 그동안 현대소설 해석교육 연구에서는 학습자들의 현대소설 해석 양상이나 능력 등을 대체로 '가정'하는 경향이 있었다. 실증적 자료에서 근거를 찾아 현대소설 해석교육의 방향이나 방법론을 설계하고자 하는 연구를 찾기는 쉽지 않다. 해석 관련 연구와 교육과정이 해석의 본질에 보다 충실한 방향으로 개선되어 온 것은 사실이지만 여전히 실천적 지침을 주지 못하고 있다는 지적[5] 역시 이러한 문제제기를 뒷받침한다.

따라서 우리는 현대소설 해석능력에 대한 학적 탐구와 함께, 학습자들이 현재 어떤 수준이나 발달 단계[6]에 있고 다음 단계로 나아가기 위해 교육적으로 요구되는 것이 무엇인지에 대해서도 탐구할 필요가 있다. 이에 고등학생 독자군, 대학생 독자군, 전문독자군의 현대소설 해석텍스트를 분석하여 독자군별 현대소설 해석 양상의 패턴과 차이를 확인하고, 이에

---

3) 윤여탁, 「현대시 해석과 교육의 수용적 측면에 대한 연구」, 『국어교육』 92, 한국국어교육연구회, 1996, p.414.

4) 컬러에 따르면 독자들은 그들이 본 책이나 영화에 관해 친구들에게 이야기할 때, 비공식적으로 해석할 수 있으며 그렇게 한다. 그러나 더 많은 사람들에게 자신의 해석을 이야기하고, 교실에서 공식화하기 위해서는 타당성을 제고하기 위한 규약을 필요로 하게 된다. J. D. Culler, 『문학이론』, 이은경 외 역, 동문선, 1999, p.105.

5) 김성진, 「소설교육에서 해석의 다양성 문제 재론」, 『우리말글』 42, 우리말글학회, 2008, p.12.

6) 여기서 발달 단계란 발달의 계량적 지표나 명확한 연령을 의미하지는 않는다. 단계란 학습자가 사용하는 지식이나 전략, 태도의 패턴 및 구조의 발달과 관련된다. 단계는 일종의 교육적 장치로서 설정된 것이며, 존재론적으로가 아니라 방법론적으로 접근해야 한다. 파슨즈 역시 위계와 발달 단계는 보편적으로 존재한다기보다는 교육적으로 설정될 필요가 있다고 보았다. 아동들의 미술 감상 능력 발달을 연구했던 그는 단계의 연쇄가 하버마스의 '일반화된 역사' 개념과 유사하다고 본다. M. J. Parsons, *How we understand art : a cognitive developmental account of aesthetic experience*, Cambridge Univ. Press, 1987.

기반하여 현대소설 해석교육의 목표, 방법, 평가 준거를 마련하고자 한다.

현대소설 해석능력의 개념을 이론적으로 탐구하고 그 구현 양상을 분석하는 데 있어 참조점으로 삼을 만한 기존 연구사를 정리해보면 다음과 같다. 우선적으로 문학능력에 관한 논의와 해석교육에 관한 논의로 나누어 살피고자 한다. 먼저 문학능력에 대한 문학교육학계의 담론은 7차 교육과정기부터 본격화되었다. 이는 7차 교육과정이 문학교육의 목표로 '문학능력의 성장'을 상정했기 때문이다.

문학능력에 대한 거시적 개념화를 시도한 우한용(2009)의 연구는 문학능력 논의 일반의 방향성을 제시해주었다는 점에서 그 선구적 의의가 있다. 위 연구에서는 문학능력을 '문학을 할 줄 아는 능력'으로 규정함으로써 학습자의 주체적인 문학 수행을 강조하였으며 문학능력의 범주로 문학적 감수력, 문학적 사고력, 문학적 판단력, 문학적 지향의지 등을 설정하였다.[7]

문학능력을 '능숙한 문학 주체의 행동 특성으로 드러나는 것'으로 규정하고 있는 김창원(2013)의 논의는 "능력이 무엇인지 모르는데 능력자를 어떻게 알아보는가?"하는 또 하나의 딜레마에 부딪히게 된다. 이에 대해서 이 연구는 관습적, 경험적 합리화를 대안으로 제시하고 있다. 우리가 관습적, 경험적으로 능숙한 문학 주체에 대해 합의하고 있고 그것을 부정할 타당한 근거가 없다면, 현재로서는 바로 '그'가 능숙한 문학 주체라는 것이다.[8] 이처럼 문학능력을 능숙성 개념으로 보고 있기 때문에 능숙한 문학 주체의 행동 특성이라는 문학능력 교육 목표-내용이 명확해진다는 것이 이러한 접근법의 장점이다.

한편 행동으로 드러나는 능숙성보다는 향유 가능역으로서의 문학능력을 지지하는 입장에 서는 논의[9]도 존재한다. 교육 내용의 모호함을 해소

---

7) 우한용, 「문학교육의 목표이자 내용으로서 문학능력의 개념, 교육 방향」, 『문학교육학』 28, 한국문학교육학회, 2009, pp.13-14.
8) 김창원, 「"문학 능력"의 관점에서 본 학습자 중심 문학교육학의 철학과 방향」, 『문학교육학』 40, 한국문학교육학회, 2013, p.36.

하기 위해 바탕을 이루는 자질로서 문학능력 개념을 인정하고, 그 개념이 실현되는 각 단계나 수준에 따라 하위 개념들이 분류될 수 있는 현실화의 방안을 인정한다.

한편 문학텍스트 현상과 소통의 맥락을 종합적으로 고려하면서, 문학 지식을 바탕으로 문학 작품을 수용하고 생산하는 과정과 결과를 통해 추론할 수 있는 학습자의 내적 수준을 문학능력이라 규정하는 연구도 눈에 띈다.10) 그러나 학습자의 내적 수준에만 잠재되어 있을 때 그것은 문학능력 개념으로 포섭되기 어렵다. 일단 외적으로 발현되거나 발현될 가능성이 보이지 않는다면 그것을 능력이라 보기는 어렵기 때문이다.

장르 차원에서 문학능력을 구체화하기 시작한 것은 김상욱(2006)과 남민우(2011)이다. '서사표현 능력'이라는 개념을 설정하고 있는 김상욱(2006)의 논의에서는 그것을 '절의 수, 묘사절의 수, 통사적 구성과 접속어구, 평가적 언어-정서, 인지, 지각, 의향, 관계, 인용' 등의 하위 항목으로 나누어 검토하였다.11) 이는 서사표현 능력을 양적으로 계량화시켰다는 한계를 갖지만, 학습자의 능력 수준을 구체화하고 이에 따른 평가 기준을 설정하려 했다는 점에서 그 의의가 크다.

한편 시적 능력을 시적 언어활동의 장에 고유한 다양한 과제들을 적절하고 창의적으로 해결할 수 있는 능력으로 보는 남민우(2011)에서는 능력 개념의 문제해결적 성격에 주목하고 있다. 여기서 시적 능력은 수행 차원과 매개 차원, 기저 차원으로 구분된다.12)

이상의 검토를 통해 그동안 문학교육학 담론에서는 문학능력 관련 논

---

9) 최지현, 「문학능력의 위계적 발달, 평가 모형」, 『문학교육학』 28, 한국문학교육학회, 2009, p.48.

10) 염창권, 「문학 수업을 통해 본 초등학생의 문학 능력」, 『문학교육학』 28, 한국문학교육학회, 2009.

11) 김상욱, 「문학교육 연구방법론의 확장과 그 실제 : 서사 텍스트의 표현 능력을 중심으로」, 『문학교육학』 21, 한국문학교육학회, 2006.

12) 남민우, 「시 교육 평가의 개선 방안 연구」, 『문학교육학』 34, 한국문학교육학회, 2011.

의들이 지배적이었고, 해석능력에 대한 세분화된 논의는 드물었음을 파악할 수 있다. 문학능력은 문학 주체의 문학적 수행능력에서 수행가능역까지를 포함하는 개념이며, 양적·질적 방식으로 평가 가능하다는 것이 대체적으로 합의된 바라 할 수 있다. 다만 문학능력을 장르별, 범주별로 구체화하는 연구의 역사는 상대적으로 소략하다 볼 수 있다.

다음으로는 해석교육에 관한 논의를 살펴보고자 한다. 소설교육의 영역에서 해석 논의의 선편을 쥔 것은 양정실(2006)이다.13) 이 연구에서는 독자가 문학텍스트에 대하여 해석의 관점과 논리를 구성하는 양상을 보여주는 텍스트를 해석텍스트로 개념화하였다. 이 논문은 해석텍스트 쓰기를 활용한 서사교육 방법을 설계하였다는 점에서 실천적, 학습자 중심적 성격을 띤다. 하지만 학습자 해석텍스트의 논리 구성 양상이 주로 분석되기 때문에 그러한 해석 논리의 타당성 여부나 타당성의 제고 방법에 대해서는 또다른 연구가 요구된다.

해석을 '정확하고, 비판적이며, 창의적으로 주체가 의미를 구성하는 활동, 또는 그러한 활동의 결과'로 규정하는 김정우(2004)의 논의에서는 텍스트의 권위에 종속되지 않는 독자의 능동적이고 적극적인 의미 생산 행위를 강조한다.14) 따라서 문학 해석에서 타당성은 '나름대로'의 타당성이며, 엄밀한 의미에서 본다면 타당성이라기보다는 '그럴듯함' 정도로 기술하는 것이 실상과 부합한다는 것이다. 위 논문에서는 이러한 '그럴 듯함'에 도달하기 위한 전략으로 맥락화 전략, 관련성 형성 전략, 생산적 상상 전략, 적절성, 창의성, 비판성의 전략 등을 제시하고 있다. 이처럼 시 해석의 타당성을 갖추기 위한 전략들을 제안하였다는 점에서 그 실천적 영향력이 풍부하지만, 학습자의 해석 과정이 다루어지지 않았고 리쾨르의 해석학을 시 텍스트에만 제한적으로 적용하고 있다는 점에서 보다 확장된 연구의

---

13) 양정실, 「해석텍스트 쓰기의 서사교육 방법 연구」, 서울대학교 박사학위논문, 2006.
14) 김정우, 「시 해석교육 내용 연구」, 서울대학교 박사학위논문, 2004.

가능성을 남겼다.

최근 들어 해석의 타당성 논의는 해석텍스트-해석자의 관계보다 해석자-해석자의 관계에 주목하는 경향을 띤다. 즉 해석의 타당성 기준이라는 난제를 해석공동체 내에서의 소통가능성 문제로 옮겨 풀고 있는데 이러한 추세를 잘 반영하는 것이 이인화(2013)의 연구이다.[15] 위 논문은 문학 좌담회 등에서 이루어진 문학토론을 섬세하게 분석하고, 문학토론을 주요한 문학 활동의 하나로 제안한다는 점에서 교육적 의의를 가진다. 그러나 문학토론의 양상 분석에 중점을 둠으로써 소설 해석의 방법보다는 해석소통의 방법에 관심을 두었다는 점에서는 본고의 관심과 궤를 달리 한다.

이처럼 문학 해석교육을 위한 학계의 담론은 상당한 기간과 심도를 갖고 축적되어 왔다. 하지만 다음의 두 가지 문제점 역시 노출하고 있다. 첫째, 학습자들의 수준과 발달단계를 고려한 해석교육의 설계가 충분히 이루어지지 못했다. 학습자들이 자신의 해석 수준을 넘어서 다음 단계로 나아갈 수 있도록 도우려면 어떤 내용을 익혀야 하는가에 대한 답을 모색하는 과정에서 소설 해석교육이 설계되어야 한다. 여기서 참조할 만한 것이 김현정(2010)의 논의이다.

위 연구에서는 피아제(Piaget)의 발달 구조 관점을 원용하여 고전시가 해석의 구조 발달을 설명하였다. 이 연구는 미숙련 독자들이 연상적, 분석적 해석의 단계를 보이는 반면 숙련된 독자들은 통합적 해석으로 나아가고 있음을 밝혔다.[16] 또한 한 명의 해석자는 해석이라는 체험 구조의 변화를 통해 다음의 발달 단계에 이르게 되며 따라서 이러한 발달을 돕는 해석교육이 필요함을 주장한다. 교육적 목적을 위해, 그리고 학습자의 발달 단계를 이해하기 위해 방법론적으로 발달 개념을 설정할 필요가 있다는 본고

---

15) 이인화, 「소설 교육에서 해석소통의 구조와 실천에 대한 연구」, 서울대학교 박사학위논문, 2013.

16) 김현정, 「<어부사시사>의 해석에 대한 교육적 접근」, 『고전문학과 교육』 20, 한국고전문학교육학회, 2010.

의 전제와 맞닿아있는 부분이다.

둘째, 현재 해석에 대한 연구자들의 관점은 해석 '소통'에 가 있다. 물론 소통은 해석 활동, 나아가 문학 활동을 역동적으로 진행시키는 결정적 과정이자 방법이다. 하지만 현실적으로, 고등학생 독자들은 소통 이전에 본인이 처음부터 끝까지 하나의 텍스트를 해석해 본 경험이 드물다. 문학 텍스트의 의미론적 모호성과 수사학적 특수성, 맥락적 다층성을 진지하게 경험해 본 적이 없는 것이다.

따라서 많은 경우 학습자들의 해석텍스트는 해석이라기보다 반응의 프로토콜에 가깝다. 문학텍스트에 대해 파편화된 반응의 연쇄로 일관하다가 교과서나 인터넷 상의 해석을 바로 수용하는 학습자들의 해석 경향은 문학교육에서 심각한 문제적 지점이다. 자기 자신을 한 명의 해석자로 인지하지 못하는 학습자들에게 해석의 소통부터 강조하는 것은, 자칫 텍스트와 해석자 사이의 생산적인 긴장관계를 경험하지 못하게 할 우려가 있다.

해석자와 해석자 사이의 소통도 중요하지만, 텍스트와 해석자 사이의 소통도 소중하다. 그리고 해석자와 해석자 사이의 소통이 생산적이기 위해서는 텍스트와 해석자 사이의 치열한 소통이 선행되어야 한다. 그리고 이러한 텍스트-해석자 사이의 소통을 위해 해석교육은 실질적인 방법적 지식을 학습자에게 제공할 필요가 있다.

해석에 대한 방법적 지식이 학습자들의 해석능력 신장에 실질적인 비계(scaffolding)로 작용한다는 점을 뒷받침하는 이론적 연구물 역시 제출되고 있는데, 특히 읽기를 배우기 시작한 사춘기 청소년에 대한 종단 연구를 수행한 믹 등(1983)의 연구와 해석에 능숙하지 못한 학습자들을 위한 문학교육 내용 연구를 수행한 하멜 등(1998)의 연구는 해석교육의 목표에 대한 본고의 관점을 성립하는 데 큰 시사점을 주었다. 이 연구들에 따르면 초심자를 위해 중요한 일은 "독립적인 주자로서 1루에 서게 하는 것"이며 이를 위해 "숙련된 독자들이 알고 있는 비밀스러운 것들의 목록, 하지만

아직 결코 말해진 적 없는 것"을 나누도록 요구한다.[17)

특히 하멜 등(1998)은 숙련되지 않은 학습자들에게 그동안 명쾌하게 제공된 적이 없는 해석 활동의 관습과 방법들을 제공하자 학습자들이 비로소 텍스트를 능동적으로 조종하기 시작함을 발견했다. 따라서 그들은 숙련된 독자가 텍스트에 가져오는 전략과 태도를 교수학적 지식으로 전환하면, 많은 고등학생 독자들이 보다 기꺼이 문학이 제공하는 독특하고 강력한 앎의 방식을 경험할 수 있다고 주장한다. 본고 역시 해석교육이 학습자들의 해석 활동을 위한 방법적 지식을 제공해야 하며, 해석교육을 받은 학습자가 무엇을 할 수 있게 되는지를 보다 명료화해야 한다는 전제에 입각하여 해석교육의 방향을 설정하고자 한다.

이상의 연구사 검토를 통해 선행 연구에서 추진된 논의를 부분적으로 수용하면서 현대소설 해석교육의 방향을 제안하고자 한다. 또한 실증적 자료를 바탕으로 다양한 독자군의 해석 양상을 분석하고 이에 기초하여 교육 목표와 방법을 설계하는 작업을 통해 연구사적 차별성을 확보하고자 한다.

2장에서는 논의의 출발점을 마련하기 위해 해석에 관한 이론적 차원의 문헌 연구를 수행하고 현대소설 해석의 개념과 성격, 범주를 규명할 것이다. 이 과정에서 주로 리쾨르의 텍스트 해석학과 에코의 소설 해석 이론이 검토된다. 특히 리쾨르의 텍스트 해석학은 구조주의 서사학의 방법과 해석학적 경험의 철학을 우회적으로 만나게 하는데, 이는 학습자의 해석 활동을 도울 수 있는 방법론을 마련하고자 하는 본고의 연구 목적에 부합한다.

---

17) M. Meek, S. Armstrong, V. Austerfield, J. Graham and E. Plackett, *Achieving literacy: Longitudinal studies of adolescents learning to read*, Routledge & K. Paul, 1983, L. Hamel, M. S. Frederick, "You can't play if you don't know the rules: Interpretive conventions and the teaching of literature to students in lower-track classes", *Reading and Writing Quarterly: Overcoming Learning Difficulties* 14-4, 1998, pp.358-359.

2장에서 리쾨르와 에코(Eco)의 논의를 원용하여 도출된 해석의 개념과 성격, 범주를 토대로 3장에서는 독자군별 소설 해석의 양상이 본격적으로 분석된다. 고등학생 독자군, 대학생 독자군, 전문독자군의 세 그룹을 대상으로 이상 <날개>(≪조광≫, 1936)에 대한 해석텍스트를 수합하고 이를 질적 내용 분석(qualitative content analysis)의 연구 방법으로 분석하였다. 독자군의 설정 근거와 표집 방식은 2장 1절에서 후술될 것이다.

내용 분석(content analysis)은 문자 텍스트 분석을 통해 연구 가설을 검증하며 자료들을 신뢰할 수 있는 자료로 전환하고자 하는 연구 방법으로 주로 텍스트가 '무엇을, 어떻게, 누구에게, 왜, 누구에 의해, 어떤 효과로' 전달하는지 분석한다.[18] 따라서 분석 대상인 텍스트의 내용적 특징과 형식적 패턴, 텍스트를 둘러싼 맥락 등을 두루 살필 수 있다. 그러므로 각 독자군이 산출한 현대소설 해석텍스트의 질적 분석을 통해 해석교육의 방향과 목표, 방법을 설계하고자 하는 본 논문의 연구 추진 방법으로 적합하다.

분석틀은 에코가 분류한 소설 해석의 세 범주인 의미론적 해석 범주, 수사학적 해석 범주, 맥락적 해석 범주를 대범주로 삼았다. 에코의 소설 해석 범주를 차용한 까닭은 다음과 같다. 첫째, 에코가 제안한 소설 해석의 세 범주는 소설 해석의 양상을 비교적 일반적 수준에서 범주화하여 설명할 수 있는 모델로 그 유용성을 인정받고 있다. 프레더킹(Frederking) 외 (2012) 등이 이미 이러한 범주를 적용하여 학습자의 문학 해석능력을 검토한 바 있다.[19]

---

18) 내용 분석을 수행하는 절차는 대체로 연구 문제의 정립, 표본의 추출, 범주의 구성, 분석 단위나 방안의 설정, 분석의 수행 및 분석결과의 해석 등으로 정리할 수 있다. 이지훈, 『사회과학의 메타분석방법론』, 충북대학교 출판부, 1993, p.452 참조.

19) V. Frederking, S. Henschel, C. Meier, T. Roick, P. Stanat & O. Dickhauser, "Beyond Functional Aspects of Reading Literacy: Theoretical Structure And Empirical Validity of Literary Literacy", *L1-Educational Studies in Language and Literature* 12, 2012.

둘째, 에코의 논의에서는 해석의 수사학적 범주와 맥락적 범주가 의미론적 범주만큼이나 중요하게 고려되고 있는데, 이는 일반적인 텍스트 읽기와 변별되는 소설 해석의 특성을 충분히 고려하였기 때문이다. 일반적인 텍스트 읽기의 과정과 범주, 전략, 평가 준거에 대한 논의가 상당히 축적되어 온 데 비해, 소설 해석에 특화된 논의는 아직 공소한 것이 사실이다. 따라서 에코의 논의는 학습자들이 수행하는 소설 해석의 특성과 수준을 실제적으로 기술하고 평가하는데 유용하다 할 수 있다.

하지만 전술했듯 에코가 제안한 범주는 일반적 모델에 가깝기 때문에 본고에서는 실제 독자군의 해석텍스트 검토 과정에서 발견되는 특성과 패턴들을 귀납하여 대범주의 하위 범주로 삼았다. 이때 NVivo10을 분석 도구로 사용하였다. 구체적인 분석의 틀과 방법은 3장 1절에서 후술할 것이다.

분석 대상으로 소설 <날개>에 대한 해석텍스트를 선택한 까닭은 다음과 같다. 첫째, 텍스트의 의미론적 미결정성으로 인해 이상의 소설 <날개>는 어떤 해석을 통해 명료하게 다시 쓰고 싶은(re-write) 텍스트로 인식되었고, 따라서 해석자들의 해석 약호와 해석 방법을 역으로 선명하게 드러내는 해석텍스트들을 양산했다. 그런 까닭에 <날개>에 대한 해석텍스트들은 소설의 언어와 해석자가 만나 치열하게 의미를 구성해가는 과정을 명료하게 보여주는 동시에 저마다의 해석들이 해석의 타당성에 점근선적(asymptotic)으로 접근해 가려는 과정을 역동적으로 보여준다.

이처럼 작가적 독자를 만들고자 하는 이상 소설의 특성으로 인해 해석자들 각각이 보유한 해석능력의 범주와 수준이 해석텍스트를 통해 수월하게 가시화된다. 관습적 읽기 방식으로는 해석하기 어려운 텍스트인 만큼 소설의 의미와 수사학적 특성, 다층적 맥락 등을 모두 고려하여 읽을 수 있는 독자의 소설 해석능력을 요구하는 것이다.

이처럼 이상의 <날개>에 대한 해석 담론은 독자의 소설 해석 과정이 어떠한 양상과 방법으로 수행되면서 타당성을 확보해 가는지 살피기 용이한 텍스트라 판단할 수 있다. 따라서 본 연구는 독자의 소설 해석능력을 자극하고 구현시키는 자료로서 <날개>가 가진 의의를 활용하고자 한다. 원자경(2011) 역시 소설텍스트의 읽기능력을 신장시킬 수 있는 전략을 연구하기 위한 텍스트로 <날개>를 사용하고 있다.[20]

둘째, <날개>는 제7차 교육과정기에는 총 5종, 2009 개정 교육과정기에는 총 3종의 문학 교과서에 수록되어 있는 소설텍스트이다.[21] 전체적으로 작품의 중복을 피하고 다양한 작품 선정을 꾀하고자 하는 교과서 개발진의 시도에도 불구하고 여전히 <날개>가 학습자들의 문학능력 신장을 위한 제재로 선호되고 있음을 추론할 수 있다.

하지만 정작 본 연구에 참여한 고등학생 독자군은 모두 <날개>에 대한 정규 수업을 받은 경험이 없다고 진술했으며, <날개>의 해석 과정에서 많은 어려움을 호소하기도 하였다. 현재 학습자들이 보유하고 있는 해석능력을 분석하고 그들의 해석 활동을 지원할 수 있는 교육 방법을 도출하기 위해서는, 학습자들이 의도적으로 교수-학습한 경험이 없으며 해석에 어려움을 느끼는 장소가 가시화될 수 있는 텍스트를 선정할 필요가 있다. 따라서 <날개>는 이러한 목적에 부합하는 텍스트라 할 수 있다.

물론 <날개>에 대한 독자군별 해석텍스트를 주된 분석 대상으로 삼기에 분석의 결과가 자칫 <날개>라는 특수한 텍스트, 혹은 모더니즘 소설에 국한된 논의로 인식될 소지가 있다. 즉 <날개>라는 소설에 대한 해석텍스트를 분석하여 독자군별 소설 해석의 양상을 도출하려는 시도가 무리한 일반화를 동반한다는 반론이 제기될 수 있다. <날개>가 그 표면적

---

20) 원자경, 「소설텍스트의 읽기능력 신장을 위한 질문 전략 연구 : 이상 '날개'를 중심으로」, 『독서연구』 25, 한국독서학회, 2011. 그 외에도 <날개>의 문학교육적 가치에 대해 구명하고 있는 논의로는 다음을 참조할 수 있다. 김원희, 「이상 '날개'의 인지론적 연구와 탈식민주의 문학교육」, 『한국민족문화』 41, 부산대학교 한국민족문화연구소, 2011.

21) 이상의 통계는 다음의 논문을 참조한 것이다. 박기범, 「고등학교 문학 교과서의 현대소설 제재 분석-2009 개정 교육과정에 따른 검정 교과서를 중심으로」, 『문학교육학』 37, 한국문학교육학회, 2012.

난해함으로 인해 흔히 기이하고 돌발적인 소설텍스트로 규정되는 까닭에 그러한 일반화에 따르는 무리가 더욱 커진다는 우려 역시 가능하다.

이러한 우려를 해소하기 위해 다른 소설에 대한 해석텍스트를 추가적으로 수합, 분석하여 일반화 가능성을 검토하는 과정을 거쳤다. 이를 위해 김유정의 <봄·봄>(1935)과 박태원의 <소설가 구보 씨의 일일>(1934)에 대한 해석텍스트를 253편(고등학생 독자군 129편, 대학생 독자군 69편, 전문독자 55편) 수합하고 각 독자군별 해석의 양상과 특성이 <날개> 해석텍스트에 대한 분석 결과와 비교적 일관되게 나타나는지 살폈다.

그 결과 독자군별로 주요하게 떠오르는(emerge) 의미론적, 수사학적, 맥락적 범주의 해석 양상이 유사하였고, 특히 <날개>에 특화된 해석 양상일 것으로 예상되었던 이해불가능성의 호소나 수사학적 읽기의 생략, 생산 맥락에 대한 지나친 의존 등이 <봄·봄>과 <소설가 구보 씨의 일일>에서도 반복되었다. 이러한 유사성은 군집분석의 결과를 통해 더욱 가시화되는데, NVivo10의 군집분석(cluster analysis) 기능을 사용하여 <날개>, <봄·봄>, <소설가 구보 씨의 일일>의 코딩 유사성을 군집분석해보면 작품을 막론하고 각 독자군별로 해석텍스트가 군집화됨을 알 수 있다.

기실 모든 소설텍스트가 나름의 개성과 특성을 보유한다는 점을 고려하면 최대한 많은 소설에 대한 해석텍스트를 분석한다고 해서 그것이 소설 해석의 양상 전체를 일반화하기 위한 완벽한 표본이 될 수는 없다. 본고의 관심은 많은 현대소설에 대한 해석텍스트를 수합하여 대체적인 해석의 양상을 일반화하려는 것이 아니며, 그러한 일반화는 현실적 가능성의 여부를 차치하고라도 지나치게 높은 추상성 때문에 큰 교육적 시사점을 도출하지 못한다.

오히려 본고의 관심은 독자군별 해석의 양상이 갖는 특성과 차이를 최대한 가시화하는 것이다. 따라서 해석 대상 텍스트의 범위를 무조건 넓히기보다는 오히려 해석 대상 텍스트는 한정하되 그에 대한 해석을 수행하는 독자를 군집화하고, 각 독자군별 해석텍스트의 조사 범위를 가능한 한 넓히는 방법을 택했다. 후자의 방식을 통해 각 독자군별 해석 양상의 패턴과 차이가 보다 명료하게 부면에 떠오르고, 따라서 이에 대한 교육적 처치의 방향과 방법 역시 명료해질 수 있기에 본고에서는 이를 채택하였다.

이를 토대로 4장에서는 현대소설 해석교육의 설계 방향을 고찰할 것이다. 독자군별 해석 양상의 분석을 통해 귀납적으로 설정된 해석교육의 목표에 기반하여 4장에서는 현대소설 해석교육의 방법과 평가 준거가 설계된다. 이를 표로 제시하면 다음과 같다.

<표 1> 연구 대상과 연구 방법

순서	연구 방법		연구 대상 및 자료
2장. 현대소설 해석교육 의 이론적 탐구	문헌 연구		• 현대소설 해석교육의 개념, 성격, 범주, 과제 도출
3장. 독자군별 현대소설 해석의 양상 분석	질적 연구	질적 내용 분석	• 고등학생 독자군과 대학생 독자군, 전문독자군의 <날개> 해석텍스트 266편 수합
		자료 수집 ↓ 분석 도구 선정 ↓ 자료 코딩 ↓ 양상 분석	• 2장에서 도출된 해석의 개념과 범주를 토대로 분석 틀 구축 • NVivo10을 사용하여 해석텍스트 코딩
			• 고등학생/대학생/전문독자군의 의미론적, 수사학적, 맥락적 해석 양상 분석 • 분석 결과의 의미화를 통한 현대소설 해석교육 목표 설정
4장. 현대소설 해석교육 의 설계	질적 연구	문헌 연구+자료 분석	• 2, 3장의 연구 결과를 바탕으로 현대소설 해석교육의 방법과 평가 준거 고찰

2장_현대소설 해석교육의 이론적 탐구

1. 현대소설 해석의 이론

1) 현대소설 해석의 개념

해석은 다양한 학문 영역의 핵심 개념이자 방법론으로 부상해왔다. 특히 이 연구에서는 리쾨르의 텍스트 해석학에 주목하는데 그 까닭은 다음과 같다. 해석학적 경험을 방법적 인식과 추상적으로 대립시켰던 가다머의 한계를 넘어서려는 시도는 리쾨르의 텍스트 해석학에 의해 일정한 성과를 거두었다. 리쾨르는 구조주의적 방법과 해석학적 의미를 화해시키려 했고 특히 상징이나 은유에 대한 해석학에서 서사 해석학으로 서서히 넘어오면서 텍스트를 경유한 성찰적 자기 이해의 가능성을 탐구했다.

리쾨르의 해석학에서 특히 주목할 만한 개념은 '전유'인데 그는 계속해서 텍스트 안에서 자신을 읽는 작업은 전유가 아니라는 점을 강조한다. 따라서 해식에 동원된 '이전의 자기' 즉 선입견에 대한 철저한 인지와 성찰 단계가 요청되며 이는 교육적으로 매우 유의미한 지점이다.

리쾨르는 가다머의 영향을 수용하여 전유에 '놀이' 개념을 도입하는데, 이는 놀이에 의해 놀아지면서 놀이하는 자가 변화되는 경험을 설명하기 위함이다.[22) 가능세계를 기획하는 놀이로서의 해석은 다양한 방식의 의미 가능성을 개진한다. 그러나 리쾨르에게 해석은 무한정 발산되는 것이라기

---

22) 김애령, 「텍스트 읽기의 열린 가능성과 그 한계 -드 만의 해체 독서와 리쾨르의 미메시스 독서-」, 『해석학연구』 29, 한국해석학회, 2012, p.128.

보다는 텍스트의 안내에 따르며 개연성과 타당성의 조건 안에서 수렴되는 것에 가깝다.

리쾨르는 해석의 무한 상대주의를 경계하며 해석의 갈등에서 상대적 우위를 보증해주는 논리가 있다고 본다. 허쉬의 타당성 개념에 의해 착안된 이러한 논리를 리쾨르는 "타당화(validation)"의 기준이라 명명한다. 즉 "하나의 해석은 개연적이어야 할 뿐 아니라 다른 해석에 비해서 더 개연적이어야만 한다."는 명제에 입각하여 독자는 자신의 해석을 반복되는 유효화와 무효화의 과정 속에서 시험하고, 이를 통해 더 개연적이고 타당한 해석으로 나아가게 된다.23)

이러한 리쾨르의 이론은 독서불가능성이라는 허무주의와 해석의 절대적 기준이라는 독단주의를 모두 피하면서 그 사이의 공간을 통해 해석의 본질과 방법론을 화해시킨다. 이처럼 리쾨르의 텍스트 해석학은 해석의 방법과 규칙이 해석학의 주요 작업 대상임을 포기하지 않는다.

그러나 이후 리쾨르는 해석의 갈등을 야기하는 해석자의 특성을 밝히거나 구체적인 해석의 방법론을 제안하기보다는 해석 경험에서 발생하는 해석자의 자기 이해라는 개념으로 곧장 나아가버린다. 또한 그가 주장하는 '텍스트의 의식' 개념은 텍스트를 물신화하고 텍스트의 의식을 의식하는 해석자의 존재를 불투명하게 만들어버릴 소지가 있다. 리쾨르가 일차 지시를 넘어서는 텍스트의 지시관계를 강조하면서도 텍스트를 자율적 실체로 간주하였다는 비판 역시 적실하다.24)

따라서 리쾨르의 텍스트 해석학을 이론적 기반으로 삼되 리쾨르 이론이 남겨두고 있는 해석자의 특성 및 구체적인 방법론의 문제 등을 고려하여 현대소설 해석교육을 설계하고자 한다.

---

23) P. Ricoeur, 『텍스트에서 행동으로』, 박병수, 남기영 역, 아카넷, 2002, pp.226-245.
24) 고정희, 「텍스트 중심 문학교육의 이론적 기반과 읽기 방법」, 『문학교육학』 40, 한국문학교육학회, 2013, pp.81-82.

한편 문학교육이라는 장(場) 안에서 작동되는 이론 구축을 목표로 하는 이 연구에서는 해석 개념의 의미역을 제한할 필요가 있다. 따라서 여기서는 텍스트와 독자의 변증법적 교류로서 해석을 개념화한 리쾨르의 텍스트 해석학과 소설 해석의 범주와 특성을 이론화한 에코의 소설 해석 이론에 기반하여 소설 해석의 개념을 다음과 같이 제안하고자 한다. 즉 소설 해석이란 해석자가 특정한 소설텍스트에 대해 해석 가설을 세우고 그것을 검증하는 과정이자, 개시(開示, Eröffnung)한 소설텍스트의 의미를 바탕으로 해석을 산출하여 그 타당성을 공증받는 활동으로 정의할 수 있다.

소설 해석을 위와 같이 개념화하면 다음과 같은 이점을 가진다. 첫째, 소설텍스트에 대한 학습자의 모든 느낌이나 생각을 해석으로 개념화할 경우 성립될 수 없는 교육가능성이 발생한다. 둘째, 텍스트나 해석자 어느 한쪽만을 강조하지 않음으로써 해석자와 텍스트 사이의 긴장관계를 반영할 수 있다.

이러한 개념 정의에는 다음의 두 가지 전제가 수반된다.

> • 해석은 해석 가설의 설정과 검증, 타당성 공증 등 일련의 과정을 통해 구현되며, 이러한 구현의 수월성(excellence)은 교육을 통해 발달가능하다.
> • 해석은 다른 해석들에 대한 공개성을 가지며 따라서 다른 해석들에 대해 자신의 상대적 타당성을 주장한다.[25]

즉 해석자는 텍스트의 단선적 의미를 번역하거나 발굴해내는 수동적 존재가 아니며, 텍스트세계의 의미를 개시하는 능동적 주체로 정립될 수 있다. 그러면서도 개시가능한 의미담지자로서 텍스트의 위상 역시 존중하므로 해석자의 능동성이 무한정 열린 해석으로 남용되지 않는다. 또한 해

---

25) 이는 해석자가 항상 다른 대안적 해석들에 대해 자신의 해석이 공개되어 있음을 의식해야 한다고 보았던 마골리스의 논의에 영향 받은 것이다. 최현, 「예술 비평과 감상에 있어서의 상대주의 옹호 : 죠셉 마골리스 예술론을 중심으로」, 서울대학교 석사학위논문, 1991, p.1.

석자는 자신이 개시한 의미의 타당성을 공증받고자 한다는 점에서 해석 공동체의 일원으로 자리매김할 수 있다. 전술했듯 현재 문학교실에서 학습자는 공적 언어로서의 해석을 수행하는 자로서 충분한 지위를 부여받지 못하고 있기에 이러한 접근은 충분한 교육적 의의를 가진다고 본다.

2) 현대소설 해석의 성격

여러 가지 현실적 문제로 인해 문학교실에서 현대소설은 해석의 대상이라기보다는 '빠르고 정확한' 독해의 대상이 되어 온 것이 사실이다. 그 원인을 추측해보면 다음과 같다. 먼저 텍스트의 부분과 전체를 꽉 짜인 함축적 유기체로 보는 신비평의 전제에 입각하면 소설보다는 시 쪽이 좀 더 해석할 만한 텍스트로서 가치를 지니기 때문이다. 또한 문학교과서에서 소설 제재는 대부분 발췌 수록될 수밖에 없기 때문에 텍스트의 전체성을 고려해가며 해석하는 작업을 기대하기 어려웠던 탓도 있다.

허구서사로서 소설은 인간의 행위와 세계에 대한 미메시스를 기반으로 하고 있는 장르인 만큼 독자가 해석 과정에서 인간과 세계에 대한 자신의 경험, 선지식, 가치체계 등을 다양하게 투사하고 성찰할 여지가 많다. 또한 텍스트의 길이로 인해 장시간의 독서를 요구하기에 독서 과정 중에 일어나는 해석 가설의 수정이나 보완 가능성 역시 넓게 열려있다.

특히 현대소설의 경우 여러 상충되는 이념적 목소리들을 재현하는 다성적 구도를 취하여 내포작가의 관점에 대해 다양한 해석을 가능케 하기도 하고, 때로는 신빙성 없는 서술자나 메타픽션적 특성을 도입해 독자의 해석을 의도적으로 난항에 부딪히게 하기도 한다.

채트먼(Chatman)은 해결의 플롯과 누설의 플롯을 구별하면서 어떤 사건이 발생할 것인가라는 질문에 답하는 전통적인 서사를 해결의 플롯으로, 문제 해결보다는 문제의 상태가 드러나는 과정이 주가 되는 서사를 누설의 플롯으로 보았다.[26] 다수의 현대소설이 이러한 누설의 플롯에 가까운 경향을 보이면서 그러한 텍스트적 증거들을 수집하고 종합하는 독자의 위상을 강조한다. 특히 질문을 살아낼 뿐, 답을 찾지 못하는 인물을 형상화한다거나 윤리적으로 정당화되기 어려운 삶의 방식을 전면적으로 제시하면서 뚜렷한 결말의 제시를 거부하는 '열린 텍스트'의 경우는 독자들의 텍스트내적 참여를 더욱 강력하게 요구한다.[27]

논의의 구체성을 위해 그러한 경향을 잘 보여주는 이청준의 소설 <씌어지지 않은 자서전>의 경우를 예로 살펴보자. 최후변론의 날이 가까워 올수록 주위 인물들의 죽음과 사라짐, 갈태에 대한 기다림, 직장에 대한 고민 등으로 인해 작중인물 이준의 가치탐구는 종결의 기미를 보이지 않고 오히려 난관에 봉착한다. 그러다가 우연히 예전에 쓴 단편소설이 추천되고 사형선고가 유예된다. 하지만 신문관이 전달한 유예 선고에 대해서도 이준은 불확실하게 응답한다.

> 만약 거기서도 그 허기로 일관하고 만다면 각하의 선고는 역시 마찬가지가 될 것이 아닌가. -하여튼 당신이 혐의를 벗을 수 있게 되기를 바라겠습니다. 사내가 마침내 어떤(터무니없는) 친밀감 같은 것을 담은 목소리로 말해왔다. -글쎄요 나는 다시 한 번 글쎄요를 되풀이하며 힘없이 말했다. -자신이 없군요. 나는 아직도 잘 모르고 있으니까요.[28]

그리고 술에 취한 갈태가 이준을 찾아와 자신도 직장을 그만 두었다고 말하며 "한 며칠 영 날이나 새지 말"라고 중얼거리는 장면에서 소설은 끝을 맺는다. 가치부재나 가치혼란의 상태만 분산적으로 누설하다가, 가시

26) 박진, 「채트먼의 서사이론」, 『현대소설연구』 19, 한국현대소설학회, 2003, p.363.

27) 에코는 '열린 작품'(open work) 개념을 통해 모호성과 다의성이 두드러지는 소설텍스트의 특성을 설명하는데 이러한 텍스트는 그 내적 맥락과 해석 가능성이 넓게 개방되어 있기 때문에 저자와 함께 서사를 진행해가는 독자의 능동성을 이끌어 낸다. 따라서 최종적인 의미 구성이 끊임없이 연기되면서 독자는 미적 쾌락과 해방감을 경험한다. U. Eco, 『열린 예술작품 : 카오스모스의 시학』, 조형준 역, 새물결, 1995.

28) 이청준, 「씌어지지 않은 자서전」, 『소문의 벽』, 중앙일보사, 1987, p.183.

적인 해결이 이루어지지 않은 상태에서 종결되는 소설을 읽으며 독자는 결말의 의미를 되묻고 채워갈 수밖에 없는 처지에 놓인다.[29] 이 과정에서 소설 해석의 윤리적 가능성을 담보하는 한 축인 독자의 책임, 즉 '응답의 책임성'이 요구된다. 바흐친(Bahktin)은 주체가 타자와 맺는 관계이자 응답 능력(answer+ability)을 책임으로 본다. 이러한 바흐친의 타자론을 전용하면 텍스트라는 타자적 목소리는 해석자-주체로 하여금 관심과 경청을 요구하며 따라서 해석자-주체는 이에 대해 진정성 있는 응답을 수행해야 할 책임이 있다.[30]

이처럼 현대소설 해석의 성격은 문학 해석 방법론 일반과 유사하면서도 장르적 특수성을 가진다. 이는 소설텍스트 소통의 독특한 구조에 기인한다. 가령 채만식의 소설 <치숙>의 경우 스토리 차원만 보면 작품의 의미를 온전히 구성해내기가 쉽지 않다. 이런 경우 독자들은 자신의 기존 가치체계에 따라 쉽게 스토리 세계 속 인물들의 행위에 대한 호오(好惡)를 표시하고 사건들에 기반하여 작품의 화제를 구축하는 데서 해석을 멈추기 쉽다. 그러나 그러한 스토리를 전달하는 서술자의 태도를 살피고, 그러한 서술자의 목소리가 확대되거나 침묵되는 지점은 어디인지 탐구하며, 그러한 서술자를 설정하여 작품 전체가 일정한 의미를 가진 세계를 지시하도록 조직하였을 내포작가의 존재까지 고려한다면 해석 작업은 훨씬 풍요로워진다. 이처럼 현대소설 해석에서는 스토리와 담론의 관계를 고루 살피는 한편 그러한 스토리와 담론의 구조가 지시하는 외부 세계의 맥락 역시 검토되어야 한다.

한편의 소설텍스트는 인간과 세계에 대해 제출된 문학적 방식의 질문이라 비유할 수 있다. 따라서 그러한 질문의 언어적 구조를 면밀하게 분

---

29) 우신영, 「가치탐구활동으로서의 소설교육」, 『새국어교육』 86, 한국국어교육학회, 2010, p.247.
30) M. M. Bakhtin, 『예술과 책임』, 최건영 역, 문학에디션 뿔 : 웅진싱크빅, 2011.

석하고, 질문을 던진 주체를 상상적으로 복원하며, 해석이 수행되는 현재
의 맥락에서는 이 질문이 어떤 식으로 적용될 수 있는지 따짐으로써 해석
자는 해석의 타당성에 점차적으로 접근할 수 있다.

이상과 같은 소설의 장르적 특성은 독자로 하여금 단선적 해석을 제출
하는 것을 유예시키고 보다 풍부한 사유실험의 장을 열어준다. 따라서 소
설 해석의 방법론은 일반적인 텍스트 해석의 방법론을 참조하되 별도의
탐구를 통해 정교화되어야 한다.

3) 현대소설 해석의 범주

그렇다면 현대소설 해석은 어떠한 범주로 구성되는지에 대한 탐구 역
시 필요하다. 이는 에코(Eco)에게서 시사점을 얻을 수 있다. 기호학적 해석
학을 정립하고자 하는 일련의 시도들(1962, 1972, 1990, 1992)에서 에코는 문
학을 의미론적 해석 범주(SI : Semantic Interpretation), 수사학적 해석 범주(II :
diolectal Interpretation), 맥락적 해석 범주(CI : Contextual Interpre-tation)의 3차원
모델로 설명하였다.[31] 이를 전용하면 현대소설 해석의 범주는 현대소설에
대한 의미론적 해석, 현대소설에 대한 수사학적 해석, 현대소설에 대한 맥
락적 해석으로 구성된다고 할 수 있다.

현대소설의 의미론적 해석이란 소설텍스트의 메시지(message)에 대한 독
자의 이해 활동을 의미한다. 이는 소설의 주제적 의미에 대한 가설을 설
정하고 그것을 입증, 반증, 검증하는 과정에서 구현된다. 특히 에코는 소
설에 대한 의미론적 해석에서는 소설의 메시지가 갖는 특유의 의미론적
모호성을 수용하는 것이 중요하다고 본다.

따라서 의미론적 해석은 소설텍스트를 구성하는 언어에 대한 일반적
해독능력과 함께 의미 구성 과정을 지탱하는 '애매모호함에 대한 견딤'을

---

31) U. Eco, 『일반 기호학 이론』, 김운찬 역, 열린책들, 2009, U. Eco, 『해석의 한계』, 김광현
　　역, 열린책들, 1995, U. Eco, 『작가와 독자 사이』, 손유택 역, 2009.

요구한다. 이는 현대소설 해석이라는 일종의 게임에 대한 과제집착력이라 할 수 있다. 또한 컬러(Culler)가 간파하였듯이 문학의 의미론적 해석은 그 타당성을 확보하기 위해 비유적 응집성의 관습, 주제적 단일성의 관습 등을 지향한다.

현대소설의 수사학적 해석이란 소설텍스트를 구성하는 기표의 미학적 기능과 관련된 형식적 특징을 분석하는 활동을 의미한다. 이는 현대소설이라는 미적 특수어의 전략과 효과에 대한 탐구를 수행하는 과정에서 구현된다. 해석자로 하여금 집중과 해석의 노력을 유발시키는 소설의 미적 기능은 일반적인 언어 규범을 변용하거나 위반하면서 실현된다. 에코는 이 미적 특수어 개념을 '단 한 명의 화자가 보유하는 개인적이고 사적인 코드'[32]의 의미로 사용하였으나 이러한 특수어를 규명하는 일은 종국에는 그것을 매개로 하는 장르의 수사학으로 나아가게 된다고 보았다.

따라서 현대소설의 수사학적 해석능력은 서술자나 내포작가가 구사하는 구조, 문체, 서술 상의 전략과 그 효과를 수사학적으로 읽어내는 능력을 의미한다. 일반적인 텍스트 해독과 달리 소설텍스트는 일차적이고 소비적인 읽기가 아니라 반복적이고 소급적인 읽기를 요구한다. 리파테르(Riffaterre) 역시 문학의 의미를 이해하는 데는 통상적인 언어 자질이 요구되지만 문학의 표현을 다루는 데 있어서는 독자의 문학적 자질과 소급적 읽기가 요구된다고 보았다.[33] 또한 문학독서는 특수어로서 텍스트의 개별성을 존중하는 해석자의 태도를 요구한다고 주장하였다.

현대소설의 맥락적 해석이란 소설텍스트의 해석을 발산시키거나 제한시키는 다층적 맥락들을 상호작용시켜 타당한 의미를 잠정적으로 확정짓는 활동이다. 즉 텍스트에 대한 해석적 내기의 불확실성을 감소시키기 위해 텍스트의 생산 맥락이나 문학사적 맥락, 상호텍스트적 맥락, 혹은 해석자의 수용

---

32) U. Eco, 『구조의 부재』, 김광현 역, 열린책들, 2009, p.181.
33) R. Selden, 『현대문학이론』, 현대문학이론연구회 역, 문학과지성사, 1987, p.180.

맥락이나 소통 맥락 등을 적용하는 활동이라 할 수 있다. 이러한 맥락적 해석은 맥락들을 생산적으로 결합시킬 수 있는 해석자의 태도를 요구한다.

위와 같은 문학 해석 모델의 타당성은 프레더킹 외(2012)에 의해 실증적으로 입증되었다. 프레더킹 외(2012)는 52개의 독일 학교 학급으로부터 추출된 1300명의 9학년 학생들을 상대로 문학 해석능력에 대한 테스트를 구안, 수행하였다. 이 연구를 통해 학습자의 문학 해석능력이 의미론적 문학 해석능력과 수사학적 문학 해석능력으로 구성되는, 최소 두 범주 이상의 구성물임이 통계적으로 검증되었다.[34]

본 연구에서는 이러한 문학 해석의 세 범주를 독자군별 소설 해석의 양상을 분석하는 이론적 범주로 활용하는 한편, 해석교육의 목표와 방법, 평가 준거를 설계하기 위한 단위로 삼았다.

2. 현대소설 해석교육의 과제

1) 해석의 타당성 제고를 위한 방법적 지식의 요청

모든 텍스트에 대한 타당한 해석을 보장할 수 있는 방법적 지식을 일반화하기는 어렵다. 그럼에도 불구하고 해석 활동을 위한 방법적 지식이 현

---

34) V. Frederking, 앞의글, pp. 1-24. 위 연구는 German Research Foundation(DFG)의 "Models of Competencies for Assessment of Individual Learning Outcomes and the Evaluation of Educational Processes" 프로그램의 일환으로 수행된 것이다. 위 연구에서는 맥락적 해석이 의미론적 해석과 수사학적 해석과 항상 부분적으로 연합된다는 이유를 들어 별도의 범주로 구분하지 않았다. 다만 또다른 범주의 가능성에 대해서는 개방적인 입장을 보인다. 연구자는 각 범주들이 완벽하게 분리되지 않으며 각 범주들이 혼합되어 작용한다는 점에 동의한다. 그러나 각 범주별로 해석자가 구현하는 해석 활동의 양상을 분석하고 교육적으로 그 결과를 의미화하기 위해서는 의도적인 분리가 필요하다고 보았다. 또한 맥락은 해석자의 해석 수행 과정을 결정적으로 방향짓는 별도의 범주임이 실제 자료의 분석을 통해 충분히 드러났다. 따라서 이 연구에서는 현대소설 해석의 범주를 세 범주로 나누어 살핀다.

2장 현대소설 해석교육의 이론적 탐구 | 39

대소설 해석교육의 과제로 제기되는 까닭은 다음과 같다. 첫째, 한편의 소
설텍스트에 대한 다기(多岐)한 해석들 중에서도 분명히 더 오랜 생명력을
갖고 그 타당성을 공준 받아 온 해석과 그렇지 못한 해석들이 있기 때문
이다. 모든 해석이 동일한 정도의 타당성을 인정받고 동일한 두께로 누적
되어 온 것은 아니다.

어떤 해석은 다른 해석에 의해 폐기되거나 조정되기도 하고, 또 어떤
해석은 해당 텍스트나 작가를 바라보는 해석의 패러다임 자체를 전환하
기도 한다. 하나의 해석이 이후 새롭게 등장한 해석과 대결하거나 결합하
여 보다 타당한 해석의 지평으로 나아가는 사례도 적지 않다. 이처럼 해
석의 타당성은 오랜 사회·문화적 커뮤니케이션에 의해 점근선적35)으로
확보되어 나가며 이러한 과정에서 해석자를 타당한 해석으로 인도하는
일련의 방법적 전략과 격률이 도출될 수 있다.

둘째, 해석교육은 고등학생 학습자에게 실질적인 지침을 줄 수 있어야
하기 때문이다. 이를 위해서는 해석의 결과를 정형화시키지는 않되, 해석
을 진행할 수 있는 구조화된 방법과 격률을 제시하는 것이 중요하다. 다
만 이제 이러한 방법과 격률은 학습자들의 수준과 고유성을 배려하는 방
식으로 구조화되어야 한다.

그동안 해석교육이 실질적인 변화를 이루지 못한 것은 이상적 독자 개
념이 현실적 독자 개념과 너무 큰 "간극"을 갖고 있었기 때문이라36) 할
수 있으며 따라서 "이상적 독자와 현실적 독자의 간극을 메우기 위한 방
안"37)이 해석교육의 실천적 과제로 대두된다. 그리고 그러한 방안 중 하

---

35) "실재란 알 수 없는 물자체라거나 직접 알 수 있는 일련의 사건이나 사실이 아니라, 오
로지 주체가 진실의 순간을 염원하고 접근하는 점근선적(漸近線的, asymptotic) 현상이
다." F. Jameson, *Fables of aggression : Wyndham Lewis, the modernist as fascist*, Univ. of
California Press, 1979. 김수경, 「프레드릭 제임슨의 서사이론에 대한 연구」, 서울대학교
석사학위논문, 2009, p.44에서 재인용.
36) 최미숙, 「현대시 해석교육에 대한 비판적 검토」, 『한국시학연구』 14, 한국시학회, 2005,
p.60.

나가 바로 학습자들로 하여금 문학 해석의 '과정'을 경험할 수 있도록 돕는 방법적 지식의 제공이다.

방법적 지식은 영국 철학자 라일(Ryle)이 고안한 용어로 그는 지식을 명제뿐만 아니라 능력과 기능에도 적용하고자 하였다.[38] 즉 무언가를 하는 방법에 대한 앎 역시 지식이라는 것이다. 따라서 학습자들이 지식 생산의 주체로 거듭나기 위해서는 방법적 지식을 익히고 자기화하는 과정이 필수적이다.

그럼에도 불구하고 문학텍스트 해석에 대해 일정한 방법적 지식이 있다고 가정하는 것은 대상 텍스트의 신성한 개별성과 문학적 권위를 훼손하고 해석자의 자율성을 침해하는 것으로 오해되어 왔다. 하지만 모든 배움의 기초에는 '수동적 능동성'[39]이 존재하며, 해당 분야의 전문가들이 숙련 과정에서 누적해온 방법적 지식에 대한 존중 역시 필요하다. 전문비평가들의 소설 해석이 항상 타당한 것은 아니지만 그들이 해석공동체 내에서 해석의 타당성 추구를 위해 가다듬어 온 방법적 지식이 있다면 그것은 소설 해석의 입문자인 고등학생 독자가 해석 활동을 '경험'하고 해석을 '생성'할 수 있도록 도와주는 일종의 길잡이가 될 수 있다.

여기서 주의할 점은 방법적 지식과 함께, 해석을 시작하는 학습자의 문제의식과 해석이라는 의미론적 모험을 계속해서 수행하려는 학습자의 태도가 강조되어야 한다는 것이다. 수학교육의 의무가 문제 해결에서의 방법론적 활동(methodical work)임을 강조하였던 폴리아(Polya) 역시 이러한 방법론적 활동의 관건이 학습자의 독립심, 판단, 독창성, 창조성이라고 주장하

---

37) 위의글, p.60.

38) 허경철, 조덕주, 소경희, 「지식 생성 교육을 위한 지식의 성격 분석」, 『교육과정연구』 19-1, 한국교육과정학회, 2001, p.238.

39) 사토 마나부는 배움이라는 능동적 활동에는 문제에 대한 수동적 반응이 기초된다고 본다. 따라서 텍스트, 교사, 동료 학습자, 학습자 자신에 대한 수동적 능동성이 배움에 있어 결정적이며, 이러한 수동적 능동성에 기초한 차분한 교실의 의미를 강조한다. 佐藤學, 『수업이 바뀌면 학교가 바뀐다』, 손우정 역, 에듀니티, 2011.

였다.[40] 따라서 소설 해석이라는 하나의 특수한 문제에 대한 흥미를 학습자들로 하여금 불러일으키는 동시에, 그들이 주체가 되어 해석을 수행할 수 있는 방법론적 지식을 제공하는 것이 해석교육의 시급한 과제라 할 수 있다.

2) 텍스트 이해와 자기 이해의 순환 도모

자기 이해는 항상 타자에 대한 이해를 경유하며 이루어진다는 리쾨르 해석학의 테제는 본고를 비롯한 많은 해석교육 담론에서 공준되어 왔다. 리쾨르 철학은 상징 해석학부터 텍스트 해석학, 말년의 윤리학 논의까지 매우 유장한 흐름을 갖고 변모하여 왔지만, 그러한 흐름 속에서 그가 줄곧 견지해온 입장이 있다면 다음과 같은 것이다. 바로 인간은 자기 이해를 위해 더 이상 직접적인 명증성에 의존할 수 없으며, 진정한 자기 이해는 "그 자신을 대상화해주는 표현물, 행위들, 작품들, 제도들, 기념물들을 통해 매개"[41]되어야만 한다는 것이다.

하지만 텍스트 해석이 자기 이해로 나아가고 새롭게 이해된 자기를 통해 다시 텍스트 해석의 지평을 넓혀가는 선순환의 과정을 실천적으로 전개해나가기란 지난한 일이다. 일회적인 해석의 경험을 통해 이러한 선순환이 이루어질 수 있는 것도 아니며, 자기 이해라는 추상적 목표의 도달 여부 역시 쉽게 측정가능한 대상이 아니기 때문이다. 그럼에도 불구하고 그동안 문학교육은 '자기 이해'라는 키워드에 큰 관심을 가져왔다. 문학교육은 학습자의 인간적 성장이라는 교육적 기획 안에서 그 공적 지위를 확보해왔기 때문에 문학 해석 경험이 제공할 수 있는 자기 이해의 가능성은 그 자체로 문학교육의 교육적 의의를 담보해주는 기능을 수행할 수 있었기 때문이다. 리쾨르 해석학에 대한 문학교육 연구공동체의 지속적 관심

---

40) 우정호, 『수학 학습-지도 원리와 방법』, 서울대학교출판부, 2003.
41) P. Ricœur, 『해석에 대하여 : 프로이트에 관한 시론』, 김동규, 박준영 역, 인간사랑, 2013.

역시 여기에 기인한 바 크다.

그렇다면 텍스트를 타당하게 해석하는 방법을 익히는 경험과 자기를 심도 있게 이해하는 철학적 경험이 어떻게 병행될 수 있는가? 그것은 문학 해석, 특히 현대소설 해석이 가진 자기교육적 속성 때문이다. 현대소설이 지닌 복잡한 담론적 특성과 가치갈등의 플롯, 언어적으로 형상화된 다양한 인간 군상들의 삶을 자세히 읽어나가며(close reading) 텍스트의 의미를 구성적으로 해석해가는 과정은 필연적으로 자기 성찰의 경험 역시 동반한다. 가치판단 없는 해석은 없으며, 따라서 해석은 곧 판단하는 주체로서 자기 자신을 재인하고 성찰하는 작업이기도 하기 때문이다. 이 과정이 도구화된 성찰이 아니라, 타자성의 경험을 경유한 성찰이라는 점이 중요하다. 도구화된 근대적 성찰성의 주체는 현실과의 생생한 접촉을 상실하고 '관념적 허공'을 부유하는 데서 멈출 소지가 높다.[42] 이러한 한계를 돌파하기 위해 텍스트라는 타자에 대한 경청과 체험을 통해 성찰의 진정성을 도모할 필요성이 도출된다.

그래서 리쾨르는 자기 이해의 길을 무한히 열어주는 텍스트 중에서도 서사의 중요성을 강조하였다. 서사가 열어주는 텍스트세계는 상상의 변주를 통한 의미론적 혁신을 가능케 한다.[43] 그리고 이러한 의미론적 혁신의 가능성을 탐구하기 위해 텍스트 앞에 선 해석자는 무(無)의 지점에서 온 존재가 아니다. 그에게는 기존의 자아와 그 자아를 둘러싼 맥락이 있다. 텍스트와의 접촉은 일상적 경험 속에서는 쉽게 인지되거나 벗어나기 어려운 이 맥락으로부터의 거리두기를 허락한다. 여기서 자아의 편협한 현실인식이나 이데올로기를 성찰할 수 있는 거리 역시 발생한다. 텍스트세계에 대한 경청을 통해 해석자는 기존의 편견으로 텍스트를 주무르기보

---

42) 김홍중, 「근대적 성찰성의 풍경과 성찰적 주체의 알레고리」, 『한국사회학』 41-3, 한국사회학회, 2007, p.195.
43) 이재호, 「해석학에서의 자기 이해의 문제」, 『윤리철학교육』 9, 윤리철학교육학회, 2008, p.178.

다는, 텍스트가 열어주는 세계 앞에서 자기를 갱신한다.[44]

따라서 소설 해석이 감상이나 수용과 같은 종합적 체험과 대별되는, 다분히 인지적인 텍스트 분석 작업이라는 오해를 불식할 필요가 있다. 해석은 기계적 작업이 아니며 해석자의 자기갱신을 동반하는 작업이기 때문이다. 따라서 이러한 해석의 본질을 구현할 수 있는 해석교육의 방법을 마련하는 것이 현대소설 해석교육의 주요한 과제로 대두된다.

전술했듯 소설 해석은 해석자 자신이 특정한 텍스트와 어떤 방식으로 조우하고 있으며, 텍스트세계[45] '앞'에 선 자신의 자세를 어떻게 가다듬을지에 대한 자기모니터링 능력을 요구한다. 청소년기는 이러한 자기모니터링 능력과 제3자적 자기의식의 능력이 싹트는 시기이자 자기 이해의 요구를 절실하게 느끼는 시기이기도 하다. 박아청(1998)에 따르면 청소년기에는 자기 대상화의 방식 중 3단계에 도달하게 된다.

① 자기의식이 전적으로 결여된 상태 : 영유아기, 수면 등
② 자기몰두식 자아의식을 가진 상태 : 유아기, 아동기 그리고 성인의 경우에는 무엇인가 몰두하고 있는 경우 등
③ 제3자적 자기의식을 가진 상태 : 청소년기 이후 특히 자성(自省), 번민, 자기통찰 등[46]

이처럼 청소년기는 자기 자신을 마치 타자처럼 볼 수 있는 능력을 갖게 되는 시기이자 이러한 능력을 통해 진정한 자기 이해에 도달할 것을 요청받는 시기이다. 그런 까닭에 텍스트라는 타자를 통한, 현재적 '나'의 성찰

---

44) 양명수, 「폴 리쾨르의 해석학과 여성신학」, 『신학 사상』 149, 한국신학연구소, 2010, p.176.
45) 텍스트의 의미론적 자율성으로 인해 텍스트의 의미는 특정한 사실이나 저자의 의도로 귀결되지 않고 독자에게 어떤 가능한 세계의 영역들을 열어 젖혀주는데, 이를 리쾨르는 '텍스트세계'라 명명한다. P. Ricoeur, 『시간과 이야기』 1, 김한식, 이경래 역, 문학과지성사, 1999, p.174.
46) 박아청, 『자기의 탐색』, 교육과학사, 1998.

과 대자적 '나'의 형성이 강하게 요청된다. 이처럼 텍스트의 해석을 통해 해석자가 현재적 '나'를 반성하고 대자적 '나'를 기획하는 양방향의 움직임을 경험하는 과정은 그 자체로 텍스트를 통한 자기 교육의 과정이다. 이 과정이 갖는 교육적 힘에 주목하고 그러한 힘을 더욱 극대화시킬 수 있는 해석교육의 설계가 요청된다. 따라서 본고에서는 그동안 해석교육에서 도외시되어 왔던 해석 주체의 성찰을 유도하여 텍스트 이해와 자기 이해가 순환될 수 있는 방향으로 해석교육을 설계하고자 한다.

3) 해석에 대한 평가 준거 마련

그동안 학습자의 소설 해석 과정과 결과는 그 자체로 주의 깊게 음미되거나 공동체의 평가를 받을 기회가 전무했다. 학습자의 해석이 사적(私的) 반응에 머무는 것만을 문제 삼을 것이 아니라, 이러한 학습자의 해석에 대한 교수/평가자의 반응 역시 지극히 사적이었음을 반성할 필요가 있다. 교실에서 학습자가 산출한 해석텍스트의 소통 구조는 어떠한가? 오직 한 명의 교사만이 예상독자이자 실제독자인 단선적 소통 구조가 대부분이다.

게다가 이 유일한 실제독자가 곧 평가자인 실정은 학습자의 해석텍스트 쓰기 욕구를 억압한다. 이런 상황 속에서 학습자는 해석의 긍정적 심리적 동인을 갖기 어렵고, 해석의 과정에 존재할 수밖에 없는 인지적 부담을 이겨내지 못할 가능성이 높다. 따라서 더더욱 해석의 능동적 수행이 어려워진다. 이따금 수행평가나 작품 이해 확인 차원에서 해석의 결과물이 수합되지만 이에 대한 평가 역시 교사의 인상에 근거하는 경우가 대부분이다. 학습자의 해석에 대한 평가 권한은 1인의 교사에게 온전히 부여되고 있으며, 이러한 평가 작업은 대부분 일회적이고 폐쇄적으로 이루어진다. 평가의 과정과 결과, 의미가 학습자는 물론이거니와 교사 공동체 내에서도 공유되지 않는다.

이처럼 해석텍스트 쓰기는 간헐적으로 이루어지고 있지만 방법의 교육은 없고, 해석에 대한 평가는 이루어지고 있지만 준거는 없다는 것이 현재 해석 교실이 맞닥뜨리고 있는 현실이다. 이렇듯 제대로 된 평가의 목표나 방향, 지침, 준거 등이 공유되고 있지 않는 까닭은 해석텍스트 평가에 대한 닫힌 패러다임과, 해석의 타당성 조건에 대한 합의 부재로 인한 것이라 할 수 있다. 이는 비단 해석 평가에 국한된 문제만은 아니다. 과정 평가 지향, 학습자 중심 평가, 인지와 정의의 균형이 이루어지는 평가, 태도 형성을 위한 평가, 평가 척도의 다양화라는 문학 평가 방향[47]에 대한 합의가 어느 정도 이루어졌으며, 이후 문학교육 평가에 대한 논의가 적지 않은 계보를 형성해왔음에도 불구하고 여전히 유사한 문제의식과 해결 방안의 제안에서 머무르고 있는 실정이다. 이는 대체로 문학교육의 정의적, 비가시적 목표와 특성에 기인한 것이며 따라서 문학교육의 특성과 평가의 현실 논리 사이에 발생할 수밖에 없는 낙차는 당연하게까지 여겨진다. 하지만 그러한 낙차만을 지적하며 문학교육 평가의 이상향을 모색하는 논의보다는 '제약 안에서의 설계'에 대한 논의가 시급하다.[48]

이러한 '제약 안에서의 설계'를 잘 예시하는 IB(International Baccal-aureate)의 경우를 일별해보면, 해석 평가의 준거 설정에 대한 몇 가지 시사점을 얻을 수 있다. IB는 스위스 제네바의 IBO(International Baccalaureate Organization)가 주관하는 국제 공인 학점 프로그램이다. 그 중 16-19세의 학생을 대상으로 한 프로그램은 DP(Diploma Program)로 불리며, 한국에서 IB DP 과정을 운영하는 학교는 2014년 기준 8개교이다. IB DP 과정은 문학에 대한 해석 활동을 상당히 강조하는데 그 중에서도 2편 이상의 문학 작품에 대한 해석텍스트 쓰기가 이루어지는 Language A : literature Paper의 평가 준거를 살펴보면 다음과 같다.

---

47) 김종철, 김중신, 정재찬, 「문학 영역 평가의 이론과 실제 : 제7차 교육과정을 중심으로」, 『서울대학교 국어교육연구소 학술대회자료집』, 1998.
48) 김창원, 「문학교육 평가론의 자기 성찰」, 『국어교육학연구』 47, 국어교육학회, 2013, pp.116-117.

<표 2> IB의 문학 해석텍스트 평가 기준 일부

준거 A. 텍스트 이해	0	레벨1 미도달
	1	텍스트에 대한 미진한 이해 : 사고, 감정의 미이해, 부적절하거나 무관한 텍스트 참조
	2	텍스트에 대한 부분적 이해 : 사고, 감정의 표피적 이해, 다소 관련되는 텍스트 참조
	3	텍스트에 대한 적절한 이해 : 사고, 감정, 세부요소의 적절한 이해, 타당한 텍스트 참조
	4	텍스트에 대한 상당한 이해 : 사고, 감정, 세부요소의 상당한 이해, 섬세하고 지속적 텍스트 참조
	5	텍스트에 대한 탁월한 이해 : 사고, 감정, 세부요소의 통찰적 이해, 섬세하고 지속적 텍스트 참조
준거 B. 텍스트 설명	0	레벨1 미도달
	1	텍스트에 대한 미진한 설명 : 사소하고 무관하거나 내용의 반복으로 구성
	2	텍스트에 대한 부분적 설명 : 입증되지 않은 일반화, 텍스트의 환언
	3	텍스트에 대한 적절한 설명 : 대체로 관련성 있으며, 예시에 의해 뒷받침되는 타당한 분석
	4	텍스트에 대한 상당한 설명 : 명백히 관련되고 적절한 개인적 반응을 포함, 분석은 대체로 섬세하며 관련된 예들에 의해 잘 뒷받침됨
	5	텍스트에 대한 탁월한 설명 : 설득력 있고 숙고된 개인적 반응을 포함, 섬세한 분석, 주의 깊게 선정된 예들에 의해 설득력 있게 뒷받침됨
준거 C. 문학적 구조 감상	0	레벨1 미도달
	1	문학적 구조에 대한 미진한 인지나 감상 : 문학적 구조에 대한 고려 부재
	2	문학적 구조에 대한 부분적 감상 : 문학적 구조에 대한 표피적 분석
	3	문학적 구조에 대한 적절한 감상 : 문학적 구조의 효과들에 대한 적절한 감상, 분석은 관련된 예들에 의해 때때로 뒷받침됨
	4	문학적 구조에 대한 상당한 감상 : 문학적 구조의 효과에 대한 대체로 섬세한 감상, 분석은 대체로 섬세하고 관련된 예들에 의해 뒷받침됨
	5	문학적 구조에 대한 탁월한 감상 : 문학적 구조의 효과에 대한 섬세하고 설득력 있는 감상, 분석은 주의 깊게 선정된 예들에 의해 뒷받침됨

	0	레벨1 미도달
준거 D. 표현	1	초점화되고 발전된 주장 부재 : 구조화된 증거가 없고 체계적, 논리적으로 표현하려는 시도 없음
	2	다소 초점화되고 발전된 주장 : 다소 구조화된 증거가 있고 체계적, 논리적 표현 부분적 시도
	3	대체로 초점화되고 발전된 주장 : 적절한 구조, 대체로 체계적, 논리적 연쇄로 표현, 뒷받침하는 예들은 때때로 글의 핵심과 통합됨
	4	명백히 초점화되고 잘 발전된 주장 : 명백하고 논리적인 구조, 예들은 글의 핵심과 적절히 통합됨
	5	명백히 초점화되고 잘 발전되었으며 설득적인 주장 : 목적지향적이고 효과적인 구조, 예들은 글의 핵심과 잘 통합됨
준거 E. 언어의 형식적 사용	0	레벨1 미도달
	1	명확하지 못하거나 비응집적인 언어 : 순조롭게 이해되지 않고, 문법, 표기, 문장에서의 많은 실수, 정교하지 못하거나 부적절한 어휘
	2	다소 명확하고 응집적인 언어 : 문법, 표기, 문장 구성에 있어 일정 정도의 정확성, 문학적 논의에 적절한 어휘를 가끔 구사
	3	대체로 명확하고 응집적인 언어 : 문법, 표기, 문장 구성에서의 드문 실수, 문학적 분석을 위해 대체로 적합한 언어사용역
	4	명확하고 다양하며 정확한 언어 : 문법, 표기, 문장 구성에서의 현저한 실수 없음, 효과적이고 적절하게 다채로운 어휘, 관용구, 문체 사용, 적절한 언어사용역의 선택
	5	명확하고 다양하고 정확하며 간결한 언어 : 문법, 표기, 문장 구성에서의 현저한 실수 없음, 폭넓은 어휘의 정확한 사용과 다채로운 관용구, 문체, 효과적인 언어사용역의 선택

이처럼 IB는 상당히 세분화된 등급과 준거를 토대로 평가 지침을 마련하고 이를 모든 IB 운영기관의 교수/평가자와 공유한다. 그리고 평가의 목적과 준거에 근거하여 학습자에 대한 평가가 이루어지고 있는지 확인하기 위하여 IBO는 각국 학교의 IB 프로그램에서 평가된 학습자 텍스트를 부분 표집하여 평가의 정당성을 수시로 확인한다. 물론 IB의 사례가 그 자체로 문학 해석 평가의 완벽하고 유일한 방향은 아닐 것이며, 평가의 목적과 학습자의 수준, 해석 교실과 대상의 특성에 따라 해석 평가의 준

거는 조정될 수 있다. 다만 중요한 것은 IB의 사례가 예시하듯이 끊임없는 평가 준거의 설정 의지와 공유, 평가를 통한 학습자의 수준 확인, 그리고 평가 도구에 대한 성찰이 요청된다는 것이다.

결국 해석 평가는 학습자의 해석을 줄세우기 위한 일회적 테스트가 아니라, 학습자가 해석을 더욱 수월하게 수행해나갈 수 있도록 돕는 지속적 지침으로 기능해야 하기 때문이다.[49] 해석의 방법적 지식과 평가 준거가 문학교육 공동체 내에서 지속적으로 논의, 공유되어야 하며, 평가 결과는 반드시 학습자에게 송환되어야 한다. 평가를 위한 교사 공동체 형성 및 해석 평가에 대한 연구물의 축적 역시 장기적 시점에서는 필수적이다. 따라서 이러한 해석 평가의 방향과 준거를 제안할 수 있는 해석교육을 설계하는 것이 현대소설 해석교육의 주요한 과제로 대두된다. 본고에서는 해석의 범주별로 세분화된 목표와 방법을 마련하여 소설 해석의 실천적 평가를 도모하고자 한다.

---

49) 조희정(2010)에서는 국어교육 평가 장면에서 작동하는 프레임을 '줄 세우기 프레임[listing frame]'과 '자리 찾기 프레임[positioning frame]'로 대별한다. 후자인 '자리 찾기 프레임'에 의해 작동하는 평가는 피평가자의 능력 진단 뿐만 아니라, 피평가자의 능력 신장을 위한 국어교육적 처방을 마련하려는 기획으로 이어진다. 조희정, 「고전시가교육 평가 연구 (1)-평가 프레임을 중심으로」, 『문학교육학』 31, 한국문학교육학회, 2010, pp.163-175.

3장_독자군별 현대소설 해석의 양상 분석

1. 분석 방법

1) 분석 대상 선정 절차

본 연구의 문제의식은 대학생 독자의 소설 해석 경향을 질적으로 분석하는 작업 과정에서 착안되었으며 여기서는 밴 매넌(Van Manen)의 현상학적 연구방법 중 집중조명법을 사용하여 남녀 독자군(reader groups)의 해석 경향성을 도출하는 연구방법을 사용하였다.[50] 그 후속연구로 전문독자의 소설 해석 양상과 해석 전략을 분석하였으며, 이러한 해석 양상에 영향을 미친 요인을 해석자, 텍스트, 맥락 요인으로 나누어 살핀 바 있다.[51]

이러한 작업의 결과 대학생 독자군과 전문독자군의 소설 해석 양상이 학습자의 그것과 상당한 차이를 보이며, 대학생 독자군과 전문독자군이 소설 해석을 위해 사용하는 방법적 지식이 학습독자의 소설 해석 활동을 위한 교육적 비계로 기능할 수 있음이 인식되었다. 즉 중등교육에서 현대소설 해석능력의 발달가능역을 제안하기 위해서는 고등학생 독자군 뿐만 아니라 상위 독자군의 해석능력 역시 횡단적으로 조사, 분석되어야 했다.[52] 이에 착안하여 독자군별로 소설 해석텍스트를 수집하고 해석의 양

---

50) Woo, Shin-young, "Comparative Research on The Fiction Interpretation of Learning Readers in Heterogeneous Class", *The SNU Journal of Education Research* 20, 서울대학교 교육종합연구원, 2011.

51) 우신영, 「소설텍스트 해석교육 내용 연구」, 『문학교육학』 42, 한국문학교육학회, 2013.

52) 이러한 횡단적 접근법은 유아교육학에서 집중적으로 활용되는데, 최미숙, 황윤세(2004)에 따르면 1991년부터 2003년까지 발간된 265편의 유아발달 관련 논문의 메타분석 결

상을 분석하는 작업에 착수하였다. 따라서 이 연구는 독자군별 현대소설 해석능력에 대해 횡단적 접근법을 취한다고 할 수 있다.

발달단계별로 동년배 집단(cohort)을 동시에 표집, 측정하여 발달의 평균적인 성장 형태를 탐구하는 횡단적 접근법은 발달연구의 현실적인 방법의 하나이다. 대부분의 이론가들은 발달이나 성장 등에 의한 변화를 적어도 세 시점 이상에서 측정하여 성장곡선으로 모형화하여 분석하는 것이 가장 바람직한 방법이라 보고 있다.[53]

따라서 본 연구에서는 고등학생 독자군, 대학생 독자군, 전문독자군 등 세 집단을 표집, 조사하여 현대소설 해석의 독자군별 양상과 수준을 탐구하고자 하였다. 이처럼 현대소설 독자라는 모집단 안에 여러 개의 하부집단이 있다고 가정하고 모집단을 속성에 따라 계층으로 구분한 후 각 계층에서 표집하므로, 이 연구는 층화표집의 방법을 따른다고 할 수 있다.[54] 모집단이 어떤 속성에 의하여 여러 층으로 나누어질 수 있다는 것은 연구자의 이론적 전제에 기반하는 것이 사실이다. 즉 이 연구에서 층화표집의 방법을 선택한 것은 고등학생 독자군, 대학생 독자군, 전문독자군의 현대

과 횡단적 접근법을 사용한 연구가 226편(94.6%)으로 압도적 비중을 차지했다. 최미숙, 황윤세, 「유아발달에 관한 학술지 논문의 연구 경향 탐색」, 『유아교육연구』 24-5, 한국유아교육학회, 2004. 최근에는 중등교육에서도 각 집단별 수준이나 특성을 분석하기 위해 횡단적 접근법을 활용하는 양상을 보인다. 다음의 논의가 대표적이다. 전명남, 윤정륜, 「남·여 청소년 상상의 발달적 차이 분석」, 『중등교육연구』 51, 경북대학교 중등교육연구소, 2003.

53) 임시혁, 「발달연구의 횡단적 접근법에서 평균성장형태의 탐색」, 『교육평가연구』 19-1, 한국교육평가학회, 2006, p.101.

54) 아동문학 체험의 독자군별 특성을 추출한 진선희(2011)의 논의 역시 이 연구에 많은 시사점을 주었다. 진선희, 「아동문학의 독자 특성에 따른 문학 교육 내용 위계화 방향(1)-독자군별 경향을 중심으로」, 『국어교육학연구』 41, 국어교육학회, 2011. 한편 언론정보학이나 매체연구에서는 층화표집을 통한 독자군별 속성 연구가 비교적 활발한데, 다음과 같은 연구가 대표적이다. 박재영, 조수선, 「신문 열독 유형별 지방 독자의 속성 연구 : 중앙지 독자, 지방지 독자, 병독자에 관한 탐색」, 『한국언론정보학보』 27, 한국언론정보학회, 2004, 김재윤, 「현대시에 대한 독자의 인식과 수용 양상」, 『한국출판학연구』 44, 한국출판학회, 2002.

소설 해석능력이 상이한 양상과 수준을 보인다는 연구자의 전제를 반영한다고 할 수 있다. 이러한 층화표집의 장점은 계층으로 분류된 하부군의 특성을 잘 알 수 있고, 계층 간에 다른 능력을 가지고 있을 경우 계층간 집단비교가 가능하다는 것이다.[55]

고등학생 독자군의 경우 표본의 속성이 고르게 분포하도록 2013 국가학업성취도현황에 의거, 상중하(국어과의 경우 전국 평균은 다음과 같다. 보통 이상 80.44%, 기16.11%, 달 3.46%)의 국어능력을 보이는 학교를 한 곳씩 선정하였다. 보통학력 이상 85.6%로 중 정도의 국어과 성취도를 기록한 S시 소재 K고등학교, 보통학력 이상 74.9%로 하 정도의 국어과 성취도를 기록한 I시 소재 K고등학교, 보통학력 이상 98.7%로 상 정도의 국어과 성취도를 기록한 K도 소재 K고 등에서 표본을 선택했다.[56] 이들은 해석 대상이 되는 소설 <날개>에 대해 별도의 정규 수업을 받은 바가 없는 학생들로 선정되었으며, 해석텍스트 쓰기에는 총 1시간의 독서 시간과 1시간의 쓰기 시간이 동일하게 주어졌다.[57]

그리고 대학생 독자군과 전문독자군의 경우 각 집단의 속성을 잘 보여주어야 하는 한편 고등학생 독자군에 대해 발달가능역을 제공해줄 필요가 있기 때문에 일정 정도의 소설 해석능력을 보유했다고 판단되는 표본의 표집이 요구되었다. 따라서 대학생 독자군의 경우 예비 국어교사로서 일정 수준 이상의 소설 해석능력과 자발적인 소설 해석 태도를 보유한 K

---

55) 싱태세, 『교육연구방법의 이해』, 학지사, 2005, p.101.
56) 이상의 국가학업성취도현황 정보의 출처는 다음과 같다. 학교알리미 교육정보 공시서비스(http://www.schoolinfo.go.kr).
57) 권영민 책임편집, 『이상 소설 전집』, 민음사, 2012에 수록된 <날개>를 복사, 배포하여 1시간의 독서 시간을 제공하였으며, 다음 차시 수업에서 "<날개>를 해석하시오."라는 과제와 1시간의 해석텍스트 쓰기 활동을 부여하였다. 해당 수업을 전담하고 있는 국어과 지도 교사와 학습자의 동의 하에 정규 수업 시간을 활용하여 진행하였고, 제출한 해석텍스트에 대한 평가는 후행되지 않음을 미리 공지하였다. 또한 활동의 참여 여부에 따른 불이익 역시 발생하지 않음을 공지하였다. 이상의 활동이 연구 윤리를 준수하며 진행되었음을 IRB로부터 승인(SNUIRBNo.E1403/001-008, 2014.03.10)받았다.

시 소재 K대학교 국어교육과와 S시 소재 S대학교 국어과 교직 이수자 집단에서 표본을 선택했다.

특히 고등학생 독자군이 전문독자의 수준에 바로 근접하기 어려우며 고등학생 독자와 전문독자의 지향점 역시 상이하다는 점에서 대학생 독자군은 고등학생 독자군이 비교적 수월하게 도달할 수 있는 해석능력의 일차적 지점을 도출하기 위한 독자군이라 할 수 있다. 해석능력은 일종의 발달 중인 '역능'(competence)으로서 잠재적 수행 가능역(potential domain of mpetency)을 가지기 때문이다.[58]

따라서 대학생 독자군의 소설 해석 양상은 고등학생 독자군이 실현하지는 못했으나 잠재적 단서를 갖고 있는 역량이 무엇인지 알려주는 자료인 동시에, 미숙련 독자에서 숙련된 독자로 성장 중인 독자가 보여주는 해석능력의 수준을 확인할 수 있는 자료이기도 하다. 대학생 독자, 특히 본고가 표집 대상으로 삼은 예비 국어교사인 대학생 독자군은 소설 해석의 방법에 대해 학습 중인 독자인 동시에 예비적 전문독자라는 중간적 입장에 위치한다.

대학생 독자군이 갖는 이러한 독특한 성격으로 인해 많은 국어교육학 담론들이 대학생 독자에 대한 연구를 진행해 왔다.[59] 박영민(2012)에서는 중학생, 고등학생 및 대학생의 읽기 과정을 비교하여 비교적 능숙한 독자로서 대학생이 가진 읽기 특성을 도출하였고, 이때 모든 독자군이 동일 조건에서 동일 글을 읽도록 실험, 설계하여 독자군별 특성의 비교가 더욱 명료해지도록 하였다.[60]

---

58) 역능으로서의 문학능력에 대해서는 다음을 참조할 수 있다. 최지현, 「문학능력의 위계적 발달, 평가 모형」, 『문학교육학』 28, 한국문학교육학회, 2009.

59) 조희정(2011)에서는 대학생의 글쓰기가 글쓰기에 대해 학습하는 최종 단계의 교육 현장이자 이후를 대비하는 준비 단계라는 이중적 성격을 지님을 지적하고 있다. 조희정, 「대학 교양 수업의 비평문 쓰기 교육 연구 : 내용 생성 전략을 중심으로」, 『작문연구』 12, 한국작문학회, 2011.

60) 박영민, 「눈동자 움직임 분석을 통한 중학생, 고등학생 및 대학생의 읽기 특성 비교」,

김현정(2010)에서는 '고전시가론'을 수강하는 S대 국어국문학과 2학년 학생들의 감상문을 분석하여 전문독자로 성장 중인 미숙련 독자의 해석 양상을 분석한 바 있다.[61] 이들은 10학년에서 해석의 대상이 되는 텍스트인 <어부사시사>를 배운 바 있으므로 그들이 산출한 해석텍스트는 고등학교에서 이루어지는 고전시가 해석교육의 결과와 한계를 보여주는 동시에, 예비 전문독자로서 그들이 제고해가는 해석능력의 수준 역시 보여준다.

김종철(2002)의 경우 대학생 독자군과 다른 독자군을 실증적으로 비교하지는 않았지만, 대학생 독자에게 요구되는 문학교육의 교양적 성격을 탐구하면서 대학생들의 비평적 활동을 강조하고 있다.[62] 즉 대학생 독자는 문학을 매개로 동시대의 사회적 의제에 참여하면서 사회의 내적 모순이나 본질적 한계를 성찰할 수 있는 성인독자로서, 어떤 측면에서는 전문비평가에 비해 더 많은 교육적 시사점을 제공할 수 있는 독자군이라 할 수 있다.

그럼에도 불구하고 실증적 자료에 기초한 학습자들의 발달 수준에 관한 논의는 주로 초·중등 학습자들만을 대상으로 이루어져 왔다.[63] 이는 문학교육의 내용을 학년별, 혹은 학교급별로 위계화하려는 현실적 필요

『학습자중심교과교육연구』 12, 학습자중심교과교육학회, 2012.

61) 김현정, 앞의글.

62) 김종철, 「대학 교양 교육으로서의 문학교육의 방향 : 성인의 문학 생활화와 관련하여」, 『문학교육학』 10, 한국문학교육학회, 2002.

63) 하근희(2011)에서는 문학교육 내용 위계화의 방향을 모색하기 위해 학년군별 학생들의 반응 특성을 도출하였는데, 이때 초등학교 2, 4, 6학년 학습자를 대상으로 삼고 있다. 최지현(2009)의 경우 중학교 1학년부터 고등학교 2학년까지 학년별 2개 학급씩을 선정하여 운문과 산문 반응 검사를 수행하여 문학능력의 발달적 양상과 그에 대한 교사들의 평가를 확인하고자 하였다. 실증적 연구는 아니지만 고영화(2007)는 예술 수용 능력의 발달 이론을 수립하고자 했던 파슨즈의 논의와 조망 수용 능력에 대한 셀만의 논의에 토대하여 초등학교, 중학교, 고등학교 단계별 시조 교육 내용을 체계화한 바 있다. 하근희, 「초등학생 학년군별 독자의 이야기책 읽기 반응 양상 연구」, 『학습자중심교과교육연구』 11-4, 학습자중심교과교육학회, 2011, 최지현, 「문학능력의 위계적 발달, 평가 모형」, 『문학교육학』 28, 한국문학교육학회, 2009, 고영화, 「시조교육의 위계화 연구」, 서울대학교 박사학위논문, 2007.

때문이었지만 학습자들의 발달 수준에 대한 확인만이 아닌, 발달의 목표 설정을 위해서는 대학생 학습자 역시 문학교육 연구의 대상으로 인식될 필요가 있다.

이처럼 대학생 독자군의 해석 양상 분석 결과는 고등학생 독자군에게 제시될 수 있는 해석 활동의 기본 목표와 초보적 수준의 방법을 제시한다 면, 전문독자군의 해석 양상 분석 결과는 보다 확장된 목표와 숙련된 해 석 활동의 방법을 제시한다고 할 수 있다.

물론 전문독자로서 비평가와 학습독자의 활동에는 다소 차이가 있는 것이 사실이다. 비평가는 해석 활동을 통해 특정 작품을 문학사 속에 위 치시키고 가치평가하며 그 문학적 성과의 크고 작음을 논하게 된다. 하지 만 학습자는 작품의 의미를 구성한 후 다시 그 의미를 자신의 삶의 맥락 속으로 가져오게 된다. 이는 학습자의 현대소설 해석 활동이 인간적 성장 을 위한 교육적 기획 안에서 일어나기 때문이다. 그동안 문학교육 담론에 서도 이러한 특성을 '자기화'나 '내면화' 등의 개념으로 포섭하며 그 중요 성을 인정해왔다. 이처럼 학습자의 현대소설 해석 활동은 자기 이해를 위 한 텍스트 이해의 성격이 두드러지게 된다.

이처럼 전문독자와 학습자의 해석 활동은 그 지향점이 다소 다르고, 본 인이 속해있는 해석 활동의 장(場)이자 해석의 청자 집단으로 상정되는 해 석공동체의 범주와 성격 역시 상이하다. 하지만 본고가 전제하듯이 텍스 트를 앞에 두고 해석자가 벌이는 '해석'이라는 활동의 구조 자체는 다르 지 않다. 즉 활동의 장(場)은 다르지만 구조는 다르지 않은 것이다. '해석 능력이 뛰어난 자', '숙련된 해석자'(experienced interpreter)들의 해석텍스트는 학습자들에 주어져야 할 해석의 전형은 아니나, 해석을 수행하는 '과정'의 한 전범은 될 수 있다.

이 글은 미숙한 해석자가 숙련된 해석자의 해석 '결과'를 수용해야 한다 고 주장하는 것이 아니다. 다만 숙련된 독자가 해석이라는 과제 앞에서 펼치는 활동의 '과정'과 그 '과정'에서 사용하는 방법이 학습자의 해석능력 신장을 위한 발달가능역을 가늠하고 자극해주는, 교육적 비계일 수 있다고 본다. 이 연구가 대학생 독자군, 전문독자군과 같은 상위 독자군의 현대소설 해석 양상을 고등학생 독자군의 그것과 함께 분석한 것은 이 때문이다. 즉 상위 독자군의 해석텍스트를 통해 도출된 해석 활동의 방법적 지식은 고등학생 독자군에게 해석텍스트 쓰기의 조직자, 해석 경험의 매개자, 해석 결과의 조정자로 기능할 수 있다.

이러한 전문독자군의 해석 양상을 분석하기 위해 대상 텍스트가 되는 이상 <날개>에 관한 전형적인 해석양상을 드러낼 것으로 기대되는 표본을 우선표집한 후, 다시 이상의 전집이나 이상에 대한 본격적인 학술연구서에 재수록된 표본이나 반복적으로 후속연구에서 참조되는 표본을 추려내었다.64) 이는 해석공동체 내에서 해당 표본들이 일정 정도의 타당성과 소통가능성을 공준받았다고 볼 수 있기 때문이다.

이러한 조사의 결과 확보할 수 있었던 해석텍스트는 고등학생 독자군의 잠재적 발달 단계와 실제적 발달 단계를 가늠할 수 있는 중요한 자료가 되었다. 또한 이 연구에서는 자료를 통해 분석된 독자군별 소설 해석 양상의 패턴과 차이를 확인함으로써 교육적 설계의 토대를 마련하고자 하였다.

---

64) 최종 선정된 표본의 목록은 참고문헌의 자료 항목에서 상술할 것이다. 분석을 위해 사용된 자료에는 가벼운 형태의 감상부터 해석텍스트, 비평문, 연구논문 등이 혼재되어 있다. 하지만 이 자료들을 모두 해석텍스트로 개념화한 까닭은 다음과 같다. 해석텍스트는 "독자가 문학 텍스트에 대하여 중층적 관계를 설정하면서 해석의 관점과 논리를 구성하는 양상을 보여주는 텍스트"(양정실, 2006)이다. 따라서 해석텍스트라는 개념은 특정한 집단에 의해 씌어진 텍스트라거나 고정된 장르라기보다는 문학텍스트의 의미를 구성하려는 모든 글에서 발견되는 속성을 강조한 개념이라 할 수 있다. 아무리 자유로운 감상문이나 정형화된 연구 논문이라 하더라도 해석자의 의미 구성 행위라는 본질적 경험이라는 측면에서는 공통적 속성을 가지기 때문이다. 따라서 이 연구에서는 해석텍스트와 비평문, 학술 논문의 장르적 특수성을 표나게 가르기보다는 이들 해석텍스트를 통해 분석할 수 있는 독자의 의미 구성 양상에 주목하고자 한다. 해석텍스트의 정의와 특성에 대해서는 다음을 참고할 수 있다. 양정실, 앞의글, p.13, 정진석, 「윤리적 가치 중심의 소설 읽기 연구」, 서울대학교 박사학위논문, 2013, p.20.

이상의 연구 자료 수집과 분석 과정을 정리하면 다음과 같다.

<표 3> 연구 자료의 수집 및 분석 절차

독자군	고등학생 독자군			대학생 독자군		전문 독자군
	1학년	2학년	3학년			
자료 편수	K도 K고 26편	S시 K고 62편	I시 K고 51편	K시 K대 39편	S시 S대 40편	48편
	139편			79편		
자료 종류	이상, <날개>(1936)에 대한 해석텍스트					
자료 표기 방법	<해석 대상 텍스트-독자군-지역-성별-수합 순서> 예) <날개-H2-S-F-62> : 해당 독자군 내에서 62번째로 수합된 S시 고등학생 2학년 여성 독자의 해석텍스트 <날개-U-K-F-39> : 해당 독자군 내에서 39번째로 수합된 K시 대학생 여성 독자의 해석텍스트 <날개-C-M-47> : 해당 독자군 내에서 47번째로 수합된 남성 전문독자의 해석텍스트					
분석 절차	● 원자료 266편의 반복적 읽기 및 다큐먼트로의 변환 ● 이론적으로 연역된 분석틀의 타당성 확인 및 개별 다큐먼트의 속성 지정 ● 데이터의 토픽과 패턴을 대변하는 코딩범주 추출->385개의 프리노드 생성 ● 유사한 노드들을 묶고 계층화하여 44개의 트리노드 생성 ● Explore 기능과 Excel 등을 활용하여 독자군별 해석 양상 분석 및 시각화					

2) 분석 틀 : NVivo10을 이용한 자료 처리 및 분석

이 연구는 횡적 분석을 표방하기 때문에 각 독자군별 특성을 구체적으로 살필 수 있는 이론적 범주와 분석 도구가 필요하다. 따라서 2장에서 집중적으로 논의된 소설 해석의 개념과 소설 해석의 3차원적 범주를 사용하였다.

일반적인 질적 연구방법은 주로 자료에서 모든 범주를 생성하는 상향식의 귀납적 방식을 취한다. 반면 이 연구에서는 큰 차원에서는 이론적 범주에 자료를 할당하여 거시적인 분석틀의 타당성을 확보한 후, 각 범주 안에서 구현되는 자료의 양상과 특성은 귀납적으로 분석하는 방법을 사용한다. 분석틀은 이론적 근거와 연역적 성격을 갖지만, 독자들이 해석텍스트라는 언어적 보고(報告)를 통해 드러내는 '목소리'를 읽어내기 위해서는 귀납적인 방식을 택했다.

즉 이 연구에서는 처음부터 독자군별 해석의 양상과 수준을 모두 전제해 놓은 다음 거기에 맞춰 자료를 분석하지 않는다. 거시적인 범주 안에서 독자들의 자료를 살피고 의미 있는 양상이 떠오르면(emerge)[65] 하위범주를 부여, 수정하여 체계적으로 구조화해나가는 개방형 코딩 방식을 선택했다.

그리고 이를 수행하는 데 요구되는 분석도구(software tool for analysis)로 NVivo를 선택하였다.[66] NVivo는 최근 질적 연구에서 가장 대표적으로 사용되는 소프트웨어 프로그램으로서 본 연구는 가장 최근 출시된 NVivo10(2012.6)을 사용하였다. 1980년대 들어 질적 자료 분석을 위한 소

---

65) 'emerge'는 질적 자료 분석 과정의 핵심 용어인데 자료를 bottom-up 형태로 분석해나가는 과정에서 특정한 범주나 특성, 의미요소가 점차 명료하게 떠오른다는 의미로 쓰인다. 최희경, 「자료 분석 소프트웨어(NVivo2)의 유용성과 한계-전통적 분석방법과 Nvivo2 분석방법의 비교」, 『정책분석평가학회보』 18-1, 한국정책분석평가학회, 2008, p.128.

66) 문법교육에서 분석도구로 NVivo를 사용한 연구로는 다음을 들 수 있다. 김은성, 「학습자들은 왜 문법학습을 꺼리는가」, 『국어교육연구』 40, 국어교육학회, 2007. 이관희, 「다문화 국어교육에 대한 예비 초등 교사들의 인식 양상 연구」, 『한국초등국어교육』 44, 한국초등국어교육학회, 2010. 김은성(2007)의 경우 NVivo7, 이관희(2010)의 경우 NVivo8을 사용하였다. 아직 문학교육연구에서 학습자의 해석텍스트를 분석하는 데 질적 연구 소프트웨어를 사용한 경우는 연구자의 과문으로 인해 발견하지 못하였다.

프트웨어의 개발과 함께 이른바 CAQDAS(Computer-assisted Qualitative Data nalysis)가 주목을 받고 있는데 이러한 소프트웨어 중에서도 NVivo10을 자료에 대한 질적 분석도구로 활용할 경우 다음과 같은 장점이 있다.

첫째, 그동안 학습자들의 해석텍스트를 분석하는 방법은 비정형적인 형태로 이루어져 온 측면이 있다. 그러한 자의적, 환원적 분석을 피하는 데 도움을 줄 수 있다. 둘째, 이 연구에서 다루고자 하는 266편의 해석텍스트는 일일이 파일로 변환했을 때 상당한 분량이라 볼 수 있다. 이 자료를 수작업으로 처리하게 되면 원자료의 데이터나 분석틀 및 분석 과정의 일관성이 상실될 수 있다. 반면 NVivo10을 사용하면 자료의 크기와 상관없이 언제든 분석된 자료를 신속하게 한 화면에서 전시하고 구간 사이를 이동하며 분석의 일관성을 점검하고 조정할 수 있게 된다.

셋째, 데이터베이스화된 자료를 필요할 때마다 불러들여 특징적인 부분들을 세그멘팅하고 거기에 코드를 부여하는 코딩 작업을 할 수 있다. '코딩(coding)'이란 일단의 구문 또는 문장에 라벨을 붙이는 작업이다. 원자료의 부분마다 특정한 문구로 노드67)를 부여할 수 있으며, 원자료를 훼손하지 않고도 노드가 부여된 자료들만 모아서 검색, 확인할 수 있다.

넷째, 단어나 구문으로 코딩된 자료들을 검색할 수 있고 특정 속성별로 자료를 검색하여 매트릭스 형태로 처리할 수 있다. 예를 들면 고등학생 독자군의 해석텍스트에서만 반복적으로 등장하는 코드나 특정 단어의 높은 빈도수가 있다면 이를 교차표 형태로 만들거나 Excel, SPSS 프로그램과 호환시켜 분석할 수 있다. 이처럼 군집별, 속성별 경향을 분석하고 시각화해주며 각 자료들 간의 관계를 도식화해주므로 자료로부터 출발한 이론 구축이 가능해진다.

본 연구에서 Nvivo10을 활용하여 자료를 분석한 과정을 정리하면 다음

---

67) '노드(node)'란 코딩, 즉 부호화가 일어난 장소를 특정한 어휘, 혹은 어구로 이름 붙인 것을 의미한다. 최희경, 앞의글, p.130.

과 같다.

첫째, 원자료 266편을 7회 이상 반복적으로 읽고 이론적으로 연역된 최상위범주의 타당성을 확인하며 범주별 경향성에 대한 인상을 메모하였다.

둘째, Nvivo10을 설치, 구동하고 <현대소설 해석교육 연구>라는 명칭의 프로젝트[68]를 생성하였다.

셋째, 원자료 266편을 모두 전사하여 txt파일의 다큐먼트로 저장하였다. 이는 Nvivo10에서 특정한 어휘를 검색하고 정확한 의미단위를 세그멘팅할 수 있는 거의 유일한 형식이 txt파일이기 때문이다.

넷째, 개별 다큐먼트마다 속성(attributes)을 지정하였다. 해석자의 해석 대상 소설, 독자군, 학년, 지역, 성별 등이 속성으로 지정되었다.

다섯째, 다큐먼트를 하나씩 불러 코딩 작업을 시작하였다. 내용을 세세히 읽으면서 이론에서 도출된 범주의 해석능력이 구체적으로 구현된 부분들을 중심으로 의미 있는 문장이나 문단을 블록 설정(segmenting)하였다. 그리고 그 내용을 특징지을 수 있는 단어나 문구 등을 노드(node)로 이름 붙여 주었다.[69] 노드의 변경은 물론, 유사한 노드끼리의 병합(merge), 특정 노드의 하부 노드나 병렬노드로 재배치 등을 통해 노드 간의 계층구조를 만들었다.

예를 들어 한 고등학생 독자의 해석텍스트에 "무슨 말인지 하나도 모르겠다. 말도 어렵고 내용도 어렵다...난 이해하기 어렵게 글을 쓴 이상이 천재 같다기 보단 그냥 짜증난다."라는 부분이 의미 있는 핵심 주제로 떠오

---

68) '프로젝트'란 해당 작업에 이용되는 자료들을 담아내는 일종의 컨테이너 역할을 하는 동시에 분석 작업이 수행되는 장(場)이라 할 수 있다. 최희경, 앞의글, p.129.

69) R. Bogdan, S. K. Biklen, 『교육의 질적 연구방법론』, 조정수 역, 경문사, 2010, p.232. "수집한 데이터를 읽어가다 보면 어떤 단어나 문구, 행동 패턴, 연구대상자들의 사고방식, 사건 등이 반복해서 나타나고 두드러지는 것을 알 수 있다. 코딩체계를 개발하는 것은 여러 단계를 거친다. 데이터를 읽으면서 데이터가 다루고 있고 토픽 뿐만 아니라 불변하는 것과 패턴을 찾는다. 그런 다음, 이들 토픽과 패턴을 대변하는 단어나 문구를 적는다. 이 단어나 문구가 코딩범주가 된다."

르면 이 부분을 지정(segmenting)하여 <주제적 의미 구성의 포기나 미도달>라는 이름의 새 노드로 코딩하였다.

다른 고등학생 독자의 해석텍스트에 "무슨 말이고 무슨 상황인지 이해가 안 되었기 때문이다. 그래서 내용을 온전히 이해하려 한다기보다 그냥 글 흐르는 그 흐름에 맡기고 다 읽었다."라는 부분이 유사한 핵심 주제로 떠오르면 이 부분을 지정하여 기존 노드 <주제적 의미 구성의 포기나 미도달>에 포함시킨다. 상이한 핵심 주제가 떠오를 경우 새 노드를 생성시킨다. 이렇게 해서 1차적으로 프리노드 385개가 생성되었다.

여섯째, 프리노드 리스트를 검토하여 유사한 노드들을 묶고 계층화하는 식의 bottom-up 형태로 자료를 체계화하였다. 이는 전형적으로 근거이론(grounded theory)에 입각한, 즉 수집된 자료를 바탕으로 그 안에서 특정한 경향을 도출해내는 방식이다. 이렇게 해서 1차 노드들을 병합, 삭제, 변경하고 상위 노드와 하위 노드로 계층화해가면서 2차적으로 트리노드 44개가 생성되었다.

일곱째, 엑셀을 활용하여 독자군별 노드의 코딩 양상을 양적으로 비교하고, 빈출되는 어휘나 어구를 뽑아 일종의 해석 표지자(marker)로서 해당 어휘나 어구가 어떠한 독자군별 해석의 양상을 드러내는지 질적으로 분석하였다. 또한 어떤 자료들이 어휘적 유사성이나 코딩의 유사성을 갖는지 군집분석하여 경향성을 파악하고 이러한 과정을 통해 군집화된 자료들이 대체로 독자군 분류와 비례함을 밝혀 독자군별 현대소설 해석의 양상을 검토하였다.

2. 고등학생 독자군의 현대소설 해석 양상

1) 의미론적 해석 양상

여기서는 고등학생 독자군의 <날개> 해석텍스트 139편을 대상으로 NVivo10을 사용한 코딩을 실시하여 유의하게 떠오르는 의미론적 해석의 양상을 포착하였다. 코딩 결과 의미론적 해석 양상은 크게 목적, 과정, 유형의 하위 범주로 나누어 살펴볼 수 있었으며 목적에서는 인물의 행위 동기와 심리 추리가, 과정에서는 주제적 의미 구성의 포기나 미도달이, 유형에서는 연상에 의한 프로토콜 형이 가장 두드러지는 양상으로 코딩되었다. 이상의 코딩 결과를 표로 제시하면 다음과 같다.

<표 4> 고등학생 독자군의 의미론적 해석 양상

독자군		의미론적 해석 양상	자료 수 (비율)
고등학생 독자군	목적	a. 인물의 행위 동기와 심리 추리	84(60.4%)
		b. 작가의 의도 추리	32(23.0%)
		c. 작가의 무의식 탐구	1(0.7%)
		d. 내포작가의 의도 추론	2(1.4%)
	과정	a. 해석 가설의 명시적 설정	51(36.7%)
		b. 주제적 의미 구성의 포기나 미도달	55(39.6%)
		c. 텍스트내적 정보나 근거 제시 미비	70(50.4%)
		d. 해석 가설에 대한 일반화 유보	27(19.4%)
		e. 해석 가설을 반증하는 부분 발견	1(0.7%)
	유형	a. 연상에 의한 프로토콜 형	98(70.5%)
		b. 스토리 요약에 의한 다이제스트 형	20(14.4%)
		c. 추체험에 의한 내러티브 형	2(1.4%)
		d. 어구 분석에 의한 주석 형	1(0.7%)
		e. 동위성에 의한 수렴방사 형	18(12.9%)

의미론적 해석의 목적에서 가장 두드러지는 점은 독자군을 망라하여 인물의 동기와 심리를 추리하고자 하는 지향성이 지배적이었다는 점이다. 특히 고등학생 독자군의 경우 전체 139편의 해석텍스트 중 60.4%인 84편의 해석텍스트에서 인물의 행위 동기와 심리를 추리하고자 하는 강한 목적성을 드러내고 있다. 이러한 목적에 도달하기 위해서는 텍스트에 산포한 인물에 대한 정보들을 수합하고, 각 인물들의 관계를 분석해야 한다. 하지만 대다수의 고등학생 독자들은 인물에 대한 인상을 단발적으로 나열하다가 인물의 행위 동기를 추리하는 과정을 통해 텍스트의 의미론적 주제를 찾으려 하는 경향을 강하게 드러냈다. 후술하겠지만 이는 고등학생 독자군의 해석텍스트 중 70.5%인 98편이 연상에 의한 프로토콜 형의 해석 유형으로 분류되는 데 큰 영향을 미친다. 다음의 해석텍스트를 살펴보자.

> 책을 다 읽었지만 아직도 아내의 심리와 남편의 심리를 잘 <u>모르겠다</u>. 아내는 왜 남편에게 아달린을 아스피린으로 속여서 먹였는지 <u>이해가 되지 않는다</u>...자신이 좋아하는 아내가 자신을 속여서 자살을 했는지 그 이유가 <u>궁금하다</u>...나중에 다시 한번 더 읽었을 때는 주인공들의 심리를 다 알고 <u>이해할 수 있었으면 좋겠다</u>.<날개-H2-S-F-10>

> <u>또 읽다가 충격받은 부분으로</u> 아스피린을 준 것이 아니라 최면약 아달린을 '나'에게 준 부분을 꼽을 수 있겠다. '나'는 그 약을 보면서 별의별 생각이 다 들었을 텐데 그 와중에 또 아내가 너무 힘들고 상황도 여의치 않고 하여 <u>어쩔 수 없이 내린 선택은 아니었을까</u>?<날개-H2-S-F-14>

<날개-H2-S-F-10>의 경우 독서가 완료된 이후에도 여전히 인물들의 심리를 '모르겠다'고 진술하고 있으며 재독을 통해 그것을 이해하고자 하는 욕구를 드러내고 있다. 아내의 기만으로 인해 주인공이 자살했다는 결말 해석은 단정적으로 수행되고 있지만, 정작 그러한 해석을 뒷받침하기

위해 해명되어야 할 인물의 심리 변화나 행위 동기에 대해서는 충분한 추론이 이루어지지 못한 상태임을 알 수 있다. <날개-H2-S-F-14>의 경우 인물의 행위에 대해 독자 자신이 받은 충격을 토로하면서 그렇게 충격적인 행위를 수행한 아내의 동기에 개연성을 부여하고자 노력하는 모습을 보인다.

기실 <날개>의 경우 작중인물들의 행위 동기가 명백하다고 보기 어렵고, 고등학생 수준에서 작중인물들의 심리나 행동에 상식적으로 공감하기 쉽지 않은 작품이다. 흄(Hume)은 유사성이나 인접성, 인과성의 계열이 강해질수록 공감은 더욱 높은 강도로 발생한다고 보았다.[70] 역으로 유사성이나 인접성, 인과성이 제한될수록 공감을 위해서 의도적 노력이 요구된다 할 수 있다.

고등학생 독자들은 그처럼 제한된 유사성, 인접성, 인과성으로 인해 작중인물의 동기와 심리를 이해하기 어렵다고 호소하면서도 그렇기 때문에 그러한 동기와 심리에 대한 추리를 목적으로 해서 해석을 해나가는 경향을 보인다. 이는 공감적 읽기가 문학능력의 초기 발달 단계라 주장하는 위테(Witte) 외(2006)의 연구 결과를 뒷받침한다.[71] 하지만 소설 해석에 있어 인물의 동기와 심리를 추리하는 것으로 해석이 충분히 완료되었다고 보기는 어렵다. 소설에는 인물 외에도, 서술자나 내포작가와 같은 많은 인격적 존재들의 목소리가 숨어 있기 때문이다. 하지만 고등학생 독자군의 해석텍스트는 인물에 지나친 해석적 투자를 집중한 나머지 내포작가나 실제 작가의 의도 등에 대해서는 미처 추론을 시도하지 못하는 경향을 보인다.

---

70) D. Hume, 『인간 본성에 관한 논고 제 2권 정념에 관하여』, 이준호 역, 서광사, 1996, p.65.

71) T. Witte, T. Janssenm, G. Rijlaarsdam, "Literary competence and the literature curriculum", *paper for colloquium Mother Tongue Education in a Multicultural World*, 2006. 6.22-25. 이 발표문에서는 문학능력의 발달 단계를 6개의 단계로 나눈다. 1. 경험적 읽기, 2. 동일시하는 읽기, 3. 반영적 읽기, 4. 해석적 읽기, 5. 문학적 읽기, 6. 지적 읽기가 그것이다. 이 연구는 6개 학교로부터 표집한 16-18세의 학습자 30명을 대상으로 수행되었다.

25.1%의 해석텍스트만이 작가의 의도나 무의식, 내포작가의 의도를 추론하려는 해석의 목적을 드러내고 있다는 분석 결과가 이를 뒷받침한다.

그동안 문학교육에서 작가의 '의도'를 찾는 태도는 적어도 선언적으로는 경계되어 왔다. 물론 '의도'라는 말이 자칫 텍스트 해석의 과정을 스무고개 놀이처럼 오도할 수 있는 위험을 내포함은 사실이다. 그러나 한 인간적 존재의 행위 동기를 파악하고자 하는 욕구는 해석을 추동하는 강력한 동력이다. 리쾨르는 실제 저자가 말하고자 하는 것이 아니라 텍스트가 말하고자 하는 것을 찾으라고 했지만, 그 과정에서 저자에 대한 의식적 지각 역시 경유될 수밖에 없다.

그 대상이 작품 속 인물이든, 서술자이든, 작가이든, 아니면 작품 자체이든 간에 '의도 찾기'는 텍스트의 주제적 의미를 구성해 가는 데 중요한 지향점을 마련해 준다는 것을 이상의 분석 결과는 보여준다. 다만 단순히 작중인물의 행위 동기와 심리만 추리하기보다는 그러한 인물에 대해 발화하거나 그러한 인물을 발생시킨 상위적 힘(power)들에 대해서도 함께 고려한다면 해석의 결과가 보다 풍부해질 것임을 지적할 수 있다.

한편 <날개>의 메시지를 의미론적으로 해석하는 과정에 있어 많은 독자들이 나름의 해석 가설을 세우고 검증해가는 양상을 보였다. 그런데 고등학생 독자군의 해석텍스트 중 39.6%에 해당하는 55편의 텍스트에서 <날개>에 대한 주제적 의미 구성을 포기하거나 그것에 도달하지 못했음을 고백하는 양상이 드러났다. 주제적 의미 구성을 시도했지만 본인이 세운 해석 가설에 대한 일반화를 유보하는 태도를 노출하는 경우도 19.4%나 집계되었다. 이는 해석자로서의 자의식을 강하게 드러내는 전문독자군과 명백하게 대비되는 지점이다.

> 내가 생각해도 약간은 무리수인 <u>듯 하지만</u> 위와 같이 이 소설 속 공간이 화자가 바라는 이상적인 세계라면, 역발상적으로 소설 속 아내의 바쁜 모습

들은 화자의 현실세계의 모습일 수도 있다는 <u>생각이 들었다</u>.<날개
-H2-S-F-12>

부부의 이야기인 것 같은데, 어떤 남자의 인생기라고 해야 되나 그런 것
을 표현한 이야기인 것 <u>같기도 하다</u>. 같다라고 하지 못하고 같기도 하다라
<u>고 한 이유</u>는 글을 중간 중간 읽고 내용 음... 내가 보고 싶고 읽고 싶은 내
용만 읽어서 그런 것도 있고, 난 책을 읽을 때 제목을 보고 내용을 추측하
는 경우가 많아 내가 추측한대로 생각해서 내용이 잘 안 읽히는 것도 있는
<u>듯 싶다</u>.<날개-H2-S-F-30>

주인공에겐 집이 최상의 공간이며 낙원이고 아내는 낙원의 주인 같은 존
재로 보여졌다. 주인공에게는 낙원에서의 자유가 주어지지 않고 또한 탐내
하지도 않았다. 그에 대한 답례로 하루하루 보상을 받으며 자유가 주어질지
기다리는 느낌? <u>추측일 뿐이지만</u>. 결국 주인공이 죽게 된다는 이야기를 들
었다. 날개를 잃어버려 죽는다고. 그 말을 들으니 좀 더 읽어보고 싶고 뭔
가를 찾아내보고 싶어졌다. 다 읽어보지도 않고 추측해 써내서 말도 안되고
이상하겠지만 나에겐 이런 <u>느낌을 주었다</u>.<날개-H2-S-F-6>

위의 예들에서 볼 수 있듯 잦은 삽입구의 사용과 '생각이 들었다', '같
기도 하다', '추측일 뿐이지만', '-듯 싶다' 형태의 문장이 빈번히 등장한
다는 것이 그 증거이다. 특히 <날개-H2-S-F-6>의 경우 '최저낙원'이라는
이상 문학의 주요한 모티프를 발견해냈음에도 불구하고 그것을 추측의
영역으로만 세한하고 별도의 부연 없이 비로 주인공이 자살했을 것이라
는 추측으로 해석을 마무리한다.

이러한 분석의 결과는 Nvivo10의 Query 기능을 통해 도출한 고등학생
독자군 내 어휘 빈도로도 증빙된다. Query 기능을 사용하여 전체 139편의
고등학생 해석텍스트에서 가장 높은 빈도로 등장한 어휘를 도출한 결과
는 다음과 같다.

<표 5> 고등학생 독자군 내 어휘 빈도 검색 결과

독자군	고빈도 어휘	횟수	비중(%)
고등학생 독자군	'나'는, '나'가, '나'의, '나'에게	241	0.77
	주인공은, 주인공의, 주인공이	201	0.64
	아내에게	95	0.30
	생각하는, 생각했다	54	0.18
	모르겠다, 모르겠고, 모르겠지만	43	0.13

　분석 결과 <날개>의 스토리나 작중인물의 행위를 재서술하는 과정에서 반복적으로 등장하는 어휘를 제외하면, 통계적으로 가장 의미있게 떠오르는 경향은 54회 집계된 '생각ㅎ-'형 진술과 43회 집계된 '모르겠-'형 진술의 빈출이었다. 그 외에도 빈출 어휘 상위권에서 '이해하기', '이해하지', '궁금하다' 등이 등장하였다.

　이처럼 고등학생 독자군에서 유독 많이 등장하는 '생각ㅎ-'형 진술과 '모르겠' 형의 진술은 보다 심화된 분석을 요하는데, 이러한 진술이 고등학생 독자들이 겪고 있는 소설 해석 과정의 곤란과 그것이 발생하는 장소를 지시해주기 때문이다. 또한 이러한 진술이 다른 진술들과 만나 어떤 해석텍스트를 완성시키는지 살펴보면 각 독자군별 해석의 양상이 갈라지는 지점 역시 보다 명확해지기에 많은 교육적 시사점을 얻을 수 있게 된다. 따라서 이러한 진술의 앞뒤 맥락을 보다 미시적으로 살필 필요가 있다.

　먼저 고등학생 독자군에서 빈출되는 '생각ㅎ-'형 진술부터 살펴보자. 전술했듯 고등학생 독자군은 대체로 자신의 해석 가설을 일반화하는 것을 유예하려는 경향을 강하게 나타냈고, 이 과정에서 자신이 내린 해석적 판단이나 추론 등에 대해 선언적 어조로 진술하기보다는 이러이러한 '생각을 했다'는 정도로 완곡하게 진술한다. '~것 같다' 형의 진술 역시 '생각ㅎ-'와 유사한 성격을 가지는데, 이러한 '~것 같다' 형 진술이 전문독자군에서는 거의 등장하지 않고, 고등학생 독자군에서 주로 등장한다는 점 역시 독특하다.

고등학생 독자군의 경우 인물이나 작가의 의도에 대한 추측을 드러낼 때 주로 '~것 같다'형 진술을 사용하였다. 전반적으로 다음의 두 가지 특성을 지적할 수 있는데, 첫째, 본인의 느낌을 진술하거나 느낌의 원인을 진술할 때조차도 추측형 문장인 '~것 같다'형 진술('~한 생각을 하게 된 것 같다', '이해하기 힘들었던 것 같다', '나에게는 어려운 인 같다')을 선호하고 있었으며, 둘째, 작품이나 작가에 대한 가치평가적 진술에서도 '~것 같다'형 진술('몰입이 잘 되게 쓴 것 같다', '현실적인 이야기인 것 같다', '좋은 글었 것 같다', '작가는 273차원인 것 같다')을 선호한다는 점이다. '~것 같다'가 대체로 객관화의 부담을 경감시키기 위해 선택되는 완곡한 진술임을 감안한다면, 텍스트에 대한 독자 자신의 반응과 평가를 객관화시키는 데 상당한 부담을 느끼고 있음을 추론할 수 있다.

김창섭(2012)에 따르면 '~같다'는 [개연성 높음]을 뜻하는 추측형 문장으로 특정한 명제가 참일 개연성이 1에 가깝다는 필자/화자의 '마음의 태도'를 드러낸다.[72] 하지만 이러한 태도는 명확한 판단이라기보다 완곡한 의도 표시에 가까우며 때로는 판단의 보류에 가까운 뉘앙스를 주기도 한다. 이처럼 '~것 같다' 형의 완곡한 진술을 선호하는 까닭은 레이코프(Lakoff)의 에둘러 표현(hedge), 그라이스(Grice)의 협력 원칙과 격률, 브라운(Brown)과 레빈슨(Levinson)의 공손성 이론 등으로 설명될 수 있다.[73] 즉 이러한 진술은 필자가 판단한 내용에 대한 타당성 주장에 적극적으로 나서기보다는, 그러한 판단을 주관적 추측의 수준으로만 제한하고자 하는 의도에 기반하고 있다.

이는 한편으로는 필자의 주장에 대해 다른 필자가 평가하고 추가 정보

---

72) 김창섭, 「'같다'의 의미와 기본 구문」, 『진단학보』 116, 진단학회, 2012, p.236.
73) 김해연, 「국어 담화에서의 '~는 것 같다'의 화용적 의미와 상호작용적 기능」, 『언어와 언어학』 52, 한국외국어대학교 언어연구소, 2011.

를 제공할 수 있는 기회를 제공하고 상호작용을 유도하는 기제라는 점에서 긍정적이다. 그러나 지나치게 자주 사용되는 추측형의 '~것 같다'는 타자의 부담을 경감시키려는 공손성의 전략이 해석 가설 논증 과정의 설득력을 오히려 떨어뜨리고, 필자가 개연성이 높다고 판단한 내용의 객관성에 대한 신뢰 역시 흐리게 할 수 있다.

다음으로 43회 집계된 '모르겠-'형 진술의 출현 양상을 살펴보자. 고등학생 독자군 전체 해석텍스트에서 '모르겠-형' 진술을 수합한 결과 '모르겠-형' 진술은 대개 '모르겠다', '모르겠고', '모르겠지만' 등의 변이 양상을 보이며 그러한 '모름'의 대상이 매우 다층적인 것이 특징이다.

'모르겠-'형 진술의 대상과 후속 결합부 등을 분석한 결과 고등학생 독자군이 토로하는 '모름'의 대상은 인물의 동기나 행위, 특정 어휘나 서술, 소재, 주제의 의미, 작가의 의도 등인 경우가 많았다. 하지만 때로는 독자 자신이 텍스트에 대해 받은 느낌의 이유가 '모름'의 대상이 되거나 작품이 지닌 문학사적 위상의 정당함, 혹은 다른 독자들의 생각이 '모름'의 대상이 되기도 한다. 이러한 '모름'의 다층성을 단적으로 보여주는 해석텍스트를 예시하면 다음과 같다.

> 글쓴이가 무엇을 하고 있는지를 잘 모르겠고 글쓴이와 인물 간의 관계도 이해가 잘 가지 않는다. 특히 초반에 18가구의 이야기는 전혀 이해가 가지 않는데 이야기 도중 들어가는 '파라독스, 도스토예프스키'와 같은 말들 때문인 것 같다...하지만 끝까지 읽다보니 아내가 그 아내가 아닌 다른 무엇인 건가? 라는 의심도 들었고 이 이야기가 날개와 무슨 관련이 있는건지 아직까지도 모르겠다...이해도 잘 가지 않고 무슨 이야기를 내게 전달하려 했는지도 모르겠다. 아내는 존재하는 것일까?<날개-H2-S-F-33>

<날개-H2-S-F-33>에서는 글쓴이, 즉 이상이 하고 있는 행위의 내용과 의미에 대한 '모름'과 소재 '날개'와 전체 이야기의 관계에 대한 '모름',

'아내'라는 존재의 진위 여부에 대한 '모름'과 텍스트가 독자에게 전하려
는 메시지에 대한 '모름'이 혼재해있으며 이 모든 불투명성이 '모르겠다'
는 동일한 표현으로 진술된다.

이상의 고빈도 어휘 분석 결과 다양하고 창의적인 해석을 강조하는 교
육과정과는 달리 고등학생 학습자들은 텍스트 내용에 기반한 기본적인
의미구성에 있어서도 어려움을 호소하고 있음을 알 수 있다. 또한 그들은
텍스트에 대한 다양한 반응을 표출하는 경우에도 그것이 해석이라는 공
적 언어로 조직될 수 있다는 자의식을 확보하지 못하고 있다. 따라서 소
설텍스트 해석에 있어 응집적 의미구성에의 노력이 강조되어야 하며, 의
미론적 애매성에 대한 견딤의 태도 역시 해석능력의 신장을 위해 요구된
다고 할 수 있다. 다음은 고등학생 독자군이 소설 해석에서 겪고 있는 의
미구성의 어려움을 단적으로 보여주는 사례들이다.

> 나의 국어력의 한계를 보여주는 이상의 '날개'는 겉으로만 한글인 척 하
> 는 외계어로 쓰여진 도대체 이해할려고 해도 알아들을 수 없는 그런 소설
> 이다. 그래서 나는 이해한 바를 표현할 수가 없다. 그래도 그나마 이해한거
> 라고는 소설 속의 '나'는 세븐을 좋아한다는 것이었다. 나도 7을 좋아하고
> 또 이번 반 배정을 통해서 더욱 좋아했던 터라 이 소설에서 가장 기억에 남
> 는 건 7을 사랑하는 '나'였다. 너무 내용이 짧은 것 같아 덧붙이자면 나에게
> 졸림과 슬픔을 선사하는 나쁜 소설...다시한번 날개를 힐끗 보았다. 탕고도
> 오랑내 도대체 무슨 뜻일까 아무리 생각해도 무슨 뜻인지 모르겠다. 또 비
> 웃굽는 내...이건 뭘까 비웃을 왜 굽고 심지어 ㄱ 냄새는 어떻게 아는지 이
> 작가는 273차원인 것 같다. 대단하다.<날개-H2-S-F-20>

> 나는 이 소설, 첫 줄을 읽자마자 나오는 한마디가 이것이었다. "...뭔소리
> 야?" 정말 2p 읽을 때까지 이 작가는 도대체 독자에게 무엇을 전하고 싶어
> 서 이렇게 말하고 있나 생각이 들었다.<날개-H2-S-F-21>

> <u>작가가 무슨 말을 하는지 모르겠다.</u> 작가가 술먹고 쓴 느낌이다.<날개
> -H2-S-F-28>

이처럼 <날개>에서 고등학생 독자들이 처음으로 느낀 감정은 당황스러움과 난해함이다. 하지만 이 감정은 왜 이토록 당황스럽고 난해한 모습의 텍스트가 존재하는가에 대한 섬세한 탐구로 이어지지 않는다. 대신 '작가가 이상하기 때문'이라는 이유로 이 당황스러움과 난해함은 귀인(歸因)된다.

톰슨(Thomson)은 청소년들의 문학 수용 경향을 탐구한 저서 <Understanding Teenagers' Reading>에서 초기 발달 단계의 독자들이 텍스트의 의미론적 비결정성을 참지 못한다고 지적한다.[74] 이러한 초기 발달 단계를 넘어서기 위해 그는 고등학생 독자들이 자신의 해석 과정에 대한 성찰적 모니터링을 해야 한다고 주장한다. 그리고 해석 발달 단계의 최상위에 '자신의 해석 전략과 그것의 발달에 대한 앎'을 위치시킨다.

한편 무려 50.4%에 달하는 70편의 고등학생 독자군 해석텍스트에서 해석 가설을 논증하기 위한 텍스트내적 근거를 확보하지 못하거나, 부정확하게 제시하는 양상이 분석되었다. 아래의 해석텍스트를 살펴보자.

> 하지만 이내 <u>아내가 약을 먹고 최면에 걸린 채로</u> 자신의 모든 것을 내려놨던 사실에 가장 힘든 사람은 아내임을 알게 된다.<날개-H2-S-F-11>

> <u>가난한 부부가 서로 믿고 의지하며</u> 삶을 살아가는 모습에 영감을 얻었다...아내는 남편이 잘 되기 위해 희생해왔다.<날개-H2-S-F-16>

> 솔직히 말하면 머리가 아픈 <u>중년 남성의(독신 그리고 무직)</u> 하루를 쓴 것

---

74) J. Thomson, *Understanding Teenagers' Reading: Reading Processes and the Teaching of Literature*, Australian Assn for Teaching of, 1998, p.227. 그의 논의는 해석교육의 목표가 특정한 텍스트에 관한 배움이 아니라, 해석적 반응의 힘을 계발하는 것이라는 전제에 터해 있다.

같다.<날개-H2-S-F-33>

후에 <u>목이 잘려 떨어졌다는 부분</u>에서 행한대로 받는거지만 혹시 주인공이 얘기한 것처럼 오해가 있었던건 아닐지, 주인공의 시점에서 쓰여졌으니까 잘못된 사실이 있지 않을까 생각되었다.<날개-H2-S-F-52>

중간에 '<u>게</u>'를 시적 화자로 하여 <u>표현하였는데</u> '게'의 입장에서 쓴거라서 그런지 해학적으로 새롭다.<날개-H2-S-F-38>

아내가 약을 먹고 최면에 걸렸다거나 가난한 부부가 서로 신뢰하며 의지한다는 <날개-H2-S-F-11>이나 <날개-H2-S-F-16>의 언술은 적어도 텍스트내적 근거를 통해 확인되기는 어려운 해석들이다. 중년 남성의 하루를 그린 작품이라는 진술은 텍스트 문면에 대한 읽기 자체가 일정 부분 생략된 채 해석이 일어났음을 방증하며(<날개> 속 '나'의 연령은 "나는 거기 아무 데나 주저앉아서 내 자라온 스물여섯 해를 회고하여 보았다."는 문장을 통해 명시되고 있다.) 아내의 목이 잘려 떨어졌다는 진술은 작중인물 '나'의 환상 속에서 일어난 상상적 사건을 독자가 사실로 오해했음을 보여준다.

심지어 <날개-H2-S-F-38>의 경우 전혀 다른 텍스트, 아마도 사설시조에 대한 해석으로 추정되는 언술을 담고 있다. 해석이 아무리 다양한 방향으로 열려있다고 하더라도 그것이 하나의 텍스트에 대한 해석인 이상 텍스트는 "언제 그것을 사용했으며 언제 그것을 해석했는지 말해 주기를 요구"[75]한다는 점을 상기한다면 이러한 해석의 양상은 상당히 문제적이다.

이처럼 고등학생 독자군의 해석이 텍스트의 의미에 대한 깊이 있는 탐구와 논증보다는 생각이나 느낌의 표출로 일관되는 경향이 뚜렷한 탓에 70.5%에 달하는 98편의 고등학생 해석텍스트가 연상에 의한 프로토콜 형

75) U. Eco, 『해석의 한계』, 김광현 역, 열린책들, 2009, pp.146-147.

으로 분류되었다. 그러다보니 한편의 해석텍스트 안에서 믿기지 않을 만큼 많은 반응의 회절점(回折占)들이 드러나기도 한다. 아래의 해석텍스트를 살펴보자.

> 이게 뭐라고 써있는건지 눈에 잘 들어오지 않는다. 생소한 단어들이 많이 나와서 그런 것 같기도 하다. 화자가 하는 말도 머릿속에 잘 그려지지 않고 처음 시작부터 끌어들이는 맛이 없다. 박제가 되어 버린 천재가 뭐야. 선생님 솔직히 이거 너무 어려워요. 글 읽다가도 다음 줄로 넘어갈 때 어디까지 읽었는지 모르겠는 경우가 많다. 그냥 글씨만 읽게 된다. 선생님 제가 정말 아무리 짜내려고 해도 안되네요. 이 글에서 내용은 아내가 술집에서 몸을 판다는 것과 그 점을 모르는 화자이다. 나중에 알고 나서도 화를 내지 않는다. 왜 이러지.<날개-H2-S-F-62>

위 해석텍스트의 경우 작품이 눈에 잘 들어오지 않는 까닭을 추리하다가 특정 구절의 의미를 묻기도 하고 텍스트의 난해함을 호소하기도 한다. 결국 더 이상 해석텍스트를 작성하기 어렵다는 점을 토로하다가 글의 내용을 단 한 줄로 요약한 후 이해할 수 없는 인물의 심리에 대해 의문을 표하는 것으로 해석을 종결짓는다.

이 과정은 '떠오르는 대로' 기술되어 있다. 이는 해석능력의 발달 초기 난계에 연상적 해석 구조가 발견된다는 김현정(2010)의 연구 결과와 상통하는 것이기도 하다. '해석하라'는 과제에 대해 많은 고등학생 독자군이 '반응하고' 있다는 것은 교육적으로 주목할 만한 지점이다. 물론 반응은 해석의 충분조건이다. 그러나 반응을 논리화하지 못한다면 해당 텍스트에 대한 '해석'이 일어났다고 보기는 어려워진다. 따라서 해석교육은 고등학생 독자들이 호소하는 텍스트에 대한 '모름'을 '궁금함'으로, 다시 이 '궁금함'을 텍스트를 통한 '생각'으로 발전하도록 해야 한다. 나아가 고등학생 독자들이 발전시킨 '생각'들이 나름의 타당성과 소통가능성을 지닌 해석 가설의 지위를 가질 수 있도록 '생각'들을 뒷받침하는 텍스트내외적 근거를 공시(公示)하여 해석의 타당성에 접근하도록 도와야 한다.

2) 수사학적 해석 양상

여기서는 고등학생 독자군의 <날개> 해석텍스트 139편을 대상으로 NVivo10을 사용한 코딩을 실시하여 유의하게 떠오르는 수사학적 해석의 양상을 포착하였다. 코딩 결과 수사학적 해석 양상은 크게 구조, 서술, 문체의 하위 범주로 나누어 살펴볼 수 있었으나 전반적으로 수사학적 해석의 양과 질은 상당히 소박한 수준으로 나타났다. 이상의 코딩 결과를 표로 제시하면 다음과 같다.

<표 6> 고등학생 독자군의 수사학적 해석 양상

독자군		수사학적 해석 양상	자료 수 (비율)
고등학생 독자군	구조	a. 시공간 설정의 효과 이해	5(3.6%)
		b. 반복적인 패턴의 발견	2(1.4%)
		c. 핵심적 이미지 시퀀스나 모티프 추출	3(2.2%)
		d. 서사세계의 다중구조 파악	0(0.0%)
	서술	a. 서술자 목소리의 신빙성 판단	7(5.0%)
		b. 서술자, 인물, 작가의 동일시	6(4.3%)
		c. 서술자, 인물, 작가 사이의 거리 인식	6(4.3%)
		d. 초점화의 양상과 효과 이해	9(6.5%)
		e. 서술전략의 전반적 특성과 효과 탐구	17(12.2%)
	문체	a. 비관습적 문체에 대한 심미적 이해 거부	13(9.4%)
		b. 텍스트 내 고빈도 어휘나 어구 재인	0(0.0%)
		c. 문장 구성 방식의 특성 추출	2(1.4%)
		d. 원전의 기표에 대한 조사 및 탐구	0(0.0%)

고등학생 독자군의 수사학적 해석 양상을 살펴보면, 텍스트의 구조, 문체, 서술에 대한 해석으로 코딩될 만한 언술이 전반적으로 빈약함을 알 수 있다. 먼저 텍스트의 구조 해석에 있어서는 시공간 설정의 효과에 대한 언술이 3.6%(5편)의 해석텍스트에서, <날개>를 구성하는 '외출-귀가' 패턴의 발견이 1.4%(2편)의 해석텍스트에서, 핵심적 이미지 시퀀스나 모티프의 추출이 2.2%(3편)의 해석텍스트에서 집계되는데 그쳤다. 각각의 해석 양상을 보다 면밀히 관찰하기 위해 아래 해석텍스트를 살펴보자.

> 나와 아내는 서로 각방을 쓰는데 아내의 방은 햇빛이 들어오는 아랫층 나의 방은 햇빛이 들어오지 않는 윗층이다. 여기서 햇빛은 사회생활을 의미하는 거 같고, 그런 나의 방은 사회로부터 단절된 장소로 해석되는 거 같다.<날개-H3-I-M-242>

> 이 소설의 배경이 되는 33번지는 자신의 소망이나 능력을 자유롭게 펼치며 살기 어려웠던 1930년대 식민지 조선 현실의 상징적인 축도이다. '나'에게는 끊임없이 공간과 시간의 측면에서 금지와 억압이 주어진다.<날개-H1-K-F-154>

> '나'는 집 안에만 갇혀 있던 폐쇄적인 태도와 달리 5번의 외출을 통해 자아를 되찾습니다. '나'의 외출의 거리는 점진적으로 멀어지는 것 또한 그의 태도의 변화를 함축합니다. 5번째 외출에서 '나'가 미쓰코시 백화점 꼭대기에서 '날개야 다시 돋아라. 날자. 날자. 날자. 한 번만 더 날자꾸나. 한 번만 더 날아보자꾸나.' 라고 하는 것은 그가 날개로 상징되는 소통과 의지를 되찾았음을 의미합니다.<날개-H1-K-M-144>

<날개-H3-I-M-242>의 경우 <날개> 속 '방'이라는 공간이 지닌 단절성에 주목하여 '아내'의 방에만 들어오는 '햇빛'을 사회생활로 의미화하는

참신한 해석을 보여준다. 그리고 이러한 공간의 단절성에 대한 주목은 <날개-H1-K-F-154>에서와 같이 맥락적 지식과 결합되면서 "33번지=1930년대 식민지 현실의 축도"라는 상징적 의미를 도출해내기도 한다. <날개-H1-K-M-144>에서는 텍스트 전체를 '나'의 자아회복 과정으로 보고 그러한 과정이 반복적인 '외출-귀가'의 패턴으로 플롯화되어 있음을 간파하고 있다. 비록 매우 적은 숫자이기는 하지만 고등학생 독자군 역시 수사학적 해석을 수행할 수 있는 잠재적 역량을 이미 가지고 있으며, 이는 구조화된 해석적 활동의 수행을 통해 확대될 수 있음을 알 수 있다.

하지만 대다수의 고등학생 독자군에서 소설의 반복적 구조나 패턴에 대한 분석이 가시화되지 않는 까닭은 패턴의 분석이 작품의 '전체적 읽기'를 요청하는 데 반해 고등학생 독자들이 '전체적 읽기'를 수행하는 데 익숙하지 않기 때문으로 추측될 수 있다. 고등학생 독자들은 텍스트의 전체적인 구조를 포착하기보다는, 인상적인 부분들 중심으로 느낌이나 생각의 단상들을 기술하는 데 익숙하고, 독자 본인의 생체험이나 선관념을 우선적으로 투입하는 경향이 강하여 대상 소설텍스트에 대한 더 읽기(over reading)나 덜 읽기(under reading)를 수행하기 쉽다.

<날개>의 핵심적 이미지 시퀀스나 모티프에 대한 수사학적 해석 역시 2.2%(3편)의 해석텍스트에서만 드러나며 그 양상 역시 다른 독자군과 상이하다. 고등학생 독자군의 경우 이미지나 모티프에 대한 해석이 분석적으로 이루어지거나 해석의 과정에서 높은 비중을 차지한다기보다는 주로 소재 '날개'가 갖는 보편적 이미지에 기대 해석을 전개하려는 경향을 강하게 드러냈다. '날개'가 갖는 천사의 순수한 이미지나 이상적 세계(<날개 H3-I-M-222>) 등을 즉각적으로 연상하면서 이를 소설 <날개>의 의미 주제로 확정하는 경우가 대표적이다.

물론 결말부의 핵심적 소재이자 이 소설의 제목인 '날개'의 상징성을 탐구하는 것이 해석의 주요한 관건이라는 점에서, '날개' 이미지에 대한

고등학생 독자군의 주목은 의미 있는 것이지만 기존의 '날개'가 갖는 보편적 이미지에 지나치게 의존한 결과 소설 <날개>만의 독특한 이미지를 탐구하지는 못하였음을 알 수 있다.

한편 서술자, 인물, 작가를 동일시하며 해석을 진행하는 해석텍스트의 편수(4.3%, 6편)가 그들 사이의 거리를 인식하며 해석을 진행하는 해석텍스트의 편수(4.3%, 6편)와 동일하게 나타나는 점은 주목할 만하다. 아래 해석텍스트를 살펴보자.

> 이상이 한 행동을 잘 보면 제대로 씻지도 않고, 마누라 화장품 냄새나 맡고, 돋보기로 종이 태우는 순간이 짜릿하다고 한다…그리고 이상에게 이상한 약을 먹여서 며칠 동안 재우는 듯, 소름 돋았다. '그것이 알고 싶다'에 나온 엄 여인 같았다.<날개-H2-S-F-56>

> 아무 것도 모르는 화자의 눈으로 이야기를 관찰해 주어 정말 객관적인 사실만 알려주어 독자가 그 이야기에 창의력을 부여하여 해석할 수 있는 작품이 존재한다…<날개>에서 주인공은 아내의 직업이 무엇인지 모른 채 머리가 약간 부족한 채로 세상을 살아가고 있다…이 이야기에서 화자는 세상에 대해 아무 것도 아는 것이 없는 순수하고 맑은 눈으로 사실만을 바라보고 있기 때문에 이런 아내의 속을 알지 못한다.<날개-H1-K-M-158>

<날개-H2-S-F-56>의 경우 작중인물의 행동을 작가 이상의 행동으로 재서술하고 있으며 해석텍스트 전반에 걸쳐 작가 이상과 작중인물 '나', 금홍과 작중 '아내'를 일대일로 대응시키려는 경향을 보인다. 이처럼 텍스트세계 속 인물을 현실세계의 지시대상과 바로 일치시키려는 노력은 다시 작중 '아내'와 최근 화제가 되었던 범죄자 간의 유사성을 조회하는 데까지 나아간다. 소설의 허구 효과는 사실인 듯 함과 사실이 아님의 긴장관계를 통해 발생된다.[76] 특히 1인칭 소설이나 작가의 전기적 사실이 작

중 인물과 유사성을 갖는 소설, 작품 속 세계가 현실의 특정한 국면을 사실적으로 형상화한 소설 등에서 이러한 허구 효과는 더욱 복잡한 양상을 보인다. 쥬네트는 허구를 가장된 단언이자 다른 종류의 언표내적 행위('선')를 내포한 간접화행(acte de langage indirect)이라 정의한다.[77]

즉 소설의 허구성은 허구 세계로의 초대로서 일종의 요청 행위("~라고 상해 보세요.")이자 선언 행위("~라고 나는 허구적으로 선언한다.")라는 것이다. 그리고 이러한 요청과 선언은 일반적인 요청/선언과 달리 상상적 성격을 갖기 때문에 독자로 하여금 텍스트가 열어놓은 가능세계를 폭넓게 탐구하도록 유도한다. 따라서 소설을 소설로서 해석하기 위해서는 이러한 허구 세계로의 초대가 어떤 의미를 띠며 소설이 독자에게 무엇을 어떻게 요청/선언하고 있는지 섬세하게 분석할 필요가 있다.

하지만 본고가 분석한 고등학생 독자군의 해석텍스트는 많은 경우 소설의 허구성에 대한 충분한 인식 없이 텍스트를 마치 특정한 인물의 체험적 보고(報告)나 수기로 해석하는 경우가 많았다. 텍스트 내 인물이나 사건을 실존 인물이나 사건으로 여기는 것은 자연스러운 독서의 과정 중에 일어날 수 있는 현상이다. 그리고 때로 소설이 허구임을 잊은 채 수용하는 것은 텍스트에 대한 몰입을 돕기도 한다. 소설의 일차적 수용을 위해서는 방법론적으로 '불신의 의도적 유예'가 요청되기 때문이다.

그러나 소설의 허구성이 사실과 사실 아님, 단언과 놀이 사이의 입체적 공간 속에서 발생함을 고려한다면, 독자들이 단순한 사실 진술에 대한 수용 수준에서 소설 해석을 종결시키는 것은 바람직하지 못하다. 대상 텍스트였던 <날개>의 경우 1인칭의 시점을 채택하고 있었기에 특히 실제작가와 작중 인물을 동일 인물로 보고 소설 해석을 진행하는 양상이 두드러

---

76) 김혜영, 「소설 장르의 허구성 연구」, 『현대소설연구』 21, 한국현대소설학회, 2004.
77) 이상의 정리는 송지연, 「화행으로서의 허구의 이론」, 『불어불문학연구』 30, 불어불문학회, 1995 참조.

졌다. 물론 1인칭이라는 소설 <날개>의 시점은 일종의 서사적 전략으로서 채택된 것이다. 그럼에도 불구하고 많은 고등학생 독자, 그리고 전문독자들 역시 이상의 전기적 사실과 텍스트의 대목 대목을 일대일로 대응시키는 연결 작업에 많은 해석적 투자를 해왔다.

이러한 연결짓기는 물론 그 자체로 의미 있는 텍스트 수용의 양상이지만, 작중 인물과 작가의 유사성이 작품의 미학적 독창성과 함께 고려되지 않을 때는 편협한 해석으로 귀결될 가능성이 높다. 군이 '의도의 오류'를 논하지 않더라도, 왜 <날개>가 일기나 수필이 아닌 소설의 표지를 달고 있는지에 대한 섬세한 고려가 없다면 <날개>라는 허구 서사가 현실과 맺고 있는 중층적 관계가 삭제되어 버리기 때문이다.

이처럼 등장인물들에게 현실적 충고를 하거나 작가를 곧 작중인물로 받아들이는 고등학생 독자군의 해석 경향은 그러한 등장인물들의 관계가 왜 그러한 방식으로 구성되었으며, 왜 작가는 작중인물과의 상동성에 대한 독자의 오해를 유발시키거나 방조하였는지에 대한 진지한 탐구를 가로막는다. 소설 속에서 사실 논리만을 찾으려는 독자의 지향은 소설을 통한 허구적 진실의 깨달음으로 이어지기 어렵다. 따라서 소설을 허구로서 허구화하는 힘(power)이 어디서 그리고 왜 발생하고 있는지 알 수 없다.

그에 비해 <날개-H1-K-M-158>에서는 <날개>의 서술자가 무지의 상태에 있음으로 인해 갖게 되는 독자의 해석적 자유에 대해 서술하고 있는데, 비록 서술자의 신빙성 문제를 철저하게 탐구하지는 못했으나 작가와 서술자 사이의 거리를 인식하고 있기 때문에 <날개-H2-S-F-56>과 같은 무리한 동일시를 피할 수 있었다. 적은 편수나마 고등학생 독자군의 해석 텍스트에서 서술자나 초점화자의 존재에 대한 인식이 분석된 까닭은 문학교실에서 활발히 수행되는 시점교육이나 시점 바꾸기 활동 등의 영향에 기인한 것이라 추측할 수 있다.

<날개>의 서술 전략이 갖는 전반적 특성과 효과에 대한 탐구 역시

12.2%인 17편의 고등학생 독자군 해석텍스트에서 드러났다. 소설텍스트의 서술적 특성이나 전략을 파악하고 그 효과를 탐구하는 데 있어 고등학생 독자군과 대학생 독자군이 변별되는 지점이 양적으로는 크지 않지만, 질에 있어서는 다소 차이가 난다. 다음의 두 해석텍스트를 비교해 보면 그러한 차이를 발견할 수 있다.

> <u>결론은 작가의 시점과 특성이 특이하여서</u> 이 내용을 말했다가, 저 내용을 말했다가 한다.<날개-H2-S-F-38>

> 아달린과 아스피린의 단어의 나열 속에 맑스와 막서스라는 단어를 섞어 쓴 것도 소설이 단순 아내와의 관계보다는 이러한 <u>사회적 맥락을 숨기고 있는 것</u>이 아닐까.<날개-U-K-F-12>

고등학생 독자의 해석텍스트인 <날개-H2-S-F-38>의 경우 시점이 특이하다는 인식은 발생하였으나 그 시점의 효과나 '이 내용 저 내용'을 횡설수설하는 서술 전략의 구사 의도를 추론하는 데 까지 나아가지는 못하였다. 반면 대학생 독자의 해석텍스트인 <날개-U-K-F-12>의 경우, 일반적으로는 아달린에 취한 상태에서 의미 없이 나열되는 구절로만 독해되던 '아스피린, 아달린, 아스피린, 아달린, 마르크스, 말사스, 마도로스, 아스피린, 아달린⋯⋯.' 대목을 내포작가의 의도가 내장된 장소로 지목하고 있다. 혼란 상태를 빙자하여 서술자가 늘어놓은 어휘들을 단순히 비문법적, 비규범적 표현이라 파악하지 않고, 특정한 미적 효과를 목적으로 하는 문학언어로 파악하는 것이다. 이렇게 되면 우연인 척 끼어든 '맑스'와 '막서스'라는 어휘는 사실은 내포작가에 의해 매우 공들여 선택된 것이며 그렇기에 독자로 하여금 별도의 사유를 요청하는 장치로 해석되어야 한다.

<날개>의 문체에 대한 수사학적 해석은 더욱 공소해지는 양상을 보이는데, 문장 구성 방식의 특성을 추출하는 해석텍스트가 2편(1.4%) 있을 뿐,

텍스트 내 고빈도 어휘/어구를 재인하거나 기표에 대한 탐구가 이루어지는 경우는 전혀 집계되지 않았다.

특히 비관습적 문체에 대한 심미적 이해의 거부를 뚜렷하게 드러내는 경우가 9.4%인 13편의 해석텍스트에서 발견되었다. 앞서 살폈듯 고등학생 독자군의 경우 철저히 인물 중심 읽기를 수행하는 양상을 보인다. 따라서 미적 특수어로서 소설텍스트의 문체를 파악하기보다는 문체의 표면적 낯섦에 당황하는 모습을 보여주는 경우가 잦다. 그러한 양상을 단적으로 보여주는 해석텍스트들을 예시하면 다음과 같다.

> 작가의 <u>복잡한 문체</u>와 이해가 힘든 필력 때문에 적잖게 복잡하고 어려운 소설이었다.<날개-H2-S-F-23>

> 그리고 글의 <u>문체가 너무 지루하고</u> 전개가 너무 예측할 수 없어서 지루했다. 나는 전개가 뻔한 걸 좋아하는데 날개는 뻔하지 않아서 중간 부분을 보기도 전에 결말 먼저 봐서 그런지 더 흥미가 없이 봤던 것 같다.<날개-H2-S-F-54>

이처럼 고등학생 독자군의 해석텍스트에서는 <날개>가 시종일관 유지하는 비관습적 문체에 대한 거부감이나 곤란함을 표하는 경우가 잦았다. 때로는 그러한 거부감이나 곤란함의 원인이 메타적으로 분석되기도 하고('지금의 소설들과는 많이 다른 문체와 화자가 정확히 무얼 말하는지 아내지 못했다'<날개-H2-S-F-25>), 현재의 독자 뿐 아니라 당대 독자들에게조차도 쉽게 받아들여지기 힘들었던 이상의 문체 특성을 지적하면서 그것이 오히려 해석의 가능성을 개방시킨다고 판단하는 경우('현 시대의 사람들 뿐만이 아니라 당시대의 독자들 또한 독특한 이상의 가치관과 문체를 이해할 수 없어 소설 연재 당시 비난이 빗발쳐 연재를 중단한 일도 있었다고는 한다. 하지만 <날개>는 여느 소설과 달리 읽을수록 더 새로운 내용에 새로운 해석을 덧붙일 수 있어 깊이 있는 맛이난다.'<날개-H1-K-F-139>)도 발견되었다.

분석 결과 고등학생 독자군의 해석텍스트에서는 텍스트에 대한 수사학적 해석으로 코딩할 수 있는 언술이 양적으로 많지 않았다. 우리가 신비평을 문학교육 실패의 원인으로 지적하면서 분석적 읽기의 폐해를 비판해 왔던 것을 생각해보면 그 비판이 무색하리만큼 학습자들은 분석적 읽기를 수행하지 않고 있었다. 그 까닭은 무엇일까. 학습자가 분석적 읽기를 수행했던 것이 아니라 교과서 속 해설자나 교사가 수행한 분석적 읽기의 결과를 수동적으로 학습해 왔기 때문이라 추측해 볼 수 있다. 텍스트의 미적 속성에 대한 수사학적 분석 자체가 아니라, 학습자가 분석의 주체가 되지 못하거나 분석을 텍스트의 의미와 유기적으로 연결시키지 못하는 것이 교육적으로 문제적 지점임을 주지해야 하는 것은 이 때문이다.

수사학적 해석이 텍스트의 이해와 생산적으로 조우할 수 있다는 점에 대해서는 리쾨르와 에코를 참조할 수 있다. 주지하다시피 리쾨르 해석학은 '더 많이 설명할수록 더 많이 이해할 수 있다'는 것을 자신의 테제로 삼았고, 에코 역시 설명의 쾌락에 대해 시종 강조한다.

특히 에코는 <실비>라는 텍스트에 압도당한 한 독자의 입장에서 <실비>의 내러티브와 언어 구사 전략을 수년에 걸쳐 정교하게 분석했다. 심지어 그는 "동사의 시제, <나>라는 대명사가 다른 시제에서 언급될 때 갖게 되는 다른 역할 등을 일일이 기록하면서 그 텍스트의 모든 행을 해부"했음을 고백한다. 그리고 이러한 분석 작업이 <실비>를 경험하는 독자로서의 쾌락과 전혀 배치되지 않으며, 오히려 그러한 쾌락을 증대시켰다고 말한다.[78] 따라서 문학교실에 팽배한 수사학적 해석에 대한 오해를 불식하고, 학습자들이 그러한 수사학적 해석의 주체가 될 수 있도록 안내하는 방법적 지식의 마련이 요청된다고 하겠다.

---

78) Umberto Eco, 『작가와 텍스트 사이』, 손유택 역, 열린책들, 2009, p.202.

3) 맥락적 해석 양상

여기서는 고등학생 독자군의 <날개> 해석텍스트 139편을 대상으로 NVivo10을 사용한 코딩을 실시하여 유의하게 떠오르는 맥락적 해석의 양상을 포착하였다. 코딩 결과 맥락적 해석 양상은 크게 생산 맥락, 문학사적 맥락, 상호텍스트적 맥락, 수용 맥락, 소통 맥락의 하위 범주로 나누어 살펴볼 수 있었다. 생산 맥락에서는 생산 맥락의 단순 외삽이나 나열이 두드러졌고, 수용 맥락에서는 해석자가 속한 사회·문화적 상황의 대입이 상대적으로 활발히 일어났다. 하지만 문학사적 맥락과 상호텍스트적 맥락, 소통 맥락에 대한 고려는 소략하였다. 이상의 코딩 결과를 표로 제시하면 다음과 같다.

<표 7> 고등학생 독자군의 맥락적 해석 양상

독자군	맥락적 해석 양상		자료 수(비율)
고등학생 독자군	생산 맥락	a. 생산 맥락의 단순 외삽이나 나열	15(10.8%)
		b. 작가에 대한 지식 적용	9(6.5%)
		c. 생산 맥락 및 당대 독자에 대한 재구축	10(7.2%)
	문학사적 맥락	a. 텍스트의 문학사적 위상과 평가 참조	5(3.6%)
		b. 텍스트 관련 문예사조 및 유파 고려	2(1.4%)
		c. 작가의 장르 선택에 대한 의미 부여	0(0.0%)
	상호텍스트적 맥락	a. 작가내적 상호텍스트군의 활용	1(0.7%)
		b. 작가외적 상호텍스트군의 활용	2(1.4%)
		c. 문학외적 상호텍스트군의 활용	2(1.4%)
	수용 맥락	a. 해석자가 속한 사회·문화적 상황 대입	14(10.1%)
		b. 해석자가 보유한 가치체계의 명시적 반영	11(7.9%)

		c. 해석 약호의 명시적 도입	2(1.4%)
소통 맥락		a. 교과서 해석의 추수나 참조	3(2.2%)
		b. 다른 해석에 대한 가정과 예상반론	1(0.7%)
		c. 특정 해석 정전에 대한 반박과 근거 제시	1(0.7%)
		d. 해석 결과의 소통가능성에 대한 메타적 인식	0(0.0%)
		e. 해석사 검토에 입각한 대타적 해석 가설 정립	2(1.4%)

고등학생 독자군의 맥락적 해석 양상 분석 결과 고등학생 독자군이 소설 해석에 가장 빈번하게 활용하는 맥락은 생산 맥락으로 드러났다. 그 중에서도 생산 맥락의 단순 외삽이나 나열 양상이 드러난 해석텍스트가 10.8%(15편), 작가에 대한 지식 적용이 드러난 해석텍스트가 6.5%(9), 생산 맥락 및 당대 독자에 대한 재구축 양상이 드러난 해석텍스트가 7.2%(10편)로 분석되었다. 생산 맥락을 고려하는 일이 해석의 심도를 더하는 데 결정적인 역할을 한다는 것은 부정하기 힘들다. 문제는 생산 맥락이 텍스트에 대한 경험을 아예 생략시킬 만큼 강력하고 단선적으로 작동하는 경우가 두드러진다는 것이다. 아래 해석텍스트를 살펴보자.

시대적 배경이 1936년이므로 일제 치하였던 점을 감안하여 저 대목은 광복을 위한 몸짓, 일제에 대한 저항의 몸부림 같다고 느꼈다.<날개 -H2-S-F-59>

일제식민지가 배경인 이곳은 개방을 해 외국문물이 들어왔다. 아내는 이 국적인 향의 화장품을 쓰는 것으로 보아 문물을 받아들인 사람이라고 볼 수 있다. 하지만 화자는 그걸 받아들이지 못한 사람이라고 볼 수 있다. 결국 신문물을 받아들이지 못한 사람은 도태될 수밖에 없다고 생각한다.<날개-H2-S-F-50>

고등학생 독자군의 경우, 해석텍스트의 길이가 짧은 탓도 있지만 대체로 생산 맥락을 참조하는 동시에 텍스트의 주제를 매우 명쾌하게 도출해낸다. 즉 생산 맥락에 대한 지식은 도입되는 즉시 해석을 완전히 정향시켜버린다. <날개>는 1936년에 발표된 작품이고 1936년은 일제강점기이니 곧 <날개>는 일제에 대한 몸부림에 다름 아니라는 것이다. 또한 아내는 곧 일본, 아내의 화장품은 일본의 신식 문물, '나'는 무기력한 조국을 의미하는 것으로 해석되기도 한다.

고등학생 독자들이 1930-40년대 소설에 대해 생산 맥락을 지나치게 단선적으로 외삽하는 양상은 어렵지 않게 찾아볼 수 있다. 1930년대 소설이라는 정보가 주어지면 이미 해석의 틀은 정해져 있는 것이다. 그동안 문학교실에서 일제강점기 소설 속 인물이나 작가의 의도는 손쉽고 단일하게 해석되어 왔다. 이는 아마 텍스트를 둘러싼 복잡한 맥락들을 단순화해서 제공했던 교과서나 교수자의 책임이 클 것이다. 더 큰 문제는 학습자들이 반일문학 아니면 친일문학이라는 "반사적인 해석"[79]의 틀을 내면화하고 더 많은 작품 해식으로 빠르게 전이시킨다는 점이다.

전술했듯 생산 맥락의 고려는 소설 해석의 타당성을 담보하는 매우 결정적인 방법이지만 그것이 해석의 유일하고도 절대적인 방법으로 오도되는 순간, 그것은 문학텍스트의 의미론적 모호성을 놀랍도록 단순하고 명쾌한 명제로 해소해버린다.

이러한 우의적 해석에서는 소설 속 세계가 일종의 마이크로소사이어티(micro-society)로 존재한다. 텍스트의 다중지시를 읽어내기보다는 소설 속 세

---

79) 윤대석, 「"친일문학"과 문학교육」, 『문학교육학』 34, 한국문학교육학회, 2011, p.20.

계와 현실의 특정한 국면을 일대일로 대응시켜 해석을 완성하려는 시도가 승하게 된다. 이러한 우의적 해석기제가 압도적으로 발견되는 까닭은 고등학교 교육과정에서 제공된 역사주의적 비평과 교수모델에 귀인할 수 있다. 이는 프레이리(Freire)가 말한 '은행 예금식' 교육과 유사하다.[80] 은행 예금식 교육에서 지식은 현금처럼 수치화되어 적립되고 독자들은 평가를 받기 위한 시험이나 글쓰기에서만 그것을 인출해 사용한다. 용이한 투입과 인출을 위해 소설은 가장 선명한 도식으로 해석될 필요가 있다.

고등학생 독자들은 그러한 교수모델의 영향으로 인해 작품의 의미를 텍스트의 이면에 숨어있다고 가정되는 사회적, 교육적 가치에서 발굴하려 한다. 이처럼 우의적 해석은 굳이 그 방식으로 말해질 필요가 없었던 것을 곧장 하나의 관념이나 명제로 변환시킨다는 점에서, 소설의 형식에 대한 무관심을 추동한다. 즉 '무엇을 말하고 있는가'에 집중함으로써 '어떻게 말하고 있는가'의 문제를 소거한다.

물론 소설에는 당대의 사회적, 역사적 상황이 문학적 방식으로 형상화되어 있다. 독자는 그러한 상황과의 관련성을 단순하게 도식화할 것이 아니라, 텍스트가 그러한 상황을 어떠한 '문학적 방식으로' 형상화하고 있는지 파악해야 한다. 우의적 해석의 경향만이 두드러질 경우 텍스트의 형상화 방식에 대한 독자의 탐구, 그리고 이러한 탐구를 기초로 구성되는 창의적 해석이 제한된다. 따라서 텍스트에 반영된 시대적 맥락을 알레고리로만 해석하려는 고등학생 독자들의 경향성은 그러한 맥락과 텍스트, 독자의 긴장관계가 어떻게 조직되고 있는지에 대한 보다 섬세한 해석을 통해 조정되어야 한다.

한편 문학사적 맥락을 고려한 해석의 경우 작가의 장르 선택에 대한 의미 부여가 드러나는 경우는 발견되지 않았고, 텍스트 관련 문예

---

80) P. Freire, 『페다고지 : 억눌린 자를 위한 교육』, 성찬성 역, 한마당, 1995, pp.77-102.

사조 및 유파를 고려한 해석텍스트가 1.4%(2편), 텍스트의 문학사적 위상과 평가를 참조한 해석텍스트가 3.6%(5편) 집계되었다. 하지만 이러한 참조는 매우 초보적인 것이어서 이상의 <날개>가 모더니즘 소설(<날개-H1-K-M-142>)이며 심리주의 소설의 계열에 속한다(<날개 H3-I-M-215>)는 명제적 지식을 인용, 반복하는데 그치는 수준에서 더 나아가지는 못하고 있다.

문학사적 위상과 평가를 참조하는 경우에도 주로 <날개>에 대한 이해의 어려움을 호소하면서 왜 이 소설이 우리나라 문학사에서 고평되는지에 대한 의문을 제기(<날개-H2-S-F-14>)하거나, 왜 이 소설을 교육 제재로 삼는지에 대한 의문을 제기(<날개-H2-S-F-18>)하는 사례가 발견되는 점이 흥미롭다. 문학사적 지식이 상대적으로 빈약하고 <날개>에 대한 공식적 교수・학습 경험이 없는 고등학생 독자군의 상황을 고려할 때 이러한 문학사적 맥락의 낮은 활용은 수긍할 만한 것이다. 하지만 한 편의 문학텍스트에 대한 해석은 그것을 둘러싼 문학사적 맥락에 대한 검토와 결합될 때 비로소 충분한 소통가능성을 지닌다는 점에서 학습자들이 스스로, 혹은 협동적으로 맥락적 지식을 탐구하고 구성해갈 수 있는 교육적 안내가 요청된다 하겠다.

한편 고등학생 독자군의 맥락적 해석 양상에서 가장 드물게 활용된 것으로 집계된 맥락은 상호텍스트적 맥락(3.5%, 5편)인데, 작가내적 상호텍스트군이 0.7%(1편)의 해석텍스트에서, 작가외적 상호텍스트군이 1.4%(2편)의 해석텍스트에서, 문학외적 상호텍스트군이 1.4%(2편)의 해석텍스트에서 분석되는데 그쳤다. 이상의 작품에 대한 작가내적 작품군의 경험이 있을 것으로 기대되는 고등학교 3학년 학습자들은 물론이고, 대부분의 고등학생 독자들이 자신이 갖고 있는 텍스트 경험을 활용하지 않고 있었다. 고등학생 독자군이 <날개>와의 상호텍스트적 관련성을 구축한 텍스트를 정리해보면 다음과 같다.

<표 8> 고등학생 독자군의 상호텍스트적 맥락 활용 양상

독지군		상호텍스트
고등학생 독자군	작가내적 상호텍스트	이상 <권태>
	작가외적 상호텍스트	주요섭 <사랑 손님과 어머니>, 양귀자 <원미동 사람들>
	문학외적 상호텍스트	그리스 신화 중 '이카루스와 다이달로스' 이야기, 그룹 '인피니트'의 가요 <날개>

나는 오늘 이상의 '날개'라는 작품을 읽었다. 이 작품은 지금도 나는 잘 이해가 안 된다. 나는 이상이 이상하게 느껴졌던 것이 이상의 '권태'를 읽었을 때부터이다. 분명 내용은 그닥 어렵진 않았는데 그 숨겨진 의미를 찾는 것에 상당히 애를 먹은 것이 '날개'를 읽으면서 기억이 났다.<날개-H3-I-M-236>

가장 기억에 남는 가사는 바로 "지쳐 쓰러질 때도 그대가 내 날개가 되면 하늘 높이 날 수 있으니까"였습니다. 이렇듯 날개는 희망과 자유의 이미지를 전해줍니다. 하지만 이상 작가의 <날개>를 읽고 어떤 이에게 날개란 괴로운 존재일 수도 있다는 발상을 하게 되었습니다.<날개-H1-K-F-159>

<날개-H3-I-M-236>의 경우 <날개>의 해석 과정에서 동일작가의 수필인 <권태>의 독서 경험을 회상하고 있지만 이상 작품에 대한 이해의 어려움이 일관된다는 점을 확인할 뿐 <권태>라는 텍스트 경험이 <날개>의 해석 과정에 유의미한 연관망을 형성하지는 못한다. 따라서 엄밀한 의미에서 상호텍스트군이 구축되었다기보다는 작가내적 상호텍스트가 연상, 언급되었다고 보는 편이 적절하다. <날개> 해석의 어려움을 해결하는 단초로서 수필 <권태>의 주제나 분위기를 보다 적극적으로 환기했다면 해석이 보다 생산적인 방향으로 진행되었으리라 짐작할 수 있다.

한편 <날개-H1-K-F-159>의 경우 전문독자들의 해석에서는 찾아보기 어려운 독특한 상호텍스트의 활용이 이루어지고 있는데, 2010년도에 발표된 댄스그룹 '인피니트'의 곡 <날개>의 가사를 구체적으로 언급하면서 가사 속 '날개'의 보편적 상징성과 대비되는 소설 속 '날개'의 개성을 탐구하고 있다. 비록 그러한 대비가 더욱 심화되지는 못하지만 이처럼 해석자 개인이 보유한 독특한 텍스트 경험은 개성적 해석을 추동하는 원동력으로 작동할 수 있다는 점에서 유의미하다.

상호텍스트군의 형성 범위는 원론적으로는 무한대에 가까운데, 텍스트 사이의 상호텍스트성을 설득력 있게 밝혀낼 수만 있다면 학습자들이 갖고 있는 독특한 텍스트 경험 역시 해석에 활용할 수 있게 된다. 전문독자들이 경험과 지식의 면에서 학습자들보다 상호텍스트군 구축에 유리한 입지를 점하고 있는 것은 사실이지만 역으로 생각하면 학습자들은 전문독자들이 쉽게 접근할 수 없는 그들만의 사회·문화적 레퍼토리와 텍스트 경험을 보유하고 있다.[81] 이처럼 학습자들이 갖고 있는 사회·문화적 레퍼토리의 위상을 인정하고 이를 해석에 활용하도록 동기화한다면, 학습자들은 창의적 해석자로서 자신만의 독특하고 고유한 상호텍스트군을 생산하는 경험을 할 수 있다.

수용 맥락은 고등학생 독자군의 해석에서 상대적으로 다양하게 활용되는데, 해석자가 속한 사회·문화적 상황의 대입이 나타난 해석텍스트가 10.1%(14편), 해석자가 보유한 가치체계가 명시적으로 반영된 해석텍스트가 7.9%(11편), 해석 약호가 명시적으로 도입된 해석텍스트가 1.4%(2편)로 집계되었다. 고등학생 독자들은 전문독자에 비해 상대적으로 부족한 맥락

---

81) 사회·문화적 모델에서는 텍스트 생산과 수용에 관여하는 사회·문화적 이데올로기를 강조한다. 특히 독자가 특정한 위치에서 사회·문화적 실천과 경험으로 획득한 지식을 설명하기 위해 레퍼토리 개념을 설정한다. 문학 독서에 영향을 미치는 자원 중 문학적 레퍼토리 역시 큰 비중을 차지한다. 최인자, 「문학 독서의 사회·문화적 모델과 '맥락' 중심 문학교육의 원리」, 『문학교육학』 25, 한국문학교육학회, 2008, p.435.

적 지식을 상쇄하기 위해 자신의 수용 맥락을 활용하고자 하는 양상을 보였는데 특히 학교라는 폐쇄적 공간 안에서 청소년기를 통과하고 있는 자신의 고민이나 현대사회의 문제점을 <날개>와 접합시키고자 하는 경향이 두드러졌다. 아래 해석텍스트를 살펴보자.

> '나'가 사는 집은 하나의 새장 같다. 마치 새장 안에 갇혀 그 안의 삶만 누릴 수 있는, 자연 속의 삶에서 자유롭게 살지 못하고 제한된 삶을 사는 가엾은 존재 같다. <u>그리고 이 삶을 우리 학생들의 삶에 비춰 볼 수 있을 것 같다</u>...'나'가 집에 있으면서 집이라는 공간을 세상의 전부라고 생각하는 부분이 우리가 학교 안의 삶에 의존하고 학교 밖(사회)에 대한 정보를 갖지 못한 채 어리게 생각하는 우리 자신의 신세와 겹치는 것 같다. 끝에 '나'가 절망하고 옥상에서 생각하고 있는 부분도 같다고 볼 수 있다. 사회에 나가 혼란에 빠지고 앞날이 캄캄한 채 무엇을 할지 고민하는 우리 학생들의 모습과 같다.<날개-H2-S-F-45>

> 나는 이 소설이 나타내는 주제는 딱히 없다고 생각된다. 만약 있다면 18단지 사람들, 서로 소통조차 하지 않는 삶을 사는 것 같이 보여 <u>현대인의 이웃 간에 정이 없는 사회를 비판</u>하는 정도로 생각된다.<날개-H3-I-M-250>

<날개-H2-S-F-45>의 경우 <날개> 속 '나'의 방과 독자가 속한 '학교'라는 공간, 그러한 공간 외부의 현실에 대한 '나'와 독자의 무지와 절망을 조목조목 대응해보고 있다. 하지만 그러한 대응에서 그칠 뿐 이후 해석텍스트는 아내의 역할과 동기에 대한 추론으로 채워진다. 작품과 독자 자신의 수용 맥락 접합을 시도한 대부분의 해석텍스트에서 이러한 경향은 반복되는데, 이는 주로 수용 맥락의 접합이 매우 단순한 적용에 그치기 때문으로 보인다.

즉 텍스트세계가 독자의 수용 맥락에 모종의 변화나 성찰을 일으키기보다는 독자가 가져온 사회·문화적 상황이 텍스트 속에 그저 대응되거

나 투입되는 것이다. 그래서 <날개-H3-I-M-250>처럼 '소통 부재의 현대인들'이라는 독자 자신의 사회적 문제의식이 곧장 작품 <날개>의 주제로 추론되기도 한다. 기실 <날개>가 '이웃 간의 정이 사라진 사회'를 비판하는 소설이라는 해석 가설은 적어도 텍스트내적 근거를 통해서는 입증되기 어려운 종류의 것이다.

　때로는 해석자가 보유한 가치체계가 그대로 작중인물에 대한 윤리적 판단의 잣대로 작동하면서 주제에 대한 심화된 이해를 가로막기도 한다. '시간을 낭비하는 사람은 나쁘다'(<날개-H1-K-F-150>)거나 '수동적 삶은 악이다'(<날개-H3-I-M-245>)와 같은 기존의 가치체계가 강고한 나머지 텍스트에 대한 이해의 시도가 너무 빨리 기각되거나 종결되는 것이다. 많은 고등학생 독자들이 자신이 <날개> 속 '나'였다면 아내와 이혼하고 당장 돈을 벌 것이라거나 자신이 <날개> 속 '아내'라면 위안부가 되지 않은 것에 감사하며 건전한 일을 할 것이라는 등의 진술을 하고 있다. 즉 작중인물이 도대체 왜 독자가 가진 가치체계나 신념처럼 행동하지 않는지 이해할 수 없다는 반응을 보이거나, 인물의 삶을 독자의 현재적 삶의 기준에서만 강도 높게 비판하고 있다. 그 결과 현실과 허구, 과거와 현재 사이의 거리감에 대한 원근법적 감각을 갖춘 해석이 일어날 수 없다.

　이처럼 많은 고등학생 독자들이 소설에 대해 자신이 속한 사회·문화적 상황이나 기존의 가치체계에 기반한 비판을 즉각적으로 가하는 양상을 보인다. 따라서 소설이라는 허구 서사가 마련해놓은 텍스트세계의 특수성을 고려하고 그것을 충분히 경험하기보다는, 기존에 자신이 갖고 있던 가치체계를 의식하지 못한 상태에서 반복하고 해석을 통해 그것을 재생산하는 데 그치기 쉽다. 이는 텍스트와의 유효충돌을 이루지 못하고 텍스트 경험 이전과 이후의 변화를 경험하지 못했다는 점에서 '텍스트 이해를 통한 자기 이해'라는 문학 해석의 본질에 육박하지 못한 상태라

볼 수 있다.

자신이 속한 사회·문화적 상황이나 기존의 가치체계를 소설텍스트 해
석에 바로 대입시키는 경우 해석은 흔히 텍스트에 대한 주관적 판단을 거
쳐 자신의 삶의 맥락에 직접적으로 적용할 수 있는 일상적 교훈을 도출하
는 것으로 귀결된다. 다음 인용문을 살펴보자.

> 또한 여기 한번만 더라고 했는데 남편이 원래는 날고 있었다. 즉 원래는
> 일을 하고 있었으며 정상적으로 살아갔지만 실업한거라 생각한다. <u>나는 이
> 런 일 없도록 나 자신이 더 노력해야겠다.</u><날개-H3-I-M-203>

이처럼 <날개> 속 '나'처럼 실업자가 되지 않기 위해 공부를 열심히
해야겠다는 개인적 다짐, 혹은 일제 강점기에 태어나지 않아 다행이라는
심리적 안도의 수준에서 해석이 완료되고 있다. 이러한 양상의 해석에서
텍스트 경험은 텍스트의 목소리를 경청하는 경험이 아니라, 자신의 삶의
자세를 가다듬는 경험이다. 이처럼 허구의 텍스트세계를 통해 현실 맥락
에서의 교훈을 직접적으로 도출하려 하기 때문에 텍스트가 왜 그러한 방
식으로 구성되었는지에 대한 질문은 생략된다. 학습자들에게 일차적으로
중요한 것은 텍스트와 자신이 관련 맺을 수 있는 접점을 찾고 그것으로부
터 유의미한 무언가를 발견해서 자기화하는 것이다.

흔히 '전유'로도 불리는 이 자기화의 과정은 '타자의 것을 자기의 것으
로 취하는 것'을 의미하는데 그동안 문학교육에서는 이 '자기의 것으로 취
하는 것'에 주목한 나머지 '타자의 것', 즉 텍스트가 지닌 타자성을 소홀히
해온 측면이 있다.[82] 기실 '타자의 것'에 대한 수동적 충실성 없이 텍스트
의 자기화가 이루어질 경우 그것은 진정한 의미의 자기화라 할 수 없으며

---

82) 고정희,『고전시가 교육의 탐구 : 시공간적 거리감, 전유, 정서를 중심으로』, 소명출판,
2013.

극단적으로 말해 '텍스트 없는 텍스트 해석'으로 귀결될 위험성마저 내함한다. 염창권(2009) 역시 텍스트의 의미 파악에 소홀했던 문학 수업에서 학습자 개인의 성실성이나 다짐의 차원에서 텍스트의 주제가 정리되고 말았던 사례를 비판적으로 언급하고 있다.[83]

이처럼 확고한 주체의 가치체계 안에서만 소설을 해석하려는 고등학생 독자들의 양상은 두 가지 지점에서 문제적이다. 만약 그것이 성공할 경우 독자가 이미 견지하고 있던 주관성의 재확인에 그치기 쉽고, 그것이 실패할 경우 텍스트와의 접점을 조회해보려는 시도가 쉽게 포기되기 때문이다. 이러한 해석의 특징은 역할전위의 결과가 텍스트 경험 이전에 독자가 가졌던 주관적 시각으로 회귀되기 쉽다는 것이다. 이는 결과적으로 텍스트 해석의 관점과 전개를 좁은 폭으로 제한하게 된다. 따라서 문학경험이 허락하는 다양한 관점을 가정해볼 수 있도록 돕는 교육적 처치가 요구된다. 또한 해석에 반영된 독자의 사회·문화적 조건과 가치체계를 메타적으로 검토하고 그것의 한계를 넘어선 상상의 과정과 소통가능성의 확보를 통해 해석을 심화시켜 가는 과정이 마련되어야 한다.

한편 해석의 소통 맥락이 고려된 해석텍스트 역시 5%(7편)에 그쳤는데, 교과서 해석의 추수나 참조가 나타난 해석텍스트가 2.2%(3편), 다른 해석에 대한 가정과 예상반론이 나타난 해석텍스트가 0.7%(1편), 특정 해석 정전에 대한 반박과 근거가 제시된 해석텍스트가 0.7%(1편), 해석사 검토에 입각한 대타적 해석 가설이 정립된 해석텍스트가 1.4%(2편)로 집계되었다. 이상의 <날개>를 좌절한 지식인의 이야기로 읽어내는 기존의 해석이 작품의 한 축인 아내의 의미를 지나치게 축소하고 있다는 문제의식을 해석의 출발점으로 삼고 있는 해석텍스트(<날개>-H1-K-F-136)나 시대적 배경을

---

83) 염창권, 「문학 수업을 통해 본 초등학생의 문학 능력」, 『문학교육학』 28, 한국문학교육학회, 2009, p.172.

배제하고 오직 소설 자체로만 읽어보고 싶다는 해석텍스트(<날개>-H1-K-F-140)의 경우, 창의적 해석을 도모하면서도 나름의 '일리'를 갖추고자 하는 해석 주체로서의 자의식이 엿보인다는 점에서 의미 있는 양상이라 할 수 있다.

특정한 해석적 입각점을 잡는다 하더라도 그것의 논증 과정에서 텍스트 전체를 통합적으로 해석해내야 하는 전문독자와 달리 고등학생 독자들의 글은 훨씬 과감하게 초점화되는 경향을 보인다. 가령 '가장의 의무' 같은 하나의 이슈를 중심으로 해석을 완성한다거나 철저히 '아내'의 시점에서만 해석을 시도하는 등의 예들이 관찰된다. 물론 이는 제한된 시간과 환경으로 인해 고등학생 독자군의 해석텍스트가 대체로 짧은 분량을 갖기 때문이기도 하지만, 텍스트보다는 독자 본인의 관심을 해석의 출발점에 놓고 그러한 관심을 충족시키는 부분을 중심으로 텍스트를 읽어나가기 때문인 것으로 판단된다.

하지만 대다수의 고등학생 독자군은 자신의 해석이 특정한 해석공동체에 제출, 소통될 수 있다는 뚜렷한 자의식을 갖고 있지는 못했는데, 이는 해석 결과의 소통가능성에 대한 메타적 인식이 드러난 해석텍스트가 전무했다는 분석 결과에 의해 뒷받침된다. 이상의 분석 결과를 더욱 요약적으로 가시화하기 위해 코딩 결과를 바탕으로 노드 트리맵[84]을 도출해보았다. 고등학생 독자군 자료에 대한 노트 트리맵은 다음과 같다.

---

84) 노드 트리맵은 나무 지도로도 불리며, 부호화의 분포를 그림으로 확인시켜 주는 장치이다. 즉 노드 트리맵 내 특정 노드가 차지하는 면적이 넓을수록 해당 노드에 대한 부호화가 많이 분포하고 있다고 할 수 있다. 박종원, 『NVivo 10 응용』, 부경대학교 출판부, 2013, p.390.

의미론적 해석					맥락적 해석	
과정		유형		목적	생산 맥락	수용 맥락
텍스트내적 정보나 근거 제시 미비	해석 가설의 명시적 설정	프로토콜 형		인물의 행위 동기와 심리 추리	생산 맥락의 단순 외삽이 나 나열	해석자가 속한 사회문화 적 상황 대입
주제적 의미 구성의 포기나 미도달	해석 가설에 대한 일반화 유보	다이제 스트 형	수 렴 방 사 형	작가의 의도 추리	수사학적 해석	
					서술	문체
					서술전략의 전반적 특성과 효과 탐구	심미 적 이해 거부

[그림 1] 고등학생 독자군 – 텍스트 코딩 수에 의한 노드 트리맵

노드 트리맵의 상당 부분이 의미론적 해석으로 채워져 있는 것으로 볼 때 고등학생 독자군은 대체로 인물의 행위 동기와 심리 추리에 해석적 투자를 집중시키고 있음을 알 수 있다. 하지만 주로 인물에 대한 단발적인 반응의 나열이나 작품 자체에 대한 호오(好惡)의 표현으로 해석이 종결되는 경우가 많아 인상에 의한 프로토콜 형으로 분류되는 해석의 유형이 압도적이었다. 그렇지 않은 경우에도 단순히 소설의 스토리 층위만을 요약하는 것으로 해석을 대체하는 경우가 많은 것으로 집계되었다.

의미론적 해석의 과정에 있어서는 해석 가설을 세우며 논증을 진행하려는 움직임이 포착되었지만 소설텍스트의 의미론적 다층성과 모호성을 견디지 못하고 주제적 의미 도출을 포기하는 경우 역시 상당하였다. 그렇지 않은 경우에도 해석 가설을 뒷받침하는 텍스트내적 정보를 부실하게 제출하는 해석텍스트가 다수 나타났다.

수사학적 해석은 고등학생 독자군의 해석 양상에서 가장 양적으로 빈약했던 범주인데, 특히 소설텍스트의 구조와 문체에 대한 해석을 생략한 채 의미론적 주제를 도출하려는 시도가 두드러졌다. 주로 텍스트의 스토리 층위에 집중하다보니 텍스트의 담론 층위에 대한 철저한 분석이 경유되지 않고 이는 결과적으로 해석텍스트 전체의 논리를 공소하게 만드는 경우가 많았다.

이는 단순히 <날개>가 지닌 문체나 서술 상의 난해함 때문이라고만 치부할 수는 없다. 본고가 수합했던 <봄·봄>이나 <소설가 구보 씨의 일일>에 대한 고등학생 독자군의 해석텍스트에서도 수사학적 해석의 양상은 여전히 풍부하지 못했기 때문이다. 그나마 문학교실에서 이루어지고 있는 시점교육의 역할로 서술자나 초점화자에 대한 인식은 이루어지고 있었지만 해당 소설의 수사학적 개성이나 소설텍스트로서의 장르문법 등에 대한 주목이 드물다는 점은 상당히 아쉬운 지점이다. 수사학적 해석의 수행은 해석 가설의 타당성과 소통가능성을 제고시키는 결정적인 역할을 하기 때문이다. 결과적으로 수사학적 해석의 코딩 양상은 대학생 독자군/전문독자군과 고등학생 독자군을 갈라놓는 중요한 경계선으로 기능하고 있음을 알 수 있었다.

맥락적 해석 범주에서는 생산 맥락과 수용 맥락의 도입이 두드러지는데, 특히 생산 맥락에 있어서는 많은 고등학생 독자들이 소설에 대한 우의적 해석의 틀을 내면화하고 있음을 확인할 수 있는 통계적 결과가 도출되었다. 그 원인을 살펴보면 다음과 같다. 문학교실은 매우 특수한 공간으로 국가적, 사회적, 개인적 요구들이 다양하게 얽혀있는 장소이다. 해석 활동의 공간으로서도 문학교실은 일반적인 공간이라 보기 어려운데, 특히 교사라는 중재자가 있는 해석 활동의 장이라는 점에서 그러하다. 이런 까닭에 문학교실은 상호작용모형보다는 전달모형이 활성화된 의사소통공간이 되기 쉽다.[85] 따라서 교사의 수업 장악력이나 교육 목표의 가시적 달성을 위해 텍스트와 독자의 충분한 상호작용보다는, 교사 중심의 전달모형이 활성화되게 된다.

또한 상대적으로 교육할 지식 내용이 명료해지는 사회·역사적 문학해석의 모델을 선호하는 경향 역시 고등학생 독자들의 해석이 우의적으로 정향되는 원인이 된다. 이러한 경향은 문학 수용의 맥락 중에서도 사회, 역사적 맥락을 강조하고 있는 교육과정과 교과서의 구성을 통해서도 드러난다. 국어과 교육과정 문서와 문학 교과서에서는 대체로 문학작품을 둘러싼 맥락을 사회·문화적 맥락, 문학사적 맥락, 상호텍스트적 맥락의 세 가지로 제시하고 있다.

그러나 학습 활동의 차원에서 살펴보면 이 세 맥락은 동등한 위상을 점하고 있다고 보기 어렵다. 양정실 외(2013)에서 분석한 바에 따르면, 문학 교과서의 서술과 학습활동에서는 사회·문화적 맥락이 다른 맥락에 비해 필수적인 고려 사항으로 전제되어 있다. 위 논문은 역사주의의 관점을 선호해온 5차 국어과 교육과정 이후 문학교육계의 경향성을 이러한 현상의 원인으로 파악한다.[86]

이에 따라 고등학생 독자들은 자신의 창의적 지식을 텍스트와 연계하거나 개성 있는 정서적 반응을 보이기보다는, 전달된 해설을 그대로 받아들이거나 최대한 명료해 보이는 외재적 맥락을 도입하려는 양상을 보이게 된다. 따라서 소설을 둘러싼 다층적 맥락의 도입을 장려하되 고등학생 독자들이 보유한 텍스트 경험을 활용하여 개성적 상호텍스트군을 형성한다거나 수용 맥락을 소설텍스트에 생산적으로 도입하는 활동이 장려될 필요가 있음을 알 수 있다. 무엇보다도 독자 자신의 해석행위가 일회적이

---

85) 전달 모형과 상호작용 모형의 상이한 반응 양상에 대해서는 G. Schraw and R. Bruning, "Reader's implicit models of reading", *Reading Research Quartely* 31-3, 1996, p.294 참고.
86) 양정실, 정진석, 이인화, 한태구, 우신영, 「맥락을 고려한 작품 읽기의 문학 교과서 구현 양상에 대한 비판적 검토-2009개정 교육과정에 따른 고등학교 문학 교과서 분석을 중심으로-」, 『문학교육학』 41, 한국문학교육학회, 2013, pp.322-326.

고 타율적인 활동에 그치지 않고 해석공동체 내에서 텍스트의 의미를 갱신해가는 공적 과업일 수 있음을 인지해야 한다. 나아가 이를 더욱 의미 있게 수행하기 위한 해석의 방법적 지식을 익히고자 하는 태도를 형성할 필요가 있다.

3. 대학생 독자군의 현대소설 해석 양상

1) 의미론적 해석 양상

여기서는 대학생 독자군의 <날개> 해석텍스트 79편을 대상으로 NVivo10을 사용한 코딩을 실시하여 유의하게 떠오르는 의미론적 해석의 양상을 포착하였다. 코딩 결과 의미론적 해석 양상은 크게 목적, 과정, 유형의 하위 범주로 나누어 살펴볼 수 있었으며 목적에서는 인물의 행위 동기와 심리 추리가, 과정에서는 해석 가설의 명시적 설정이, 유형에서는 동위성에 의한 수렴방사 형이 가장 두드러지는 양상으로 코딩되었다. 코딩 결과를 표로 제시하면 다음과 같다.

<표 9> 대학생 독자군의 의미론적 해석 양상

독자군	의미론적 해석 양상		자료 수 (비율)
대학생 독자군	목적	a. 인물의 행위 동기와 심리 추리	60(75.9%)
		b. 작가의 의도 추리	17(21.5%)
		c. 작가의 무의식 탐구	0(0.0%)
		d. 내포작가의 의도 추론	7(14.6%)
	과정	a. 해석 가설의 명시적 설정	58(73.4%)
		b. 주제적 의미 구성의 포기나 미도달	3(3.8%)
		c. 텍스트내적 정보나 근거 제시 미비	15(19.0%)
		d. 해석 가설에 대한 일반화 유보	6(7.6%)

		e. 해석 가설을 반증하는 부분 발견	0(0.0%)
유형		a. 연상에 의한 프로토콜 형	20(25.3%)
		b. 스토리 요약에 의한 다이제스트 형	4(5.1%)
		c. 추체험에 의한 내러티브 형	10(12.7%)
		d. 어구 분석에 의한 주석 형	2(2.5%)
		e. 동위성에 의한 수렴방사 형	43(54.4%)

대학생 독자군의 경우도 고등학생 독자군과 유사하게 75.9%(60편)의 해석텍스트에서 인물의 행위 동기와 심리 추리가 이루어질 만큼 인물에 대한 해석적 투자가 높은 비중을 차지한다. 그러나 실제 작가나 내포작가의 의도를 본격적으로 추론하는 경우도 36.1%(24편)의 해석텍스트에서 등장하기 시작한다는 점에서 고등학생 독자군(24.4%, 24편)과 변별된다. 아래의 해석텍스트를 살펴보자.

이상이 자신을 박제라고 칭한 것은, 내면세계의 진정한 통합, 일치를 보지 못했음에도 불구하고 겉모습은 위트, 패러독스를 절묘하게 사용하는 지식인 행세를 하는 자기 자신을 비꼬는 것이라 보았다. 자신의 모습을 정확히 진단한 후에, 내적세계의 합일을 보려는 시도를 하는데, 그 과정을 소설로 풀어낸 것 같다.<날개-U-K-F-5>

돋아난 날개 속에 이상이 품은 다짐은 정오의 햇살과 같이 모든 사실과 숨어 있는 것들을 파헤치는 것이다.<날개-U-K-M-30>

이 작품은 현대인들이 자신의 꿈을 잃은 채 주어진 상황에 안주하고 남의 시선을 의식하며 흐름을 따라가는 것이 행복이라고 착각하는 태도를 비판한다. 정말 자신이 하고 싶은 것은 무엇인지, 자기 자신을 위한 삶을 통해 진정한 행복을 찾아나갈 것을 말하고 있다.<날개-U-K-F-9>

<날개-U-K-F-5>의 경우 <날개>라는 소설이 작가가 스스로를 진단하고 풍자하는 과정의 소설적 형상화라고 파악하였다. <날개-U-K-M-30>의 경우 결말부의 '날자' 대목을 이상의 다짐으로 해석하고 있다. 물론 이 과정에서 인물을 곧 작가로 치환시킬 수 있는 근거가 풍부하게 서술되지는 않지만, '나'나 '아내'의 행위동기에만 해석의 목적을 둘 때보다 작품의 다층적 소통구도가 해석에 적극적으로 반영된다.

<날개-U-K-F-9>의 경우 '이 작품은...비판한다...말하고 있다' 형태의 진술을 통해 작가의 의도가 아닌, 텍스트의 의도를 파악하고 있다. 이 해석텍스트의 경우 <날개>를 존재의식에 대해 '생각'하지 못하던 한 인물이 '생각'할 수 있는 상태로 변화해가는 성장담으로 해석한다. 따라서 이러한 성장담은 독자에게 인물과 유사한 성장을 이루도록 설득하는 내포작가의 목소리로 해석할 수 있다는 것이다. 실제 작가의 의도가 아닌, 텍스트의 의도를 찾으려는 이러한 시도는 고등학생 독자군에서는 매우 드물게(1.4%, 2편) 나타나는 종류의 것이다.

이처럼 작중인물과 작가, 내포작가에 대해 추론해가는 과정에서 대학생 독자군은 해석 가설을 명시적으로 설정하고 그것을 일반화하려는 경향을 강하게 드러냈는데, 해석 가설의 명시적 설정이 드러난 대학생 독자군의 해석텍스트(73.4%, 58편)는 고등학생 독자군의 해석텍스트(36.7%, 51편)보다 2배 높은 비율로 집계된 반면 해석 가설에 대한 일반화를 유보하고 있는 대학생 독자군의 해석텍스트(7.6%, 6편)는 고등학생 독자군의 해석텍스트(19.4%, 27편)에 비해 1/3 정도밖에 되지 않는다는 점이 이를 뒷받침한다. 이러한 분석의 결과는 Nvivo10의 Query 기능을 통해 도출한 대학생 독자군 내 어휘 빈도로도 증빙된다. Query 기능을 사용하여 전체 79편의 대학생 해석텍스트에서 가장 높은 빈도로 등장한 어휘를 도출한 결과는 다음과 같다.

<표 10> 대학생 독자군 어휘 빈도 검색 결과

독자군	고빈도 어휘	횟수	비중(%)
대학생 독자군	'나'는, '나'의, '나'에게, '나'가	192	0.73
	주인공은, 주인공이, 주인공의	133	0.50
	아내에게	82	0.31
	생각한다	53	0.20
	무기력한	39	0.15
	자신에게	39	0.15
	때문이다	36	0.14
	아달린을	33	0.12
	되어버린	32	0.12
	살아가는	26	0.10
	미쓰꼬시	22	0.08
	부분에서	21	0.08

　　대학생 독자군에서도 고등학생 독자군과 마찬가지로 '생각ㅎ-'형 진술이 빈번하게 등장한다(53회, 0.2%). 이때 '생각ㅎ-'형 진술은 주로 인물의 '생각', 인물의 동기나 상태에 대한 독자 자신의 '생각', 인물, 소재, 작품의 의미에 대한 독자의 '생각', 특정한 해석에 대한 독자 자신의 '생각', 과거 텍스트 경험에 대한 '생각', 생산/수용 맥락의 특성에 대한 '생각' 등을 표현하기 위해 사용된다.

　　하지만 이러한 생각의 근거를 설명하는 '때문이다' 형 문장이 후술되는 경우가 비슷한 횟수(36회, 0.14%)로 나타난다는 점에서 고등학생 독자군과 일정한 변별점을 지닌다. 이처럼 대학생 독자군에서는 특정한 소재나 결말의 의미를 해석하고 그 근거를 제시하는 과정에서 '때문이다'형 진술을 빈번하게 사용하였다. 드물지만 텍스트내적 장소가 특별히 중요한 까닭이나 기존의 해석에 대해 해석자가 갖는 의문의 근거를 제시하는 과정에서

'때문이다'형 진술을 사용하는 양상이 발견되기도 한다. '부분에서'가 21회 코딩된 까닭 역시 자신의 해석 가설에 대한 텍스트내적 증거를 명시하려는 시도의 결과로 파악된다.

이처럼 대학생 독자군의 경우 의미론적 주제를 가설화하고 텍스트의 내용을 통해 그것을 검증하려는 태도가 보다 본격화된 양상을 보인다. 응집적인 주제를 구축하는 것을 포기하거나 구축에 실패했음을 드러내는 언술이 적었다는 점이 이러한 특성을 방증한다. 그러나 해석 가설을 검증하는 데 텍스트내적 근거를 충분히 활용하지 못하는 해석텍스트 역시 19%(15편)로 집계되었다. 다음의 해석텍스트를 살펴보자.

> 내가 생각하기에 진정한 결말은 프롤로그가 아닐까 생각된다. '나'는 아내에게 정면대결을 했지만 결국 실패하고, 결혼은 아니다. 연애까지가 좋다라고 생각한다. 하지만 상식의 병이라는 표현을 통해 아내가 나를 사랑하지 않는 사실, 마음이 떠나가면 이루어질 수 없는 상식을 알지만, 나는 아직도 <u>아내를 사랑하는 상식의 병</u>에 걸리게 된 것이다.<날개-U-K-F-26>

<날개-U-K-F-26>은 프롤로그가 실질적 결말이라는 가설을 세우고 있다. 따라서 액자 속 세계가 모두 일어난 후 '나'가 후술한 내용이 프롤로그라는 것이다. 프롤로그와 액자 속 세계의 내용적, 형식적 이질성을 간과하고 이를 해석의 단초로 의미화하고 있는 것은 주목할 만하다.

그러나 "나는 유쾌하오. 이런 때 연애까지가 유쾌하오."라는 구절은 연애까지'도' 유쾌하게 느껴진다는 서술자의 발화로 읽는 것이 더 적절하다. 하지만 <날개-U-K-F-26>은 이 구절을 '결혼은 아니다. 연애까지가 좋다'는 발화로 해석한다. 게다가 "니코틴이 내 횟배 앓는 뱃속으로 스미면 머릿속에 으레 백지가 준비되는 법이오. 그 위에다 나는 위트와 파라독스를 바둑 포석처럼 늘어놓소. 가증할 상식의 병이오."라는 구절에서 '상식의 병'은 백지 위에 '위트와 파라독스를 늘어놓는 행위'에 대한 설명이라 보

는 것이 보다 적절하다.

그러나 위 독자는 '상식의 병'을 아내에 대한 사랑이라고 해석하고 있다. 물론 해당 어구들을 다르게 해석할 수 있는 의미론적 가능성은 충분하다. 그러나 텍스트내적 정보를 자세히 읽고 해석 가설에 대한 근거로 전환하는 과정이 빈약하다는 점은 창의적 해석 가설의 타당성을 감소시키는 결과로 이어지기 쉽다.

한편 대학생 독자군의 경우 상대적으로 다양한 의미론적 해석의 유형을 보여준다. 연상에 의한 프로토콜 형이 25.3%(20편), 스토리 요약에 의한 다이제스트 형이 5.1%(4편), 추체험에 의한 내러티브 형이 12.7%(10편), 어구 분석에 의한 주석 형이 2.5%(2편), 동위성에 의한 수렴방사 형이 54.4%(43편) 집계되었다.

특히 연상에 의한 프로토콜 형이 고등학생에 비해 현저하게 줄어들고 작중인물이나 작가의 경험을 추체험하면서 독립된 하나의 창의적 해석텍스트를 산출하고자 하는 내러티브 형과 텍스트의 의미론적 일관성을 가정한 상태에서 특정한 해석어휘와 가설을 중심으로 응집되는 해석텍스트를 산출하고자 하는 수렴방사 형이 늘어났다.

전술했듯 자신의 해석 가설을 뒷받침하기 위한 텍스트의 '부분'들에 주목하기 때문에 텍스트 전체를 관통할 수 있는 텍스트 내부의 어휘나 어구를 중심점으로 삼아, 해당 텍스트가 갖고 있는 의미의 프랙탈 구조를 밝히려는 경향도 종종 발견된다. 이러한 경향을 대표적으로 예시하는 아래의 해석텍스트를 살펴보자.

이상 <날개>는 '박제가 되어버린 천재를 아시오?'라는 프롤로그의 문구로 시작한다. 나는 이 작품을 거듭하여 읽으면서 '박제가 되어버린 천재'가 이 작품 전체를 표현하는 이미지라는 생각이 들었다...과거에 있던 인공의 날개 즉, 이성이 깨어나길 바라는 것이다. '박제가 되어버린 천재', 즉 자기

자신이 비로소 사라진 날개를 다시 얻고 날기를 염원하는 모습이 담겨 있다.<날개-U-K-F-38>

<날개-U-K-F-38>의 경우 '박제가 되어버린 천재'라는 프롤로그의 문구가 텍스트 전체를 포섭할 수 있는 상징적 어구임을 밝히고, 이 문구에 기반하여 텍스트의 나머지 부분들을 하나하나 의미화해나간다. 그리고 마지막으로 이러한 '천재'가 '박제'를 벗어나 '인공의 날개'로 표상되는 이성의 세계로 나아간다는 결말 해석에 다다른다. 이 경우 해석은 '박제'라는 텍스트내적 원점을 중심으로 응집적으로 구조화된다.

한편 다른 독자군에 비해 대학생 독자군에서만 주로 관찰되는 의미론적 해석의 유형은 추체험에 의한 내러티브 형이다. 이 경우 작중인물이나 작가의 관점에 몰입하여 텍스트 전체를 재서술해내면서 의미를 구성하려는 양상이 나타난다. 그렇다보니 해석텍스트 자체에 문학적 표현기법이 빈번히 사용되기도 한다. 아래의 해석텍스트를 살펴보자.

그의 어깻죽지에서 돋아날 날개는 무의지한 존재의 의지적 신념이자, 건져 올릴 것 하나 없는 그의 세상에서 처음으로 그물에 걸린 메시지다. 지금까지 쌓아온 과거부터의 총합인 내가 그것을 무너뜨리고 다시 '나'라는 하나의 자아를 새롭게 쌓아올리기로 마음먹은, 그 시작의 순간인 것이다. 오래 전 과거 어느 때에 돋았던 날개가 그저 자국이 되어버린 것은 그 때 그의 내부에 있는 의지적 표상이 부족했기 때문이리라. 이제 그것은 과거의 자국, 그 자리에서 새롭게 돋아난다. 그가 완전히 '살아가는' 존재가 된 시금.<날개-U-K-F-36>

그러나 '나'는 날개가 다시 돋는 느낌을 받는다. 이제 방황은 끝났다. 긴 침묵을 멈추고 다시 날아오를 때이다. 불편한 '안주'로부터 떠날 때가 도래한 것이다.<날개-U-K-M-31>

　　<날개-U-K-F-36>과 <날개-U-K-M-31>의 경우 인물의 관점 안팎을 넘나들면서 그의 내면을 복원하고 그의 행위가 지닌 상징성을 시적으로 표현해낸다. 여홍상(1999)은 문학적 언어능력을 문학적 언어의 본질을 이해하고, 이를 자기 자신의 언어로 재창조할 수 있는 능력으로 정의한다.[87) 타인의 언어를 자신의 언어로 재생산해내는 능력을 강조하는 것이다. 이런 측면에서 대학생 학습자들이 보여주는 '재서술'의 창의성은 단순히 텍스트의 자구(字句)를 푸는 행위가 아닌, 생산적이고 창의적인 언어활동으로서 해석 행위의 본질에 육박하고 있다고 볼 수 있다.

2) 수사학적 해석 양상

　　여기서는 대학생 독자군의 <날개> 해석텍스트 79편을 대상으로 NVivo10을 사용한 코딩을 실시하여 유의하게 떠오르는 수사학적 해석의 양상을 포착하였다. 코딩 결과 수사학적 해석 양상은 크게 구조, 서술, 문체의 하위 범주로 나누어 살펴볼 수 있었고 구조에서는 시공간 설정의 효과 이해, 서술에서는 서술전략의 전반적 특성과 효과 탐구, 문체에서는 텍스트 내 고빈도 어휘나 어구 재인이 가장 의미 있는 양상으로 코딩되었다. 이상의 코딩 결과를 표로 제시하면 다음과 같다.

<표 11> 대학생 독자군의 수사학적 해석 양상

독자군		수사학적 해석 양상	자료 수 (비율)
대학생 독자군	구조	**a. 시공간 설정의 효과 이해**	25(31.6%)
		b. 반복적인 패턴의 발견	7(8.9%)
		c. 핵심적 이미지 시퀀스나 모티프 추출	4(5.1%)
		d. 서사세계의 다중구조 파악	5(6.3%)

---

87) 여홍상, 「영문학 교육의 정체성과 문학적 언어능력―비판적·창조적 사고를 위하여」, 『영어영문학』 45-1, 한국영어영문학회, 1999.

서술	a. 서술자 목소리의 신빙성 판단	7(8.9%)
	b. 서술자, 인물, 작가의 동일시	3(3.8%)
	c. 서술자, 인물, 작가 사이의 거리 인식	2(2.5%)
	d. 초점화의 양상과 효과 이해	5(6.3%)
	e. 서술전략의 전반적 특성과 효과 탐구	12(15.2%)
문체	a. 비관습적 문체에 대한 심미적 이해 거부	1(1.3%)
	b. 텍스트 내 고빈도 어휘나 어구 재인	8(10.1%)
	c. 문장 구성 방식의 특성 추출	2(2.5%)
	d. 원전의 기표에 대한 조사 및 탐구	0(0.0%)

　대학생 독자군의 수사학적 해석 양상을 살펴보면 텍스트의 구조, 문체, 서술에 대한 해석으로 코딩될 만한 언술이 매우 많지는 않지만 고등학생 독자군에 비해서는 상대적으로 수사학적 해석의 의지와 역량이 풍부함을 알 수 있다. 먼저 텍스트의 구조 해석에 있어서는 시공간 설정의 효과에 대한 언술이 31.6%(25편)의 해석텍스트에서, <날개>를 구성하는 '외출-귀가'의 반복적 패턴 발견이 8.9%(7편)의 해석텍스트에서, 핵심적 이미지 시퀀스나 모티프의 추출이 5.1%(4편)의 해석텍스트에서, 서사세계의 다중구조 파악이 6.3%(5편)의 해석텍스트에서 발견되었다.

　특히 '좁은 방-바깥 세상', '자정의 시간-정오의 시간'이라는 대립적 시공간의 쌍을 발견하고 그러한 시공간의 상징성을 의미 주제와 결합시키거나(<날개-U-S-F-53>) 반복되는 '외출-귀가' 패턴을 통해 작중인물이 각성해가는 과정을 면밀하게 분석한 후 이를 다시 작품 전반에 걸친 시공간의 변화와 대응시키는(<날개-U-S-F-61>) 등의 해석은 전문독자군이 제출한 해석과 매우 유사하다.

　또한 고등학생 독자군이 <날개>의 스토리 층위만을 비교적 평면적으로 해석했던 것에 비해 대학생 독자군에서는 보다 중층적으로 구조화된 스토리-담론의 층위까지 해석의 대상으로 포섭하는 해석텍스트가 출현한다. 아래 해석텍스트를 살펴보자.

> 소설은 본격적인 이야기가 시작되기 전에, 작가로 보이는 화자가 친구에게 보내는 편지 같은 글로 먼저 시작된다...그렇다면 작가는 왜 이러한 글을 자신의 소설 맨 첫 부분에 놓은 것일까? 읽는 사람으로 하여금 자신의 소설을 이해할 수 있도록 가이드라인을 준 것은 아닐까?...소설의 마지막에 희망과 야심이 사라져버린 자신을 생각하며 '날개야 다시 돋아라. 날자. 날자. 한 번만 더 날자꾸나. 한 번만 더 날아 보자꾸나.'라는 '나'의 외침은 작가 본인의 외침처럼 들린다. 작가 '이상'이 아닌 '김해경', 즉 가난한 가족을 돌보아야하고 조선인이기에 천재임에도 자신의 능력을 펼치지 못하고 현실을 절뚝거리며 살 수밖에 없었던 작가 본인의 외침인 것이다.
> <날개-U-S-F-74>

<날개-U-S-F-74>의 경우 프롤로그 부분이 본문 부분과 다소 이질적인 목소리를 갖는다는 점을 민감하게 포착하고 이것이 본문 읽기의 방향을 지시한다고 추론한다. 이러한 추론의 결과 프롤로그와 결말의 목소리는 본문 속 '나'가 아닌, 작가의 목소리로 해석된다. 이처럼 소설의 입체적, 중층적 구조를 읽어낼 수 있게 된 독자는 그러한 구조화의 주체가 구사하는 전략과 효과에 대한 질문을 던질 수 있게 된다.

그런 까닭에 대학생 독자군에서는 <날개>의 서술과 문체에 대한 수사학적 해석이 확연히 증가하는 양상을 보인다. 먼저 서술에 대한 해석의 경우 서술자 목소리의 신빙성 판단이 8.9%(7편)의 해석텍스트에서, 초점화의 양상과 효과 이해가 6.3%(5편)의 해석텍스트에서, 서술전략의 전반적 특성과 효과 탐구가 15.2%(12편)의 해석텍스트에서 집계되었다. 서술자 목소리의 신빙성을 보다 민감하게 진단하는 경향과 서술전략의 전반적 특성을 추출하여 그것이 독자에게 미치는 효과를 탐구하려는 경향이 증가하였음을 알 수 있다. 이러한 경향을 예시하는 대학생 독자군의 해석텍스

트를 고등학생 독자군의 해석텍스트와 비교하며 살펴보자.

> 이 소설을 읽으며 계속 들었던 생각은 '나'가 사실 모든 것을 알고 있음에도 불구하고 연구해보겠다, 생각해보겠다면서 모르는 척을 하고 스스로를 아무것도 알지 못하는 <u>무지한 사람이라고 속이고 있다는 것</u>이었다.<날개-H1-K-M-157>

> 사실 '나'는 '아내가 하는 일이 몸을 파는 것'이라는 것부터 '왜 이렇게 자신이 무의미하게 인생을 보내는지'까지, 대부분의 모든 상황을 파악하고 있으면서 그렇지 '못한 척'을 한다. '<u>자기위조</u>'를 하고 있는 것이다. 특히 전자의 경우 곳곳에서 흔적이 드러난다. "그 33번지라는 것이 구조가 흡사 유곽이라는 느낌이 없지 않다."라는 문장을 통해 '유곽'이라는 단어로 배경을 뚜렷하게 한정지으면서 본격적인 이야기를 시작한 것에서도 보이고, 아내에게 찾아오는 내객들이 "내 아내와 나도 좀처럼 하기 어려운 농을 아주 서슴지 않고 쉽게 해 던진다"며 표현하는 것에서도 드러난다. 남편과 그 부인도 나누기 힘든 농이라는 점에서 상당히 적나라한 어감을 지닌 표현일 것이라는 게 은근히 드러나기도 하고, 또한 이러한 말 자체가 이미 '나'가 그들이 나누는 것의 내용을 전부 다 인식하고 있음을 전제로 하기도 한다.
> <날개-U-S-F-60>

<날개-H1-K-M-157>의 경우 독서 과정 내내 작중인물 '나'가 일부러 무지한 척 한다는 생각이 들었음을 토로하고 있다. 하지만 그러한 생각의 근거나 그러한 '무지한 척'의 동기 및 효과가 철저히 탐구되지는 못한다. 반면 <날개-U-S-F-60>의 경우 '나'의 태도를 자기위조로 규정짓고 그 증거를 구체적 문장 단위로 제출해낸다. 그리고 이러한 자기위조의 태도는 이미 프롤로그에서 "자신을 위조하는 것도 할 만한 일"이라는 언술을 통해 천명된 것임을 분명히 한다. 결과적으로 이러한 서술의 태도는 '자기위조로부터 자기인식으로'라는 <날개>의 의미 주제와 상통하게 된다는 것으로 해석은 완료된다.

한편 텍스트의 문체에 대한 해석에 있어서는 비관습적 문체에 대한 심미적 이해 거부가 1.3%(1편)의 해석텍스트에서, 텍스트 내 고빈도 어휘나 어구 재인이 10.1%(8편)의 해석텍스트에서, 문장 구성 방식의 특성 추출이 2.5%(2편)의 해석텍스트에서 집계되었다. 텍스트의 문체에 대한 이해를 거부하는 태도가 현저하게 줄어들고 그 대신 텍스트에 반복적으로 등장하는 어휘나 어구를 포착하려는 시도가 증가하였음을 지적할 수 있다.

즉 <날개>의 난해한 문체를 해석을 좌절시키는 장애물로 여겼던 고등학생 독자군과 달리 대학생 독자군은 해당 소설의 문체가 주는 느낌과 그 느낌을 발생시키는 구체적 장소를 문장 단위로 비교적 상세하게 예시하기 시작하는 경향을 보였다. 이러한 구체적 예시를 통해 소설 전반의 수사학적 특성에 대한 해석은 보다 큰 타당성과 소통가능성을 확보하며 진행될 수 있다.

이처럼 대학생 독자군은 고등학생 독자군에 비해 텍스트의 난해함이나 의미론적 미결정성에 대해 인내심을 가지고 그것을 하나의 도전할 만한 과제로서 대하는 경향을 보였다. 그리고 이러한 과제 해결을 위해 수사학적 해석을 보다 왕성하게 수행하고 있었다. 이는 연구대상으로 삼은 대학생 독자군이 비교적 문학 해석의 경험과 태도 면에서 활성화되어 있었기 때문이기도 하지만, 익숙한 텍스트 <날개>를 보다 새롭고 다르게 읽으려는 해석자로서의 욕망이 수사학적 해석의 시도를 추동했다고도 볼 수 있다. 창의적인 해석 가설을 제출했기에 이를 뒷받침하기 위한 텍스트내적 증거가 필요해졌고 이것이 수사학적 해석의 시도로 이어진 것이다. 이처럼 예비적 전문독자로서 그들이 전문독자의 해석 방법과 전략을 모방하는 한편 소설에 대한 장르적 지식을 활용하여 수사학적 해석을 수행함을 알 수 있다.

이렇듯 대학생 독자군에서 본격화되기 시작한 수사학적 해석은 전문독자군에서 더욱 압도적으로 표출되는데, 이는 수사학적 해석이 고등학생 독자에게 가장 취약한 부분이자 의도적 교육이 요구되는 범주임을 시사한다. 또한 수사학적 해석의 능력이 각 독자군의 해석능력을 경계짓는 결정적 지표라는 사실 역시 암시한다고 할 수 있다.

3) 맥락적 해석 양상

여기서는 대학생 독자군의 <날개> 해석텍스트 79편을 대상으로 NVivo10을 사용한 코딩을 실시하여 유의하게 떠오르는 맥락적 해석의 양상을 포착하였다. 코딩 결과 맥락적 해석 양상은 크게 생산 맥락, 문학사적 맥락, 상호텍스트적 맥락, 수용 맥락, 소통 맥락의 하위 범주로 나누어 살펴볼 수 있었다.

생산 맥락에서는 생산 맥락 및 당대 독자에 대한 재구축 양상이 두드러졌고, 상호텍스트적 맥락에서는 작가내적, 작가외적, 문학외적 상호텍스트군을 활용하려는 시도가 등장했다. 수용 맥락에서는 해석자가 속한 사회·문화적 상황의 대입이 가장 두드러지게 나타났고, 소통 맥락에서는 해석사 검토에 입각한 해석 가설 정립이 시도되었다. 하지만 여전히 문학사적 맥락에 대한 고려는 소략하였다. 이상의 코딩 결과를 표로 제시하면 다음과 같다.

<표 12> 대학생 독자군의 맥락적 해석 양상

독자군	맥락적 해석 양상		자료 수 (비율)
대학생 독자군	생산 맥락	a. 생산 맥락의 단순 외삽이나 나열	7(8.9%)
		b. 작가에 대한 지식 적용	8(10.1%)
		c. 생산 맥락 및 당대 독자에 대한 재구축	20(25.3%)
	문학사적 맥락	a. 텍스트의 문학사적 위상과 평가 참조	1(1.3%)
		b. 텍스트 관련 문예사조 및 유파 고려	2(2.5%)
		c. 작가의 장르 선택에 대한 의미 부여	0(0.0%)

상호텍스트적 맥락	a. 작가내적 상호텍스트군의 활용	3(3.8%)	
	b. 작가외적 상호텍스트군의 활용	3(3.8%)	
	c. 문학외적 상호텍스트군의 활용	2(2.5%)	
수용 맥락	a. 해석자가 속한 사회·문화적 상황 대입	12(15.2%)	
	b. 해석자가 보유한 가치체계의 명시적 반영	8(10.1%)	
	c. 해석 약호의 명시적 도입	1(1.3%)	
소통 맥락	a. 교과서 해석의 추수나 참조	4(5.1%)	
	b. 다른 해석에 대한 가정과 예상반론	1(1.3%)	
	c. 특정 해석 정전에 대한 반박과 근거 제시	2(2.5%)	
	d. 해석 결과의 소통가능성에 대한 메타적 인식	1(1.3%)	
	e. 해석사 검토에 입각한 대타적 해석 가설 정립	7(8.9%)	

　　대학생 독자군의 맥락적 해석 양상 분석 결과 대학생 독자군이 소설 해석에 가장 빈번하게 활용하는 맥락 역시 고등학생과 마찬가지로 생산 맥락으로 드러났다. 하지만 생산 맥락을 텍스트의 의미 주제와 바로 대응시키기보다는 작품이 당시의 시대를 반영하는 방식이나 그 과정에서 나타나는 특정한 표상들('돈', '여급' 등)에 주목하거나, 당대 독자에게 이 작품이 어떻게 받아들여졌을지 추체험해보는 양상이 증가했음을 알 수 있었다.

　　문학사적 맥락 역시 고등학생 독자군과 마찬가지로 매우 드물게 참조되었는데, 텍스트의 문학사적 위상과 평가가 참조된 해석텍스트가 1.3%(1), 텍스트 관련 문예사조 및 유파가 고려된 해석텍스트가 2.5%(2편)에 그쳤으며 작가의 장르 선택에 대한 의미 부여가 나타난 해석텍스트는 전무하였다. 이처럼 양적으로는 문학사적 맥락의 참조가 빈약하지만 그 질에 있어서는 고등학생 독자군과 다소 차별화된 양상을 보인다. 아래 해석텍스트를 살펴보자.

> "이상의 소설은 도착적 성희의 세계라 해도 심한 말이 아닐 것이다."
> <날개>를 읽으면서 현대문학사의 교수님이 이상의 소설에 대해 하신 평
> 가가 문득 생각났다...이 작품에서 부부 관계는 '숙명적으로 어울리지 않
> 는 절름발이'다. 이 소설의 부부 관계의 해석을 통해서 <u>교수님이 말씀하
> 셨던 '도착적 성의 세계'라는 관점을 증명할 수 있을지 않을까 싶다.</u><날
> 개-U-S-F-40>

> 이상의 <날개>에 등장하는 '나'를 불특정다수, 그저 '나'라는 근대 개인
> 의 일반이라고 볼 수도 있다. 하지만 그의 거의 모든 작품들에 자전적인 요
> 소—'이상' 혹은 '상'이라는 이름—가 등장함과 <u>그의 소설이 버지니아 울프
> 나 제임스 조이스 등의 영미 모더니즘 작가들의 고백적인 소설들 그리고
> 근대 일본작가들의 사소설들(私小說)의 영향을 받았음을</u> 상기시킬 때, <날
> 개>의 '나'는 아무래도 이상 자신의 초상으로 볼 수밖에 없을 듯하다.<날
> 개-U-S-F-76>

<날개>의 해석 과정에서 맞닥뜨린 지속적 어려움으로 인해 <날개>
에 대한 높은 문학사적 평가를 회의하는 경향이 두드러졌던 고등학생 독
자군과 달리, 대학생 독자들은 그러한 문학사적 평가를 뒷받침할 수 있는
텍스트의 속성을 분석(<날개-U-S-F-40>)하거나 <날개> 창작에 영향을 미
쳤을 것으로 추정되는 모더니즘 소설이나 사소설의 유행 같은 특정한 문
예사조를 고려(<날개-U-S-F-76>)하고 있었다.

대학생 독자군의 상호텍스트적 맥락 활용도 역시 상당히 낮았는데, 작
가내적 상호텍스트군이 3.8%(3편)의 해석텍스트에서, 작가외적 상호텍스트
군이 3.8%(3편)의 해석텍스트에서, 문학외적 상호텍스트군이 2.5%(2편)의
해석텍스트에서 분석되는데 그쳤다. 대학생 독자군이 <날개>와의 상호
텍스트적 관련성을 구축한 텍스트를 정리해보면 다음과 같다.

<표 13> 대학생 독자군의 상호텍스트 활용 양상

독자군		상호텍스트
대학생 독자군	작가내적 상호텍스트	이상의 시편들 등
	작가외적 상호텍스트	헤르만 헤세 <수레바퀴 아래서>, 버지니아 울프의 소설, 일본 사소설 등
	문학외적 상호텍스트	<뽀롱뽀롱 뽀로로>, 김기덕의 영화 등

흥미로운 것은 문학외적 상호텍스트를 상당히 창의적인 방식으로 활용하고 있다는 것인데, 이러한 양상을 잘 예시하는 아래 해석텍스트를 살펴보자.

이상의 <날개>를 읽으면서 찜찜한 기분을 떨쳐버릴 수 없었다. 마치 김기덕 감독의 그로테스크하면서도 계속 찾게 되는 그런 소설이라는 느낌을 받았다. 김기덕 감독의 영화를 보다보면 대체 이 영화가 무엇을 말하려하는지 찾기 위해 찜찜함을 느끼면서 계속 생각하게 되는데 이 작품도 비슷한 느낌을 받았다. 하지만 이렇다 할 주제가 생각나지 않는다는 것이 문제이다. 하지만 삶의 의욕이 없고, 비전도, 희망도 보이지 않는 주인공을 보면서 왠지 바쁘고, 의욕 있게 살아가야겠다는 느낌을 받는다.<날개-U-K-M-6>

<날개-U-K-M-6>의 경우 <날개>를 읽은 뒤의 느낌과 김기덕 감독의 영화를 보고 난 뒤의 느낌 간의 유사성을 '찜찜'하면서도 '계속 생각하게 되'는 것으로 정리하고 있는데, 이처럼 대학생 독자군은 주로 독자 스스로 적극적으로 구성하는 발산적 상호텍스트군을 활용한다. 하지만 그러한 상호텍스트군의 형성이 원텍스트에 대한 해석을 풍부하게 하는 방향으로 기능하는 데까지 나아가지는 못하고 있다. <날개-U-K-M-6>에서 볼 수 있듯 김기덕 감독의 영화는 그저 <날개>를 읽고 연상된 상호텍스트일 뿐, <날개>의 해석에는 별다른 영향을 미치고 있지 못하다. 그래서 이

해석텍스트는 의욕이 없는 주인공과는 다른 삶을 살아야겠다는 다짐 정도에서 끝나고 만다.

이처럼 문학사적 맥락이나 상호텍스트적 맥락은 소극적으로 참조된데 비해, 수용 맥락의 도입은 보다 활발하다. 세 독자군 중 수용 맥락의 도입을 가장 왕성하게 수행하는 것으로 분석된 독자군은 대학생 독자군인데, 해석자가 속한 사회·문화적 상황의 대입이 15.2%(12편), 해석자가 보유한 가치체계의 명시적 반영이 10.1%(8편)로 집계되었다. 특히 대학생 독자군은 자신이 속한 '지금 여기'의 상황을 텍스트 속에 활발하게 대입하고 자신이 보유한 가치체계를 명시적으로 반영시키려는 양상을 드러냈다. 이러한 양상이 잘 예시된 아래 해석텍스트를 살펴보자.

교육과 자본주의가 손을 잡고 청년실업이 가장 큰 문제로 대두되는 현대 사회이다. '나'가 돼지저금통의 돈을 변기에 버리는 행위는 이러한 사회적 상황에 대한 소심한 반항은 아닐까. 26세의 청년 실업자의 '나'는 그저 안일하게 현실에 안주했기 때문에 방안에 갇혀 있었다. 스스로 자신을 인식하고 방에서 벗어나는 과정이 날개를 펴는 마지막의 결말에서 나타난다고 생각한다. 그러나 혼란스러워하고 계속적으로 고민하는 '나'의 모습이 보인다. 나는 미래에 대한 희망이 없다고도 있다고도 대답하기 싫은 것이다.<날개-U-K-F-12>

주인공에게서 이 시대의 초상을 본다. 대학을 졸업한 수많은 청년들이 '백수'보다는 훨씬 듣기 좋은 '취업 준비생'이라는 안쓰러운 타이틀을 단 채 치열하게 헤매고 있다. 취업을 준비한다지만 종일 집 안에 틀어박혀 게임 같은 소일거리로 시간을 보내는 젊은이들이 늘어난다. '은둔형 외톨이'가 되어 좁은 방 안을 영영 나오지 않으려고도 하고, 어릴 때 꿈, 갖가지 전공들을 뒤로 한 채 9급 공무원이 되어 빈한하지만 안정적인(해고당하지 않는) 생활을 위해 청년들이 떼로 몰려들어 사활을 건다. 모두가 우리 시대의 '박제가 되어 버린 천재'들이다.<날개-U-K-M-37>

하지만 삶의 의욕이 없고, 비전도, 희망도 보이지 않는 주인공을 보면서
왠지 바쁘고, <u>의욕있게 살아가야겠다는 느낌을 받는다</u>. 소설의 어떤 요소가
나로 하여금 다시 의욕적으로 살게 하려는 느낌을 주는지는 모르겠다. 소설
의 주인공과 나태한 주말을 보내는 나의 모습이 오버랩되면서 삶의 의욕을
불러일으킨다.<날개-U-K-M-6>

<날개-U-K-F-12>와 <날개-U-K-M-37>의 경우, 청년실업과 은둔형 외
톨이의 시대라는 키워드로 해석자 자신의 수용 맥락을 요약하고, 이러한
수용 맥락에 입각하여 <날개>를 해석하고 있다. 따라서 작품 속 '나'는
식민지 지식인의 일원이라기보다는 청년 실업자의 표상으로 해석되며,
'나'의 박제된 천재성은 21세기 대한민국 청년들의 박제된 꿈과 상동성을
갖는다. 이러한 해석들은 작품내적 의미망에서 지나치게 탈주하지 않으면
서도 해석자의 문제의식이나 시대인식을 해석에 투사한다는 점에서 유의
미하다고 본다.

한편 <날개-U-K-M-6>의 경우 생산 맥락과 수용 맥락을 원근법적으로
교차시키지 못하는 양상을 보인다. 현재 자신이 속한 수용 맥락의 문제의
식만을 대입시켰기에, 인물의 '무기력'이 갖는 상징성을 파악하기보다는
그것을 반면교사로 삼아 현실 속의 독자 자신으로 바로 돌아오고 마는 것
이다.

물론 수용 맥락을 강하게 도입한 텍스트 해석 역시 해석자에게는 나름
대로 의미가 있을 것이다. 그러나 텍스트의 경험이 해석자의 선입견이나
가치체계에 전혀 영향을 주지 못했다는 점에서, 이러한 해석에서는 텍스
트와 해석자의 '유효충돌'이 일어났다고 보기 어렵다. 이는 해석 과정에서
생산 맥락과 당대 독자를 재구축해보고 상호텍스트적 근거를 수합하는
과정이 부족했기 때문이라 진단할 수 있다.

한편 해석 소통 맥락의 고려에서 가장 두드러지는 특징은 교과서 해석
을 비롯한 해석 정전에 대한 대결의식이 본격화되고, 해석사 검토에 입각

한 대타적 해석을 수행하려는 욕망 역시 발생한다는 것이다. 이러한 경향이 잘 드러나는 아래 해석텍스트를 살펴보자.

교과서에선 본문의 내용을 소개하고 마지막에 전체 줄거리를 소개하면서 '다시 날아보려는 소망을 피력한다'고 말한다. 결론은 보통의 이상의 <날개>에 관한 해석들이 그런 것처럼 무기력하고 음울한 일상에서 벗어나 다시 한번 힘차게, 밝게 살아보겠다는 희망을 '날개'가 돋아난다는 표현을 통해 나타내고 있는 것이라 말하고 있는 것이다. <u>그러나 나는 조금 다르게 봤다.</u><날개-U-K-M-3>

학교교육이나 교수님의 수업에서 배운 내용은 어린 시절 나의 감상과 전혀 다른 것이었다. 교수님께서는 프롤로그의 '박제가 된 천재'는 과거의 '나'를 의미하며, '날개'가 돋는 결말은 '아내'로 표상된 억압된 현실에서의 '인간 해방'을 의미한다는 것이었다. 특히 '정오의 사이렌'은 그의 무기력함을 벗어내는 순간의 상징으로 설명되었다. <u>그러나 나의 시각은 이러한 해석과는 꽤 거리가 멀다.</u><날개-U-K-F-39>

<날개-U-K-M-3>과 <날개-U-K-F-39>의 경우 고등학교 교육에서 공준되고 있는 <날개> 해석을 반박한다. 그리고 교육적 해석 정전과 자신의 해석 사이의 거리에 대해 비교적 당당한 태도로 인정한다. 심지어 <날개-U-K-F-39>의 경우 시험문제를 풀 때는 <날개>의 결말을 '부활'로 해석했지만, 언제나 자신은 그 결말을 '자살'로 해석했음을 고백한다. 즉 이 녹자는 고등학교 문학교실에서 두 명의 분열된 해석자로 존재했던 것이다.

비록 텍스트내적 근거를 충분한 밀도와 중량으로 제시하고 있지는 못하지만 기존의 해석 정전에 대해 대타의식을 표명하는 대학생 독자군의 해석 양상은 주목을 요한다. 이는 고등학생 독자군에 비해 '정답인 해석'으로부터 상대적으로 자유로운 대학생 독자군들의 상황과도 밀접한 연관

이 있다고 추정된다.

이상의 분석 결과를 더욱 요약적으로 가시화하기 위해 코딩 결과를 바탕으로 노드 트리맵을 만들어 보았다. 대학생 독자군 자료에 대한 노드 트리맵은 다음과 같다.

의미론적 해석			맥락적 해석		수사학적 해석
목적	과정	유형	생산 맥락	수용 맥락	구조
인물의 행위 동기와 심리 추리	작가의 의도 추리	해석 가설의 명시적 설정	동위성에 의한 수렴방사 형	생산 맥락 및 당대 독자 재구축	사회 문화적 상황 대입	시공간 설정의 효과 이해	반복적인 패턴 발견

의미론적 해석				맥락적 해석		수사학적 해석	
목적	과정	유형		생산 맥락	수용 맥락	구조	
인물의 행위 동기와 심리 추리	작가의 의도 추리	해석 가설의 명시적 설정	동위성에 의한 수렴방사 형		생산 맥락 및 당대 독자 재구축	사회 문화적 상황 대입	시공간 설정의 효과 이해	반복적인 패턴 발견
	내포 작가의 의도 추리		연상에 의한 프로토콜 형	내러티브 형			서술	문체
				다이제스트 형	소통 맥락	상호 텍스트적 맥락	서술전략 특성과 효과 탐구	텍스트 내 고빈도 어휘나 어구 재인

[그림 2] 대학생 독자군 – 텍스트 코딩 수에 의한 노드 트리맵

대학생 독자군의 경우 고등학생 독자군과 유사하게 의미론적 범주에서의 해석이 두드러지지만 수사학적 해석과 맥락적 해석으로 코딩할 수 있는 언술이 보다 풍부해졌음을 알 수 있다. 의미론적 해석의 경우 여전히 인물의 행위 동기와 심리를 추리하기 위한 해석적 시도가 강하게 나타난다. 하지만 고등학생 독자군에 비해 해석 가설을 명시적으로 설정하려는 양상이 더욱 강해지면서 수렴방사 형의 의미구성 구조가 빈번하게 나타난다. 그 외에도 인물에 대한 추체험에 기반하여 해석텍스트 전체를 문학

적 내러티브 형식으로 구성하려는 양상이 두드러지는 것 역시 이 독자군의 특성이다.

또한 텍스트의 의미론적 모호성을 견디고 그것을 생산적 해석의 동력으로 역이용하려는 태도가 발견되기 시작한다는 점 역시 유의미한데, 이러한 대학생 독자군의 해석 태도는 해석자로서의 자의식이 보다 명확하게 형성되어 나가는 과정에서 구축된 것이라 할 수 있다.

수사학적 해석 범주에서는 시공간 설정의 효과를 이해하고 서술전략의 전반적 특성을 탐구하려는 시도가 발전되어 나간다. 특히 소설텍스트의 구조와 서술, 문체에 대한 수사학적 탐구가 자신들이 설정한 해석 가설을 논증하는 과정에서 필수적으로 경유해야 하는 작업임을 인식하고 있었으며, 이러한 탐구의 결과를 텍스트의 의미론적 주제와 능숙하게 관련짓고 있었다.

맥락적 해석 범주에서는 수용 맥락과 해석 소통 맥락, 상호텍스트 맥락, 생산 맥락, 문학사적 맥락 등이 비교적 고르게 조회되지만 여전히 양적으로는 빈약한 수준에 머물고 있다. 하지만 해석자가 보유한 가치체계나 사회·문화적 상황, 발산적인 상호텍스트 등을 해석의 과정에 적극적으로 도입하려는 시도는 대학생 독자군의 창의적 해석을 추동하는 힘으로 작용하고 있었다. 여전히 교과서 해석을 참조하려는 경향도 적지 않은 한편으로 그러한 해석 정전에 대한 해체의 욕망 역시 발생하고 있다는 점이 주목할 만하다.

4. 전문독자군의 현대소설 해석 양상

1) 의미론적 해석 양상

여기서는 전문독자군의 <날개> 해석텍스트 48편을 대상으로 NVivo10

을 사용한 코딩을 실시하여 유의하게 떠오르는 의미론적 해석의 양상을 포착하였다. 코딩 결과 의미론적 해석 양상은 크게 목적, 과정, 유형의 하위 범주로 나누어 살펴볼 수 있었으며 목적에서는 작가의 의도 추리가, 과정에서는 해석 가설의 명시적 설정이, 유형에서는 동위성에 의한 수렴 방사 형이 압도적인 양상으로 코딩되었다. 이상의 코딩 결과를 표로 제시하면 다음과 같다.

<표 14> 전문독자군의 의미론적 해석 양상

독자군		의미론적 해석 양상	자료 수 (비율)
전문 독자군	목적	a. 인물의 행위 동기와 심리 추리	21(43.8%)
		b. 작가의 의도 추리	27(56.3%)
		c. 작가의 무의식 탐구	3(6.3%)
		d. 내포작가의 의도 추론	11(22.9%)
	과정	a. 해석 가설의 명시적 설정	39(81.3%)
		b. 주제적 의미 구성의 포기나 미도달	0(0.0%)
		c. 텍스트내적 정보나 근거 제시 미비	1(2.1%)
		d. 해석 가설에 대한 일반화 유보	0(0.0%)
		e. 해석 가설을 반증하는 부분 발견	1(2.1%)
	유형	a. 연상에 의한 프로토콜 형	2(4.2%)
		b. 스토리 요약에 의한 다이제스트 형	0(0.0%)
		c. 추체험에 의한 내러티브 형	0(0.0%)
		d. 어구 분석에 의한 주석 형	0(0.0%)
		e. 동위성에 의한 수렴방사 형	43(89.6%)

전문독자군에서는 작가나 내포작가의 의도를 추론하려는 해석의 목적을 드러내는 언술이 폭발적으로 늘어나는 양상을 보였다. 고등학생 독자군과 대학생 독자군에서는 인물의 행위 동기와 심리를 추론하고자 하는 해석텍스트가 각각 60.4%(84편), 75.9%(60편)나 되었던데 반해 전문독자군에서는 43.8%(21편)에 그쳤다. 대신 작가의 의도를 추리하고자 하는 해석

텍스트가 56.3%(27편), 작가의 무의식을 탐구하고자 하는 해석텍스트가 6.3%(3편), 내포작가의 의도를 추론하는 해석텍스트가 22.9%(11편)로 집계되었다. 절반 이상의 전문독자군 해석텍스트에서 작가의 의도를 정교하게 구성해내려는 해석적 시도가 등장한다는 점이 특기할 만하다. 아래의 대학생 독자군과 전문독자군 해석텍스트를 살펴보자.

> 돋아난 날개 속에 <u>이상이 품은 다짐은</u> 정오의 햇살과 같이 모든 사실과 숨어 있는 것들을 파헤치는 것이다.<날개-U-K-M-30>

> <u>이상이 간파한 세상은</u> '겹으로 이루어진 어항'이어서 탈출이 불가능한 절망적 시공간이다. 그러나 물리적 탈출이 불가능한 '유폐적 시공간-어항'에 갇힌 자아는 그것이 강요하는 금붕어적 존재되기를 거부하고 있다. 그는 강요된 '지느러미'를 거부하고 글쓰기-놀이라는 '날개'를 통해 비상하고자 하는 것이다.<날개-C-F-18>

> 이런 사정을 고려할 때 위의 인용은, 세상으로부터 유리된 '절대적인 상태'에 유폐되어 있다가 수차례의 외출-귀가를 수행해온 자기 행위의 의미를, 주인공이, 그러한 행위가 더 이상 가능해지지 않게 된 시점에서야 비로소 알아차리게 되었음을 보여주는 장면이라고 하겠다. 물론 이러한 인식은, 인물 차원에서든 <u>작가 차원에서든 매우 미미해서, 무의식에 가까운 것</u>이라 할 수 있다. 이후의 서사는, 이러한 무의식을 의식의 수면으로 끌어올리는 과정을 보여준다.<날개-C-M-12>

<날개-C-F-18>은 결말부를 작가 이상의 창작 욕구로 해석한다. 작품 속 '나'의 외침을 곧 작가 이상의 외침으로 읽어낸다는 점은 <날개-U-K-M-30>와 유사하지만, 이상이라는 작가의 창작 행위 전체를 관통하는 특성과 스탠스를 도출하고자 시도한다는 점에서 차별된다. <날개-C-M-12>의 경우 인물의 행위가 가진 의미에 대한 인식이 작가 차원에서

조차 무의식에 가까웠던 것이며 이후의 서사를 통해 이것이 의식의 차원으로 격상됨을 주장하고 있다. 물론 이러한 주장 자체의 설득력은 텍스트 내적 근거와 함께 판단되어야겠지만, 의도를 헤아리며 해석하는데서 나아가 텍스트에 내함된 작가의 무의식까지 해석하고자 하는 태도는 다른 독자군에서 거의 찾아보기 힘들다는 점에서 특기할 만하다.

애벗(Abbott)은 이를 징후적 해석이라 명명하는데, 이러한 해석은 서사가 자기 자신을 낳은 조건을 은유적으로 드러낸다는 관점을 취한다.[88] 이러한 해석에서 저자는 단일한 의도를 가진 존재가 아니다. 그들은 자신들이 의도하려 했던 것과 작품으로 드러낸 것 사이에서 분열되어 있는 다중적 존재로 전제된다. 따라서 소설텍스트에 대한 징후적 해석은 작가가 파편적으로 드러내는 징후들을 찾기 위한 반복적 독서를 유도해내고, 다양한 곁텍스트(paratext)를 통해 해석 결과를 타당화하도록 할 가능성이 높다.

이처럼 작가나 내포작가의 의도에 대한 독자 자신의 추론이 개연성을 지닌다는 점을 끊임없이 강조하기 위해 전문독자군은 대부분 해석 가설을 명시적으로 설정하고 이것을 철저하게 검증, 반증, 입증하려는 양상을 보였다. 해석텍스트 전체가 이러한 '입증'을 위한 근거를 수집하고 조직하는 행위의 결과라 보아도 무방할 정도이다. 전문독자들의 해석이 수행되는 장(field)의 특성상, 한편의 해석텍스트 안에서 그들의 가설을 반증하거나 조정하는 '과정'이 드러나는 경우는 드물다. 그보다는 이미 충분히 검증된 가설과 그 증거 수합의 '결과'가 드러나는 양상이 압도적이다.

전문독자군의 해석텍스트가 보여주는 이러한 논증적 성격은 Nvivo10의 Query 기능을 통해 도출한 전문독자군 내 어휘 빈도로도 증빙된다. Query 기능을 사용하여 전체 48편의 전문독자군 해석텍스트에서 가장 높은 빈도로 등장한 어휘를 도출한 결과는 다음과 같다.

---

88) H. P. Abbott, 『서사학 강의』, 우찬제 외 역, 문학과지성사, 2010, p.203.

<표 15> 전문독자군 어휘 빈도 검색 결과

독자군	고빈도 어휘	횟수	비중(%)
전문 독자군	'나'는, '나'의, '나'가, '나'에게	316	0.46
	주인공이, 주인공의, 주인공은	145	0.22
	아내에게	80	0.12
	때문이다	66	0.10
	아내와의	47	0.07
	아달린을	42	0.06
	그렇다면	35	0.05
	서술주체의	30	0.04
	드러난다	27	0.04
	불구하고	27	0.04
	아스피린과	27	0.04
	행위주체의	26	0.04
	지주회시	25	0.04

　전문독자군은 대체로 해석의 근거나 작가적 의도에 대한 추론의 근거
를 제시할 때 '때문이다'형 진술을 취한다. 고등학생 독자군이 '생각ㅎ-'
형 진술[89]이나 '-것 같다'형 진술 같은 완곡한 표현을 통해 자신의 해석을
생각이나 추측의 수준에 유예시키는 것과 대비되는 지점이다. 특히 전문
독자군은 기존의 해석사, 그리고 자신이 속한 해석공동체를 끊임없이 의
식하기 때문에 해당 소설에 대해 새로운 해석 가설이 요청되는 까닭이나

---

89) 전문독자군에서 '생각ㅎ-'형 진술의 쓰임은 타 독자군과 상당히 다른데, 소설텍스트의
　　의미 주제에 대해 자신의 해석 가설을 명료화하는 과정에서 '생각'한다는 진술을 거의
　　사용하지 않기 때문에 이러한 차이점이 발생하는 것으로 판단된다. 대신 그들은 특정한
　　해석에 대한 자신이나 다른 비평가의 '생각', 또는 다른 텍스트에 드러난 작가의 '생각',
　　상호텍스트와의 관계성에 대한 '생각'을 펼쳐나가는 과정에서 '생각ㅎ-'형 진술을 사용
　　하는 경우가 많다. 특기할 만한 것은 전문독자군에서만 '생각해보라', '생각해보자'와 같
　　은 주문, 권유 형태의 '생각ㅎ-'형 진술이 등장한다는 것이다. 이때 주문과 권유의 대상
　　은 해석텍스트의 예상 청중인 또다른 독자이며, 전문독자들은 그들로 하여금 특정한 해
　　석의 방향을 지시하고자 하는 의도에서 이러한 진술을 사용한다. 때로는 '텍스트의 ~한
　　부분에 대해서는 ~하게 생각해야 한다'와 같이 상당히 강한 어조로 자신의 해석이 지
　　닌 타당성과 소통가능성을 주장하기도 한다.

기존 해석이 갖는 문제점의 원인, 문학사적 가치평가의 근거 등을 제시하는 과정에서 상대적으로 논리적이고 객관적인 어조의 '때문이다'형 진술을 선호한다.

> 이런 점에서 <날개>에 등장하는 절름발이 분신을 주체와 타자의 어쩔 수 없는 '근본적인 분리'의 상징으로 보고, 주체와 타자는 끝없이 서로의 '다름'을 확인해야 하는 숙명의 관계를 이루고 있다고 본 기존 관점에 다른 가설을 덧붙일 수 있다. 절름발이 분신이 '다름'을 확인하는 데 그치는 것은 아니기 때문이다…'나'는 아내가 자신에게 먹인 것이 아스피린인가 아달린인가를 고민하다가 갑자기 '맑스'와 '말사스' 그리고 '마도로스'를 언급하는 것이다. 이 구절은 기존 연구에서 일종의 언어유희로서 간단히 취급되어 왔는데, 이는 마르크스와 맬서스 간의 관계에 주목하지 않았기 <u>때문이다</u>.<날개-C-F-40>

> 작품의 주제 효과와 관련하여 본고가 얻은 결론은, <날개>의 서사가 성적 정체성 찾기의 실패담에 해당한다는 것이다. 물론 이러한 결론은 논란의 여지를 안고 있다. 결론 자체가 새로워서라기보다는 논의 구도상의 몇몇 결락 상황 <u>때문이다</u>.<날개-C-M-12>

<날개-C-F-40>은 그러한 양상을 단적으로 예시한다. 드물지만 <날개-C-M-12>의 경우처럼 자기 해석이 지닌 한계의 원인을 성찰적으로 지적하는 경우에도 '때문이다'형 진술을 사용하는 양상도 포착된다. '때문'은 어떤 말의 뒤에 쓰여 그 말이 가리키는 사물이 다른 말이 가리키는 일의 까닭이나 원인임을 나타낸다.[90] 진정란(2006)에 따르면 '때문+이다'는 주로 화자의 개인적인 판단이 배제되어 논리적인 진술을 요구하는 격식적 환경에서 사용되며 이유를 강조하는 역할을 한다.[91] 따라서 '생각ㅎ-'나

---

90) 한글학회, 『우리말 큰사전』, 어문각, 1991, p.1218.
91) 진정란, 「의존명사 '때문' 구성 이유 표현의 담화 문법 연구」, 『담화·인지언어학회 학술대회 발표논문집』, 담화·인지언어학회, 2006, p.74.

'~것 같다'에 비해 보다 객관적이고 논리적인 서술을 지향하는 전문독자군의 해석텍스트에서 빈출된다.

그 이외에도 '그렇다면'(35회, 0.05%), '그러므로'(22회, 0.03%)와 같이 해석텍스트의 내적 유기성을 높이는 접속부사가 등장하였다. 또 다른 독자군에서는 빈출되지 않았던 '지주회시'(25회, 0.04%), '오감도'(18회, 003%) 등 동일작가의 다른 작품에 대한 언급 역시 발견됨을 Query 분석 결과 알 수 있다.

이처럼 전문독자군의 해석텍스트는 해석 가설에 대한 검증과 반증, 입증의 작업에 주력하기 때문에 무려 89.6%에 달하는 43편의 전문독자 해석텍스트가 동위성에 의한 수렴방사 형으로 분류되었다. 여기서 동위성 개념은 해석적 일관성을 의미하는데 에코는 해석의 타당성에 도달하기 위하여 텍스트 내에 있는 다층적 화제들-문장의 화제, 담론의 화제, 서사적 화제, 거시 화제 등-이 균일한 의미가설을 향해 수렴된다고 가정해야 한다고 보았다.[92] 그리고 이러한 동위성의 여부는 텍스트의 과해석을 판단할 수 있는 준거로 기능하기도 한다.

분석대상으로 삼은 전문독자군의 해석텍스트들은 대부분 이러한 해석적 일관성의 구현 양상을 잘 보여준다. 그들은 가설을 검증하기 위해 다양한 텍스트의 부분들이나 상호텍스트들을 증거로 끌어들이는데, 결과적으로 이 모든 것은 하나의 해석어휘를 향해 응집적으로 수렴된다. 올슨에 따르면 해석어휘(interpretative vocabulary)란 문학텍스트의 의미를 진술하기 위해 끌어온 용어로, 전체 해석논리를 결정짓는 지배소[93]라 할 수 있다. 이처럼 전문독자군의 해석텍스트는 해석 논리의 정합성과 다양한 해석 범주의 통합성, 해석텍스트의 일관성을 유지하려는 경향을 뚜렷이 나타낸

---

92) U. Eco, 『이야기 속의 독자』, 김운찬 역, 열린책들, 2009, p.142.
93) 강민규, 「시 읽기에서 해석어휘의 활용에 관한 연구」, 『문학교육학』 43, 한국문학교육학회, 2014.

다. 최대한 해석텍스트 전체를 완결되고 '아귀가 맞는' 내러티브로 구성하려는 것이다. 이는 학습자들의 해석이 자신들의 반응을 표출하고 탐색하려는 탐구적 해석(exploratory interpretation)의 성격을 지니는 것과 다소 그 성격을 달리 한다.

물론 고등학생 독자들에게 해석의 통합성을 요구하는 것은 자칫 학습자들의 사적 언어를 전형적이고 논리적인 공적 언어의 틀로 재단하는 것으로 오해될 수 있다. 심지어 소설 언어는 그 자체로 분열적이기 때문에 통합적 해석이 불가능하다는 견해 역시 제출되곤 한다. 하지만 소설의 언어와 독자들의 일차적인 해석이 파편적이고 분열된 언어라 할지라도, 그것에 통합성을 부여하려 시도해야만 텍스트를 전체적으로 설명하고 이해할 수 있는 해석으로 나아갈 수 있다. 이는 해석의 타당성과 소통가능성을 담보하는 과정이기도 하다.

2) 수사학적 해석 양상

여기서는 전문독자군의 <날개> 해석텍스트 48편을 대상으로 NVivo10을 사용한 코딩을 실시하여 유의하게 떠오르는 수사학적 해석의 양상을 포착하였다. 코딩 결과 수사학적 해석 양상은 크게 구조, 서술, 문체의 하위 범주로 나누어 살펴볼 수 있었고 각 범주별로 수사학적 해석이 매우 풍성하게 이루어짐을 알 수 있었다. 먼저 <날개>의 구조에 대한 수사학적 해석에서는 시공간 설정의 효과 이해와 서사세계의 다중구조 파악이, 서술에 대한 해석에서는 서술전략의 전반적 특성과 효과 탐구가, 문체에 대한 해석에서는 문장 구성 방식의 특성 추출이 가장 의미 있는 양상으로 코딩되었다. 이상의 코딩 결과를 표로 제시하면 다음과 같다.

<표 16> 전문독자군의 수사학적 해석 양상

독자군		수사학적 해석 양상	자료 수 (비율)
전문 독자군	구조	a. 시공간 설정의 효과 이해	26(54.2%)
		b. 반복적인 패턴의 발견	16(33.3%)
		c. 핵심적 이미지 시퀀스나 모티프 추출	16(33.3%)
		d. 서사세계의 다중구조 파악	20(41.7%)
	서술	a. 서술자 목소리의 신빙성 판단	9(18.8%)
		b. 서술자, 인물, 작가의 동일시	11(22.9%)
		c. 서술자, 인물, 작가 사이의 거리 인식	9(18.8%)
		d. 초점화의 양상과 효과 이해	4(8.3%)
		e. 서술전략의 전반적 특성과 효과 탐구	31(64.6%)
	문체	a. 비관습적 문체에 대한 심미적 이해 거부	0(0.0%)
		b. 텍스트 내 고빈도 어휘나 어구 재인	6(12.5%)
		c. 문장 구성 방식의 특성 추출	13(27.1%)
		d. 원전의 기표에 대한 조사 및 탐구	3(6.3%)

독자군별로 가장 양적, 질적 차이를 보이는 해석의 범주는 수사학적 해석인데, 위의 표를 통해 전문가 독자군이 <날개>의 구조, 서술, 문체에 대한 해석을 상당히 다양하게 수행하고 있음을 알 수 있다. 먼저 <날개>의 구조에 대한 해석의 경우 시공간 설정의 효과를 분석한 해석텍스트가 54.2%(26편), 반복적인 패턴의 발견이 이루어진 해석텍스트가 33.3%(16편), 핵심적 이미지 시퀀스나 모티프가 추출된 해석텍스트가 역시 33.3%(16편), 서사세계의 다중구조를 분석한 해석텍스트가 41.7%(20편)로 집계되었다.

특히 다른 독자군에 비해 패턴이나 이미지에 대한 수사학적 해석이 왕성하게 이루어지는데, 아래의 해석텍스트를 통해 이러한 수행 상의 특징을 살펴보자.

부분적인 오독과 다소 무리스러운 해석들을 피해 <날개>의 면모를 살피기 위해서는, 이러한 걸림돌들로부터 자유로운 상태에서 작품 자체를 정밀하게 검토하는 일이 새삼 필요하다. 그 첫걸음으로 여기서는 <날개>의 서사에서 중요한 분절을 이루어 주는 '외출-귀가' 패턴을 검토한 뒤에(2절), 부부관계의 변화 양상을 살피고(3절), 이상에 기초하여 작품의 주제효과를 규정해 보고자 한다(4절).<날개-C-M-12>

자칫 버려질 뻔했던 사건들의 반복을 간추려 봄으로써 그 의미를 파악하게 된다면 전체 소설의 의미구조가 밝혀질 수도 있을 것이며 그것이 노리는 효과 또한 드러나게 마련이다. 그러니까 <패턴>의 발견이나 분석은 불분명했던 주제를 파악하는데 도움이 될 수 있으며 때로는 결정적인 방법이 되기도 한다.<날개-C-M-10>

전문독자군이 패턴 구조의 분석을 빈번하게 수행하는 데는 그동안 <날개>가 '외출-귀가'의 패턴으로 분석되어 온 기존 연구사의 영향도 존재한다. 그렇지만 이러한 패턴 구조의 분석은 <날개-C-M-12>의 경우처럼 오히려 기존의 연구사가 가진 결함을 극복하기 위한 방법으로 재선택되기도 한다. 즉 <날개> 전반을 구성하는 패턴에 대한 전체적 검토는 작품 속 인물 관계의 변화 추이와 주제효과를 밝히기 위한 기초작업이자, "부분적인 오독과 다소 무리스러운 해석들"을 반박할 수 있는 해석적 전략이 된다. 때로는 <날개-C-M-10>처럼 패턴 분석의 의의를 명시적으로 밝히기도 한다.

한편 전문가 독자군의 이미지 해석은 크게 세 가지 특징을 지니는데, 각각의 특징을 단적으로 예시하는 해석텍스트를 순서대로 나열하면 다음과 같다.

이들 논의의 대부분이 '날개'를 상승적 이미지, 즉 초월적 상승운동이나 재생의 상징으로 읽고 있다...가장 높은 '구지봉'에 올라 신의 뜻을 영접하는 우리의 고대가요 <구지가>나, '올림푸스' 산정에서 신들에게 제사지내는 그리스 신화의 이야기에 대한 원형적 상상력으로 비상이나 초월, 혹은 수직 상승 등의 이미지로 '날자'는 의미를 해석하는 일은 <날개>의 경우 재고의 여지가 있다.<날개-C-M-5>

떠오른 과거가 아물아물한 것도, 이 작품의 주제로 '상승의 이미지'나 '밝은 공간의 지향'을 거론하는 식의 자의적인 왜곡을 막아주는 효과를 갖는다.<날개-C-M-12>

그러니까 그 인공의 날개는 "무명 헝겊이나 메밀껍질로 뗑뗑찬 한 덩어리의 베개"와 대립항을 이루고 있는 이미지임을 금시 알 수가 있는 것입니다.<날개-C-M-23>

본고는 이러한 논의를 바탕으로 하여 크게 두 가지 문제에 주목하고자 한다. 하나는 이상의 <날개>가 이상 텍스트 전반에 걸쳐 나타나고 있는 '거울 이미지'에 기반을 두고 있다는 점이다.<날개-C-F-44>

이 과정이 잠-유희(놀이)-외출-탈출이라는 네 가지 행위의 이미지 시퀀스에 의해서 그 구성 성분을 이루고 있다...이런 점에서 두 대립된 영역을 이루고 있는 '박제' 이미지군과 '날기'의 대립과 함께 부동의 이미지로부터 동작 비등의 이미지로의 전이현상도 주목해보아야 할 현상이다.<날개-C-M-20>

그러므로 이미저리는 물->대지 >하늘의 공간에서 움직이는 주체, 물고기의 지느러미->닭의 네 활개->인공의 날개로 변주되고 있다. 그러한 동물의 아날로지가 드러내 주는 이미저리의 기교는 사물의 변화하는 양상을 일깨워 주는 역할을 할 때 가장 효과적이다.<날개-C-M-14>

첫째, 전문가 독자군은 기존의 이미지 해석에 반론을 제기하면서 새로운 관점의 채택이나 이론적 근거 수합을 통해 창의적인 이미지 해석을 시도하고 있다. <날개-C-M-5>와 <날개-C-M-12>에서는 구체적 분석을 결한 상태에서 <날개>를 신화나 설화와 연결 지으며 손쉽게 상승이나 초월의 이미지를 도출하는 기존의 해석을 회의한다. 그리고 이러한 회의를 정당화하기 위해 <날개> 속 '나'가 비상을 꿈꾸는 대목에 대한 빈번한 오독을 고발, 수정하기도 하고 작품 전체를 관통하는 정조가 '서글픔'임을 입증하는 구절들을 열거함으로써 '날개'가 단순명쾌한 빛의 이미지로 해석되기 어려움을 역설하기도 한다.

둘째, 전문가 독자군은 이상의 작품군 속에서 '날개'와 대립항을 이루는 이미지를 찾거나, 이상의 작품군 전체를 관통하는 반복적 이미지를 찾고자 한다. <날개-C-M-23>의 경우 '날개'의 인공성에 주목하고 "무명 헝겊이나 메밀껍질로 뗑뗑찬 한 덩어리의 베개"라는 대립적인 이미지와의 비교를 통해 '날개'가 "관념적인 기호내용을 담은 하나의 대 기호"라는 가설을 입증하고자 한다.

<날개-C-F-44>의 경우 이상의 작품 전반을 관통하는 거울 이미지가 <날개>에서 어떻게 구체적으로 구현되고 있는지 분석하며, 이러한 분석을 통해 "거울 이미지에 의해 안해와 나의 방, 혹은 세계가 나뉘고, 또한 아내와 나의 방을 포함한 방 안의 세계와 방 밖의 세계가 대립적으로 만나게 된다"는 결론에 도달한다. 이러한 작업은 '날개'의 이미지를 해석하기 위한 자료의 범위를 확대하는 것인데, 이를 통해 <날개> 속 '날개'의 이미지가 갖는 의미를 이상의 작품군 전체의 구도 속에 배치하게 된다.

셋째, 전문가 독자군은 <날개> 속 이미지의 연쇄를 추적하여 그것이 서사의 전체적 전개와 맺는 상동적 관계를 분석하는 양상을 보였다. <날개-C-M-20>의 경우 소설 전체에 걸쳐 '박제'의 이미지군(群)과 '날기'의 이미지군(群)이 대립항을 이루며, 이러한 대립이 극복되는 과정에서 '잠-유희(놀이)-외출-탈출'의 순서로 이미지 연쇄가 일어남을 분석하고 있다. <날개-C-M-14>의 경우 <날개>에 드러나는 동물 이미지를 철저하게 초점화

하고 그러한 이미지가 '물고기'에서 '닭', '닭'에서 '인공의 날개'로 변주되어 대상의 변화를 일깨우는 기능을 하는 과정을 추적한다.

이처럼 텍스트의 수사학적 구조에 대한 해석이 심도 있게 이루어지는 양상은 주로 전문독자군에서만 코딩되었다. 전문독자군의 해석텍스트가 소설의 수사학적 구조에 대한 해석에 높은 비중을 할애하고 있다는 점은 어떤 것을 의미할까. 이는 그들이 도출해낸 텍스트의 주제적 의미가 텍스트의 수사학적 구조에 대한 검토를 경유하여 이루어졌음을 드러낸다.

이러한 해석에서 텍스트는 내적으로 체험된 어떤 것이라기보다는, 해석자와 일정한 거리를 두고 존재하는 하나의 구조물로 다루어진다. 따라서 해석자가 최대한 섬세하게 그 구조물의 골격과 범주를 추상해낼수록 텍스트의 심층의미가 명료해진다. 그리고 전문독자들이 풍부하게 축적하고 있는 문학지식과 문학경험이 텍스트 구조에 대한 수사학적 해석의 유창성을 담보한다. 따라서 고등학생 독자들로 하여금 텍스트의 구조에 대한 해석을 수행할 수 있도록 안내할 적절한 교육적 지침이 절실함을 알 수 있다.

한편 <날개>의 서술에 대한 수사학적 해석 역시 풍부한데 서술자 목소리의 신빙성을 판단하고(18.8%, 9편) 초점화의 양상과 효과를 이해하면서(8.3%, 4편) 서술전략의 전반적 특성과 효과를 탐구(64.6%, 31편)하려는 양상이 나타난다. 전문가 독자군의 해석텍스트에서 <날개>의 서술에 대한 해석 양상을 살핀 결과 다음의 세 가지 특징을 도출할 수 있었다.

첫째, 전문가 독자군은 서술 주체와 행위 주체의 간격이나 서술 상황 등에 대한 미시적 분석을 수행하는 데 많은 해석적 투자를 하였으며, 그러한 서술 방식을 지칭하기 위해 '자기지시적 서술'과 같은 기존의 이론적 개념을 빌리거나 '모르는 척의 서술 방식'과 같은 나름의 개념화를 시도한다. 이 과정에서 전문가 독자군이 보유한 서사학적 지식들이 다각도로 적용되며, 일반적인 소설의 서술 기법과 서사 전개에 대한 앎에 기반

하여 <날개>가 지닌 서술적 특징의 개성을 추출('그러한 어조는…소설의 서
방식으로는 이례적이다')하기도 한다. 이러한 특징을 단적으로 예시하는 해석
텍스트를 살펴보자.

> <날개>가 다른 전통적인 소설들과 구별되는 바는 서술 상황을 도입부
> 에서 노출시킨 데 있다. 서술 상황이 노출된 도입부와 서술 상황이 은폐된
> 그 이후 본문은 이질적으로 보일 수밖에 없다. <날개> 도입부의 본문 내
> 적 위상을 논의하는 과정에서 이 소설의 결말에 대한 해묵은 논란 하나를
> 해소할 수 있는 길이 자연스럽게 열린다…<날개>의 결말에 대한 기존의
> 논란은 서술의 상황을 고려하지 않은 데서 빚어진 것이다. 전술한 바와 같
> 이 도입부 이후 본문은 후시서술로 되어 있으며 주인공인 '나'는 화자이기
> 도 하다. 사건이 종료된 이후 서술이 개시되자면 '나'가 사건의 층위에서 죽
> 음을 맞아서는 안 된다.<날개-C-M-24>

<날개-C-M-24>에서는 <날개>가 도입부에서 서술 상황을 노출시켜
이후의 본문과 이질적 성격을 가진다는 점에 주목하며, 이처럼 독특한 서
술 상황에 주목하지 못한 기존 해석들의 결함을 지적한다. 그리고 치밀한
서술 시간과 상황의 분석을 통해 <날개>의 주인공이 자살하지 않았다는
해석 가설에 도달한다. 이처럼 전문가 독자군에서는 텍스트의 서술적 특
성에 대한 분석이 해석 가설에 대한 논증을 뒷받침하는 데 그치지 않고,
때로는 창의적인 해석 가설 자체를 만들어내기도 함을 알 수 있다.

둘째, 전문가 독자군은 대상 소설의 서술적 특징을 지적하되, 고등학생/
대학생 독자군과는 달리 이상의 다른 작품이나 서술의 개성이 두드러지
는 다른 작품과의 비교를 통해 그러한 서술적 특징을 확정한다.

> [1]은 채만식의 <태평천하>에서 윤직원 영감의 외모가 묘사된 부분이
> 고, [2]는 이상의 <날개>에서 '나'가 살고 있는 집이 묘사된 부분이다…따라
> 서 [1]의 경우처럼 서술의 모순이 한 서술대상의 모순을 폭로하거나 비판하

는 데로 수렴되는 것과는 달리, [2]에서는 서술의 모순이 그대로 유지되며 긴장을 이루는 대립요소가 된다. 여기에서 [1]에서와 같은 서술자의 일관된 태도는 찾아볼 수 없다. 유곽의 모습을 상세히 묘사하면서도 모른 체하는 '서술하는 나'와 잠만 자는 '나'의 분열과 긴장이 드러날 뿐이다.<날개 -C-F-39>

<날개-C-F-39>는 서술자의 태도가 <날개>와 상반된다고 전제된 텍 스트로 채만식의 <태평천하>를 끌어와서 <날개>의 서술적 모순을 더 욱 뚜렷이 부각시키고 있다. 이처럼 대비를 통해 해당 텍스트의 서술적 특징을 분석하는 경우 뿐만 아니라, 이상 작품 전반을 관통하는 서술자의 냉소적, 지적 태도를 끌어와서 <날개>의 서술 역시 그러한 경향 안에서 설명될 수 있음을 강조하기도 한다.

셋째, 전문가 독자군은 단순히 소설의 서술적 특징을 분석하는 데 머물 지 않고 서술상의 특징이 작품의 핵심적 모티프와 맺는 상동적 관계, 서 술자의 태도가 암시하는 작품의 핵심적 자질과 작가의 창작 경향 등을 폭 넓게 탐구하는 양상을 보였다.

다만 이상에게 특징적인 것은 그가 분신 모티프를 텍스트의 구조적 차원 에까지 적용함으로써, 자신이 전달하고자 하는 바를 감추면서 드러내는 글 쓰기 전략과 관련시키고 있다는 점이다. 가령, <날개>의 서두에 에피그램 적 성격을 띤 머리글이나 <종생기>에 드러난 서술자의 분열 양상은 이상 이 분신 모티프를 내러티브의 층위에서 다루고 있음을 보여주는 것이다. <날개-C-F-40>

여기에서 <날개>는 절망의 절벽 끝에서도 비상의 기교를 선택하는 치 열함을 보여준다. 결국 반어적 기법이 절망을 버티는 막다른 방법이었다는 것이 드러나며, 이상 소설의 정신적 열도를 짐작케 한다.<날개-C-F-39>

<날개-C-F-40>의 경우 <날개>에 드러난 서술자의 분열적 양상이 이상이 일관되게 추구해온 분신의 모티프가 발현된 것이라 본다. 그리고 이를 뒷받침하기 위해 <종생기>와 같은 동일작가 작품군의 서술 양상 역시 추가적 분석의 대상으로 삼는다. <날개-C-F-39>의 경우 해석텍스트의 대부분을 <날개>의 반어적 서술 기법 분석에 할애하며, 이러한 반어적 서술 기법이 단순히 서술자의 태도 차원에 그치는 것이 아니라, 이상의 개성적 작가 정신의 산물임을 강조한다.

한편 전문가 독자군에서는 문체를 작가의 창작방법론으로 확대시키고, 자세히 읽기를 통해 텍스트의 기표적 특징을 분석하고자 하는 경향을 강하게 드러낸다. 고등학생 독자군에서 빈번하게 나타났던 비관습적 문체에 대한 이해의 거부 양상이 사라지고 대신 텍스트 내 고빈도 어휘나 어구 재인(12.5%, 6편), 문장 구성 방식의 특성 추출(27.1%, 13편), 원전의 기표에 대한 조사 및 탐구(6.3%, 3편)를 시도하는 양상이 나타난다.

동일작가 작품군과의 비교를 통해 <날개>가 왜 상대적으로 덜 난해한 문체를 사용하고 있는지, 혹은 왜 상대적으로 독해가능한 어휘와 문장들을 사용하였는지 그 까닭을 작가의 무의식과 연관지어 탐색하기도 하고(<날개-C-M-7>, <날개-C-M-6>) <날개>의 문장들이 어떻게 구성되고 다른 문장과 어울려 조직되는지, 그리고 그러한 조직의 결과 소설의 전반적 문체가 어떤 효과를 유발하는지 등에 많은 서술을 할애하기도 한다.

> 공간의 차이는 문체의 차이와도 일치합니다. 어두운 방 안으로부터 시작되는 <날개>의 서두는 모든 문장이 복문으로 되어 있으며 길이도 깁니다. 용장도가 높지요. 그런데 마지막 화신 옥상에 이르면 한 어휘가 한 문장을 이루는 단문으로 문장에는 힘과 속도가 붙어 있습니다. 한 소설인데도 이렇게 문체가 달리 나타나 있다는 것입니다. 어둠의 문체와 빛의 문체, 수평의 문체와 수직의 문체로 말입니다. <날개-C-M-23>

위 해석텍스트의 경우 방 안에서 무기력하게 잠만 자던 인물이 옥상에 서서 날기를 기원하게 되는 극적 변화를 문체에서도 찾아낸다. 즉 인물의 성격 변화, 공간적 구조의 변화, 이를 서술하는 문체의 변화는 상동성을 갖고 이루어진다. 용장도가 높았던 작품 서두와 달리 힘찬 단문으로 마무리되는 결말의 문체가 갖는 전략적 효과를 감지하고 나면, 독자는 텍스트로부터 경험한 인지적, 정서적 충격의 원인을 텍스트의 수사학적 속성으로 귀인할 수 있게 된다.

이러한 수사학적 해석의 능력은 소설이라는 허구적 장르의 속성에 기반하여 텍스트를 다룬다는 점에서 그 자체로 소설 해석의 타당성을 제고시킨다. 또한 텍스트의 '목소리'를 섬세하게 읽어내는 과정을 거치기에 텍스트외적 맥락만을 도입하는 일방적 해석의 위험성이 감소됨을 알 수 있다. 따라서 문체론적 지식이나 분석 결과의 제공이 아닌, 작품의 문체에 대한 독자의 '느낌과 생각'에서 출발하여 텍스트의 문체적 특성으로 소급해 들어가는 해석 활동이 요청되며, 이를 도울 수 있는 교육적 안내가 필요함을 지적할 수 있다.

라비노비츠(Rabinowitz)외의 연구(1998)에서는 독자의 유형을 서사적 독자와 권위적 독자로 분류한 바 있다.[94] 서사적 독자는 텍스트의 이야기를 그저 듣는다. 반면 권위적 독자는 텍스트가 이야기하는 방식을 알아내고, 텍스트의 서술이 내장하는 가치 주장과 설득 전략을 판단한다. 소설이 왜 소설 장르의 관습에 의존하거나 그것으로부터 일탈하면서 독자에게 말을 건네는지 파악하는 것은 텍스트를 심미적으로 해석하는 중요한 과정이다.

소설을 소설로서 해석하게 하는 것은 기존의 통념보다 중요하다. 허구 서사의 복잡한 소통구도를 경유하지 않고 단순한 메시지로만 소설을 해석하게 된다면 그러한 해석이 개시해 낼 수 있는 텍스트세계는 지나치게

---

94) P. J. Rabinowitz & M. W. Smith, *Authorizing Readers*, Teachers College Press, 1998, pp.1-28.

빈약해지기 때문이다.

따라서 미적 특수어로서의 개별성을 존중하며 소설을 해석하는 양상은 그렇지 못한 해석에 비해 진일보한 단계라 판단할 수 있다. 그리고 이는 현대소설 해석능력이 파슨즈(Parsons) 등에서 말하는 예술 감상의 발달 과정과도 유사한 발달 단계를 지님을 보여준다. 파슨즈는 10여 년에 걸친 인터뷰 연구를 통해 예술 감상의 발달 단계를 구조화했다.[95]

1단계는 마음속에 떠오르는 모든 것에 대해 수용하는 단계이다. 즉 대상성에 대한 질문이나 적절성의 구분이 부재한다. 2단계는 재현된 것의 주제(내용)가 무엇인지에 집중하는 단계이다. 3단계는 표현된 것이 무엇인지를 묻는 단계이며 이 3단계에서 4단계로 넘어가는 순간, 질적 진보가 일어난다. '스타일과 형식' 단계라 불리는 4단계에서 작품은 더 이상 사적 방식이 아니라 공적 방식으로 존재한다. 작품의 스타일과 형식은 상호주관적 방식으로 지적될 수 있으며 이는 해석을 새롭게 방향짓는다. 파슨즈는 이 4단계에서 감상자의 심리학적 전환이 일어난다고 보았다.

즉 이전 단계에서 예술 감상이 개인적 마음의 상태를 간취하는 것이었다면, 이제 예술 감상은 공적 대상의 미적 속성에 대한 전체적 반응이 된다.[96] 3절에서 수행된 수사학적 해석의 독자군별 양상에 대한 분석 결과에 토대하면, 파슨즈가 강조한 미적 속성에 대한 반응 여부는 소설해석에서도 해석능력의 발달단계를 가늠할 수 있는 중요한 지점이라 할 수 있다.

---

95) M. J. Parsons, *How we understand art: a cognitive developmental account of aesthetic experience*, Cambridge Univ. Press, 1987.

96) 이러한 4단계에서의 진보에 기반하여 5단계에서는 해석에 대한 개인적 책임성과 공동체적 책임성이 자각된다.

3) 맥락적 해석 양상

여기서는 전문독자군의 <날개> 해석텍스트 48편을 대상으로 NVivo10을 사용한 코딩을 실시하여 유의하게 떠오르는 맥락적 해석의 양상을 포착하였다. 코딩 결과 맥락적 해석 양상은 크게 생산 맥락, 문학사적 맥락, 상호텍스트적 맥락, 수용 맥락, 소통 맥락의 하위 범주로 나누어 살펴볼 수 있었으며 각 하위 범주별 해석의 양상이 고르고 풍부하게 나타났다. 생산 맥락에서는 작가에 대한 지식의 적용과 생산 맥락 및 당대 독자에 대한 재구축 양상이 두드러졌고, 문학사적 맥락에서는 텍스트의 문학사적 위상과 기존의 평가를 참조하려는 양상이 빈번했다. 특히 상호텍스트적 맥락의 참조가 활발하였는데 그 중에서도 작가내적 상호텍스트군의 활용이 압도적이었다. 수용 맥락에서는 해석 약호의 명시적 도입이 가장 두드러지게 나타났고, 소통 맥락에서는 해석사 검토에 입각한 해석 가설 정립과 특정 해석 정전에 대한 반박이 주를 이루었다. 이상의 코딩 결과를 표로 제시하면 다음과 같다.

<표 17> 전문독자군의 맥락적 해석 양상

독자군	맥락적 해석 양상		자료 수(비율)
전문 독자군	생산 맥락	a. 생산 맥락의 단순 외삽이나 나열	1(2.1%)
		b. 작가에 대한 지식 적용	21(43.8%)
		c. 생산 맥락 및 당대 독자에 대한 재구축	17(35.4%)
	문학사적 맥락	a. 텍스트의 문학사적 위상과 평가 참조	21(43.8%)
		b. 텍스트 관련 문예사조 및 유파 고려	6(12.5%)
		c. 작가의 장르 선택에 대한 의미 부여	4(8.3%)
	상호 텍스트적 맥락	a. 작가내적 상호텍스트군의 활용	29(60.4%)
		b. 작가외적 상호텍스트군의 활용	11(22.9%)
		c. 문학외적 상호텍스트군의 활용	2(4.2%)

수용 맥락	a. 해석자가 속한 사회·문화적 상황 대입	0(0.0%)
	b. 해석자가 보유한 가치체계의 명시적 반영	3(6.3%)
	c. 해석 약호의 명시적 도입	12(25.0%)
소통 맥락	a. 교과서 해석의 추수나 참조	0(0.0%)
	b. 다른 해석에 대한 가정과 예상반론	6(12.5%)
	c. 특정 해석 정전에 대한 반박과 근거 제시	23(47.9%)
	d. 해석 결과의 소통가능성에 대한 메타적 인식	7(14.6%)
	e. 해석사 검토에 입각한 대타적 해석 가설 정립	26(54.2%)

　전문독자군의 맥락적 해석 양상 분석 결과 생산 맥락을 중점적으로 참조했던 고등학생 독자군과 달리 생산 맥락과 문학사적 맥락, 상호텍스트적 맥락, 소통 맥락 등을 비교적 고르게 참조하고 있음이 드러났다. 특히 문학사적 맥락과 상호텍스트적 맥락은 고등학생 및 대학생 독자군에서는 매우 드물게 참조되었으나, 전문가 독자군에서는 해석의 시작점과 전개 과정을 결정짓는 주요한 맥락으로 기능하고 있었다. 생산 맥락의 경우 역시 단순히 창작 연도나 작가에 대한 배경 지식을 외삽시키는데 그치지 않고 텍스트가 솟아오른 문화사적 맥락을 보다 섬세하게 재구성하는 양상을 보인다. 생산 맥락 및 당대 독자에 대한 재구축이 일어난 해석텍스트가 35.4%(17편)에 달한다는 점이 이를 방증한다. 이러한 양상을 예시하는 아래 해석텍스트를 살펴보자.

　미쓰꼬시 백화점 꼭대기에서 주인공은 경성의 거리를 내려다본다. 민간 건물 중에서는 서울에서 가장 높은 건물 중의 하나였던 이 백화점 옥상 꼭대기인 6층에는 전망대가 있었다. 그 아래층인 5층에 옥상정원이 있었다. <날개>의 마지막 장면의 배경은 5층의 옥상정원일 것이다. 그는 거리를

내려다보기 이전에 수족관 속의 금붕어들을 보았던 것이다.<날개-C-M-13>

　당대적인 위상 및 의의에 대한 평가에 다소 무력해진 것이 둘째다. 백철 등 좌파문인들의 현실주의적인 감각뿐 아니라 김문집의 유미주의에 가까운 관념론적인 평가까지도 간과되면서, <날개>가 발표 당시의 문단 및 사회 현실에서 가졌던 문학사적인 위상을 조명하는 일이 지난해졌다. 그 대신 근대를 넘어서려는 문학적 지향의 선구자라는, 따지고 보면 개별 작품에 대해서는 별반 말해주는 바가 없는 모호한 구호만이 앞서게 되었다.<날개-C-M-12>

　전술했듯 한편의 텍스트가 솟아오른 생산 맥락은 매우 복합적으로 재구성되어야 하는 것이다. <날개> 속 시공간은 실제의 시공간이 아닌, 이상이 상상적으로 기호화해낸 시공간이기 때문이다. <날개-C-M-13>은 소설 속 '나'가 누볐을 거리의 풍경을 미시적으로 재구성한다. 물론 이러한 재구성은 당시 경성의 실제 지형도와 혼성적 풍경들에 대한 자료를 바탕으로 한 것이다. 즉 생산 맥락이 단순하게 외삽되는 것이 아니라, 역방향으로 섬세하게 재구축된다. '미쓰코시 경성지점 신축 개요'까지 참조된 이 재구성 작업을 통해, 결말의 배경이 6층 꼭대기가 아닌 5층 옥상정원이었을 가능성이 점쳐지고, 이 옥상정원에 실재했던 수족관의 상징적 의미가 해석되기 시작한다.

　또한 <날개-C-M-12>에서는 지나치게 풍성한 이론적 실험의 장이 되어버린 탓에 오히려 무시되어 왔던 <날개>의 당내적 위상을 다시 이끌어들인다. 물론 어떤 독자든 자신의 위치에서 작품을 해석할 권리를 갖는다. 그러나 그 과정에서 작품이 생산된 맥락과 독자의 수용 맥락이 가진 원근법적 거리를 소거해버린다면, 작품의 의미는 매우 자의적인 방향으로 오독될 소지가 높다.

　이상은 당대 독자들이 공유했을 특정한 '해석의 지평'을 의식하며 소설

<날개>를 창작하고 발표했을 것이다.97) 따라서 <날개>의 생산 맥락 및 당대 독자에 대한 재구축을 시도하는 것은 명백한 과잉해석을 제한하고, 당대에 대한 작가의 문학적 입장을 추론하도록 하는 해석의 전략이라 볼 수 있다.

이처럼 전문가 독자군에서는 시대적 맥락에 대한 언급도 자주 출현하지만, 동시대 문학이나 동시대 작가들에 대한 분석을 통해 생산 맥락을 해석에 도입하려는 양상 역시 빈번했다.

> 그보다는 이 작품의 얼룩진 아내란 30년대 문학에 있어서 무력한 지식인들과 친숙한 동반적 관계에 있었던 여급의 상을 <u>동시대적으로</u> 대리하는 여인이다. 동시대 작가인 유진오의 <어떤 부처> <치정> <나비>, 박태원의 <천변풍경>은 물론 이상 자신의 <지주회시> <봉별기> 등에는 여급들이 현저히 등장하고 있는 것이다.<날개-C-M-20>

> 이상 소설에 대한 이러한 연구는 1930년대 김유정, 박태원, 채만식 등 <u>동시대 작가들 텍스트와의 비교</u>뿐만 아니라, 1950년대의 손창섭, 장용학, 1960년대의 최인훈, 김승옥, 서정인 소설 등 후대 텍스트에 나타난 반어적 기법과의 비교를 통해 그 위상과 계보를 정립하는 데로 확장되어야 할 것이다.<날개-C-F-39>

> 지금까지 살펴본 바와 같이, 이상은 근대적 제도나 문물, 도시화 현상에 대해 관심을 가졌던 <u>동시대의 작가들</u>보다 훨씬 더 날카로운 직관과 통찰력을 보였다.<날개-C-F-31>

위의 예에서 볼 수 있듯, 전문가 독자군은 동시대 문학의 경향을 참조

---

97) 신형철, 「이상(李箱) 문학의 역사철학적 연구」, 서울대학교 박사학위논문, 2012, p.71. "그렇다면 오늘날의 독자는 '슬립퍼'가 사실은 은밀한 '다른 것'을 뜻하는 괴팍한 은유이며 '과자'란 그 '다른 것'의 특정한 상태의 비유라는 식의 근거가 희박한 수수께끼 놀이를 할 것이 아니라, 당대인들이 공유했을 그 레퍼런스를 추적하는 방식으로 이상의 구절에 접근해야 할 것이다."

하여 <날개>에 등장하는 아내의 매춘 행위를 여급 문학의 계보 속에서 해석하거나 이상이 보여주는 도시에 대한 통찰을 동시대 작가들의 그것과 비교하는 등의 맥락적 해석을 수행하고 있다. <날개>의 이미지나 서술 기법을 분석하는 과정에서도 끊임없이 동시대 작가와 작품들이 참조된다. 이러한 '동시대 작가', '동시대 문학'의 강조는 다른 독자군에서는 찾아보기 힘든 양상인데, 당대 문학과 문인이 공유했던 정서적 공감대와 문학 경향을 적극적으로 탐색하고 해석에 적용하는 과정이 상당한 양의 인지적 부담과 문학경험을 요구하기 때문으로 추측된다.

한편 전문가 독자군에서는 문학사적 위상과 평가에 대한 맥락적 지식의 도입이 다른 독자군에 비해 매우 활발하다. 문학사적 맥락이 참조된 해석텍스트가 고등학생 독자군에서는 5%(7편), 대학생 독자군에서는 3.8%(3편)에 그친 것에 비해 전문가 독자군에서는 무려 64.6%(31편)에 달한다는 점이 이를 뒷받침한다. 다음의 해석텍스트를 살펴보면 이러한 문학사적 맥락의 참조가 해석에 미치는 영향이 더욱 가시화된다.

　한국문학사에서 이상만큼 비평적 논란의 대상이 되어 온 작가는 없다.
<날개-C-M-21>

　<날개>는 이 땅에 들어온 많은 서구의 이론들이 저마다의 유효성을 예증하며 경합을 벌이던 각축장이었다. 문학사의 서술은 반드시 <날개>를 통과해야 했으며 개별 연구자들은 <날개>에 대한 해석을 통해 자신의 해석적 역량을 과시했다.<날개-C-M-24>

　무수한 논의와 교육을 통해서, <날개>의 문학사적인 지위가 정전의 수준에 확고하게 고정되었다고 하겠다. 그러나 정전으로 간주되는 <날개>의 진정성은 사실 매우 취약하다.<날개-C-M-12>

　이는 긍정적으로는 실험적이고 독창적인 소설, 부정적으로는 실패한 실험이자 변종형으로 평가받아 온 이상 소설을 반어적 소설의 계보 속에서 파악하여 내재원리에 근거한 <u>문학사적 위상</u>을 정립하기위한 시발점이다. <날개-C-F-39>

이처럼 전문가 독자군에서는 <날개-C-M-21>와 같이 <날개>를 둘러싼 문학사적 논란의 원인을 분석하거나 <날개-C-M-24>와 같이 <날개>의 문학사적 특수성을 강조하고 있었다. 또한 <날개-C-M-12>와 같이 그러한 확고한 문학사적 지위로 인해 다소 무시되어온 작품의 당대적 의의를 재고해보자는 문제의식을 도출하기도 하고, <날개-C-F-39>와 같이 자신의 해석을 통해 새롭게 정립될 수 있는 작품의 문학사적 위상을 표나게 강조하기도 한다.

한편 작가의 장르 선택에 대한 의미 부여 양상이 전문독자군에서만 발견된다는 점 역시 주목할 만하다.

> ≪영랑시집≫(시문학사, 1935.11.5)이 간행되고, 그 출판 기념회가 명월관에서 열리기 하루 전날 씌어진 이 글에서 그는 '소설'이란 말을 표나게 사용하였다. 그를 <오감도>의 시인으로만 알고 있는 것은 비단 구인회의 멤버들만이 아니었을 것이다. 이상이 소설을 비로소 썼다는 것으로 이 상황이 이해된다. <12월 12일>이란 그러니까 그에게는 그것이 소설과는 무관한 단순 기록이었던 것이다. 이상이 '소설'을 썼다는 것은 일종의 사건이다. 그 자신에게조차 그러하였는데 그것이 바로 <날개>(≪조광≫, 1936.9)다...여기까지 이르면 작품 <날개>가 <u>이상 개인사에서 벗어나 소설의 장르적 성격으로 옮아가게 된다.</u><날개-C-M-8>

<날개-C-M-8>의 경우 '소설을 썼'다는 이상의 사신(私信)을 인용하면서 작가가 왜 특정한 장르 선택의 의미를 자신과 타인에게 공시(公示)했는지 추적한다. 전위적인 기호의 세계를 펼쳐보이던 이상의 시, 그리고 개인사의 영향이 짙게 드러나던 초기 소설에서 질적 비약을 이루는 이 장르 선

택의 의미를 해석하는 것이 곧 <날개>를 해석하는 작업이라 보기 때문
이다. 이처럼 소설장르를 표현의 매체로 선택한 작가의 의도를 재구성/해
명하는 것은 단순한 호사가적 관심의 차원을 넘어선다. 한 작가의 장르
선택과 변경이 작가의 세계, 독자, 예술에 대한 태도와 관련된 문제이기
때문이다. 따라서 작가의 장르 선택 과정을 재구성하고 의미부여할 수 있
는 과정은, 장르의 세계관과 미학적 특성에 근거하여 해당 소설을 해석할
수 있도록 한다는 점에서 해석능력의 주요한 한 양상이라 할 수 있다.

문학사적 맥락 못지 않게 상호텍스트적 맥락의 해석에서도 전문독자군
의 압도적 코딩 양상이 두드러진다. 전문독자군이 해석에서 <날개>와의
상호텍스트적 관련성을 구축한 텍스트를 정리해보면 다음과 같다.

<표 18> 전문독자군의 상호텍스트 활용 양상

독자군		상호텍스트
전문 독자군	작가내적 상호텍스트	<오감도>, <지주회시>, <차생윤회>, <봉별기>, <휴업과 사정>, <동해>, <12월 12일>, <종생기>, <단발>, <불행한 계승>, <산책의 가을>, <산촌여정>, <지도의 암실>, <무제>, <선에 관한 각서>, <LEURINE>, <금제>, <어리석은 석반>, <조춘점묘>, <황의 기> 등
	작가외적 상호텍스트	이광수 <문사와 수양>, <사랑>, 김기림 <옥상 정원>, <금붕어>, 정지용 <유리창 2>, 몽테를랑 희곡 <스페인의 추기경>, <치용기>, 괴테 <젊은 베르테르의 슬픔>, 박태원 <소설가 구보 씨의 일일>, <천변풍경>, 유진오 <어떤 부처>, <치정>, <나비> 등

대학생 독자군이 주로 독자 스스로 적극적으로 구성하는 발산적 상호
텍스트군을 활용한다면, 전문독자군은 상호텍스트 중에서도 작가내적 상

호텍스트군으로 텍스트의 근원을 수렴시키는 경향이 뚜렷하다.[98] 작가내적 상호텍스트군의 활용 항목으로 코딩된 자료는 대부분 전문독자군의 해석텍스트이다. 이는 전문독자들의 경우 해석의 장애물들을 뛰어넘기 위해 작가내적 상호텍스트에서 난해어구나 상징적 설정 등에 대한 해석의 단초를 찾고, 이를 작가의 정신사와 관련짓는 경우가 많기 때문이다.

작가내적 상호텍스트군의 활용이란, 의미적 연관성이 상대적으로 뚜렷한 작품군 속에서[99] 한 작품의 의미를 해석하고, 나아가 해당 작가의 정신사적 변화를 살피기 위한 거대한 통(通)텍스트를 형성하는 것이다.

신범순은 이러한 통텍스트를 통해 한 작가의 작품을 관통하는 '기호의 흐름'을 포착할 수 있다고 보고 이를 '회통(會通)'의 방법론이라 명명한다.[100] 따라서 이러한 작가내적 상호텍스트군의 구축은 작품을 통해 작가의 정신적 지형도를 상상하고, 이를 다시 작품의 해석으로 순환시키는 역동적 해석능력이라 할 수 있다.

한편의 해석텍스트에서 다양한 작가외적 상호텍스트군과 작가내적 상호텍스트군이 함께 논거로 제출되는 양상 역시 본고가 분석 대상으로 삼은 전문독자군 해석텍스트의 일반적 경향성이었는데, 이때 다양한 텍스트군이 참조되었다는 사실 자체보다는 참조의 방식이 주목할 만 하다. 이러한 참조 방식의 특성을 잘 나타내는 아래의 해석텍스트를 살펴보자.

> 주인공의 방은 어항의 이미지와 겹쳐지며 그 자신은 금붕어의 이미지로 묘사되는 것이다. 이런 금붕어와 어항의 이미지가 어떤 의미를 담고 있는가

---

98) 류수열은 상호텍스트성을 수렴적 상호텍스트성, 발산적 상호텍스트성으로 나눈다. 류수열, 「<사미인곡>의 콘텍스트와 상호텍스트적 읽기」, 『독서연구』 21, 한국독서학회, 2009, pp.85-86.

99) 조고은, 「동일작가 작품군의 상호텍스트적 시 읽기 교육 연구」, 서울대학교 석사학위논문, 2010, p.ⅱ.

100) 신범순, 「실낙원 산보로 혹은 산책의 지형도」, 신범순 외 저, 『이상 문학 연구의 새로운 지평』, 역락, 2006, p.54.

는 당대의 맥락에서 따져보아야 한다. 어항과 금붕어의 이미지는 이상과 동시대, 즉 1930년대 근대 도시 경성의 거리를 유영했던 시인들인 김기림, 정지용의 텍스트에서도 중요한 이미지로 자리 잡고 있다...이처럼 김기림 시에서 디스토피아적인 공간으로서의 경성의 모습은 '옥상정원'의 이미지로 나타나기도 하지만, 그보다 더욱 포괄적인 '어항'의 이미지로 빈번하게 나타나며, 그 안에는 디오니소스적 바다를 그리워하는 존재들이 갇혀있다...한편, 정지용 시의 시적 주체는 자주 유리에 갇혀 있는데, '아아 항안에 든 금붕어처럼 갑갑하다'면서 답답함과 발열과 현기증 등의 병적 증상들을 호소한다 <날개-C-F-18>

여기서는 작가외적 상호텍스트로 김기림, 정지용의 '어항' 관련 시편을 참조하고 있는데, 이들 시편은 <날개>와 유사한 시기에 발표되어 생산 맥락 복원에 직접적인 도움이 된다. 뿐만 아니라 구인회를 통해 이상과 인간적, 문학적 영향을 주고받고 있던 작가들의 텍스트를 끌어들임으로써 '어항'이라는 소재에 대해 그들이 공유했던(혹은 공유했을 것으로 가정되는) 시대적, 문화적 의미 역시 보다 명료해진다.[101]

위 해석텍스트는 김기림과 정지용의 시들을 근거로 삼아 1930년대인들에게 '어항'은 "원초적 생명력을 잃어버린 근대 도시"이고, 근대성의 기표인 백화점, 기차, 옥상정원, 쇼윈도, '기계적 시간-시간표-시계'와 동등한 기표이며, "보이지 않게 개인을 감시 규율하는 근대제도와 식민지 규율권력의 상징"이라는 해석에 도달한다. 그리고 그동안 주로 '날개'의 상징성에 주목해왔던 다른 해석과의 차이를 노정하며, '날개'와 '어항'이 어떻게 관련되는지 추적하는 작업을 <날개> 해석의 새로운 과세로 천명한다.

'어항적 공간'은 전체 해석텍스트를 수렴시키는 매우 결정적인 해석어휘이며 이 '어항적 공간'이 탈출불가능한 공간의 이상(李箱)적, 그리고 당대

---

101) 김기림의 시 <금붕어>, <옥상정원>에서 어항은 디스토피아적 공간으로서의 경성으로 의미화되고, 정지용의 시편들에서 어항, 유리, 시계 등은 개인을 가두고 조작하는 부정적 근대성의 상징으로 의미화되는 것으로 분석된다.

적 상징이라는 점은 이 해석텍스트의 결론에 해당한다. 따라서 충분한 논거가 수반되어야 함이 물론이다. 그래서 해석자는 여기서 작가내적 상호텍스트 역시 끌어들인다.

> <u>탈출했지만 탈출할 수 없다는, 영원히 간혀있다는 주인공 '나'의 상황인식은 이상의 핵심적인 주제의식이며</u> 그의 텍스트에 다양한 이미지로 변주되어 산재해 있다. 그것은 공포와 불안 속에서 탈출의 질주를 하는 13인의 아해들의 골목이 사실 뚫렸거나 막혔거나 다를 바 없다는 상황인식과 같은 것이며, '살아있는 골목은 죽은 골목이오, 죽은 골목은 산 골목이다'라는 구절의 의미와도 통하는 것이다. 또한 이런 탈출 불가능한 겹겹의 공간의식은 오늘 다음에는 또 내일이라는 놈이 형리처럼 버티고 있어서 기막힐 만치 답답해야 하는 것과 같은 겹겹의 시간적 유폐감으로도 나타나며, 이런 겹겹의 유폐적 시공간은 이상에게 공포이며 권태이다. <날개-C-F-18>

시 <오감도>의 골목과 <날개>의 어항은 다르지 않은 것이며 이러한 유폐감이 결국 이상 문학의 주 정조인 공포와 권태를 유발시켰다는 것이다. 탈출할 수 없는 시공간, 매춘부적 혹은 거지적 존재라는 테마로 접근한 <날개> 해석은 시 <一九三一年>, <명경>, 소설 <지주회시>와 수필 <차생윤회>에 대한 추가적 분석을 통해 가일층 설득력을 얻는다. 작가내적 상호텍스트군이 해석 과정에서 가지는 중요성에 대해서는 조고은 (2010)에서 이미 논의된 바 있다.[102] 위 논문에서는 작가내적 상호텍스트성을 작가의 여러 작품 속에서 발견되는 상호텍스트성으로 규정하는데 이는 자매-텍스트(sister-text) 개념을 주창한 앤 제퍼슨의 이론과 그 관점을 같이 한다.

물론 고등학생 독자군과 대학생 독자군의 경우에도 작가내적 상호텍스

---

[102] 조고은, 「동일작가 작품군의 상호텍스트적 시 읽기 교육 연구」, 서울대학교 석사학위 논문, 2010.

트 경험을 드러내는 경우가 드물지만 관찰된다. 하지만 대부분의 경우 이러한 경험을 대상 텍스트의 해석과 연계-통합하지 못하고 별개의 정보로 나열하는 데 반해, 전문독자들의 경우 다양한 작품군(corpus) 속에서 해당 텍스트의 좌표를 서서히 추적하면서 '전형적 작가'를 구성해간다는 특징을 띤다.

에코는 전형적 작가가 경험적 작가와 달리 독자들의 해석 과정에서 그 실체가 확인되는 존재라고 보았다. 즉 전형적 작가는 하나의 문체 혹은 서사 전략으로 나타나며 이는 독자가 전형적 독자가 되고자 할 때 필수적으로 참조하는 지점으로 기능한다. 따라서 해석의 타당성을 제고하기 위해서는 전형적 작가의 존재를 최대한 복원해야 하는 문헌학적 의무가 독자에게 부여된다.103) 이처럼 다양한 작가내적 텍스트를 통해 대상 텍스트의 전형성이 설명되는 동시에 다른 작가내적 텍스트와 대상 텍스트가 갈라지는 차이성도 명료하게 드러내는 양방향의 효과가 획득된다.

물론 작가내적 상호텍스트의 활용 여부가 곧바로 해석의 타당성과 소통가능성을 높여주는 것은 아니다. 하지만 이것이 상징적 소재나 난해 어구, 주제에 대한 핵심적 해석 가설을 세우고 검증하는 과정에서 텍스트 자체가 답해주지 못하는 잉여지점을 메워줄 수 있는 결정적 논거로 기능하는 것은 사실이다.104) 그리고 이러한 상호텍스트군을 철저하고 풍부하게 검토하는 과정은 지나치게 편리하거나 단선적인 수용/생산 맥락의 도입을 막아주는 기능 역시 수행한다.

한편 해석 결과의 소통가능성에 대한 메타적 인식 양상은 대학생 독자군에서 1회(1.3%), 전문독자군에서 7회(14.6%) 코딩되었고, 해석사 검토에

---

103) 김승현, 우지운, 이영주, 「미디어 텍스트에서의 과해석 현상」, 『한국 언론학보』 51-3, 한국언론학회, 2007, p.17.
104) "리파테르는 독자가 텍스트에서 일상의 문법 규칙으로는 이해할 수 없는 간극을 만났을 때, 텍스트가 담고 있는 의미를 찾아내기 위해 상호텍스트성을 동원하게 된다고 하였다." M. Riffaterre, 『시의 기호학』, 유재천 역, 민음사, 1993, p.14.

입각한 대타적 해석 가설의 정립은 고등학생 독자군에서 2회(1.4%), 대학생 독자군에서 7회(8.9%), 전문독자군에서 26회(54.2%) 코딩되었다. 특히 전문독자군의 경우 아예 다른 해석에 대한 대타의식 속에서 해석 가설을 만들어내고 생산 맥락 및 당대 독자의 재구축을 통해 본인의 해석 가설의 타당성을 강화하는 양상이 매우 두드러진다. 이처럼 숙련된 전문독자의 해석텍스트에서는 대부분의 경우 해석의 입각점이 해석의 소통 맥락에 대한 풍부한 조회 후에 세워지고, 해석 가설 역시 이에 기반하여 설정된다. 분석 결과, 해석사 검토에 입각한 대타적 해석 가설 정립(54.2%, 26편)과 특정 해석 정전에 대한 반박과 근거 제시(47.9%, 23편), 해석 결과의 소통가능성에 대한 메타적 인식(14.6%, 7편)이 전문독자의 해석텍스트에서 특히 두드러졌다.

이상의 분석 결과를 더욱 요약적으로 가시화하기 위해 코딩 결과를 바탕으로 노드 트리맵을 만들어 보았다. 전문독자군 자료에 대한 노드 트리맵은 [그림 3]과 같다.

의미론적 해석 범주가 큰 비중을 차지하고 있는 고등학생 독자군과 대학생 독자군에 비해 전문독자군의 경우 비교적 균형 잡힌 노드 트리맵이 도출된다. 그 결과 전문독자군의 해석텍스트에서 의미론적 해석과 수사학적 해석, 맥락적 해석의 코딩이 고르고 조밀하게 분포하고 코딩된 노드 수 역시 학습자에 비해 월등하게 많은 것을 알 수 있다. 이러한 특성은 위에 함께 제시된 대학생 독자군과 고등학생 독자군의 노드 분포가 상당히 불균형적인 것과 비교할 때 더욱 두드러진다.

의미론적 해석 범주에서는 작가나 내포작가의 의도를 추론하려는 목적이 뚜렷해지고 해석 가설을 명시한 후 텍스트내적으로 검증해가는 수렴 방사 형의 구조를 택하는 양상을 보인다. 이 과정에서 서사세계의 다중구조나 핵심적 이미지 시퀀스, 모티프, 서술전략 등에 대한 전체적 검토가 수반되며, 이러한 수사학적 해석의 결과를 주제적 의미 도출의 근거로 삼

의미론적 해석		수사학적 해석		맥락적 해석		
목적	유형	구조	서술	소통 맥락	상호텍스트적 맥락	문화사적 맥락
작가의 의도 추리	동일성에 의한 수렴방식 지향	시공간 설정 효과 이해	서술전략의 전반적 특성과 효과 탐구	해석사 검토에 입각한 대타적 해석 가설 정립	작가 내적 상호텍스트군의 활용	텍스트의 문학사적 위상과 평가 참조
내포작가의 의도 추리	과정	서사세계의 다층 구조 파악	문제		생산 맥락	수용 맥락
인물의 행위 동기와 심리 추리	해석 가설의 명시적 설정	반복적인 패턴 발견	문장 구성 방식의 특성 추출	특정 해석 적절에 대한 반박과 근거 제시	작가에 대한 지식 적용	해석 안호의 명시적 도입
작가의 의도 추리		이미지 시퀀스나 모티프 추출			생산맥락 및 당대독자에 대한 재구축	

[그림 3] 전문독자군 - 텍스트 코딩 수에 의한 노드 트리맵

는 양상을 보인다.

한편 맥락적 해석 범주에서는 해석사 검토에 의해 미해결된 문제를 찾아내거나 기존의 해석에 대한 해체적 욕구 속에서 논리적 입각점을 정위하는 양상이 두드러졌으며 전문독자 집단이 보유한 풍부한 문학지식과 상호텍스트군을 적극적으로 활용하고 있었다. 해석 약호를 명시적으로 도입하는 경우가 많고 본인의 해석에 대한 타당성 주장이 상대적으로 강한 것역시 특징이다. 이는 본인의 해석에 대한 일반화를 유보하고자 했던 고등학생 독자군, 대학생 독자군의 해석 양상과 뚜렷이 분기되는 지점이다.

5. 독자군별 해석 양상에 따른 교육 목표 도출

현대소설 해석교육의 설계를 위해 먼저 현대소설 해석교육의 특성과 현황에 기반한 목표를 설정할 필요가 있다. 교육 목표는 인간 성장의 보편 가치에 기여할 수 있는 방향으로 설정되고 이러한 교육 목표에 의해 교육의 대상은 교육의 내용이 될 수 있기 때문이다.[105] 국어과 교육과정의 목표를 정하는 일은 언어 현상에 대한 일종의 이상(理想)을 꿈꾸는 일이다.[106] 본고는 앞서 해석 활동에 대한 실천적 지식을 갖추고 이를 통해 타당한 소설 해석을 구성하고자 하는 학습자를 이상적인 학습자상으로 설정한 바 있다. 그렇다면 이러한 이상에 도달하기 위해 어떤 교육 목표가 설정되어야 할까.

먼저 현대소설 해석교육에서 학습자들이 도달해야 할 목표 수준에 대해 추상적으로 접근하는 방식은 경계되어야 한다. 교육은 '현재의 인간을

---

105) 송지언, 「시조 의미구조의 경험 교육 연구」, 서울대학교 박사학위논문, 2012, p.140.
106) 박인기, 「제7차 국어과 교육과정의 목표에 대한 검토」, 『한국초등국어교육』 16, 한국초등국어교육학회, 2000, p.34.

보다 바람직한 인간으로 기르는 활동'이기 때문이다.[107] 따라서 학습자들의 '현재' 상태를 철저히 파악하고, 이를 문학교육의 본령에 부합하는 이상적 상태로 성장하도록 돕는 목표의 설정이 필수적이다.

타일러는 교육 목표 설정의 준거로 학습자에 관한 사실, 사회에 관한 사실, 교과 전문가의 견해, 철학적 관점, 학습심리학적 관점 등을 꼽은 바 있다.[108] 문제는 학습자가 발달 중인 인간으로서 갖게 되는 요구와 그들의 특성에 관련된 사실들이 교육과정 문서상의 목표로 반영되기 어렵다는 점에 있다.[109] 교육과정 문서의 특성상 하달 식의 추상적 진술이 전개되기 쉽기에 문학 교육, 특히 학습자의 실천적 활동을 필수적으로 요청하는 해석교육의 특성이 반영되기 어렵다.

그러므로 실제 전개되는 교육 활동의 국면에서는 학습자의 특성과 발달상의 요구, 잠재적 발달영역 등에 대한 충분한 고려가 필요하다. 따라서 본고에서는 현대소설 해석교육의 목표를 학습자가 생산한 자원에 근거한 실증적, 귀납적 방식에 입각하여 도출하고자 한다. 3장에서 분석된 독자군별 현대소설 해석의 양상에 기반하여 소설 해석의 의미론적, 수사학적, 맥락적 범주에서 소설 해석능력 성장의 지표가 되는 목표를 설정하고, 이를 다시 기본 목표, 확장 목표로 나누어 제시하였다.

현대소설 해석교육의 목표를 범주별로 기본 목표와 확장 목표로 나눈 까닭은 다음과 같다. 분석을 통해 고등학생 독자군이 가장 어려움을 겪고 있는 해석 활동의 지점들이 해석의 범주 별로 도출되었고 상위 독자군인 대학생 독자군, 전문독자군과의 비교를 통해 고등학생 독자군이 비교적 수월하게 도달할 수 있는 지점과 추후에 도달할 수 있는 지점이 설정되었

---

107) 이경섭, 「교육 목표 설정에 있어서의 주요 쟁점」, 『교육학연구』 32-5, 한국교육학회, 1994, p.3.
108) R. W. Tyler, *Basic Principles of Curriculum and Instruction*, University of Chicago Press, 1949, pp.5-43.
109) 박인기, 앞의글, p.41.

다. 전자의 경우 고등학생 독자들이 가시적으로 성취하지는 못했지만 잠재적 역량을 보이거나 대학생 독자들이 성취하고 있는 해석능력이라는 점에서 기본 목표로 설정하였다. 후자는 대학생 독자군과 전문독자군 등의 상위 독자군에서 점점 발달되어나가는 것으로 분석된 해석능력이라는 점에서 확장 목표로 설정하였다. 그리고 이러한 목표 설정의 정당성을 입증하기 위해 해석의 범주별로 각 독자군이 보이는 발달적 특성을 실제 자료와 코딩의 수치, 노드 트리맵 등을 통해 가시화하고자 하였다.

1) 의미론적 해석 범주 목표

의미론적 해석 범주에서는 텍스트의 메시지를 이해하고자 하는 해석자의 의미 구성 행위가 일어난다. 하지만 앞선 분석의 결과에서 드러나듯이, 많은 고등학생 독자들은 의미론적 주제의 도출을 쉽게 포기하는 경향을 보였다. 이는 고등학생 독자들이 해설의 수동적 소비자 역할에 익숙해진 나머지 소설 해석이라는 활동이 경유할 수밖에 없는 애매성(ambiguity)과 모호성(vagueness)의 경험에 익숙해지지 못한 까닭이다.

애매성이란 두 개 또는 그 이상의 해석이 가능한 단어, 어구, 문장, 텍스트의 성격을 가리킨다. 이러한 애매성은 언어사용자나 자연언어체계의 결함 때문이라기보다는 제한된 언어를 통해 다양한 의미를 지시하고자 하는 경제적 욕망 때문에 발생하는 경우가 많다.[110] 특히 이러한 애매성의 효과는 문학에서 적극적으로 활용되어 왔기에 엠프슨(Empson)의 경우 영시에 나타난 애매성을 일곱 가지 유형으로 분석하기까지 하였다.[111]

한편 모호성은 그 단어나 어구, 문장, 텍스트에 대해 확실한 해석을 부여할 수 있는 충분한 정보(information)가 부족함을 의미한다.[112] 이 경우 독

110) 김일곤, 「애매성과 모호성」, 『인문논총』 1, 한양대학교 인문과학대학, 1981, p.20.
111) W. Empson, *Seven types of ambiguity*, A New Directions book, 1947.
112) C. Smith, "The Vagueness of Sentence in Isolation", *Papers from the 13th Regional Meeting,*

자는 주어진 정보를 최대한 이용하여 텍스트를 해석하고자 시도하게 된다. 이러한 애매성과 모호성이 수용자에게 상당한 의미론적 장애물을 제공하는 것은 사실이다. 그러나 때로는 그러한 장애물의 존재 때문에 여러 가지 해석의 가능성이 발생하고 이는 독자의 정신적 집중을 유도한다는 점에서 실질적 이득을 유발하는 언어적 메커니즘으로 작용하기도 한다.

이 애매성과 모호성은 언어 자체의 성격에 기인하는 것이기도 하지만, 그러한 언어의 시적 기능을 극대화하고자 하는 문학의 특성과 자신의 작품이 손쉽게 독해되고 소비되는 것을 회피하고자 하는 작가의 전략에 의해 더욱 증폭된다. 여기에 작품의 생산과 수용 사이에 가로놓인 시공간적, 문화적 거리감은 비의도적 모호성마저 가중시킨다.[113]

이러한 문학 해석의 특성 탓에 문학 해석의 과정은 일종의 '좌절의 학습'(El aprendizaje de la decepción) 과정이기도 하다. 많은 학습자들이 이 일차적 좌절의 단계에서 해석을 포기하거나 종료한다. 그렇다면 소설텍스트가 가진 의미론적 애매성과 모호성은 항상 독자의 해석을 중단시키거나 방해하기만 하는 것일까. 그렇지는 않다.

경험적으로 생각해보아도 우리가 지시대상이 매우 명료한 것으로 가정되는 텍스트에 대해 많은 심리적, 물리적 투자를 하는 경우는 드물다. 이는 그러한 텍스트가 지닌 명료성이 오히려 독자의 해석적 자유를 방해하기 때문이다. 내포작가의 목소리가 매우 교조적인 형태로 단일화되어 나타나는 소설이나 키치소설에 대한 비판은 이러한 측면에 기인한 것이라 할 수 있다.

에코에 따르면 문학 언어의 의미는 우선 모호하게 구성된다. 생산적인 모호함이 독자로 하여금 해석의 방향을 찾게 하고, 표면적인 무질서 안에

Chicago Linguistic Society, 1977.

113) 최홍원(2009)에 따르면 고전시가는 생산과 수용의 거리로 인해 비의도적 모호성을 발생시킨다. 이는 비단 고전시가에만 국한되는 논의는 아니다. 최홍원, 「고전시가 모호성의 교육적 이해」, 『국어교육연구』 44, 국어교육학회, 2009, pp.249-252.

서 잉여적인 메시지들보다 훨씬 더 정확한 질서를 발견하게 하기 때문이다. 따라서 작품의 의미에 대한 해석은 '끊임없는 동요' 속에서 진행되고, 해석사(解釋史)의 진행과 함께 텍스트의 의미 주제는 계속 '성장'한다.114)

이처럼 현대소설의 의미론적 해석 범주에 있어 많은 애매성과 모호성이 존재한다는 것은 역으로 독자가 해석의 충실성과 자유의 변증법을 추구할 수 있도록 한다. 숙련된 해석자들은 텍스트가 보유한 모호함의 호소를 받아들이고 불확실한 형태들을 능동적으로 채울 수 있다. 그들은 텍스트의 모호성 자체를 즐기면서 해석에 필요한 다양한 열쇠들을 계속 탐색하고 비교하고 통합한다.115)

하지만 소설 해석에 숙련되지 않은 고등학생 독자들은 소설텍스트의 의미론적 애매성과 모호성을 독자에 대한 지적 폭력이나 불편한 경험으로 여기고 있었다. 따라서 텍스트의 의미를 구성하도록 유도하는 과정이 복잡하면 복잡할수록 독자의 미적, 도덕적 상상력의 공간 역시 넓어짐을 경험하도록 안내할 필요가 있다. '잘 짜인 난해성'은 독자의 상상과 서사적 참여를 유도한다는 점에서 민주적일 수 있기 때문이다.116)

소설텍스트 뿐만 아니라 쉽게 파악되기를 허락하지 않는 대상에 대한 해석의 노력은 주체의 인지적, 정의적 발달을 요구한다. 이러한 맥락에서 남민우(2011)의 경우 시에 대한 흥미와 관심 같은 주체의 '성격' 역시 시적 능력 발달의 중요 매개 요인이라 본다.117)

해석은 매우 복잡한 인지적 활동이지만 이 인지적 활동을 성공적으로 이끄는 결정적 요소는 바로 주체의 탐구열과 과제집착력이다. '호기심, 쉽

114) U. Eco, 『구조의 부재』, 김광현 역, 열린책들, 2009, p.231.
115) 위의책, p.231.
116) 권택영, 「내포 저자 논쟁과 나보코프의 ≪롤리타≫」, 『미국소설』 15-2, 미국소설학회, 2008, p.20
117) 남민우, 「시 교육 평가의 개선 방안 연구」, 『문학교육학』 34, 한국문학교육학회, 2011, p.146.

게 포기하지 않는 특성, 모험적 특성, 사고를 분명하고 깊고 정확하게 하려는 성격, 생각하는 시간의 가치를 소중하게 여기는 자세' 등이 이에 속한다.118) 국어과 창의·인성 교육의 방향을 제안한 우한용(2013)의 연구에서도 애매모호함에 대한 주체의 견딤을 강조하고 있다.119)

학습자들이 주된 해석의 대상으로 삼았던 이상의 소설 <날개>는 특히 이러한 의미론적 해석 범주의 수행이 능동적으로 일어나도록 요구하는 텍스트이다. <날개>를 위시한 이상의 소설들은 대체로 작중인물 '나'와 작가 이상 사이의 애매모호한 유사성을 해석의 단초로 남겨 두기 때문이다. 그래서 이상의 소설들은 텍스트와 저자의 관련성을 때로는 묻게 되고 때로는 묻지 않게 되는 애매모호하고 "불분명한 텍스트(equivocal text)"이면서도 텍스트와 저자의 관련성을 반드시 묻게 되는 "부속된 텍스트(attached ext)"로서의 속성 또한 드러낸다.120)

이러한 현대소설의 의미론적 모호성을 경험하는 것은 텍스트의 의미 추론에 대한 전반적 능력 제고에 기여할 수 있다. 하지만 고등학생 독자군의 의미론적 해석 양상에 대한 분석 결과는 고등학생 독자들이 이러한 과정을 수행하는데 큰 어려움을 겪고 있음을 보여준다.

주제적 의미구성을 포기하거나 의미구성에 도달하지 못한 해석텍스트가 39.6%(대학생 독자군 3.8%, 전문독자군 0.0%)이고 텍스트내적 정보나 근거 제시가 미비한 해석텍스트가 무려 50.4%(대학생 독자군 19%, 전문독자군 2.1%)에 달하며, 이러한 양상이 상위 독자군으로 갈수록 감소된다는 분석 결과는 의미론적 미결정성에 대한 견딤과 탐구의 태도가 의미론적 해석능력의 지표가 될 수 있음을 방증한다.

---

118) 김영채, 『사고력 : 이론, 개발과 수업』, 교육과학사, 2004.
119) 우한용, 「창의인성의 방향과 국어교육의 역할」, 『국어교육』 140, 한국어교육학회, 2013, p.10.
120) 방민호, 「<童骸>의 알레고리적 독해와 그 의미」, 『현대소설연구』 48, 한국현대소설학회, 2011, p.582.

따라서 기본 목표는 다음과 같이 설정되었다. 현대소설의 의미론적 해석 범주에서 학습자들은 텍스트의 의미론적 미결정성에 대한 견딤과 탐구의 태도를 내면화할 수 있어야 한다.

한편 기본 목표에 도달한 학습자에게는 텍스트의 의도에 대한 논증을 수행할 수 있는 능력을 확장 목표로 제공할 수 있다. 텍스트의 의미론적 미결정성에 대한 견딤과 탐구의 태도는 타당한 해석을 향해 나아가고 있다는 지표이지만, 그것만으로는 도출된 의미 주제가 충분한 소통가능성을 보유했다고 평가하기는 어렵다.

> <u>내가 생각해도 약간은 무리수인 듯 하지만 위와 같이 이 소설 속 공간이</u>
> <u>화자가 바라는 이상적인 세계라면,</u> 역발상적으로 소설 속 아내의 바쁜 모습들은 화자의 현실세계의 모습일 수도 있다는 생각이 들었다. 만약 화자의 아내가 평범한 주부였다면 그리고 과거에는 여성의 사회진출은 상당히 제한되어 있었기에 충분히 실제의 아내 모습이 소설 속 '나'의 모습에 투영되었을 수도 있다는 생각이 들었다.<날개-H2-S-F-12>

<날개-H2-S-F-12>의 경우 인물들이 거주하는 공간의 상징성을 중심으로 해석을 진행해나가고, '나의 방'과 '아내의 방'의 대립적 구도를 이상세계와 현실세계의 상징으로 파악하고 있다. 하지만 이러한 해석은 개인적 차원에서 확신되고 있을 뿐, 이를 논증하기 위한 텍스트 내적, 외적 논거는 충분히 탐색되고 있지 않다. 실제로 소설 속 '나'의 방이 화자가 바라는 이상적 세계라 판단할 수 있는 텍스트내적 근거는 빈약하다.

이러한 한계는 전문독자군의 해석텍스트와 비교해볼 때 더욱 선명해지는데, 전문독자의 경우 대체로 해석텍스트 전반에 걸쳐 의미 주제에 대한 논증을 적극적으로 수행하는 한편 그러한 논증에 대한 반박에 대해 다시 예상반론을 펼치기도 한다.

이러한 독자군별 양상의 차이는 의미론적 해석 범주의 노드 트리맵만을 분리해서 살펴보면 더욱 분명해진다.

연상에 의한 프로토콜 형	인물의 행위 동기와 심리 추리	텍스트내적 정보나 근거 제시 미비	주제적 의미 구성의 포기	해석 가설의 명시적 설정	해석 가설에 대한 일반화 유보
					스토리 요약에 의한 다이제스트 형
				작가의 의도 추리	동위성에 의한 수렴방사 형

[그림 4] 고등학생 독자군의 의미론적 해석 범주 노드 트리맵

인물의 행위 동기와 심리 추리	해석 가설의 명시적 설정	동위성에 의한 수렴방사 형	연상에 의한 프로토콜 형	텍스트내적 정보나 근거 제시 미비	
			작가의 의도 추리	내포작가의 의도 추리	해석 가설의 명시적 설정

[그림 5] 대학생 독자군의 의미론적 해석 범주 노드 트리맵

동위성에 의한 수렴방사 형	해석 가설의 명시적 설정	작가의 의도 추리	인물의 행위 동기와 심리 추리	내포작가의 의도 추론
				작가의 무의식 탐구

[그림 6] 전문독자군의 의미론적 해석 범주 노드 트리맵

　고등학생 독자군의 의미론적 해석 범주 노드 트리맵에서는 주로 인물의 동기나 작가의 의도에 대한 연상을 펼치다가 추론을 포기하는 양상들이 넓은 범위를 차지하고 있다. 하지만 대학생 독자군의 의미론적 해석

범주 노드 트리맵에서는 내포작가의 의도에 대한 추리 역시 주요한 노드로 등장하게 되고 이는 해석 가설의 설정이 더욱 명시적으로 이루어지는데 영향을 미친다. 전문독자군의 노드 트리맵에서는 인물, 작가, 내포작가의 의도에 대한 추론이 모두 왕성하게 일어나며 이는 궁극적으로 '텍스트의 의도'에 대한 논증으로 이어진다. 텍스트의 의도 개념은 허쉬적 의미에서의 '작가의 의도'와 분명하게 변별되는 것으로, 텍스트의 구조에 대한 설명과 텍스트가 지시하는 사유의 방향을 따르는 이해 사이의 변증법적 공간 안에서 발생한다.

텍스트의 지평을 향해 걸어가는 '이해'의 철학적 경험은 텍스트의 미적 구조에 대한 '설명'의 방법론적 경험과 항상 병행된다. 그들은 서로를 역으로 전개시킨다. 따라서 의도란 언제나 텍스트의 의도가 되며, 따라서 리쾨르의 해석 개념은 어떤 의미에서는 '객관적이고 텍스트 내적인 해석의 개념'이라 할 수 있다.121) 자기 이해는 언제나 이러한 텍스트의 의도에 대한 이해를 경유하여 이루어진다.

이러한 '텍스트의 의도'에 대한 논증의 과정은 전문독자군의 해석텍스트가 수렴방사 형으로 유형화되는 결정적 원인이 된다. 따라서 확장 목표는 다음과 같이 설정되었다. 현대소설의 의미론적 해석 범주에서 학습자들은 해석을 통해 구성한 텍스트의 의도에 대한 논증을 수행할 수 있어야 한다.

이상의 내용을 바탕으로, 현대소설의 의미론적 해석 범주 목표를 정리하면 다음과 같다.

- 기본 목표 : 텍스트의 의미론적 미결정성에 대한 견딤과 탐구의 태도를 내면화할 수 있다.

---

121) 박성창, 「구조주의와 해석학 : 폴 리쾨르의 구조주의 해석을 중심으로」, 『불어불문학연구』 42, 한국불어불문학회, 2000, pp.94-95.

- 확장 목표 : 텍스트의 의도에 대한 논증을 수행할 수 있다.

2) 수사학적 해석 범주 목표

흔히 신비평의 방법론적 강령으로 여겨지는 '자세한 읽기'는 무엇에 대한 자세한 읽기인지가 구체화되지 않는다면 문학교육에 대해 별반 말해주는 바가 없는 빈 구호가 되기 쉽다.[122] 텍스트에 대한 전면적인 '자세한 읽기'가 해석의 타당성을 담보한다는 것은 지나치게 당연한 지적일 뿐이기 때문이다.

문제는 학습자들이 무엇을 '자세히 읽'지 못하고 있는지이다. 3장에서 수행된 학습자들의 해석텍스트 코딩 결과 양적, 질적 측면에서 가장 빈약하게 일어나는 해석의 범주가 바로 수사학적 해석 범주였음을 알 수 있었다. 이는 신비평의 영향이 아직도 강력하게 남아 있다고 평가받는 문학교실에서 정작 텍스트의 물리적 측면이 빚어내는 미적 구조에 대한 '자세한 읽기'가 생략되고 있음을 방증하는 것이다. 전문독자들이 '자세한 읽기'를 수행한 결과만 전달식 모델로 공급되고 있을 뿐, '자세한 읽기'의 주체가 학습자였던 적은 실상 없다고 보아도 무방하다.

해석은 해석자의 임의적인 의미 가설 설정에 의해 종결되는 것이 아니다. 설정된 의미 가설을 확정하기 위해 해석자는 그 가설이 텍스트의 물리적 측면들에 의해 잘 부합되는지 확인해야 한다. 이러한 부합의 정도에 따라 해석의 타당성 정도(degrees of plausibility) 역시 평가될 수 있다. 가령 <날개>를 한 자살자의 유서로 해석하려면 그러한 해석은 <날개>의 서사적 구조나 문체, 크로노토프, 서술시점 등에 의해 최대한 뒷받침되어야

---

122) 고정희, 「텍스트 중심 문학교육의 이론적 기반과 읽기 방법」, 『문학교육학』 40, 한국문학교육학회, 2013, p.59. "그러나 '자세히 읽기'를 신비평과 분리시키는 순간, 텍스트의 어떤 요소라도 '자세히 읽기'의 대상이 될 수 있다. 이는 텍스트를 읽을 때 어떤 요소를 선택하고 어떤 요소를 배제할 것인지를 규정해 주지 않음으로써 방법론으로서는 거의 의미가 없게 된다."

한다. 그리고 그러한 검증의 과정을 통과하지 못한 의미 가설은 조정되거
나 기각되어야 한다.

이는 일종의 해석 윤리라고도 볼 수 있는데, 특히 소설의 수사학적 특
성에 대한 자세한 읽기를 강조했던 웨인 부스(Wayne C. Booth)가 이러한 입
장을 대표하는 학자이다. 해석의 목표가 텍스트의 의미를 활용할 수 있는
근거 있는 기반을 형성하는 것이라 보았던 허쉬 역시 해석자가 서로의 인
식을 경험하는 데 있어서 책임을 져야 한다고 강조한다.[123] 이때 텍스트
에 대한 응답이 얼마나 책임성과 진정성을 보유하고 있는지 판단할 수 있
는 근거는 일차적으로 텍스트 자체에 대한 충실한 미적 경험과 수사학적
해석에서 도출된다.

수사학적 해석과 해석의 윤리가 만날 수 있다는 기획에 대해 많은 이들
이 의구심을 가져왔지만, 기실 수사학과 해석학은 텍스트 해석의 실제에
서 분리불가능하다. 수사학 없는 해석은 선언에 그치기 쉽고, 해석 없는
수사학은 기술(technique)에 그치기 쉽기 때문이다. 수사학을 단순한 스피치
의 기술로 오해하지만 않는다면 수사학은 매우 적극적으로 해석학과 결
합될 수 있다.

해석학의 방법론적 경도를 경계했던 가다머조차도 수사학이 텍스트의
해석을 위해 작용하며, 사태의 진리인식(rerum cognitio)과 분리될 수 없음을
인정한다. 이를 보다 발전시킨 리쾨르는 『시간과 이야기』 3권을 통해 텍
스트의 미적 구조를 분석하여 내포된 저자의 설득 전략을 추론하는 '독서
의 수사학'을 주장한다.

이 과정에서 독서의 수사학이 해석학과 결합되어야 할 필요성이 발생
하는데 독자가 내포된 저자의 설득 전략에 휘둘리거나 매몰되는 것이 아
니라 그것을 반성할 수 있어야 하기 때문이다.[124] 이처럼 텍스트의 수사

---

123) E. D. Hirsch, 『문학의 해석론』, 김화자 역, 이화여자대학교 출판부, 1988, pp.132-133.
124) 정기철, 「리쾨르의 해석학과 수사학」, 『해석학연구』 22, 한국해석학회, 2008, p.235.

학적 구조에 대한 수동성과 능동성을 동시에 보유할 수 있는 능력이 현대소설의 수사학적 해석 범주 목표로 설정될 수 있다.

하지만 전술했듯이 수사학적 해석은 고등학생 독자군에서 가장 빈약하게 나타나는 범주였으며, 특히 고등학생 독자들은 문학적인 형상화 방식에 대한 주목과 이해에서 어려움을 겪는 것으로 나타났다. 그리고 이러한 어려움을 호소하거나 거부감을 표현하는데 그칠 뿐, 고빈도 어휘의 재인(0.0%, 0편)이나 핵심적 이미지/모티프의 추출(2.2%, 3편)과 같은 작업은 거의 수행되지 않았다.

이러한 수사학적 독서의 과정이 대학생 독자군에서는 보다 본격화되고, 전문독자군에서는 자신의 해석을 타당화하는 핵심적 작업으로 부상한다는 분석 결과는 텍스트가 '어떻게' 말하고 있는지에 대한 주목이 수사학적 해석능력의 지표가 될 수 있음을 방증한다. 상위 독자군으로 갈수록 텍스트에 대한 심미적 이해를 거부하는 경향은 사라지고, 대신 텍스트의 구조, 서술, 문체에 대한 분석의 시도는 확연히 증가한다. 이러한 독자군별 양상의 차이는 수사학적 해석 범주의 노드 트리맵만을 분리해서 살펴보면 더욱 분명해진다.

서술전략의 전반적 특성과 효과 탐구	비관습적 문체에 대한 심미적 이해 거부	초점화의 양상과 효과 이해	서술자 목소리의 신빙성 판단 / 서술자, 인물, 작가 사이의 거리 인식	서술자, 인물, 작가의 동일시	시공간 설정의 효과 이해

[그림 7] 고등학생 독자군의 수사학적 해석 범주 노드 트리맵

시공간 설정의 효과 이해	서술전략의 전반적 특성과 효과 탐구	텍스트 내 고빈도 어휘나 어구 재인	서술자 목소리의 신빙성 판단	초점화의 양상과 효과 이해	핵심적 이미지 시퀀스나 모티프 추출
		반복적인 패턴의 발견	서사세계의 다중구조 파악	서술자, 인물, 작가의 동일시	문장 구성 방식의 특성 추출
					서술자, 인물, 작가 사이의 거리 인식

[그림 8] 대학생 독자군의 수사학적 해석 범주 노드 트리맵

서술전략의 전반적 특성과 효과 탐구	시공간 설정의 효과 이해	서사세계의 다중구조 파악	반복적인 패턴의 발견	문장 구성 방식의 특성 추출	서술자 목소리의 신빙성 판단	서술자, 인물, 작가 사이의 거리 인식
			핵심적 이미지 시퀀스나 모티프 추출	서술자, 인물, 작가의 동일시	텍스트 내 고빈도 어휘/ 어구 재인	초점화의 양상과 효과 이해

[그림 9] 전문독자군의 수사학적 해석 범주 노드 트리맵

고등학생 독자군의 수사학적 해석 범주 노드 트리맵에서는 서술전략의
전반적 특성을 추론하고자 하는 초보적 시도가 발견되지만 이는 문학언
어 특유의 비관습성과 형상성에 의해 좌절되는 경우가 잦다. 시점교육의
영향으로 초점화에 대한 언술은 적지 않게 코딩되지만 서사적 구조의 분
석과 구조화의 주체에 대한 물음은 본격화되지 못한다. 대학생 독자군의
수사학적 해석 범주 노드 트리맵에서는 서사적 구조에 대한 분석이 양적
으로 훨씬 증가하는 양상을 보이며 전문가 독자군에서는 구조와 서술, 문
체에 대한 분석이 모두 왕성해짐을 볼 수 있다.

따라서 기본 목표는 다음과 같이 설정되었다. 현대소설의 수사학적 해
석 범주에서 학습자들은 텍스트가 '어떻게' 말하고 있는지에 대해 민감하
게 읽어낼 수 있어야 한다. 한편 기본 목표에 도달한 학습자에게는 텍스트
의 수사학적 전략을 의미 주제와 관련지을 수 있는 능력을 확장 목표로 제
공할 수 있다. 기본 목표 단계에서 텍스트의 수사학적 구조에 대한 주목이
요청되었다면 확장 목표 단계에서는 그러한 수사학적 구조 분석의 결과를
텍스트의 전반적인 의미주제와 관련, 통합시키는 작업이 이루어진다. 이러
한 능력은 고등학생 독자군에서는 매우 초보적인 형태로만 발견되고 주로
상위 독자군에서 활성화되는데 아래 예시된 고등학생, 대학생, 전문독자군
해석텍스트를 통해 독자군별 차이가 발생하는 지점을 살펴보자.

이상의 작품은 '날개'가 처음인데, 정말 이상한 문체인 것 같다고 느꼈다.
각 문장마다 끝내는 말도 다른 작품과는 다른 것 같고, 잘 이해가 되지 않
는 부분도 있다...'이상'의 다른 작품도 읽어보고 싶다. 이 소설만 문체가 이
런 것인지, 내용이 이런 것인지 궁금하다.<날개-H2-S-F-55>

작품에서는 반어법을 사용하여 주인공의 암울한 현실을 더욱 부각시킨
다. 작품의 첫 문장에서 '나는 유쾌하오, 이런 때 연애까지가 유쾌하오'라고
하지만, 그의 현실은 전혀 유쾌하지 않으며 그의 연애 역시 전혀 유쾌하지

못하다. 대문에서 꼭 일곱 번째 칸이던 그의 방 역시 행운의 숫자 7과는 거리가 먼 공간이었다.<날개-U-S-F-67>

<날개>는 모순의 겹으로 이루어진 다중적인 텍스트이며, 이상 소설 연구에서 논의의 초점이 되어 온 주체의 분열적 양상은 지적인 서술주체와 백치와 같은 행위주체가 대립요소를 이루며 반어적 긴장과 이중의 거리를 형성하는 데서 비롯된다는 것이 드러났다. 여기에서 드러나는 서술태도는 대립요소에 대해 이중의 거리를 유지하며 긴장을 놓지 않으려는 양가적(兩價的)인 태도이다. 따라서 <날개>는 양가적인 서술자가 다중적 모순 서술을 통해 반어를 성취한 텍스트라고 할 수 있다.<날개-C-F-39>

<날개-H2-S-F-55>의 경우 <날개>의 문체에 대한 '이상한' 느낌을 표현하지만 그러한 느낌을 불러일으킨 텍스트의 수사학적 특성에 대한 분석은 수행하지 못했다. 다만 이러한 특이한 문체가 이상의 다른 작품에서도 반복되는지 확인하고 싶다는 의사를 표하고 있다. 이에 비해 <날개-U-S-F-67>에서는 인물이 처한 암울한 현실을 부각시키기 위해 <날개> 전반에 걸쳐 등장하는 반어적 기법을 탐구하기 시작하며 그 예들을 구체적으로 명시하고 있다.

이러한 작업은 전문독자군에서 더욱 본격화되는데 <날개-C-F-39>의 경우 <날개>를 양가적 서술자가 반어를 성취한 텍스트로 규정하며 이러한 반어적 긴장이 비단 <날개> 뿐 아니라 이상의 소설세계 전반을 규정짓는 의미주제인 '분열적 주체'와 관련됨을 논증한다.

이처럼 텍스트의 수사학적 전략을 능동적으로 해석하고 그것을 텍스트의 의미 주제와 관련짓는 능력은 '저자적 읽기'의 한 지표라 할 수 있다. 따라서 이러한 능력은 수사학적 해석 범주의 확장 목표로 설정될 수 있다. 이상의 내용을 바탕으로, 현대소설의 수사학적 해석 범주 목표를 정리하면 다음과 같다.

　- 기본 목표 : 텍스트가 어떻게 말하고 있는지에 주목하고, 그 효과를 민
감하게 읽어낼 수 있다.
　- 확장 목표 : 텍스트의 수사학적 전략을 분석하고 이를 의미 주제와 관
련지을 수 있다.

3) 맥락적 해석 범주 목표

그동안 문학교육에서 맥락에 대한 강조는 지속되어 왔다. 심지어 2007
개정 교육과정에서는 국어과 교육과정 내용 체계의 하나로 등장하기도
했다. '맥락'이라는 용어 자체는 하나의 우산 용어(umbrella term)라 불릴 만
큼 상당한 개념적 모호성과 층위의 다양성을 지니고 있다.

이런 까닭에 맥락이 교육과정 내용체계의 범주로 성립가능한지에 대한 숱
한 논의가 발생하기도 하였고, 맥락 개념이 국어교육 전반에 유의미한 변화를
일으키지 못했다는 문제제기가 등장하기도 하였다. 그 결과 현재 '맥락'은 국
어과 교육과정 내용 체계가 아닌 '지식' 범주의 한 항목으로 강등되어 있다.

그럼에도 여전히 현재 교육과정과 교과서는 맥락의 개념과 유형에 대
해 비교적 친절하게 안내하고 있다. 그런 '맥락' 강조의 '맥락'을 새삼 고
려하지 않더라도 맥락적 해석의 충실성이 해석의 타당성 및 소통가능성
과 밀접한 연관을 맺는다는 점은 주지의 사실이다. 어떤 의미에서 한 텍
스트의 역동적인 해석사(解釋史)는 텍스트를 둘러싼 맥락의 증진하는 복잡
성과 차이성에 기인한 결과라고도 볼 수 있다. 게다가 텍스트에 내재된
객관적 의미에 대한 믿음이 사라진 시대는 이러한 맥락적 해석의 중요성
을 더욱 확대시켜왔다. 이제 해석자는 텍스트 뿐만 아니라 텍스트의 텍스
트, 텍스트 바깥의 텍스트들까지 해석해야 하는 것이다.

하지만 맥락을 고려하는 것이 왜 해석을 더 타당하게 만드는지, 어떻게
더 타당하게 맥락과 텍스트를 접합시켜야 하는지가 학습자들에게 자각되
지 못한다면, 여전히 학습자들에게 맥락은 '맥락적 지식'의 줄임말로만 치

부될 수밖에 없다. 염은열(2011)은 '맥락' 논의가 국어과 교육과정에 가르칠 내용으로 맥락을 명시하는 문제에 집중됨으로써 결과적으로 학습량의 증가만을 초래했다고 비판한 바 있다.[125]

따라서 이제는 맥락을 지식이나 가르칠 내용으로만 제공하기보다는, 학습자들이 실제로 맥락을 해석 활동에 어떻게 끌어들이고 있는지, 그리고 맥락적 해석을 다른 해석의 범주와 어떻게 통합하며 해석의 타당성을 성취할 수 있는지에 대한 실천적 지식을 탐구하고 이를 교육적으로 구현하는 노력이 필요하다.[126]

3장에서 수행된 해석 양상 분석의 결과 고등학생 독자들은 예상보다 훨씬 적극적으로 텍스트를 둘러싼 맥락을 해석의 근거나 참조점으로 활용하고 있었다. 하지만 역시 맥락이 해석에 매우 단순한 방식으로 도입된다는 것이 가장 큰 문제로 드러났다. 고등학생 독자들이 맥락을 해석에 도입하는 유형은 크게 세 가지 정도로 나눌 수 있다.

첫 번째, 맥락을 해석의 타당성을 위한 유의미한 레퍼런스(reference)가 아닌, 정보(information)로서 나열하는 유형이다. 이때 정보는 외부로부터 제공된 것으로 학습자들의 기존 지식이나 삶, 텍스트에 대한 반응과 유의미한 연계점을 갖지 못하고 겉돌게 된다. 단지 교수자나 참고서, 인터넷 등으로부터 텍스트와 관련된 일부 정보를 손쉽게 취하여 해석을 진행하는 것이 이 유형의 특징이다. 이러한 정보의 진실성이나 해석적 가치 등은 진지하게 질문되지 않는다. 학습자들은 애매모호한 소설텍스트에 대한 자신의 '불확정적' 반응보다는 고정된 형태의 이러한 정보를 더욱 신뢰하는 경향마저 보인다.

두 번째, 맥락의 도입을 통해 바로 텍스트의 의미 주제를 확정해버리는 유형이다. 이 유형의 경우 의미론적 모호성을 경험하거나 수사학적 구조를

---

125) 염은열, 「국어과 교육과정과 초등 문학교육에서의 '맥락'」, 『한국초등국어교육』 47, 한국초등국어교육학회, 2011, p.159.
126) 위의글, p.162.

탐구하는 과정은 생략한 채, 바로 해석이 종결되어 버리기에 해석의 타당성이나 소통가능성 면에서 많은 교육적 처치를 요한다. 작가 이상의 결혼생활과 <날개> 속 '나'의 결혼생활에 일정한 유사성이 존재한다는 맥락적 지식이 도입되는 순간, <날개>의 주제를 한 지식인 소설가의 불행한 결혼생활로 귀결시킨다거나(<날개-H3-I-M-242>), <날개>의 주인공이 자살한다는 다른 해석자의 해석 가설을 무비판적으로 수용하여 자신의 것으로 삼는(<날개-H3-I-M-269>) 등의 해석이 이러한 유형의 예이다.

세 번째, 매우 고정된 수용 맥락을 도입하여 텍스트를 '판정'하는 유형이다. 물론 해석자 자신의 절실한 문제의식, 당대적 고민을 텍스트와 접붙이는 방식은 텍스트 해석의 타당성과 창의성을 동시에 담보해줄 수 있다. 해석에는 텍스트와 해석자, 맥락의 삼각구도가 역동적으로 병존하고 있기 때문이다. 문제는 해석자의 수용 맥락을 텍스트에 단순히 도입하는 데 그치는 해석이다.

피쉬(Stanley Fish)는 텍스트에 대한 독자의 전횡을 경계하기 위하여 해석 과정에서 "개인적인, 혹은 개인에게만 독특한 것을 억제할 수 있는 능력"을 독자에게 요구한다.127) 그렇지 않다면 해석은 텍스트와 해석자의 생산적 만남이 아니라 개인적 정체성의 투사와 복제에 그치게 되기 때문이다. 따라서 텍스트 경험 이전의 수용 맥락에만 치중하여 텍스트세계를 제한적으로 경험하거나 판단하기보다는, 텍스트가 열어놓는 텍스트세계의 가능성 안에서 자신의 맥락을 조심스럽게 조회하고, 이를 통해 당대의 문제의식에 대한 응답을 텍스트로부터 해석해낼 수 있도록 해야 한다.

따라서 기본 목표는 다음과 같이 설정되었다. 현대소설의 맥락적 해석 범주에서 학습자들은 텍스트의 생산, 소통, 수용을 둘러싼 맥락의 다층성을 알고, 그것을 해석의 자원(resource)으로 활용할 수 있어야 한다. 전술했

---

127) S. E. Fish, "Literature in the Reader: Affective Stylistics", *Is There a Text in This Class?*, Harvard University Press, 1980, p.49.

듯 소설텍스트를 둘러싼 맥락은 생산 맥락, 소통 맥락, 상호텍스트 맥락, 수용 맥락 등의 중층구조물이다. 따라서 특정한 맥락만을 고려하기보다는 다양한 맥락을 교차시켜가며 자신의 해석을 위해 생산적 자원으로 기여할 수 있는 맥락을 선별하고 이를 의미론적/수사학적 해석의 범주와 통합하는 작업이 중요하다.

아래의 노드 트리맵은 독자군별로 참조하고 있는 맥락의 유형과 양이 매우 상이함을 명확하게 보여준다.

생산 맥락의 단순 외삽이나 나열	해석자가 속한 사회문화적 상황 대입	해석자가 보유한 가치체계의 명시적 반영	생산 맥락 및 당대 독자에 대한 재구축	작가에 대한 지식 적용	텍스트의 문학사적 위상과 평가 참조
					교과서 해석의 추수나 참조

[그림 10] 고등학생 독자군의 맥락적 해석 범주 노드 트리맵

생산 맥락 및 당대 독자에 대한 재구축	해석자가 속한 사회문화적 상황 대입	작가에 대한 지식 적용	생산 맥락의 단순 외삽이나 나열	교과서 해석의 추수나 참조	작가외적 상호텍스트 군의 활용	문학외적 상호텍스트 군의 활용
		해석자가 보유한 가치체계의 명시적 반영	해석사 검토에 입각한 대타적 해석 가설 정립	작가내적 상호텍스트 군의 활용	텍스트 관련 문예사조 및 유파 고려	
					특정 해석 정전에 대한 반박과 근거 제시	

[그림 11] 대학생 독자군의 맥락적 해석 범주 노드 트리맵

작가내적 상호텍스트 군의 활용	해석사 검토에 입각한 대타적 해석 가설 정립	특정 해석정전에 대한 반박과 근거 제시	작가에 대한 지식 적용	생산 맥락 및 당대 독자에 대한 재구축	작가외적 상호텍스트 군의 활용	해석 결과의 소통가능 성에 대한 메타적 인식
			텍스트의 문학사적 위상과 평가 참조	해석 약호의 명시적 도입	다른 해석에 대한 가정과 예상반론	작가의 장르 선택에 대한 의미 부여

[그림 12] 전문독자군의 맥락적 해석 범주 노드 트리맵

고등학생 독자군의 맥락적 해석 범주 노드 트리맵의 경우 주로 생산 맥락과 수용 맥락만이 활성화되어 있음을 보여준다. 그마저도 생산 맥락의 단선적 외삽이나 나열로 인해 의미 주제가 피상적으로 도출되는 경우가 잦다. 하지만 이러한 생산 맥락에 대한 지나친 의존이 대학생 독자군으로 가면 다소 감소되고 대신 수용 맥락, 소통 맥락, 상호텍스트적 맥락이 노드 트리맵 상에 비중을 갖고 등장하기 시작한다.

전문독자군에서는 생산 맥락과 문학사적 맥락, 수용 맥락, 상호텍스트적 맥락, 소통 맥락이 모두 노드 트리맵 상에 등장하며 특히 소통 맥락과 상호텍스트적 맥락의 참조가 강화되면서 전문적인 해석자로서 자의식을 드러내는 양상을 보인다.

이처럼 상위 독자군으로 갈수록 다층적 맥락의 참조는 확연히 증가하고 참조의 방식 역시 세련되어 본인이 도출한 해석 가설과 맥락적 지식, 텍스트내적 정보를 통합하려는 시도가 나타난다. 따라서 텍스트의 생산, 소통, 수용을 둘러싼 맥락의 다층성을 알고, 그것을 해석의 자원(resource)으로 활용할 수 있는 능력은 맥락적 해석 범주의 기본 목표로 적절하다 할

수 있다.

한편 상위 독자군으로 갈수록 가장 가파른 증가량을 보여준 것은 소통 맥락에 대한 참조였다. 대학생 독자군의 경우 양적으로는 여전히 빈약하지만 고등학생 때 학습했던 해석 정전에 대한 대결의 욕망이 등장하기 시작한다. 전문독자의 경우 <날개>의 해석사 전반에 대한 폭넓은 지식과 창의적 해석 가설을 도출해야 한다는 생산적 압력으로 인해 자신의 해석이 제출될 해석공동체를 강하게 의식하고 있음을 볼 수 있다.

고등학생 독자군에서는 소통 맥락에 대한 참조가 거의 전무에 가깝고, 대학생 독자군에서도 여전히 매우 빈약하다. 하지만 전문독자군에서는 자신의 해석이 해석공동체 내에서 충분히 소통가능한 것인지 성찰하는 양상이 포착되기도 하고, 해석의 출발점 자체를 해석사 검토 이후에 마련하기도 하는 경우도 잦다. 이는 해석이 단순한 개인적 반응의 표현이 아니라, 소통되고 발전적으로 조정되는 것이라는 인식에 기인한 것이다. 이러한 인식은 다음의 전문독자군 해석텍스트를 통해서도 확인할 수 있다.

> <날개>에서 프롤로그는 이상의 전기적 사실과 관련하여 <날개>를 창작할 즈음의 행적(동경행) 등을 설명한다고도 언급된 바 있으며, 작가의 창작관 인생관을 나열한 아포리즘적 성격을 띠고 있다는 논의도 있다. 또한 프롤로그를 본문의 설계도로 보기도 하는데, 이 경우 본문의 마지막 부분이 설계도인 프롤로그의 마지막 부분과 정반대의 이야기로 나아가고 있다는 점이 풀리지 않는 문제로 남아있다. 그러나 프롤로그는 본문의 설계도를 넘어서 '작가인 나'가 <날개>를 쓰는 기법, 그리고 <날개>의 독자에게 주는 충고 등을 담고 있다...물론 본문과의 관계에서 명쾌히 해설이 안 되는 부분(6문단 처음과 8문단의 끝)도 있으며 나머지 부분 역시 다르게 혹은 더 정확하게 해석될 수 있을 것이다. 이는 필자의 한계이다. 프롤로그를 본문과의 관계에서 다르게 분석한 논의로는 김윤식의 위의 글 참조<날개
> -C-F-18>

<날개-C-F-18>의 경우 <날개>의 프롤로그가 본문의 설계도가 아니라 '작가인 나'가 독자에게 주는 메시지라는 가설을 설정하였다. 이러한 해석 가설에 기반하여 작품을 검토하면 프롤로그와 본문 마지막 부분에 갑작스럽게 등장한 소재 '잉크'를 창작의 욕구로 해석할 수 있게 된다. 이러한 시도는 '잉크'의 의미를 그동안의 해석 담론들이 충분히 해명하지 못했다는 비판적 문제의식에 터하고 있다.

하지만 이러한 해석 가설을 통과하지 못하는 잉여의 지점들이 텍스트에서 발견되는데 그것이 바로 "6문단 처음과 8문단의 끝"이다. 따라서 이 해석자는 본인의 해석 가설이 갖는 일정한 한계를 인정하며, 상이한 해석 가설을 설정한 다른 비평가의 해석을 참조점으로 제공한다. 이는 소설텍스트가 내함한 다양한 해석의 가능성을 인정하면서도 최대한 타당한 해석을 수행하려는 시도이며, 따라서 다른 독자군에 제시될 수 있는 하나의 의미 있는 사례라 할 수 있다. 해석의 출발점은 다른 해석에 대한 비판적, 대타적 문제제기에서 마련하되 해석이 잠정적으로 완료된 이후에도 자신의 해석이 가지는 한계점을 성찰하고, 또다른 해석의 가능성을 겸허하게 인정한다는 점에서 매우 성숙한 해석 활동의 단계라 할 수 있다. 위테 외 (2006)에서는 해석에 대한 메타적 성찰 능력을 해석능력의 최상층에 위치시키고 있다.[128)]

따라서 현대소설의 맥락적 해석 범주에서 확장 목표는 다음과 같이 설정되었다. 독자들은 자신의 해석 과정에 대해 메타적으로 검토하고 성찰할 수 있어야 한다. 그리고 이러한 맥락의 성찰은 해석공동체와의 교류를 통해 활성화될 수 있다. 자신의 해석을 공동체를 향해 열어놓고 겸허하게 성찰할 줄 아는 해석 태도 역시 해석능력의 일부임을 고려할 때, 해석자의 메타적 성찰은 맥락적 해석 범주의 확장 목표로 제안될 수 있다. 이상

---

128) T. Witte, 앞의글, pp.12-14.

의 내용을 바탕으로, 현대소설의 맥락적 해석 범주 목표를 정리하면 다음
과 같다.

  - 기본 목표 : 텍스트의 생산, 소통, 수용을 둘러싼 맥락의 다층성을 알
고, 그것을 해석의 자원으로 활용할 수 있다.
  - 확장 목표 : 해석공동체와의 교류를 통해 해석자 자신의 해석 과정에
대해 메타적으로 검토하고 성찰할 수 있다.

4장_ 현대소설 해석교육의 설계

이 장에서는 앞에서 구명한 독자군별 해석의 양상과 현대소설 해석교육의 목표를 바탕으로 교육적 실천 구도를 설계하고자 한다. 해석능력이라는 해석교육의 목표는 일회적 활동으로 도달되거나 평가될 수 있는 성질의 것은 아니다. 따라서 이러한 목표에 도달하기 위한 지속적인 방법과 목표 도달 여부를 점검하기 위한 구체적인 평가 준거가 필요하다. 따라서 이 장에서는 현대소설 해석능력 제고를 위해 학습자에게 제공할 수 있는 구체적인 방법과 평가 준거를 논의하고자 한다.

1. 현대소설 해석교육의 방법

3장에서는 독자군별 현대소설 해석의 양상이 분석되었고 이러한 양상에 근거하여 해석의 범주 별로 해석능력 성장의 지표가 되는 목표들이 설정되었다. 그렇다면 이러한 목표에 도달할 수 있게 돕는 교육 방법이 마련되어야 할 차례이다. 박인기(2012)에 따르면 그동안의 문학교육 방법론은 교육 방법 일반 이론에 대한 의존도가 높았던 것이 사실이다. 그런 까닭에 이러한 방법론이 문학교육의 장 안에서 충분한 역동성을 발현하지 못했다. 따라서 문학교육의 특수성과 문학교육 학습자들의 수준 및 요구에 적합한 해석교육 방법이 마련될 필요가 있다.[129] 이는 학습자의 해석

---

129) 박인기, 「문학교육학의 이론 생성 토양 가꾸기」, 『문학교육학』 38, 한국문학교육학회,

능력을 제고할 수 있는 구조화된 계기130)를 마련하는 과정이기도 하다.

흔히 교육 방법을 교실 안에서의 교수·학습 방법 정도로 오해하여 교육 방법에 대한 논의를 부차적인 것으로 여기는 경향이 있어왔다. 하지만 문학교육에 특성화된 교육 방법을 마련하는 작업은 학적 특수성을 확보하는 과정이자 학습자를 성장시킬 수 있는 실천적 지침을 구체화하는 과정이다. 문학교육의 전문성을 확보하고자 하는 시도의 활발함에 비해 문학을 해석하고 창작하는 구체적 방법에 대해서는 충분히 논의되지 못했다는 지적은 여전히 유효하다.131)

이러한 교육 방법의 마련을 위해 4장에서는 주로 상위 독자군이 해석 활동의 과정에서 작동시키는 방법적 지식을 추출하고 이를 교육의 대상인 고등학생 학습자의 특성에 맞게 변용하고자 한다. 이처럼 전문독자의 텍스트를 해석의 잠정적 전범(典範)으로 상정한다는 점에서 이 작업은 일정한 한계를 노정할 수밖에 없다.

하지만 문학능력에 관한 김창원(2013)의 논의에서 보듯, 문학능력이라는 추상적 개념에 접근하기 위해서는 숙련된 문학 주체의 행동 특성으로 드러난 어떤 것을 우선적 전범으로 삼을 수밖에 없다.132) 학습자가 반드시 숙련된 전문가가 될 필요가 없다는 명제는 지식의 깊이와 수행 목적의 변별성 측면에서는 타당하다. 하지만 그러한 명제가 숙련된 해석자로 학습

2012, p.17.

130) 교육 방법을 학습자의 수행을 위한 구조화의 계기로 개념화하고 있는 정진석(2013)을 참조하였다. 정진석, 「윤리적 가치 중심의 소설 읽기 연구」, 서울대학교 박사학위논문, 2013, p.170.

131) 주세형, 「학교 문법 다시 쓰기(2)-'숙련자의 문법 탐구 방법'을 중심으로-」, 『국어교육』 126, 한국어교육학회, 2008, pp.287-288. "문학 비평가가 사고 과정을 노출하고 그것을 방법으로서 학생들에게 가르쳐 주는 것이 바람직할 것이나...문학교육에서도 국어 교과적 전문성을 오래 전부터 확보하고자 하였으나 문학을 감상하고 창작하는 방법에 대해서는 여전히 제대로 연구하지 못하고 있음을 반성하곤 한다."

132) 김창원, 「"문학 능력"의 관점에서 본 학습자 중심 문학교육학의 철학과 방향」, 『문학교육학』 40, 한국문학교육학회, 2013, p.36.

자가 성장할 수 있는 가능성을 가로막아서는 곤란하다. 전문독자와 학습자 모두 현대소설 텍스트라는 대상 앞에서 해석이라는 탐구의 여정을 수행하는 독자라는 점에서 다르지 않기 때문이다. 숙련자의 문법 탐구 방법을 연구한 주세형(2008) 역시 이러한 입장에 서서 문법 학습은 '국어학자가 언어 현상에 대해 탐구하는 과정과 방법'을 모델로 해야만 가능하다고 본다. 미숙련자인 학습자에게 요구되는 것은 국어학자의 탐구 능력을 '숙련자의 능력'으로 보고 이를 역할 모델로 삼는 과정이라고 파악한 것이다.[133]

물론 능숙한 문학 주체와 학습자 간의 차이와 특성은 충분히 고려되어야 하지만, 그렇다고 해서 능숙한 문학 주체와 학습자 사이에 뛰어넘을 수 없는 질적 경계를 설정하는 것은 위험하다. 그러한 경계를 설정하는 순간, 학습자는 언제나 해석 결과의 소비자나 관람자로 머물 수밖에 없다. 따라서 전문가의 지적 탐구와 학습자의 지적 탐구가 구조적으로 유사함을 논파한 브루너의 관점은 해석교육의 설계에 있어 여전히 많은 시사점을 준다.

따라서 이 절에서는 현대소설 해석교육의 방법을 도출하기 위해 수집한 학습자의 해석텍스트를 바탕으로 해석 활동의 활성화와 정교화, 소통 및 조정 과정에 걸쳐 학습자 수행의 문제점을 확인하였으며 이를 개선할 수 있는 방법을 상위 독자군, 즉 대학생 독자군과 전문가 독자군의 해석 과정에서 추출하여 제시하였다.

---

133) 주세형, 앞의글, p.283. 한편 과학교육 분야에서는 이러한 시도가 더욱 활발한데 멘델이 유전법칙을 확립하는 과정에서 나타낸 과학적 사고과정을 학습한 학습자들의 변화를 측정한 연구가 대표적이다. 김순옥 외, 「문제발견 및 가설설정 능력 신장 과학영재 교육프로그램 개발 : 멘델의 과학적 사고과정 적용」, 『영재교육연구』21-4, 한국영재학회, 2011.

1) 해석 활동의 활성화

학습자들이 능동적인 해석의 주체로 해석 활동을 수행하기 위해서는 먼저 그러한 활동에 대해 동기가 부여된 상태여야 하며 해석 활동 과정에서 마주치는 어려움에 대해 극복하고자 하는 문제의식과 해결능력이 활성화된 상태여야 한다. 그렇지 않고서는 계속해서 주체 없는 해설의 전달과 학습만이 반복될 뿐이다. 따라서 해석 활동의 활성화 단계는 학습자가 실제로 자신만의 해석 활동을 시작해나가는 출발점이자 대상 텍스트와의 유효한 만남을 가능하게 하는 전제 조건이라 할 수 있다.

이러한 활성화에 어려움을 겪는 학습자들은 대개 자신 앞에 놓인 소설 텍스트를 의미 있는 해석적 과제의 대상으로 인식하지 못하거나 자신을 한 명의 주체적이고 독창적인 해석자로 인식하지 못하는 경우가 대부분이었다. 전자에 대해서는 대상 텍스트에 대해 나름의 해석적 과제를 탐구하도록 하는 방법이 요구되고, 후자에 대해서는 해설의 반복에서 벗어나 독창적인 해석 가설을 수립하도록 하는 방법이 요구된다.

가) 기점 형성을 통한 해석적 과제 부여

고등학생 독자군의 해석텍스트에서 가장 빈번하게 확인할 수 있는 해석의 유형은 연상의 프로토콜 형(70.5%)과 다이제스트 형(14.4%)이었다. 해석 행위를 텍스트에 대한 자신의 반응을 떠오르는 대로 나열하거나 텍스트를 단순히 요약하는 행위로 인식하고 있는 것이다. 물론 텍스트에 대한 반응을 진솔하게 늘어놓거나 소설의 스토리를 나름대로 추려보는 행위는 텍스트와의 교류를 시도하려는 노력으로 평가할 만하다.

하지만 이러한 연상이나 요약을 통해 해석적 과제를 찾아내지 못하기 때문에 해석을 수행해야 할 당위성이나 해석 과정에서 마주치는 어려움을 극복할 수 있는 힘이 발생하지 못한다. 그래서 문제 중심 학습법(Problem-based learning)에서는 과제를 해결하는 과정보다 과제를 발견하는 과정이 중요하다고 본다. 이러한 과제 발견의 과정이 생략된 채 단순히 소설의 스토리 층위에 대한 요약만 수행하고 있는 아래 해석텍스트의 예를 살펴보자.

> '나'는 어느 날 아내가 몸을 파는 현장을 목격하고 이튿날 감기에 걸린다. 아내가 준 약을 받아먹고 한 달쯤 지내던 '나'는 그 약이 최면약이라는 걸 깨닫는다. 화가 나서 외출한 '나'는 홧김에 최면약을 모두 먹어버리고 온전치 못한 정신으로 집에 돌아와서 아내가 손님을 받는 것을 또 목격한다. 아내는 '나'에게 화를 냈고, 아내 몰래 밖으로 도망친 '나'는 정처 없이 떠돌다 미스꼬시 옥상에 도달한다. 그리고 그는 몸을 던진다.<날개-H2-S-F-8>

<날개-H2-S-F-8>이 예시하듯 고등학생 독자들은 대상 텍스트를 단순히 요약하는 수준에서 해석을 종결하며 특정한 해석적 과제를 찾으려 하지 않는다. 이처럼 동기화가 되지 않은 상태에서는 교사가 해석적 과제를 제시한다 해도 그것에 대한 해결의 의지를 금방 거두어버릴 가능성이 농후하다. 따라서 능동적인 해석 활동이 시작되기 위해서는 일단 텍스트라는 대상을 탐구하고자 하는 학습자의 동기를 촉진시킬 수 있는 장치가 마련되어야 한다. 해석적 과제의 해결에는 해석에 동원할 지식뿐만 아니라 과제에 대한 집착력과 해결 의지가 중요하기 때문이다.

그렇다면 어떻게 학습자들이 텍스트에서 자신만의 해석적 과제를 찾아낼 수 있도록 할 수 있을까? 이를 위해 대학생 독자군과 전문독자군이 대상텍스트에서 해석적 과제를 도출해내는 과정과 전략을 참조할 필요가 있다. 다음의 해석텍스트를 살펴보자.

> 도대체 그가 왜 그런 이해할 수 없는 행동을 하는지 알 수가 없고 답답해서 <u>책장을 넘기고 싶지 않기도 하였다.</u> 솔직히 말하면 '나'는 약간 정신이

이상한 것 같았다. 하지만 읽을수록 그는 내가 생각한 정신병자가 아니라 이상이 말한 '박제가 되어버린 천재'이었고, 그 당시 우리 민족의 모습이었다. <날개> 속 '나'라는 인물에 대해서 해석해보자면, 일단 "나는 내 좀 축축한 이불 속에서 참 여러 가지 발명도 하였고 논문도 많이 썼다. 시도 많이 지었다."라는 구절을 통해 그는 지식인이자 문학을 하는 사람임을 알 수 있다..."내가 제법 한 사람의 사회인의 자격으로 일을 해 보는 것도 아내에게 사설 듣는 것도" 성가시다고 하면서 "나는 가장 게으른 동물처럼 게으른 것이 좋았다. 될 수만 있으면 이 무의미한 인간의 탈을 벗어 버리고도 싶었다."라고 말하는 것으로 보아 그는 '사회인'으로서의 역할을 다하고 싶지 않아하고 있음을 알 수 있다. 그렇다면 그는 왜 '박제'된 것일까. 그는 왜 아내가 주는 밥이나 먹고 아내가 주는 은화는 받으면 좋아하면서도 그것을 무엇에 쓰는지도 모르는 등 돈에 대한 경제적 개념이 없고 기능을 못하는 상태로 저렇게 살아가게 된 것일까. 이러한 '나'의 모습은 저 한 개인의 성격만이 문제가 아니라 그를 그렇게 만든 사회적 현실이 존재한다.<날개-U-S-F-52>

위의 해석텍스트 <날개-U-S-F-52>의 경우 처음에는 '나'가 하는 행동들에 대해 이상함을 느꼈으며, 때로는 해석을 진행하고 싶지 않았음을 고백한다. 이러한 이상함은 '나'의 과거나 심리 등이 구체적으로 서사화되어 있지 않기 때문에 더욱 증폭된다. 하지만 독자는 해석을 중지하는 대신 텍스트내적 근거를 통해 공백으로 남아 있던 '나'의 과거와 직업, 심리를 하나하나 추론해나간다. 그리고 이러한 추론은 마침내 '나'를 이상하게 박제시켰던 당대 현실에 대한 인식으로 나아간다.

고등학생 독자들이 작중 '나'의 이상함이 이해할 수 없는 '틈'이라는 점을 호소하는데 그치는 반면 대학생 독자들은 이러한 '틈' 메우기의 어려움을 토로하면서도 그것을 자신의 과제로 인식하고 해결의 실마리를 텍스트 내에서 찾으려 시도한다.

기실 소설 <날개>에서는 '나'의 행동이 나열될 뿐 왜 '나'가 그토록 유아적이고 비사회적인 모습으로 행동하게 되었는지, 그러한 '나'와 아내가 어떻게 비정상적인 결혼생활을 시작하게 되었는지, 결말에서 '나'가 구체적으로 어떤 행위를 결단하는지 등이 명시적으로 드러나지 않는다. 이러한 서사적 공백을 '틈'이라 명명할 수 있는데 틈은 크든 작든, 모든 서사에 나타나는 필연적인 공백을 뜻한다. 이 틈은 답변되어야 하는 질문들이 발생하는 장소이므로 독자들은 자신들의 경험이나 상상력으로 그 공백을 채우도록 요구받는다.[134)

모든 서사에는 이러한 틈이 존재하며 이 틈은 독자마다 상이할 수 있다. 즉 어떠한 공백을 틈이 아닌 것으로 읽느냐, 틈으로 읽느냐에 따라 서사 해석의 방향과 결과가 달라진다. 따라서 어떠한 틈을 발견하여 해석적 과제로 인식하고 그것을 얼마나 치열하게 채워가느냐에 따라 서사의 역동성은 독자마다 다르게 구현된다.

한편 전문가 독자군은 이러한 틈 중에서도 비평적 논쟁의 대상이 될 수 있는 요소, 즉 기점(基點, crux)을 찾아 그것을 해석적 과제로 명시하는 경향을 보인다. 기점은 문제나 쟁점의 가장 중요하고도 곤란한 부분을 의미하는 단어인 까닭에 등반의 과정 중에 가장 힘들고 어려운 지점을 비유하는 용어로 사용되기도 한다. 애벗은 이를 서사학 용어로 전용하여 비평적 논쟁의 대상이 될 수 있는 작품의 구성 요소이자, 이를 어떻게 해석하는지에 따라 작품 전체의 해석에 중대한 영향을 줄 수 있는 결정적 장소(topos)를 지시하고자 한다.[135)

이처럼 소설텍스트의 애매모호함을 견디고 해석의 기점들을 능동적으로 찾아 의미 주제로 통합해내는 활동은 의미론적 해석의 결정적인 출발점이다. 해석능력 성장은 현대소설의 의미론적 미결정성을 생산적인 해석의 동력으로 전환하는 방향으로 이루어져야 한다. 이처럼 독자를 숙련된

---

134) H. P. Abbott, 『서사학강의』, 우찬제 외 역, 문학과지성사, 2010, p.462.
135) 위의책, p.182.

해석자로 이끄는 결정적인 단계가 바로 틈과 기점의 발견이라는 점에서 기점 형성을 통한 해석적 과제 부여는 해석 활동의 활성화를 위한 방법으로 제안될 수 있다.

한편 이러한 과정을 안내하고 조정하는 조력자로서 교사는 전문독자들이 <날개>의 서사적 틈을 어떻게 상이하게 기점화하고 해석적 과제로 삼는지를 분석하여 학습자들에게 일종의 비계(scaffolding)로 제공할 수 있다. 가령 소설 <날개>에서 아내의 직업은 명시적으로 드러나지 않는다. 서술자가 수행하는 '모르는 척'의 진술 기법 역시 이러한 모호성을 증폭시킨다. 그래서 많은 전문독자들은 아내의 직업과 정체를 주요한 서사적 기점이자 해석적 과제로 삼고, '아내'라는 인물의 텍스트내적 기능을 해석하는 데 주력한다. 물론 아내가 밤에 단장을 한다든지, 내객에게 안겨 방으로 들어간다든지, 남편에게 자정 전에 들어와서는 안 된다고 명령한다든지 하는 등의 텍스트내적 증거를 조합해서 아내의 직업에 대한 추론을 수행할 수 있다. 하지만 이러한 추론의 방향이 상당히 열려 있는 것도 사실이다. 이러한 열림은 역으로 아내의 진짜 직업이 이 소설을 해석해내는 결정적 기점이 될 수 있음을 의미한다. 이를 잘 예시하는 아래의 전문독자 해석텍스트를 살펴보자.

> 이 소설의 화자는 '나'라는 지식인이다. 그는 도시의 병리를 대표하는 매춘부인 아내와 기형적인 삶을 살아가고 있다. 아무런 희망도 비판적 자각도 없는 무기력한 주인공이 좁은 방으로 표상되는 비정상적인 삶으로부터 탈출하고자 하는 욕망이 이 소설의 주제를 형성하고 있다.<날개-C-M-3>

> <날개>의 중심 서사가 훈육적 신체의 질서에서 소외되어 오로지 소모의 삶만을 지워갈 수 있는 '나'의 외출과 귀가의 반복이라면 그러한 중심 서사의 관점에 충실할 때 아내는 간호부 또는 격리 공간의 감시자라고 볼 수 있다. 즉 아내는 근대 국가의 개인 관리의 핵심에 놓인, 병자에 대한 의

학-위생적 감시 관리의 시선이 된다. 이렇게 보면 삼십 삼 번지는 격리병동과 같은 공간으로 해석된다.<날개-C-F-9>

　　<날개>에서의 '나'는 아내의 섹슈얼리티에 접근할 수 없는 금기로 격리되어 있으며 아내는 단순한 매춘부가 아니라 징벌자, 간호부, 양육자가 되어 주인공에게 의도적으로 사회인의 자격을 거세하며 자본주의 사회로부터의 격리와 소통을 경계하는 존재로 설정되어 있다.<날개-C-F-31>

　　이런 점들로 미루어 보았을 때 아내와 나는 서로에게 딱히 도움이 되거나 함께 해야 할 필요의 존재가 아님에도 이 둘은 함께 하고 있다. 소설 속 상황들을 가지고 생각해 보았을 때 아내는 또다른 주인공의 모습이 아닐까 생각된다.<날개-U-K-F-24>

　이처럼 아내를 도시의 병리를 대표하는 매춘부로 읽을 것인가(<날개-C-M-3>), 어머니 혹은 간호부로 읽을 것인가(<날개-C-F-9>, <날개-C-F-31>), '나'의 분신으로 읽을 것인가(<날개-U-K-F-24>)에 따라 해석의 과정과 결과는 매우 상이해진다. 이러한 기점 형성의 과정을 교육적 비계로 제공하는 단계에서 교사는 전문독자군의 해석 결과만을 많이, 요약적으로 보여주는 것이 아니라 적은 사례라도 각각의 의미론적 해석이 개연성을 갖고 전개되어 나가는 과정을 깊이 있게 탐구할 수 있도록 도와야 한다.

　이를 통해 학습자들은 전문독자들 역시 자신들과 동일한 장소에서 텍스트의 '틈'을 발견하고 그것의 의미를 밝히기 위해 고투하였음을 목격할 수 있다. 그리고 그러한 고투들은 나름의 개연성과 함께 차이성 역시 가지며, 이러한 차이성이 다양한 의미 주제의 근원으로서 소설텍스트가 가진 특성에 기인한 것임을 인식할 수 있다. 즉 학습자들은 소설텍스트의 의미 주제가 본디 다양할 수밖에 없고 그런 만큼 소설 해석은 나름의 개연성을 치열하게 추구할 수밖에 없음을 깨닫고 나름의 해석적 과제를 도출할 수 있는 동기와 태도를 갖추게 된다.

이처럼 해석적 과제를 스스로 도출할 수 있는 태도를 갖추게 될 때 학습자들은 자신과 대상 과제를 훨씬 밀착된 것으로 여기고, 과제를 해결하기 위한 구체적 전략들을 개발하게 된다. 즉 해석적 과제가 학습자 자신에 의해 도출된 것이므로 높은 학습자 연관성과 흥미유발력을 지닐 수 있다. 또한 학습자들이 해석적 과제 해결을 위해 자신들에게 적합한 접근을 하게 되므로 스스로 어떻게 해석적 과제를 해결하고 있는지 확인하는 상위인지전략(meta-cognitive strategy)이 활성화된다는 점[136] 역시 교육적으로 유의미하다.

나) 해석사 검토를 통한 독창적 가설 설정

기점 형성을 통해 해석적 과제가 도출되었다면 이제는 그러한 과제에 대한 잠정적 해답이라고 볼 수 있는 해석 가설을 설정하는 과정이 요청된다. 하지만 고등학생 독자군의 해석 양상 분석 결과 해석 가설을 명시적으로 설정하지 못하는 경우가 63.3%에 달했으며, 해석 가설을 설정했다 하더라도 그에 대한 일반화를 유보하는 경우가 19.4%로 대학생 독자군(7.6%)과 전문독자군(0.0%)에 비해 상당히 높았다.

> 주인공인 남편은 어째서 폐쇄적인 인물이 됐을까? 무슨 일이 있었던 걸까? 사실 남자주인공은 지체장애인인데 자신은 정상인이라고 생각하며 사는 건 아닐까. 2학년 때 그런 친구가 반에 있었는데 대화를 해보면 자신이 모자란다는 걸 알지 못하는 것 같았다. 사람은 어느 한 곳이 안 좋으면 다른 곳이 빌딜한다 하니까 아마 표현하는 능력이 떨어지고 생각을 하는 능력이 생긴 것 아닐까 하고 말이다.<날개-H3-I-M-268>

<날개-H3-I-M-268>의 경우 <날개> 속 '나'가 폐쇄적 인물이 된 까닭

---

136) 조세경, 「구성주의와 문제 중심 학습법」, 『영어교육』 56-4, 한국영어교육학회, 2001, p.325.

이 서사적 틈으로 남아 있음을 발견하고 이에 기반하여 해석을 진행하고 있다. 하지만 그러한 틈을 메우기 위해 해석 가설을 설정하는 과정은 철저히 독자 개인이 보유한 특수한 경험의 재생에 기반한다. <날개> 속 '나'가 지체장애인이라는 해석 가설이 텍스트내적 증거나 기존의 해석사 검토에 기반하여 설정되지 않고, '2학년 때 그런 친구'와의 대화 경험에 기반하고 있기 때문에 해석 가설의 설득력과 소통가능성이 낮아질 수밖에 없다.

이처럼 고등학생 독자군의 경우 일회적 독서로 인해 발생된 연상들을 통해 이러저러한 해석 가설이 수립 가능하지 않을까 하는 나열에 그치는 경우가 대부분이다. 또 그러한 사실을 독자 스스로 알고 있기 때문에 일반화의 시도가 드물게 나타났다고 분석할 수 있다. 이는 자신이 보다 타당하고 독창적인 해석 가설을 제출할 수 있는 해석자라는 자의식을 갖지 못함을 의미하기도 한다. 다른 해석의 가능성에 대한 가정(0.7%)이나 반박(0.7%)이 거의 수행되지 않았음이 이를 방증한다.

하지만 대학생 독자군에서는 고등학교 시절 접했던 해석에 대항하여 보다 독창적인 해석 가설을 세우려는 시도가 나타나며, 전문가 독자군에 이르면 이러한 독창성의 확보를 위해 본격적인 해석사 검토와 비판이 활발하게 수행됨을 알 수 있다. 독창성은 단순한 새로움이 아닌, '적절한 새로움'에 가깝다. 분석 결과 전문독자들은 기발한 착상에 의한 해석 가설을 설정하기보다는 해석사를 우선적으로 검토하는 경향을 보였다. 그러한 검토를 통해 해당 소설에 대해 어떤 대안적인 해석 가설이 제출될 수 있을지, 기존의 해석 가설이 해명하지 못하는 부분은 어디인지, 그리고 그것에 비해 더욱 풍부하게 텍스트를 의미화할 수 있는 해석 가설은 무엇인지 철저히 탐구하였다. 즉 전문독자군의 해석 가설이 보유한 독창성은 갑자기 발생한 것이 아니라 사적(史的) 검토를 통해 확보된 것에 가깝다.

학습자와 전문독자가 보이는 이러한 차이는 창의적인 전문가의 사고과정에 대한 사이먼튼(Simonton)의 연구(1988)에서도 확인되는데, 그에 따르면 비전문가와 전문가는 가설의 설정과 해결 방안에서 각각 재생(再生)과 생산(生産)이라는 상이한 경향을 보인다. 비전문가는 가설의 설정과 해결 과정에서 과거의 경험을 재생하는 경우가 일반적이다. 즉 과거의 경험에 근거하여 문제의 답을 모색하는 것이다. 반면 전문가들은 문제의 답을 모색하는 데 있어 그동안 얼마나 많은 접근 방법이 적용되어 왔는지, 그리고 아직 적용되지 않은 새로운 대안적 접근 방법이 있는지 등을 모색한다. 즉 경험의 재생이 아니라, 기존 자료의 탐색과 사고의 확장을 통해 가설을 생산하는 것이다.[137]

물론 전문독자가 기존의 해석사를 검토하여 독창적인 가설을 설정할 수 있는 까닭은 자신이 속한 장(場)에서 이루어진 기존 해석담론의 역사에 대해 박식하기 때문일 수도 있다. 그러나 더욱 근본적인 이유는 자신이 제출하는 해석텍스트가 다른 독자들에 대해 하나의 독창적인 해석 가설을 '권유하는 텍스트'임을 의식하고 있기 때문이다. 아래의 해석텍스트들을 살펴보자.

> 이상의 작품이 형식적 파격성이나 난삽성 때문에 이해가 어렵고 사소설적 성격을 지니고 있어 역사, 전기적 방법에 의한 해명이 일차적으로 시도되고 거기서 많은 성과가 올려진 것은 사실이다. 또 정신분석학적 방법에 의한 접근도 그 나름대로의 수긍할 만한 공적을 쌓았다. 그러나 이러한 연구의 결과는 대부분 이상의 개인 생활사적 해명이거나 이상심리의 파악, 또는 자아의 분열된 사실을 확인히는 데 그치고 민 느낌이 있다. 다시 말해서 작품 자체의 구조나 가치가 파악, 평가되어졌다고 보여지지 않는다. 그러므로 그의 대표작인 <날개>만 하더라도 많은 문제점을 아직도 안고 있으며, 미해결의 부분이 허다하게 남겨져 있다...개인사적 일면을 보아 이해하거나, 작가의 지적 패러독스가 갖는 감칠맛도 버려서는 안되지만 <u>또 다른 정확히</u>

---

137) D. Simonton, *Scientific genius: A psychology of science*, Cambridge University Press, 1988.

이해하는 분석방법이 있다는 것을 실증해 보려는 것이 이 작은 글의 목적이다.<날개-C-M-10>

<날개>의 결말에 대한 기존의 논란은 서술의 상황을 고려하지 않은 데서 빚어진 것이다. 전술한 바와 같이 도입부 이후 본문은 후시서술로 되어 있으며 주인공인 '나'는 화자이기도 하다. 사건이 종료된 이후 서술이 개시되자면 '나'가 사건의 층위에서 죽음을 맞아서는 안 된다. 사건의 주인공이던 '나'는 사건이 종료된 후에 화자로서 서술을 수행해야 하기 때문이다. 만일 주인공인 '나'가 사건 속에서 죽어버린다면 서술이 개시될 시간에 서술 주체가 부재하여 서술이 수행될 수 없고 결과적으로 본문도 존재할 수 없게 된다. 따라서 후시서술로 된 본문의 존재는 사건 속에서 주인공이 죽지 않았음을 입증하는 가장 확실한 증거이다.<날개-C-M-24>

또 한 가지, 이상의 <날개>에 대한 주석달기 역시 부족한 부분이 제기된다. 지금까지 많은 논자들에 의해 언급되었음에도 불구하고 에피그램에 등장하는 기표들에 대한 충분한 논의가 이루어지지 않은 것으로 보인다. 특히 에피그램의 마지막 부분에 해당하는 "여왕봉"과 "미망인"의 기표가 함의하고 있는 바에 대한 논의는 아직까지 밝혀진 바가 없다…'여왕봉'과 '미망인'이라는 기표에 대한 분석을 함으로써 <날개>, <동해>, <종생기>로 이어지는 '연애'의 문제와 '생활'이라는 것의 의미에 접근하고, 동시에 이 삼부작의 연결고리를 밝혀내는 기초를 마련할 수 있을 것으로 본다.<날개-C-F-44>

<날개-C-M-10>에서는 기존의 해석사를 종횡으로 메타검토한 후 전기적 해석, 심리주의적 해석과 다른 대타적 해석의 방법을 선택하고 있다. <날개-C-M-24>에서는 <날개>의 결말이 자살을 의미하지 않는다는 해석 가설을 설정하는데, 여기에는 텍스트의 서술 상황을 고려하지 않고 <날개> 읽기를 수행해온 기존 해석에 대한 문제의식이 전제되어 있다. <날개-C-F-44> 역시 기존의 해석 담론이 해결하지 못한 텍스트

의 잉여지점인, '여왕봉'과 '미망인'의 기표를 해석의 출발점으로 삼고 있다.

이처럼 숙련된 전문독자들의 경우 텍스트에 대한 일회적 읽기나 인상에 근거하여 해석 가설을 설정하는 대신 텍스트의 의미론적 복잡성을 인정하고 관련 해석사의 검토를 통해 독창적이면서도 타당한 해석 가설을 설정하고자 시도하고 있다. 이는 자신이 구성하는 텍스트의 의미가 해석 공동체 내에서 가치롭게 소통될 수 있다는 자의식과도 연계된다. 대부분의 전문독자 해석텍스트의 경우 이러한 소통가능성을 갖춘 해석텍스트 생산자로서의 분명한 자의식이 가시적으로 드러나고 있다.

스탠리 피쉬(Stanley Fish)는 해석이 논증의 과정이라기보다는 권유의 기술에 가까우며, 아무도 자기가 내세우는 해석에 대해서 특권을 요구할 수 없기에 권유의 기술을 실천하지 않을 수 없다고 주장한다.[138] 이 때 맨 먼저 해야 할 일은 "개종한 사람들에게 설교를 하고 있다는 가정을 하지 않는" 것이다. 즉 어떠한 해석이건 그것을 확립하고 싶으면 예상되는 반대에 직면하고 그것에 다시 반론을 펼쳐야 한다는 뜻이다.

실제로 많은 전문독자군의 해석텍스트에서 본인이 설정한 해석 가설의 상대적 타당성을 주장하기 위해 다른 해석들을 반박하거나 기존의 해석 정전들이 해명하지 않았던(혹은 못했던) 부분을 부각시키는 전략이 관찰되었다.

> 프롤로그를 본문의 설계도로 보기도 하는데, 이 경우 본문의 마지막 부분이 설계도인 프롤로그의 마지막 부분과 정반대의 이야기로 나아가고 있다는 점이 풀리지 않는 문제로 남아있다. 그러나 프롤로그는 본문의 설계도를 넘어서 '작가인 나'가 <날개>를 쓰는 기법, 그리고 <날개>의 독자에게 주는 충고 등을 담고 있다. 프롤로그와 본문 마지막 부

---

138) S. Fish, 「논증과 권유 : 비평활동의 두 기준」, 김용권 외 역, 『현대문학비평론』, 한신문화사, 1996, pp.493-494.

분에 갑작스럽게 등장한 '잉크'는 해결되지 않은 문제들을 추적할 수 있는 열쇠다.<날개-C-F-18>

위 해석자는 프롤로그가 '작가인 나'의 발언이라는 가설을 설정함으로써 결말 부분에 갑자기 등장한 잉크가 사실은 프롤로그에 얼핏 등장했던 백지의 이미지와 대응된다는 점을 발견한다. 백지와 잉크의 짝이 생성되면서 작가인 '나'의 목소리가 탐구되고 도약을 위한 '날개'의 이미지가 소설 <날개>일 가능성이 조심스럽게 타진된다.

이처럼 해석사 검토를 통한 독창적 가설의 설정이 해석을 활성화시킬 수 있는 결정적 방법임에도 불구하고 해석사에 대한 노출이 오히려 학습자의 독창적 해석을 가로막을 것이라는 반론이 제기되기도 한다. 학습자들이 해석 정전에 대해 수용적, 모방적 태도를 보이기 쉽다는 점을 상기하면 이러한 반론 역시 일견 타당해보인다.

하지만 2007년 개정 교육과정 9학년 국어과 교육과정 문학 영역에 이미 문학 작품에 대한 다양한 해석의 비교, 문학 해석의 근거에 유의하여 비평문 읽기 등의 내용이 설정되었던 것[139]을 상기한다면 해석사 검토가 고등학생 독자들에게 불가능한 작업이라고만 보기는 어렵다.

특히 교사가 일종의 메타해석자로서 해석사를 구성해준다면 학습자의 해석사 검토 과정이 보다 수월하게 이루어질 수 있다. 우신영(2014)에서는 메타해석자로서 교사의 성격을 강조한 바 있는데[140], 그에 따르면 문학교

---

139) 2007 개정 국어과 교육과정(2007.02)의 학년별 내용 중 관련된 부분은 다음과 같다.
 -9학년 문학 (3) 문학 작품에 대한 다양한 해석을 비교한다.
  · 해석에 관여하는 요소 이해하기
  · 해석의 관점과 근거 비교하기
  · 자신이 지지하는 해석과 그 근거 말하기
 -9학년 문학 (4) 문학 작품 해석의 근거에 유의하여 비평문을 읽는다.
  · 작품 해석이 다양함을 이해하기
  · 해석에는 전제와 근거가 있음을 이해하기
  · 해석의 근거와 타당성 평가하기

사는 텍스트에 대한 해석사를 화용론적으로 재구성하여 학습자들의 해석 활동을 위한 자료로 제공할 수 있다. 학습자들은 교사에 의해 교수학적으로 적절히 전환된 지식으로서 해석사를 접하게 되고, 이를 통해 해당 텍스트에 대한 해석의 모델과 권습을 익히게 된다. 또한 한 편의 텍스트에 대해 얼마나 많은 '가능한 해석'이 존재하는지 인식하고 각각의 해석적 관점을 통해 텍스트를 새롭게 읽어볼 수 있다. 이는 해석의 역동성과 계열성을 체험하는 과정이기도 하다. 나아가 자신의 해석 역시 그러한 해석사의 한 부분을 차지하는 것이며 따라서 학습자가 텍스트에 대해 보다 '책임 있는' 해석을 제출하려는 태도를 내면화하게 되는 교육적 효과를 기대할 수 있다.

2) 해석 활동의 정교화

해석 활동의 활성화 과정에서 학습자가 대상 텍스트에 대한 자신만의 해석적 과제를 도출하고, 해석사 검토에 기반한 독창적 해석 가설을 설정하였다면 이제 그러한 해석적 과제를 해결해나가면서 자신의 해석을 정교화해가는 과정이 필요하다. 이 정교화의 과정은 해석의 타당성과 소통 가능성을 평가받는데 있어 결정적 지점이 된다.

이러한 정교화에 어려움을 겪는 학습자들은 대개 대상텍스트의 의미 주제에 대한 해석을 응집적이고 논리적으로 구성하지 못하거나 텍스트의 수사학적 속성에 대한 해석을 생략하거나 혹은 해석을 둘러싼 다층적 맥락들을 참조하지 못하고 있었다. 첫 번째 문제에 대해서는 의미론적 해석을 정교화할 수 있는 방법이 요구되고, 두 번째 문제에 대해서는 수사학적 해석을 정교화할 수 있는 방법이 요구되며, 세 번째 문제에 대해서는 맥락적 해석을 정교화할 수 있는 방법이 요구된다. 따라서 해석 활동의 정교화 과정에서 학습자들이 보이는 수행 상의 문제를 개선할 수 있는 방

---

140) 우신영, 「메타비평의 문학교육적 가능성에 대한 고찰」, 『한민족어문학』 66, 한민족어 문학회, 2014.

법을 대학생 독자군과 전문가 독자군의 해석 과정에서 추출하여 해석의
범주 별로 제시하였다.

가) 의미론적 해석의 정교화

① 전체적 읽기를 통한 해석어휘의 도출

대부분의 고등학생 학습자들은 대상텍스트의 의미 주제에 대한 해석을
응집적이고 일관성 있게 구성하지 못하는 경향을 보인다. 이는 결과적으
로 고등학생 학습자들의 해석텍스트가 상위 독자군에 비해 상대적으로
덜 정교하게 구조화된 형태로 분석된 원인이기도 하다. 이는 단순히 고등
학생 학습자들의 해석텍스트가 양적으로 빈약했기 때문만은 아니다. 고등
학생 독자군에서 70.5%에 달했던 해석텍스트의 유형은 연상에 의한 프로
토콜 형이었다. 이 유형의 출현 빈도는 대학생 독자군에서 25.3%, 전문독
자군에서 4.2%로 감소한다. 이러한 차이는 해석텍스트의 전개 과정을 통
해 더욱 명확해진다.

고등학생 독자군의 해석텍스트는 대부분 소설텍스트의 특정한 부분들
을 읽으며 발생한 파편적 연상들을 느슨하게 나열시키며 전개된다. 즉 자
신의 관심에 부합하거나 가장 인상적으로 다가오는 부분을 중심으로 해
석의 초점을 계속 옮겨가기 때문에 해석텍스트 전체의 응집성과 일관성
이 부족한 경우가 대다수다. 이러한 부분적 읽기는 결국 소설텍스트에 대
한 '덜 읽기'나 '더 읽기'로 이어진다는 점에서 문제적이다.[141] 아래 해석

---

141) 최인자(2007)에 따르면 소설 해석의 과정에서 학습자들은 자신의 선입견이나 일회적
느낌, 배경 지식에 따라 텍스트의 의미를 단순화하는 '덜 읽기'(under reading)를 수행
하기도 하고, 서사 속에서 담화와 직간접적인 연관성을 찾을 수 없는 의미를 도출하거
나 혹은 텍스트의 특정 부분만을 확대 해석하는 '더 읽기'(over reading)를 수행하기도
한다. 최인자, 「허구적 서사물의 플롯 이해에 기반한 서사 추론 교육」, 『국어교육』
122, 한국어교육학회, 2007, p.443.

텍스트를 살펴보자.

> 이 책의 주인공은 장애인 혹은 약간 모자란 사람인 것 같았다. 처음에는 아내와 집이 있고 잘 살아가는 대목에서 정상인 같았지만 점점 각방을 쓰고 아내가 없을 때 아내 방에 내려와 온갖 장난을 하고 아내의 화장품 향에서 체취가 난다고 그것을 느끼고 있는 부분에서는 꼭 장애인 같은 덜 떨어진 모습을 가지는 느낌을 준다…이 장면은 무지식한 사람이 좋은 것들을 걷어차 버린, 좋은 것도 좋은 것으로 보이지 않는데, 매우 한심해 보이고, 무지식에서 벗어나야 하는 것의 필요성을 느낄 수 있다…그래서 <u>이 글 전체는 약간의 해학성과 더불어 사람들의 게으름을 비판</u>하고 있는 느낌을 주고 있다.<날개-H3-I-M-228>

<날개-H3-I-M-228>에서는 <날개> 속 '나'가 모자란 사람이라는 인상에 과도하게 함몰된 나머지 그러한 '모자람'을 뒷받침하는 부분을 중심으로 스토리를 요약한다. 무지한 주인공의 행동 나열이 주를 이루기 때문에 그러한 인물의 행동을 설정하고 전달하는 내포작가의 시각과 의도는 질문되지 않다가 마지막에 가서 이 소설이 무지와 게으름을 비판하고 있다는 해석적 결론에 도달한다. <날개> 초반부에 나타난 '나'의 비정상적 행위가 가진 부분적 의미만을 지나치게 극단화시키고, 그러한 비정상적 행위가 만들어내는 인물 관계, 작품 전반에 걸친 인물의 변화와 그것을 통해 추론할 수 있는 전체적 의미 주제를 고려하지 않은 결과이다.

위의 해석텍스트처럼 많은 고등학생 학습자들이 <날개>의 초반에 '나'가 보이는 이상 행동들, 특히 아내의 방에서 장난하는 부분에 주목하는 경향을 보였다. 이는 인물의 은밀하고 도착적인 쾌감의 행위가 독자에게 일차적으로 불러일으키는 흥미 때문으로 파악된다. 하지만 그러한 행위 자체에만 지나치게 관심을 갖고, 그 행위 뒤에 숨은 '나'의 의식세계와

그러한 의식세계를 빚어낸 원인에 대해 살피지 않는다면 이러한 경향은 단지 소설에 대한 부분적 읽기에 지나지 않게 된다. 따라서 학습자들의 의미론적 해석을 보다 정교하고 논리적으로 진행되도록 도울 수 있는 구심점이 필요하다. 이를 위한 방법론적 장치로서 전체적 읽기를 통한 해석 어휘의 도출이 제안될 수 있다.

소설의 부분 읽기는 그 자체로 의미를 갖기보다는 전체 읽기의 방향으로 정향됨으로써 의미를 갖는다.[142) 독자들의 소설 읽기가 대부분의 경우 부분 읽기를 넘어서지 못한다는 문제의식에 터한 정호웅의 논의(2004)는, 전체 읽기에 나아가지 못하는 독서는 작품의 온전한 이해에 가 닿지 못한다고 본다. 또한 위 논의는 소설의 부분 읽기가 자신의 단편적 해석 결과를 관철시키기 위해 실제 텍스트를 왜곡하는 데 이를 수도 있다는 점에서 더욱 문제적이라 본다. 대상을 구성하는 특정 요소 몇 개에 갇힐 때 여러 요소들의 유기적 관계로 이루어지는 대상의 실제가 무시될 가능성이 커지기 때문이다.[143) 따라서 소설의 전체 읽기로 나아가기 위해서는 작품의 중층성을 고려해야 하며, 작품의 인상적인 한 부분 또는 한 요소에 갇히지 않아야 하며, 열린 눈으로 작품을 직시하는 태도를 견지해야 하는데 이는 독자로 하여금 상당히 의도적인 노력을 요구한다.[144)

새삼 해석의 순환성을 운운하지 않더라도 텍스트의 부분과 전체를 조회하며 해석이 일어나고, 따라서 텍스트에 대한 전체적 읽기가 중요하다는 것은 주지의 사실이다. 그리고 되도록 텍스트 전체가 설명될수록 해석의 설득력 역시 높아지게 된다. 예를 들어보자. <춘향전>의 춘향이 신분상승을 노리는 당돌한 여성이라는 해석 가설은 춘향전의 전반부는 지탱할 수 있다. 하지만 이몽룡과의 결합 가능성이 희박해진 이후에도

---

142) 정호웅, 「현대문학 교육과 삶의 질-부분 읽기에서 전체 읽기로」, 『국어교육』 113, 한국어교육학회, 2004.
143) 위의글, pp.131-132.
144) 위의글, p.137.

목숨을 걸고 변학도의 수청을 거부하는 춘향전의 후반부까지는 위의 가설로 설명해내기 힘들다. 따라서 해석자가 도출해내는 의미론적 주제는 최대한 텍스트 전체를 통합적으로 설명할 수 있는 방향으로 설정, 검증되어야 한다.

에코에 의하면 작품의 의도에 대한 추측의 정당성을 확보할 유일한 방법은, 일관된 전체로서의 텍스트에 입각해 '검증'해 보는 것이다. 이 방법은 성 아우구스티누스의 <기독교의 원리>에서 연원했는데, 이에 의하면 특정 시점에서 한 텍스트의 어떤 부분에 대한 해석이 같은 텍스트의 다른 시점에 의해 확인되지 않는다면 거부되어야 한다는 것이다. 이런 의미에서 텍스트 전체의 일관성은 독자의 충동을 통제한다고 볼 수 있으며, 에코는 이러한 텍스트의 전체를 의식하며 해석의 응집성과 일관성을 확보해나갈 것을 강조할 것 있다.[145]

상위 독자군에서는 이러한 전체적 읽기의 태도가 강화되어 나가는 양상을 보이며, 그 결과를 해석어휘(interpretative vocabulary) 도출을 통해 조직해 나가는 경향을 드러냈다. 해석어휘란 해석자의 관점을 집약적으로 드러내는 어휘를 일컫는 용어로서 응집적이고 일관된 해석을 구성하는데 중추적 역할을 한다.[146] 해석텍스트 안에 핵심적인 해석어휘가 있느냐 없느냐는 고등학생 독자군과 대학생/전문독자군의 해석텍스트를 경계 짓는 주요한 지점이다. 아래의 대학생 독자군 해석텍스트를 살펴보자.

> 마지막 부분에서 '나'는 "날개야 다시 돋아라./날자. 날자. 한번만 더 날자꾸나./한 번만 더 날아 보자꾸나."라고 외치고 싶다고 말한다. 나는 이 부분이 **자유**를 희망하지만, 자의식의 결여로 자신이 어디로 나아가야 할지 모르는 주인공의 한탄 섞인 목소리라고 해석했다. 날개를 가지고 **자유**롭게 날 수 있는 새처럼 억압된 현실의 울타리를 넘어 **자유**로운 삶을 살아가고

---

145) 김승현, 앞의글, p.15.
146) 강민규, 앞의글, p.87.

싶다는 마음을 가지게 된 '나'에게 그것은 굉장히 힘든 일일 것이다. 금기와 억압으로 얼룩진 시간동안 그에게 남은 것은 의존과 무기력증, 그리고 자아 정체성의 상실이다. **자유**로 나아가고 싶지만 자의식이 결여된 '나'는 스스로 어디를 향해 가야할지를 모른다. 즉, 방향성을 상실한 것이다. 그래서 그는 인공의 날개가 돋았던 자국, 즉 과거 자의식을 가졌던 자신으로 돌아가 진정한 자아정체성의 회복을 통한 **자유**를 염원하고 있는 것이다.<날개-U-S-F-70>

<날개-U-S-F-70>는 전체 4문단으로 구성된 길지 않은 해석텍스트이다. 하지만 '자유'라는 해석어휘를 도출한 뒤 이를 6번이나 반복적으로 언급하여 전체 해석텍스트를 조직하고 있다. 그 결과 위 독자는 '억압과 마비의 상태에 있던 주인공이 자유를 갈망하고 염원하게 된 변화/성장의 내러티브'로 <날개>의 전체적 의미를 확정하고 있다. 그리고 이러한 확정의 과정이 전개되는데 있어 각 진술과 문단을 연결짓는 중요한 구심점으로 '자유'라는 해석어휘가 기능하고 있음을 알 수 있다. 이처럼 대학생 독자군은 고등학생 독자군에 비해 소설텍스트에 대한 전체적 읽기를 상대적으로 활발하게 수행하고 이를 통해 해석어휘를 도출하고자 한다.

전문독자군에서는 이러한 경향이 더욱 확대되는데, 3장 4절의 분석에서도 드러나듯 전문독자의 해석텍스트는 철저히 해석어휘를 중심으로 조직되어 있다. 텍스트 전반을 지탱할 수 있는 전체적 읽기를 수행하여 해석어휘를 도출하고, 이를 반복적으로 해석텍스트 내에 삽입함으로써 해석의 구심점을 확보하는 것이다. 아래의 해석텍스트를 살펴보자.

이상(李箱)의 소설 <날개>(1936)는 자아 발견의 문제와 긴밀하게 연관된 작품으로서, **권태**의 분위기나 그림자가 뚜렷하게 투사되어 있다. 즉 **권태**와 그로부터의 벗어나기, 의식의 동향의 중심이 상징적이고 우화적인 틀로써 구성되어 있는 작품이다. **권태**와 그 탈출의 서사이다... 결국 전도된 삶이 주는 **권태**에의 갇힘 상태와 그런 절뚝거리거나 병든 일상의 **권태**

로부터 벗어나서 정상적이고 건강한 삶으로 복귀하고자 하는 새로운 신화 만들기로서의 비상 원망이 <날개>의 기본구조인 것이다. **권태**란 이렇게 30년대 지식인들의 존재상태 그 자체로 받아들여졌던 것이다.<날개 -C-M-20>

위 해석텍스트의 경우 상당한 분량의 텍스트이지만, '권태'라는 해석어 휘 안으로 수렴되지 않는 부분은 거의 없다. '권태와 그 탈출의 서사'로 <날개>의 전체적 의미구조를 규정하면서 시작한 이 해석텍스트는 그러 한 규정을 논증하기 위해 대부분의 서술을 할애하며 그 논증을 마무리하 면서 해석 역시 잠정적으로 완료된다. 이 과정에서 '권태'라는 어휘는 무 려 56번이나 등장한다.

송지언(2014)의 연구 결과에서도 나타나듯 의외로 학습자들이 던지고 푸는 해석적 질문의 질(質)과 전문독자들이 던지고 푸는 해석적 질문의 질에는 큰 차이가 없다.[147] 다만 전문독자들은 학습자들과 달리 그러한 해석적 질문에 대한 답을 도출하기 위해 소설텍스트 전체를 반복적으 로 검토하였고, 응집적인 해석어휘를 일종의 라이트모티프(leitmotif)처럼 반복시켜 조직해나갔다는 점에서 차이를 보인다. 즉 핵심적 진술들이 다시 다른 진술들과 촘촘히 결합되어 상위진술을 만들어내고 이것들이 다시 계층화되면서 해석 전체가 몇 개의 해석어휘들을 중심으로 응집 력 있게 조직되는 것이다. 이러한 해석어휘는 하위 수준의 해석적 진술 들을 유기적으로 연관짓고 궁극적으로 해석의 총체성을 확보하는 기능 을 한다.[148]

따라서 이러한 해석어휘의 적절한 활용은 학습자가 제출하는 해석의 질을 높이는데 기여할 수 있다. 그렇다면 어떻게 학습자들이 해석어휘의

---

147) 송지언, 「학습자 질문 중심의 문학 감상 수업 연구 -<춘향전> 감상 수업을 중심으로」, 『문학교육학』 43, 한국문학교육학회, 2014, p.277.
148) 강민규, 앞의글, p.95.

기능을 긍정적으로 인식, 활용하도록 할 수 있을까? 먼저 교사는 학습자들로 하여금 텍스트의 부분에 주목하는 데서 나아가 텍스트의 전체를 반복적으로 읽으면서 그러한 텍스트의 전체를 감당해낼 수 있는 해석어휘를 도출할 수 있도록 유도할 필요가 있다. 이후 학습자들은 자신이 도출한 해석어휘를 중심으로 해석텍스트를 작성한 후, 완성된 해석텍스트를 구성하는 각각의 진술들이 해석어휘를 중심으로 체계적으로 조직되어 있는지 메타적으로 검토할 수 있다. 나아가 다른 학습자들이 어떤 해석어휘를 설정하고 있는지, 각각의 해석어휘들이 어떤 상이한 해석의 관점과 방향을 전제하고 있는지 분석해볼 수 있다.[149]

또한 교사는 전문독자들이 그들의 해석텍스트에서 해석어휘를 어떻게 활용하는지 학습자에게 보여줄 수 있다. 가령 위에서 예시한 <날개-C-M-20>가 '권태'를 <날개>의 해석어휘로 삼고 있었다면 또다른 해석텍스트에서는 '분열'(<날개-C-M-19>)이나 '만남'(<날개-C-M-11>), 혹은 '도시(적 아비투스)'(<날개-C-F-31>) 등을 해석어휘로 삼아 해석텍스트를 조직하고 있다. 이처럼 해석어휘의 선정 양상은 해석의 관점과 초점에 따라 다양하며, 비록 유사한 해석어휘를 활용한다 해도 그 의미역이 상이한 경우도 많다. 따라서 학습자는 다양한 해석텍스트를 통해 해석어휘의 선정과 활용 양상을 비교, 분석할 수 있다. 나아가 그러한 해석어휘들로 설명할 수 없는 텍스트의 부분은 없는지, 혹은 텍스트 전체를 보다 효과적으로 포섭할 수 있는 대안적 해석어휘는 없는지 등을 비판적으로 검토해보는 작업을 수행할 수 있다.

---

149) "독자가 핵심적 해석어휘의 선택을 완료하였다는 것은 자신의 주관에 따라 특정한 해석을 선별적으로 구현하겠다고 결정하였음을 의미하며, 시 텍스트는 해석의 대상인 동시에 해석을 뒷받침하는 근거로 기능하게 된다." 강민규, 앞의글, p.98.

② 타당성 기준에 따른 해석 가설의 반복적 검증

아무리 학습자의 해석텍스트가 사적 언어에 가깝다고 해도, 그것이 하나의 텍스트인 한 결국 암묵적인 독자를 상정할 수밖에 없다. 그렇기에 반드시 전문독자가 아니라 해도 모든 독자는 자신의 해석이 다른 해석과의 소통의 장, 즉 해석공동체에서 의미 있게 공유되기를 의도하게 된다. 따라서 해석에서 타당성은 그것이 얼마나 과학적, 수량적으로 측정될 수 있는 것이 아니라, 해석공동체로부터 어느 정도의 공감과 수용가능성(acceptability)을 획득해낼 수 있는지의 문제에 가깝다. 즉 해석의 타당성은 객관적으로 계량가능한 것이 아니라 상호주관적(intersubjectivity)으로 검증되면서 구성되어 나가는 것이다. 이러한 전제에 기초하게 되면, 해석은 그 활동 수준의 고하를 떠나 텍스트 앞에 선 누구라도 수행할 수 있는 작업이 된다.

앞서 제안된 해석 활동의 활성화 과정을 통해 해석 가설이 설정되고 그러한 가설의 전개 과정을 전체적으로 포괄할 해석어휘가 잠정적으로 상정되었다면 이제는 그것들이 잠정적 상태를 넘어 타당성 기준을 충족시킬 수 있을지 검토하는 과정이 요청된다. 그리고 이러한 검토는 해석 가설에 대한 끊임없는 검증의 과정이기도 하다.

하지만 고등학생 독자군의 해석 양상 분석 결과 이러한 검증의 과정은 매우 소박한 것으로 드러났다. 이는 첫째, 자신의 해석이 검증되어야 할 대상이라는 것을 충분히 의식하지 못하고 있기 때문이며, 둘째, 해석의 타당성을 만들어내는 것이 결국 그것을 뒷받침하고 있는 논거의 양과 질, 즉 증거력에 있다는 것을 인식하지 못하고 있기 때문이다. 그 결과 고등학생 독자군의 의미론적 해석 과정에서 텍스트내적 정보나 근거 제시가 미비한 경우가 50.4%에 달했다. 해석 가설을 설정해 놓고도(36.7%) 그것을 뒷받침할 수 있는 근거를 제시하지 않거나 부족하게, 혹은 왜곡되게 제시하고 있는 것이다. 이러한 양상은 대학생 독자군에서는 19.0%, 전문독자군에서는 2.1%로 현저히 감소한다.

따라서 의미론적 해석의 정교화를 위한 두 번째 방법으로 타당성 기준에 따른 해석 가설의 반복적 검증을 제안하고자 한다. 해석 가설은 텍스트를 해석하기 위하여 설정된 가정의 목록들로, 이로부터 도출된 결과가 텍스트내외적 조회에 의하여 검증되면 가설의 위치를 벗어나 잠정적 시점에서 타당성을 공증받을 수 있다. 비록 모든 해석텍스트에서 해석 가설이 가시적으로 드러나지 않는다고 하더라도 해석 가설은 전체 해석을 일관되고 통합성 있게 끌어갈 수 있는 동력이자 지향점이라 할 수 있다. 소설 해석은 일종의 상상적 추론행위이며 따라서 추론을 이끄는 가설들을 설정하고 검증하는 과정이 의미론적 해석의 관건이기 때문이다.

이처럼 해석을 가설의 형성 및 검증 과정으로 파악한 이론은 전통적 해석학에서부터 현대 구조해석학에 이르기까지 다양하다. 하지만 전통적 해석학에서는 주로 해석 가설의 검증 과정을 저자의 의견에 대한 부합성에 조회하는 방식으로 처리해왔다. 가령 인아이헨(Ineichen)은 해석을 "가설 형성(Hypothesenbildung)"으로 간주하고 그 중 "어떤 것이 저자의 의견에 가장 가까운지를," 즉 저자의 의견에 대한 해석 가설의 "부합성(Angemessenheit)"을 검사하는 과정을 강조했다.150)

허쉬(Hirsh) 역시 제시된 여러 해석 가설들 중에서 "가장 적절한 것"을 선택하는 일, 이른바 해석의 "타당화(validiation)"를 해석의 유일한 과제로 보았다. 여기서 타당화란 제시된 해석 가설들의 적합성을 "증거의 저울질"을 통해 "비판적으로" 검토하는 과정이다. 이때 검토되어야 할 것은 인아이헨과 마찬가지로 해석 가설과 저자의 의도가 얼마나 대응되는지 여부이다. 이러한 인아이헨과 허쉬의 주장은 부분적으로만 정당하다. 그들이

---

150) H. Ineichen, *Philosophische Hermeneutik*, München 1991, p.65, 김창래, 「유일하게 옳은 해석은 있는가? : 해석의 기준에 관하여」, 『해석학연구』 22, 한국해석학회, 2008, p.117에서 재인용.

해석의 가설추론적 성격을 간파했다는 점에서는 정당하지만, 독자가 해석을 통해 도달하는 장소가 저자의 의도가 아닌, 텍스트의 의도여야 한다는 점에서 그들의 주장은 비판적으로 수용되어야 한다.

저자의 의도가 해석 가설 검증의 준거가 될 수 없는 까닭은 소설이라는 텍스트를 대상으로 이루어지는 추론 행위가 단지 저자의 의도에 구속되지 않는, 상상적 추론 행위이기 때문이다.[151] 추론(inference)은 라틴어 'inferre'에서 유래하는데, 이는 '안으로 나르다(carry in)'라는 의미가 있다.[152] 독자는 자신의 것과 텍스트의 것을 해석의 과정 안으로 실어 나르고, 이 과정에서 해석 가설을 창안한다. 창안된 가설은 하나일 수도 있고, 여러 개일 수도 있다. 그래서 한 명의 해석자는 자신이 고안한 여러 개의 해석 가설들을 경합시키거나 다른 해석자의 해석 가설과 경합시키면서 해석 가설을 검증해나간다. 해석 가설의 이러한 검증 과정에 주목한 것은 구조 해석학이다.

구조해석학은 경합하는 해석의 가능성들 가운데 텍스트 전체의 구조를 설명할 수 있는 최선의 해석 가설을 찾아내는 일련의 방법적 고안들을 발전시켰다.[153] 여기서 중요한 것은 '최선'이다. 따라서 자신의 해석 가설이 최선인지 아닌지를 검증해나가는 해석자의 주체적 엄밀성이 요구된다. 이러한 검증의 과정은 논리적 전개를 갖지만 객관적인 과학적 판정의 과정이라기보다는 입증과 반증의 반복을 통한 개연성 판단의 과정에 가깝다. 여기서 반증은 가설창안의 방식으로 목록화한 의미 해석의 가설들 가운데 어느 것이 텍스트의 실제적 맥락에 조응하는 것인지를 판단하는 도구로서 도입된다.

즉 텍스트의 최종적 의미에 대한 진리 명제는 존재할 수 없으며, 다만

---

151) 장동규, 「허구서사의 추론적 읽기 교육 연구」, 서울대학교 석사학위논문, 2009, p.2.
152) 이성범, 『추론의 화용론』, 한국문화사, 2001, pp.30-38.
153) 신진욱, 「해석학의 존재론적 전환과 '정당한 이해'의 이상 : 사회과학의 해석적 방법론에 대한 함의」, 『한국사회학』 43-1, 한국사회학회, 2009, p.27.

반증의 시험을 견디고 보전된 명제만이 존재한다. 해석 가설을 화용론적으로 충족시킬 수 없는 진술이 다른 사례에서 발견된다면, 그 해석 가설은 최초의 사례를 넘어서 일반화될 수 없는 것으로 반증된다. 이처럼 의미론적 해석의 과정은 해석 가설의 창안, 수정, 삭제, 조정의 과정이라 해도 과언이 아니다. 이러한 가설의 검증과정은 원칙적으로만 무한할 뿐, 어느 시점에서는 잠정적으로 해석 가설을 확정해야 한다. 적어도 현 시점에서 해석 가설이 충분한 명료성을 띤다면 가설로서의 해석을 잠정적 참으로 간주할 수 있다. 이 이해는 최종적으로 옳은 해석에 도달했음이 아니라, "더 이상 해석하지 않음" 또는 않음의 결단이다.154)

물론 이러한 해석 가설의 검증은 해석주체에게 상당한 엄밀성과 책임성을 요구한다는 점에서, 숙련되지 않은 학습자 혼자 수행하기에는 쉽지 않은 과제이다. 더욱 근본적인 문제는 텍스트를 충분히 경험하고 해석 가설을 검증할 정도의 여건이 학습자들에게 제공되지 않는다는 것이다. 아래의 고등학생 독자군 해석텍스트를 살펴보자.

> 하지만 난 이 단편소설을 읽는 내내 가졌던 의문이 있었다. 만약 '나'가 정말로 '박제가 되어 버린 천재'였더라면 '나'가 아내의 매춘을 모르고 있었다는 점은 말이 되지 않는다. 과연 '나'는 아내의 매춘을 정말 <u>모르고 있었을까?</u> 아니면 그는 이 모든 사실을 알면서도 묵인했던 것인가? 그저 그는 <u>모르는 척 하고 싶었던 것일까?</u> '나'는 아내에게 경제적, 사회적으로도 모두 열등했기 때문에 스스로를 아내의 일에 간섭할 수 있는 권리조차 없는 사람이라고 <u>생각하고 있지는 않았을까?</u> 아니면 그저 그 권리를 스스로 포기했을 지도 모르겠다. 아니면, '나'는 그저 현실을 받아 드리고 싶지 않았던 것일 수도 있다. 그저 아내를 사랑하고 있었던 건지도 모른다.<날개 -H1-K-F-154>

---

154) 김창래, 앞의글, p.123.

<날개-H1-K-F-154>의 경우 소설을 읽으면서 들었던 의문들을 가시화시키면서 그에 대해 가능한 가설의 목록들을 나열해보는 데 까지 나아가고 있다. 하지만 나열에 그칠 뿐, 텍스트내적 논거를 통해 가장 개연성 있는 가설을 탐구하고 검증하는 데 까지는 나아가지 못하고 있다. 이처럼 해석 가설 검증의 과정이 생략되는 경향은 학습자의 해석을 결과적으로 빈약하게 만들고 말았다.

독자는 소설텍스트가 말하고자 하는 바가 무엇인지 질문하고 가정하며, 이 가정을 검증하고자 한다. 검증의 과정에서 텍스트 전체의 담론 구조를 최대한 많이 설명할 수 있는 가설을 채택함으로써 텍스트를 종합적으로 해석하는 것이 가능해진다. 해석 가설의 검증 과정이 보다 명시적으로 드러나는 전문독자의 해석텍스트를 살펴보자.

> 지금까지는 '童骸'를 파자 유희의 일종으로 보아온 것이 대체적인 학계의 시각이었다. 즉 '아이'라는 뜻의 '童孩'에서 뒷 글자 '孩'를, 그것과 음이 같으면서 사람의 뼈를 의미하는 '骸'자로 바꿔치기한 것이 바로 '童骸'라는 것이다. 김윤식에 의해 대표되는 이 견해에 따르면 '童骸'란 곧 '아이의 유해' 또는 '아이의 해골'이라는 뜻을 갖게 된다. 이 소설의 제목에 대한 이러한 해석은 물론 작품의 전체적인 주제 분석으로 연결되어야 하는데, 사실상 이 제목에 충당할 만한 주제 분석을 보여준 논문이 없었다는 것은 기이하다면 기이하다고까지 할 수 있는 일이다...제목의 뜻을 '동정의 형해', 즉 '앙상하게 뼈만 남은 동정의 잔해'로 본다면 바로 그 맥락에서 이 소설은 어떻게 해석될 수 있는 것일까?[155]

위 해석자는 이상의 소설 <동해>의 제목이 전체적 주제와 연결된다고 보고 제목의 상징성에 주목한다. 그리고 이 제목의 의미가 '아이의 유해'가 아닌 '동정의 형해'라는 다른 가설을 세우고 각 장의 구성 원리와 인물

---

155) 방민호, 「<童骸>의 알레고리적 독해와 그 의미」, 『현대소설연구』 48, 한국현대소설학회, 2011, p.550.

들의 삼각관계 등을 분석하면서 소설을 해석해가기 시작한다. 해석의 과정에서 해석자는 최초의 가설이 텍스트의 구조 전체를 설명할 수 있는지 검증하며 이를 위해 논거의 발견과 가정의 정당화가 반복된다.

이처럼 해석자는 자신의 해석 가설과 그 해석 가설이 논거로 삼은 장소의 관계를 드러내어 입증할 수 있어야 한다. 텍스트가 주는 즐거움이나 괴로움에 대해 느끼는 것도 중요하지만 그러한 느낌을 논리화하는 과정을 익히는 것 역시 그 못지않게 중요하다. 자신의 느낌을 메타적으로 인지하고 그러한 느낌의 기원을 추적하는 과정은 해석자 자신과 텍스트에 대한 깊이 있는 이해를 가능케 하기 때문이다. 무엇보다도 하나의 해석이 근거하고 있는 장소를 텍스트 안에서 찾아 다른 해석자들 앞에 명시할 수 있는 것은 해석의 타당성을 담보한다. 해석 가설과 그것이 소재로 삼은 장소의 관계를 드러낸다는 것은 그것을 해석의 타당성을 위한 하나의 근거로 제출할 수 있다는 것을 의미하기 때문이다. 이는 다른 해석과 소통하겠다는 의지의 표명이기도 하다.

학습자들이 이러한 해석 가설의 검증 과정에 어려움을 겪는다면 교사는 텍스트의 의미에 대해 여러 가지 질문을 던지게 하고 그 질문에 대한 가능한 답의 목록들을 작성하도록 할 수 있다. 가령 <날개>를 읽으며 모호한 결말의 의미에 대한 질문을 던지고 부활이나 자살, 현실도피 등의 다양한 가설을 설정해보거나 <소설가 구보 씨의 일일>에서 끊임없이 이어지는 구보 씨의 산책이 의미하는 바가 방황인지 자기탐구인지, 혹은 창작의 방법론 그 자체인지 다양한 답을 마련해볼 수 있다. 이후 텍스트 전체를 소급해서 읽으면서 그러한 질문에 대해 해석자 자신이 제출한 답들이 공증가능한 것인지 혹은 다른 답으로 교체되어야 하는 것인지 탐구해간다.

해석 가설들의 창안 – 검증(유효화) – 반증(무효화) – 검증 – 반증 – 최종 해석 가
설의 잠정적 확정

이처럼 해석 가설의 창안-검증-반증-잠정적 확정의 연쇄를 따라가며
학습자가 해석활동을 수행해가는 과정은 텍스트의 의미론적 모호성과
맞서는 과정에서 해석의 타당성을 이끄는 방향선이 되어줄 수 있으리라
본다.

한편 이러한 검증의 과정에서 중요한 것은 텍스트내외적 논거의 양과
질을 최대한 확보하는 것, 즉 증거력(證據力)이라 할 수 있다. 전술했듯 소
설텍스트의 해석은 '권유적 논증'의 성격을 띠는 까닭이다. 따라서 학습자
들이 해석 가설을 검증해가는 과정에서 텍스트내외적 논거의 양과 질을
강화하는 작업 역시 필수적이다. 그동안 학습자의 자연스러운 '반응'이 강
조되면서 해석의 논증적 성격을 강조하는 것은 텍스트 중심적인, 따라서
학습자 중심적이지 못한 태도로 오해되어 왔다. 하지만 논거가 없는 해석
은 텍스트에 대한 느낌이나 취향의 선언일 뿐 그것을 보다 타당화시켜 공
유하기 위해서는 텍스트내외적 논거들을 찾고 통합적으로 조직하는 힘이
필요하다.

여기서는 학습자들의 텍스트내외적 논거를 점검하고 강화할 수 있는
세 가지 기준을 제안하고자 한다. 첫째, 학습자들은 논거가 해석 가설을
논리적으로 뒷받침하기에 적절한지, 즉 논거의 적절성에 대해 점검해야
한다. 둘째, 학습자들은 논거가 해석 가설을 입증할 수 있을만큼 충분한
양과 구체성을 갖추었는지, 즉 논거의 풍부성에 대해 점검해야 한다. 셋
째, 학습자들은 논거가 의심의 여지없이 명료하고 확실한 것인지, 즉 논거
의 정확성에 대해 점검해야 한다. 이러한 기준은 한편으로는 일반적인 논
증 이론으로부터 시사점을 얻었으며 또 한편으로는 실제 학습자들의 해

석텍스트에서 드러나는 논거 구성의 문제로부터 시사점을 얻었다. 다음의 인용문들을 살펴보자.

어떤 일을 하는지도 모르고 그저 궁금증만 가진 채 이불 속에서 잠이 들고, 아내가 준 돈을 모으고, 또 아내의 손님들은 왜 돈을 두고 가는지 궁금해하고 단지 이 일들로만 삶을 살아가는 주인공인 것 같았다. 아내가 자신에게 수면제를 먹인 것을 알았음에도 불구하고 믿지 않는 것을 보고 '나'는 현실을 꼭 부정하는 것처럼 느껴졌다. 하지만 마지막에서 날개에 대한 외침을 통해 자신의 인생의 희망을 찾은 것이 아닐까 생각했다.<날개-H2-S-F-2>

그리고 글 마지막 부분에서 겨드랑이가 간지럽다. 날개가 돋았던 자국이구나 날개야 돋아라. 날자. 날자. 한번만 더 날자꾸나. 한번만 더 날아보자꾸나라고 하면서 글이 끝나는데 이건 아마도 '나'의 아내의 매춘의 광경을 목격하고 충격을 받은 나머지 자살을 한 것이라고 느껴졌다. 죽어서 슬픈 일을 잊고 하늘을 날고 싶다는 것처럼 보였다.<날개-H3-I-M-264>

가난한 부부가 서로 믿고 의지하며 삶을 살아가는 모습에 영감을 얻었다. 하지만 '돈'이라는 매개체로 남편과 부인이 웃고, 울음에 마음이 안타까웠다. 너무 현실적인 이야기 같다. 부정하고 싶지만 돈 없이 살아갈 수 없는 세상을 잘 나타낸 것 같다. 아내는 남편이 잘 되기 위해 희생해왔다. 그리고 '행복이라던가 불행이라든가 하는 것을 계산하는 것은 아니었다'라는 문장이 나오는데 인상 깊은 구절이다...글이 난해하고 어려운 부분이 많았지만 결국 희망을 전하는 좋은 글이었던 것 같다.<날개-H2-S-F-16>

<날개-H2-S-F-2>의 경우, 결말에서 '나'가 인생의 희망을 찾고 있다는 해석 가설을 잠정적으로 확정하면서 해석텍스트를 맺고 있지만, 이러한 해석 가설은 앞에서 나열된 추측들과 특별한 유기적 연관 없이 제시되어 있으며, 정확히 어떤 논거들이 결말을 희망으로 해석하는 과정을 뒷받침

하고 있는지 역시 불명확하다.

<날개-H3-I-M-264>의 경우, <날개>가 '나'의 자살로 마무리된다는 해석 가설을 세우고 있으며 그러한 가설의 근거는 매춘 광경의 목격으로 인해 '나'가 받은 충격이다. 하지만 이미 '나'는 매춘을 암시하는 광경에 노출된 적이 있었고, 옥상에서 그가 묘사하는 거리 풍경 역시 순간적 충격으로 인해 자살을 결심한 자의 그것이라고 보기는 어렵다. 따라서 논거의 양과 질이 다소 빈약하다고 할 수 있다.

<날개-H2-S-F-16>의 경우 논거 자체에 오류가 있는 경우를 잘 예시하는데, <날개>가 희망을 전하는 글이라는 해석 가설을 뒷받침하는 논거로 남편을 위한 아내의 희생, 신뢰 관계를 맺고 있는 부부 관계 등을 꼽고 있다. 이는 <날개>의 텍스트내적 요소들로부터 추론된 논거라 보기 힘들다. 이처럼 자신의 해석 가설을 뒷받침하는 학습자들의 논거가 적절성, 풍부성, 정확성 등의 면에서 충분한 검토를 거치지 않은 까닭에, 고등학생 학습자들의 해석텍스트는 전문독자들의 그것이 표방하는 수렴방사형의 조밀한 논리적 구조에 도달하지 못하는 경우가 많다.

박재현(2004)에서는 타당성이 약한 논거의 사용을 한국인의 논증 문화가 갖는 한 특징으로 꼽고 있다. 그리고 이러한 한국 논증 문화의 양상을 홉스테드(Hofstede)의 모호성 회피 성향과 연관짓는데, 한국 문화는 명확한 언어보다는 모호한 언어에 대해 큰 수용성을 갖기에 모호하고 불확실한 논거들 역시 충분한 효력을 발휘할 것이라 믿는다는 것이다. 하지만 이러한 믿음과 달리 실제 논증의 장에서는 주장 내용의 논리 못지 않게 논거의 타당성과 신뢰성이 중요한데, 이것이 충족되지 못하면 논증의 힘이 보장될 수 없고 오히려 반론의 가능성을 제공하게 된다는 점에서 교육적 처치를 요한다.[156] 교육의 구체적 방향을 시사받기 위하여 텍스트내외적 논거

---

156) 박재현, 「한국의 토론 문화와 토론 교육」, 『한국교육학연구』 19, 국어교육학회, 2004, pp.302-304.

를 촘촘하게 조직, 강화하고 있는 한 대학생 독자의 해석텍스트 <날개-U-K-F-38>를 구조화하여 살펴보자.

단계			수행
1단계			'박제가 되어버린 천재를 아시오?'라는 프롤로그의 문구에 주목
2단계			작품의 반복적 독서를 통해 이 문구가 작품 전체를 포괄하는 핵심 어구이자, <날개> 전체가 이 문구를 중심으로 확장되는 일종의 프랙탈 구조임을 확신
3단계			<날개>가 '박제 상태로부터의 해방'이라는 의미 주제를 담고 있다는 해석 가설 설정
4단계	해석 가설 검증	텍스트 내적 논거 조회	'나'의 박제적 상태를 뒷받침하는 텍스트내적 논거 -생명력과 욕망을 잃은 듯한 신체적, 심리적 상태 -작은 '방'에 만족하고 '햇빛'이 없는 상태에 불평하지 않는 화자의 태도 -아내의 방에서 이루어지는 무의미한 장난에 재미를 느끼는 화자의 행위
			'나'의 박제적 상태로부터의 해방을 뒷받침하는 텍스트내적 논거 -아달린의 발견으로 인해 이성적 요소인 '의심' 발생 -아내에 대한 의문을 자기 자신에게로 돌리고 있는 화자의 심적 변화 -만물이 생동하는 정오에 듣게 되는 각성의 사이렌 이후 행해지는 날개에의 염원
5단계		텍스트 외적 논거 조회	박제 상태로부터의 해방이라는 의미 주제에 대한 텍스트외적 논거 조회 -일제강점기라는 시대 맥락의 도입 -날개를 상실한 식민지 지식인들의 각성을 요구하는 내포작가의 목소리 추론
6단계			<날개>가 '박제 상태로부터의 해방'이라는 의미 주제를 담고 있다는 해석 가설의 잠정적 확정

자신의 해석 가설을 검증해본 적이 드문 학습자들의 경우 이러한 논거의 조직과 강화에 어려움을 겪을 수 있다. 이때 조력자로서 교사는 학습자들에게 일종의 해석 지도(map)를 그리고 그 지도 안에 해석 가설과 논거들을 배치시켜 해석의 논증적 힘을 강화하도록 안내할 수 있다.

텍스트내외적 논거탐색→ 해석 가설과의 조회→ 논거의 적절성/풍부성/정확성 판단→ 논거 채택

나) 수사학적 해석의 정교화

① 심미적 반응의 텍스트내적 귀인

소설 해석은 범박하게 말하면 소설텍스트에 대한 반응의 논리화 과정이다. 많은 고등학생 독자들이 수사학적 해석을 거의 생략한 채 해석을 진행하는 까닭은 자신의 반응과 텍스트 사이의 연결점을 찾지 못하거나, 그 사이가 연결될 수 있다는 생각을 하지 않기 때문이다. 그래서 고등학생 독자들은 자신의 정서적 반응을 드러낼 때도 대개 작중 인물이나 작가에 대한 호감/비호감 정도를 매우 단순한 형태로 제시하는 경우가 많다. 실제로 그들의 단순한 반응 속에 이미 전문적 통찰이 맹아의 형태로 잠재해있는 경우가 많음에도 불구하고 그들은 텍스트의 수사학적 구조에 대한 분석이 자신의 반응 진술과 무관한 활동이라 치부하는 경향을 띤다.[157)]

---

157) 다음의 논의는 학습자들의 반응이 지닌 비평적 가능성을 명료하게 지적하고 있다. "그러나 먼저 편견 없이 읽고 자유로운 감상을 말해보도록 하는 것이 좋을 것이다. 틀림없이 감상과 해석은 천태만상이어서 전문 연구자들의 생각까지도 다 그 속에 맹아의 형태로 들어 있을 것이다." 김석회, 「고전시가 연구와 국어교육」, 『국어교육』 107, 한국어교육학회, 2002, p.23.

이상이라는 작가에 대해 잘 알지 못하는데, **별나다라는 인상을 받았다.** 꼭 내가 가장 우울한 날 가장 우울한 글을 쓰는 듯한 느낌도 있고, 막 떠오르는 것을 거침없이 적은 듯한 느낌도 간간히 들었다. '날개'는 화자가 관찰을 하는 것을 그대로 적은 것 같은 내용이었다...작가의 복잡한 문체와 이해가 힘든 필력 때문에 적잖게 복잡하고 어려운 소설이었다. 옛다 하고 결론을 주는 것도 별로이지만, 이건 수수께끼인지... 하여튼, 어찌 보면 흥미롭기도 한 것이 참 나를 답답하게도 만들었다.<날개-H2-S-F-23>

<날개-H2-S-F-23>의 경우 <날개>를 읽고 '별나다'는 인상을 토로하고 있으며 마치 자유로운 발상이나 관찰의 결과를 적은 듯한 느낌을 받았다고 진술하고 있다. 그리고 그러한 <날개>의 문체가 마치 우울한 날 자신의 문체와 유사한 듯하다는 연상에까지 나아간다. <날개>의 모호하고 복잡한 문체가 명확한 결론 대신 다양한 가치와 세계를 탐구하게 하는 '수수께끼'적 효과를 발생시킨다는 인식에까지 이르렀음에도 불구하고, 다시 텍스트로 돌아가 구체적으로 어떤 어구, 문장, 장소가 그러한 반응을 발생시켰는지 검토하는 과정은 수행되지 않았다.

그렇다면 어떻게 학습자들이 자신의 반응을 발생시킨 장소를 텍스트내에서 발견하도록 할 수 있을까? 이를 위해 전문독자군이 자신의 심미적 반응과 텍스트를 연결 짓는 과정과 전략을 참조할 필요가 있다. 전문독자군에서는 반응의 논리화 과정을 통해 해석을 진행하는 경향이 강하게 드러나는데, 이 때 논리화 과정의 관건은 텍스트의 미적 속성에 대한 충실한 설명을 통한 '심미적 반응의 텍스트내적 귀인'이다. 귀인(attribution)이란 특수한 현상을 유발한 원인들을 특정한 대상으로 회귀시켜 이해하는 과정을 말한다. 자신의 반응에 대한 인지적 검토가 요구될 때 이러한 귀인의 과정은 활성화되게 된다. 귀인이론에 따르면 주체가 주어진 사건에 대해 그 원인을 어떻게 파악하는가에 따라 그 사건에 대한 정서와 행동은 조정된다.[158] 그리고 귀인을 통해 일차적인 반응의 원인들을 검토하고 이

에 대한 재평가(reappraisal)를 시도하게 된다. 따라서 심미적 반응의 재인과 그에 대한 텍스트내적 귀인, 평가는 수사학적 해석을 정교화하기 위한 결정적 방법이 된다.

소설텍스트는 공간예술에 비해 선조적으로 구성되므로, 독자로 하여금 자신의 부분적 반응들을 시간의 흐름 속에서 수정, 종합하도록 요구한다. 그래서 자신의 초기 반응에 대한 지속적인 의문을 갖고, 그 의문을 해결하기 위해 다시 텍스트로 소급해가는 귀인의 과정이 일어난다. 그렇다고 해서 텍스트에 대한 최초의 인상이나 부분적 반응들이 완전히 파기되는 것은 아니다. 이미 파기된 반응들도 독자의 해석에 영향을 끼칠 수 있다. 심미적 반응의 텍스트내적 귀인이 완료되면 그 영향력의 합당성에 대한 재평가에 돌입한다.

이처럼 수사학적 해석은 텍스트에 대한 반응의 근원을 텍스트 속으로 찾아가 귀인하는 과정이다. 이는 자신의 반응에 대해 끊임없이 '왜'라는 질문의 연쇄를 던지는 과정이다. 소설텍스트는 독자에 대해 잠재되어 있는 수사학적 구조로서 존재한다고 볼 수 있다. 독자는 소설텍스트가 자신에게 발생시킨 효과를 인식하고 그 근거를 텍스트내적으로 귀인시킴으로써 그 효과의 정당성을 파악할 수 있게 된다. 이처럼 텍스트와의 소통 관계 속에서 독자 자신의 반응을 지각할 수 있는 과정을 이저(Iser)는 미적 경험의 중심적 동인이라 본다.[159] 다음의 해석은 자신이 한 소설텍스트에서 받은 '느낌'의 기원을 텍스트내적으로 귀인해나가는 과정을 선명하게 보여준다.

그의 소설은 도시인의 문체로 이루어져 있다. 농사꾼의 문체에서 흔히

---

158) B. Weiner, "An attributional theory of achievement motivation and emotion", *Psychological Review* 89, 1985, pp.548-573.
159) W. Iser, 『독서행위』, 이유선 역, 신원문화사, 1993, p.224.

볼 수 있는 끈질긴 자연 묘사나 인물 묘사가 그의 소설에는 거의 보이지 않는다. 그의 소설은 도시인 특유의 요설과 감각으로 가득차 있다. <u>그의 감각은 대체적으로 '~처럼' '~같이' 따위의 직유로 표현된다</u>...최인호의 요설은 되풀이의 과정에 그 요체를 두고 있다. 되풀이는 감정 환기를 강렬하게 강요한다. 그것은 그만큼 독자들을 맹목적으로 만들고, 무비판적으로 만든다...그것 때문에 독자들은 최인호가 보여주는 상상적 세계 속에서 헤어나지를 못하는 것이다.[160]

위 해석자는 자신이 독서 과정에서 체험한 '끈적한 느낌'을 재인(再認)하고 그것의 원인을 최인호 소설을 구성하는 도시인 특유의 문체에서 찾아낸다. 그리고 이러한 도시인 특유의 문체를 농사꾼의 문체와 대비시켜, 그 특성을 분명히 한다. 빈번하게 등장하는 직유형의 문장들이 최인호의 소설 문체를 도시인의 문체로 규정하는 근거가 된다. 그리고 이러한 문장의 반복이 독자에게 강렬한 감정을 요청한다는, 텍스트의 수사학적 구조를 발견하고 그것의 효과에 대해 다소 비판적인 뉘앙스로 평가하고 있다.

물론 위 해석자가 가진 소설 장르문법에 대한 지식이 이러한 귀인의 과정을 수월하게 해준 것은 사실이지만, 반복되는 문장의 발견이나 문체가 주는 느낌, 시점으로 인해 발생하는 강조와 배제의 효과 등은 학습자 수준에서도 충분히 탐구할 수 있는 호소구조라 할 수 있다. 따라서 교사는 먼저 텍스트의 수사학적 구조를 이루는 요소들을 쉬운 용어로 풀어주고 이것이 독자에게 어떤 '영향'을 미쳤거나 미칠 수 있는지 서술하도록 도울 수 있다. 그리고 그러한 수사학적 구조가 변형될 때 독자의 반응에는 어떤 변화가 일어날지 가정해보게 함으로써 수사학적 구조의 영향을 보다 뚜렷이 인지하게 할 수 있다. 예를 들어 <날개>의 초점화자가 '나'가 아니라 '아내'일 경우 텍스트가 독자에게 미치는 영향이 어떻게 달라질지 예상해보면서, 초점화자의 수사학적 기능을 파악할 수 있다. 또한 위에서 예

---

160) 김현, 『문학과 유토피아 : 공감의 비평』, 문학과지성사, 1993, p.197.

시된 것처럼 심미적 반응의 텍스트내적 귀인 과정이 선명하게 드러나는 해석의 사례를 학습자의 수준에 맞게 변환하여 귀인 활동의 모델로 제공하는 방안 역시 제안될 수 있다.

② 내포작가의 구축과 방법적 대화

독자가 소설을 해석하는 과정에서 접하는 작가는 독자 자신이 구성해 나가는 내포작가이며, 텍스트 전략을 통해 독자에게 출현하는 현상학적 작가이다. 내포작가는 독자들이 허구서사의 장르문법을 파악하기 위해 방법적으로 요구하는 존재로, 텍스트 전략을 구사함으로써 특정한 세계관을 확신하거나 해체시키고 독자의 변화를 유도한다. 이를 리쾨르는 내포작가가 강요하는 언표내적 힘이라 명명한다.

이러한 내포작가의 존재를 상정하는 것은 서사텍스트의 수사학적 효과를 파악하기 위한 것이다. 이는 텍스트의 스토리 층위의 재현에만 정향된 독자들의 해석에 균형을 맞추어주고 독자들이 주체적 입장에서 소설을 해석할 수 있도록 유도한다. 이 과정은 소설텍스트의 형식에 대한 관심을 추동한다는 점에서 형식주의의 방법론을 부분적으로 원용할 수 있지만, 그렇다고 해서 그것이 텍스트에 대한 과학적 접근만을 의미하지는 않는다. 형식에 대한 주목은 오히려 독자의 능동성을 보존하고, 독자로 하여금 텍스트로부터의 방법적 거리두기를 통해 텍스트의 의도에 다가가도록 한다. 왜냐하면 소설텍스트의 구조 자체를 문제 삼기보다는 구조화의 의미를 되묻고, 그러한 구조가 자신에게 미친 효과를 반성하는 작업이기 때문이다.

그동안 문학교육담론에서 작가의 존재는 매우 이중적으로 다루어져 왔다. 실제 작가의 의도를 해석의 국면에 끌어들이는 태도가 이론적으로 경계되는 동시에, 문학교실에서는 실제 작가에 대한 정보가 풍부하게 주어졌다. 물론 이러한 정보들은 개별 텍스트 해석에 있어 그 자체로 결정적인 것은 아니며, 오히려 텍스트의 해석 가능성을 지나치게 제한하기도 한다. 따라서 여기에서는 해석의 타당성을 확보하기 위한 방법적 전략의 하나로 내포작가의 구축을 제안하고자 한다.

텍스트를 생산해낸 인간 주체의 의도에 대한 호기심은 해석을 추동하는 강한 동력이다. 중요한 것은 여기서 말하는 작가가 실제 작가가 아니라 독자에 의해 구축된 '상상적 저자'이며, 해석 과정에서 해석자가 상상적으로 대화를 나누며 자신의 해석을 전개시켜 나가는 '가정된 저자'라는 것이다. 내포작가는 "독자라는 결과에 의해서만 얻어지는 사후 해석의 산물"이다.161)

수동적인 독자는 이미 주어진 자료를 토대로 실제 작가에 대해 일면적으로 평가하려는 경향이 있다. 따라서 텍스트를 실제 작가가 지니는 의도의 실현으로 이해하기보다는, 텍스트에 잠재적으로 암시된 의도, 즉 내포작가가 지니는 의도의 실현으로 이해해야 한다. 내포작가의 의도는 재현된 텍스트세계를 근거로 가설화162)되며 이러한 가설의 타당성이 해석의 타당성으로 이어진다.

하지만 대부분의 고등학생 독자들은 인물의 동기(60.4%)를 추리하는데 집중한 나머지, 내포작가의 의도(1.4%)에 대해서는 거의 질문하지 않는 경향을 보였다. 상위 독자군으로 갈수록 내포작가의 의도는 해석을 추동하는 주요한 동력으로 부상하는데, 대학생 독자군의 14.6%, 전문독자군의 22.9%가 명시적으로 내포작가의 의도를 추론하며 이를 통해 서사텍스트의 수사학적 효과를 파악하고 있었다. 다음의 전문독자군 해석텍스트가 그러한 양상을 단적으로 예시한다.

<종생기>(1937)는 메타픽션의 형식을 통해 자기 고백적 태도를 취하고

---

161) 권택영, 앞의글, p.217.
162) 신운화, 「작품해석에 있어서의 온건한 의도주의」, 『미학』 68, 한국미학회, 2011, p.108.

있다. 하지만 이 자기 고백은 정직한 자기 노출이라기보다 무언가를 숨기기 위한 전략적 포즈에 가깝다. 그 어떤 사전정보도 없이 불쑥 등장하는 한시 네 자를 두고 두 자 이상의 오자를 범하고 있다는 언급이 하나의 작은 수수께끼를 이루고 있는 데서도 알 수 있듯, 이상에게 있어 고백은 자기 위장을 통해 수수께끼를 생성하는 역설적 효과를 낳는다. 이처럼 이상은 드러내면서 감추고 감추면서 드러내는 감춤과 드러냄의 담론전략을 즐겨 구사하는데, 이때 위선과 자기 기만이 폭로되기도 하고 내면의 진실성이 은폐되기도 한다.163)

위 해석자는 소설 <종생기>의 담론전략을 구사하는 내포작가를 가정하고 그러한 '감춤과 드러냄의 담론전략'의 의도와 효과를 추론하고 있다. 이처럼 담론 내부의 인물과 서술자를 통어하는 메타적 존재로서 내포작가를 상정하게 되면 내포작가가 제안하는 가치와 담론 전략이 보다 종합적으로 검토될 수 있다.

따라서 교사는 학습자들이 텍스트 전체를 통어하는 내포작가를 가정하고, 그와 상상적인 대화를 나누는 활동을 통해 수사학적 해석을 정교화해 나가도록 도울 수 있다. 그리고 자신의 반응이 내포작가의 목소리에 의해 어떻게 영향 받았으며, 이러한 내포작가의 전략은 적절하고 윤리적이었는지 판단할 수 있도록 유도해야 한다. 예를 들어 독자는 박범신의 소설 <은교>를 접한 후, 작품 속 이적요와 은교, 서지우가 속한 텍스트세계를 읽어나가며 그러한 세계를 우리 앞에 제시한 내포작가의 의도에 대해 이런저런 가정을 해 볼 수 있다. 물론 이러한 내포작가의 의도는 실제 작가인 박범신의 면모와, 그가 <은교>와의 연계성을 강조한 소설 <촐라체>, <고산자> 등의 추가적 독서를 통해 구성해낸 전형적 작가 박범신의 서사 전략에 의해 추론될 수도 있다.

하지만 내포작가의 의도는 일차적으로 <은교>라는 완결되고 독자적인 텍스트세계 전반에 기초하여 구성되어야 한다. 내포작가가 작중인물들

---

163) 이정석, 「이상 문학의 정치성」, 『현대소설연구』 42, 한국현대소설학회, 2009, p.376.

의 갈등을 실어 나르는 화자로서 변호사 Q의 존재를 설정한 까닭은 무엇인지, 은교의 존재는 이적요와 서지우에게 각각 어떤 의미이며 그것의 형상화 과정은 어떠한지, 작중인물들의 발화는 어떻게 각기 다른 문체로 조직되며 이것의 효과는 무엇인지, 내포작가가 궁극적으로 이 이야기를 독자에게 들려주는 까닭은 무엇인지 등이 다각적으로 검토되게 된다.

다) 맥락적 해석의 정교화

① 협동학습을 통한 맥락적 지식의 수집과 선별

텍스트의 생산자와 수용자 사이에는 일정한 시공간적, 문화적 소격이 존재한다. 게다가 의미론적 모호성이 극대화된 문학텍스트의 경우 타당한 해석을 위해 맥락적 지식이 절실하게 요청된다. 맥락적 지식이란 '텍스트 생산자와 수용자 사이의 소통을 매개하기 위해 제공될 필요가 있는, 해당 텍스트와 관련된 지식'이라 정의될 수 있다.164) 하지만 학습자들은 교사나 전문독자에 비해 상대적으로 맥락적 지식이 부족할 수밖에 없다. 때로는 이러한 맥락적 지식의 부족을 참신한 수용 맥락의 도입이나 창의적인 해석 약호의 도입을 통해 극복하기도 한다. 하지만 많은 경우 맥락적 지식의 부족은 해석적 논증의 과정을 빈약하게 만들게 된다.

그렇다면 학습자들은 맥락적 지식의 측면에서 언제나 전문독자나 교사에 대한 상대적 결여태로만 존재할 수밖에 없는가? 만약 그렇다면 지금처럼 전문독자가 발굴하고 교사가 가공한 맥락적 지식을 학습자들에게 전해주는 전달모형만으로도 충분할 것이다. 그러나 전술했듯이 이러한 전달모형은 학습자들을 지식의 생산자나 탐구자가 아닌, 소비자로만 전락시킨다. 이는 끝없는 의미 탐구의 여정이라는 해석의 본령과도 전혀 부합하지 않는다.

---

164) 정정순, 「맥락적 지식 중심의 한시 교육 : 두보의 「春望」을 중심으로」, 『우리말글』 53, 우리말글학회, 2011, p.5.

학습자들은 매우 가까운 물리적 공간 속에 동년배 집단 동료를 갖고 있다. 즉 학급 내의 집단적 역동성을 해석 활동의 자원으로 활용할 수 있는 것이다. 그리고 적어도 소설 해석 활동에 있어서는 전문독자에 비해 상대적으로 덜 경쟁적인 관계 속에서 협력적 학습을 수행할 수 있다. 전문독자에 비해 '창의적이면서 기존의 해석을 넘어설 수 있는' 해석에 대한 압력을 덜 받기 때문이다. 거기다 교사라는 지적 조력자 역시 보유하고 있다. 소설 해석 활동은 단 하나의 정확한 의미를 누가 먼저 탈취하는지 경쟁하는 게임이 아니다. 그렇다면 '아마추어 해석자'로서의 자유와 기회를 보장받는 학습자야말로 능동적인 해석 활동의 주체로서 적합한 조건을 갖추었다 할 수 있다.

여기서는 동료 학습자들이 미시 해석공동체로서 함께 맥락적 지식을 수집하고 선별하여 각자의 해석 논리를 강화시키는 활동을 제안하고자 한다. 지식의 사회적 구성이라는 명제에서 출발한 협동학습은 학습자들이 이질적 소집단을 형성하여 목표를 위해 상호작용하며 학습하는 교수 방법이다.[165] 케이건 등(1989)에 의하면 협동학습은 긍정적인 상호 의존, 개인적인 책임, 동등한 참여, 동시다발적인 상호작용을 원리로 삼는다.[166] 이러한 협동학습은 교육 전반은 물론이거니와 문학 수업에도 많은 영향을 미쳐왔다. 문학교실에서 협동학습이 이루어지고 있지 않다는 것은 적어도 현상적으로는 사실이 아니다. 하지만 과연 학습자의 문학능력 향상에 기여하는 방향으로 협동학습이 이루어지고 있는지 그 실질적 효용에 관해 살펴보면 상황은 다소 달라진다. 한 설문 조사에 따르면 협동학습의 실시 결과에 대해 76%의 교사들이 시간 낭비였다거나 미숙함으로 인해 효율성을 거두지 못해 실시하지 않고 있다고 답했다.[167]

---

165) 이상구, 「문학교육에서의 협동학습 적용 방안」, 『국어교과교육연구』 6, 국어교과교육학회, 2003, pp.32-33.

166) S. Kagan, *Cooperative learning resources for teachers*, University of California, 1989.

167) 양창수, 「통합적 언어활동을 통한 국어과 교수 학습 방법 연구」, 한국교원대학교 석사

이러한 문제에도 불구하고 협동학습은 개인 구성원이 가지는 인지적 부담을 줄여주고, 다양한 시각과의 접촉으로 인해 자신이 구성한 지식의 타당성을 검증하게 해주며, 사회 구성원들이 상호 인정하는 지식을 구성하게 한다는 점에서 그 교육적 힘이 다대하다.[168] 특히 협동적 프로젝트 학습법은 문제 발견과 공동의 탐구, 해결이라는 하나의 내러티브를 갖는 협동학습의 한 종류인데, 그중에서도 집단조사(GI)는 문제를 해결하기 위해 협동적으로 정보를 수집하고 분석, 종합하는 프로젝트에 적합하다.[169] 샤런 등(1990)이 개발한 이 교수·학습 방법은 학생들을 2-6명의 소집단으로 구성한 후, 세분된 학습과제를 제공하거나 설정하도록 한다. 각 집단은 토의나 문헌 조사, 방문 조사 등의 방법을 이용하여 각 집단별 조사 학습을 실시하고 이를 전체 집단과 공유한다.[170]

국어과 수업에서도 협동적 프로젝트 학습법을 도입하려는 시도가 이루어진 바 있는데, 박혜진, 우신영, 조고은, 최영인(2012)의 연구가 대표적이다.[171] '한글'을 주제로 한 수업모델을 설계한 위 연구에서는 학습자가 수업 주제인 '한글'과 관련된 의미 있는 가설을 설정하고 팀 별로 자료를 수집한 후 가설을 검증하는 단계로 수업을 구성하고 있다. 한글 창제에 관한 가설을 각각 설정한 학습자들은 가설 검증을 위한 자료를 함께 취합하고 자료의 내용을 조합하여 가설 검증을 위한 논거로 선정한다. 이 과정에서 교사는 학습자들의 자료 탐색 활동이 주제와 연관성을 갖고 이루어지는지, 자료의 의미를 올바르게 도출하고 있는지 등을 수시로 점검해야 한다.

협동학습을 통한 맥락적 지식의 수집과 선별 활동에서도 이와 유사한

학위논문, 2001.

168) 변영계, 김광휘, 『협동학습의 이론과 실제』, 학지사, 1999.

169) 한국교육심리학회 편, 『교육심리학용어사전』, 2000, 학지사, p.456.

170) S. Sharan, *Cooperative learning: theory and research*, Praeger, 1990.

171) 박혜진, 우신영, 조고은, 최영인, 「내러티브를 활용한 핵심 역량 중심의 국어과 창의·인성 수업모델 개발 연구」, 『한국어교육학회 학술발표논문집』, 한국어교육학회, 2012.

과정이 이루어진다. 학습자들은 먼저 소설텍스트를 읽고 각자의 해석 가설을 세운 후, 본격적인 협동 활동에 돌입한다. 학습자들은 모둠별로 가설 검증을 위한 자료를 취합하기 시작하는데, 이 때 교사는 학습자들이 텍스트의 생산 맥락, 소통 맥락, 수용 맥락, 상호텍스트 맥락에 관련된 지식을 최대한 풍부하게 검토할 수 있도록 모둠별로 자료 취합의 범주를 배분해 주거나 자료 취합의 방법을 상이하게 지정해줄 수 있다.

활동이 잠정적으로 종료되면 각 모둠의 대표는 그들이 취합한 정보를 전체 학급에 대하여 공유한다. 이후 학습자들은 공유된 정보들 중 자신의 해석 가설을 뒷받침하거나 보완, 조정하기 위하여 필요한 맥락적 지식을 선별하고 이를 가설 검증을 위한 논거로 활용하여 해석 논리를 강화한다. 이후 학습자들은 맥락적 지식을 활용한 해석의 과정과 결과를 발표, 공유한다.

이러한 과정을 가시성을 위해 표로 정리하면 다음과 같다.

〈표 19〉 협동학습을 통한 맥락적 지식의 수집과 선별 과정의 예시

과정	주체	단계	예
가설 설정	학습자	해석 가설의 탐색	가설 1 : <날개>는 지식인으로서 이상 자신의 고뇌를 토로한 자전적 소설이다. 가설 2 : <날개>는 남편과 아내로 표상되는 1930년대 한국과 일본의 관계를 우의적으로 형상화한 소설이다. 가설 3 : <날개>는 우리 설화 <아기장수 이야기>의 현대적 패러디물로, 좌절한 영웅의 이야기이다.
	교사	해석 가설 탐색을 위한 지원 제공	반복적 독서를 유도하거나, <날개>의 제목, 결말, 인물 설정 등의 기점에 주목하게 함으로써 해석 가설을 세우는 데 어려움을 겪는 학습자를 지원한다.

집단 조사	교사	모둠별 조사 내용의 분담	2-6명의 모둠을 전략적으로 나누고 전체 모둠의 조사 결과가 <날개>의 생산 맥락, 소통 맥락, 수용 맥락, 상호텍스트 맥락에 관한 지식을 아우를 수 있도록 자료 취합의 범주나 자료 취합의 방법을 다양하게 분담시킨다.
	학습자	가설 검증을 위한 모둠별 자료 취합	각 모둠은 <날개>와 관련된 다양한 맥락적 지식을 수집한다. 모둠별로 작가 이상 및 <날개> 발표 당시의 사회·문화적 상황에 대한 문헌 조사, 작가내적 작품군의 독서, <날개> 관련 감상/비평문의 수집 등이 이루어진다.
	교사	자료 탐색 활동의 점검	교사는 학습자들의 자료 탐색 활동이 주제와 연관성을 갖고 이루어지는지, 자료의 의미를 올바르게 도출하고 있는지 등을 수시로 점검하고, 자료 취합에 어려움을 겪고 있는 모둠이 있다면 활용 가능한 자료의 출처나 수집 방법 등을 구체화해 준다.
	학습자	자료의 공유	각 모둠은 자신들이 취합한 정보를 검토한 후, 이를 발표나 윤독 등의 방식으로 전체 학급과 공유한다.
가설 검증	학습자	맥락적 지식의 선별	모둠별로 공유된 정보들 중 자신의 해석 가설을 뒷받침하거나 보완, 조정하기 위하여 필요한 맥락적 지식을 선별한다.
	교사	논거 활용의 타당성 점검	해석 가설에 대한 논거로서 맥락적 지식이 적절성, 풍부성, 정확성을 갖고 활용되고 있는지 점검, 지원한다.
	학습자	가설 검증	선별된 맥락적 지식을 활용하여 자신의 해석논리를 강화하고 해석 가설을 잠정적으로 확정한다.
집단적 공유	학습자	발표 및 공유	<날개>에 대한 맥락적 지식의 집단 조사 결과를 활용한 자신의 해석 과정과 결과를 발표한다. 서로의 발표를 들으며 해석 가설의 타당성, 논거로서 맥락적 지식의 적절성 등을 검토하고 다양한 해석의 가능성을 수용한다.

	교사	종합	공유된 내용을 종합하고 서로의 해석 과정을 개방적 태도로 검토할 수 있도록 유도한다.
	학습자	가설 보완 및 조정	해석의 집단적 공유 후 자신의 해석 가설을 보완하거나 조정한다.

그동안 문학교육 담론에서는 구성주의 지식관을 표방하면서도 개인이 구성해가는 지식에 주로 초점을 맞추어왔으며, 학습자들이 공동으로 구성해나가는 지식에 대해서는 상대적으로 덜 주목해온 경향이 있다. 하지만 청소년 학습자들로 구성된 학습공동체 역시 과제에 대한 분명한 인식과 동기화, 모둠별 활동을 위한 교사의 지원만 제공된다면 충분히 집단지성(Collective Intelligence)으로 기능할 수 있다. 박재천 외(2010)에서는 공동의 학습목표 달성을 위하여 토의, 협력, 상호의존 등을 수행하는 협력학습의 과정이 협력, 개방, 참여, 공유를 통한 집단지성의 발현과 유사하다고 보고 있다.[172]

양미경(2011) 역시 상호작용과 반성적 사고를 통한 시너지를 창출하는 집단지성의 구현이 협력학습의 본질적 의의임을 강조하고 있다.[173] 물론 협동학습을 통한 맥락적 지식의 수집과 선별이 반드시 해석의 타당성 제고를 담보하는 것만은 아니다. 협동학습의 효과에 대한 많은 선행연구들이, 이러한 집단지성의 시너지 효과 구현이 때때로 실패함을 밝혀낸 바 있다. 따라서 집단적 협업 자체에 의의를 부여하기보다는 이러한 협업을 통해 맥락적 지식이라는 해석의 결정적 논거를 확보하는 학습자 집단의 자발성과 긍정적 상호의존을 활성화시키고, 협력학습의 과정과 결과에 대한 충분한 피드백을 제공하는 것이 중요하다.

---

172) 박재천, 김성훈, 양제민, 「Web 2.0 기반 이러닝 협동학습 시스템 구축과 집단지성 발현에 대한 실증연구」, 『한국정보교육학회논문지』 8-8, 한국정보기술학회, 2010, p.165.
173) 양미경, 「집단지성의 구현을 위한 협력학습의 원리 탐색」, 『교육 방법연구』 23-2, 2011, p.458.

이러한 노력이 뒷받침된다면 협동학습을 통한 맥락적 지식의 탐구는 소설을 정태적인 것이 아닌, 사회적이고 문화적인 맥락에서 벌어지는 사건으로 인식할 수 있도록 해준다. 따라서 이러한 사회·문화적 사건으로서의 소설에 대한 해석이 더욱 흥미롭게 진행될 수 있도록 돕는다. 에드워드 사이드(Edward E. Said) 역시 사회·문화적 산물로서 음악의 속성에 대한 한 강연에서 음악을 맥락 속의 사건으로 자리매김해야 함을 강조하고 있다. 실제 해석 과정에서 예술 작품에 대한 분석은 해당 텍스트의 사회적 맥락에 대한 분석과 분리되기 어렵기 때문이다.[174] 해당 소설이 속해 있는 사회·문화적 맥락과 소설 생산자/수용자가 속해 있는 사회·문화적 체계의 구조를 떠나 단순히 소설을 이루는 요소들의 관계만을 설명하기란 불가능에 가깝다.

학습자는 이처럼 자신의 해석논리를 강화하기 위한 맥락적 지식을 협력적으로 수합하고 선별하는 과정에서 해석 과정의 역동성을 경험하고 해석 논리의 강화를 수행할 수 있다. 또한 단순히 맥락적 지식을 나열하는데서 벗어나, 전문독자들처럼 맥락적 지식이 효과적으로 사용될 수 있는 상황을 조직화할 수 있다.[175] 나아가 한편의 소설에 대한 해석이 개인적 과제인 동시에 공동체적 과제이며, 이러한 개인적, 공동체적 추구가 누적되어 해석공동체의 성장을 이루어나가는 것임을 자각할 수 있다.

② 엮어 읽기를 통한 상호텍스트군의 형성

소설텍스트의 의미는 다른 텍스트와의 상호텍스트성 속에서 파악되고 풍성해지며 때로는 그러한 상호텍스트군의 구축을 필수적으로 요청하기도 한다. 상호텍스트군의 형성 범위는 원론적으로는 무한대에 가깝다. 우선적으로는 작가내적 작품군이 해석을 위한 효율적 상호텍스트로 기능할

---

174) E. E. Said, 『음악은 사회적이다』, 박홍규, 최유준 역, 이다미디어, 2008.
175) 이인화, 앞의글, p.153.

수 있고, 동시대 작품군이나 유사주제 작품군 역시 소설텍스트의 의미를 구성하는 데 결정적으로 기여할 수 있다. 때로는 해당 소설텍스트와 전혀 무관해보이던 텍스트에서 상호텍스트성을 구축해내고 해석에 이러한 낯선 텍스트들이 엮여 들어오면서 개성적 해석을 진행시키기도 한다.

이처럼 엮어 읽기를 통한 상호텍스트군의 형성은 다음의 두 가지 효과를 갖는다. 첫째, 상호텍스트군을 활용함으로써 해석자는 원 텍스트의 의미론적 잉여지점이나 난해지점을 해석하는 데 있어 실제적 논거를 확보한다. 가령 김정우(2004)에서는 김광균의 시 <와사등>에 등장하는 '차단-한'에 대한 해석을 위해 동일 어휘가 등장하는 네 편의 다른 시텍스트를 조회한다. 즉 <와사등>이라는 시의 고유한 내적 맥락을 통해 밝혀낸 '차단-한'의 의미가 다른 텍스트들과의 관계 속에 다시 투사, 수정되는 것이다.176)

둘째, 상호텍스트군을 형성해가면서 창의적 해석을 가능케 하는 개인적 지식의 도입이 가능해진다. 전술했듯이 상호텍스트군의 범주나 기준은 확고하게 정해진 것이 아니다. 텍스트 사이의 상호텍스트성을 설득력 있게 밝혀낼 수만 있다면, 학습자들이 갖고 있는 독특한 텍스트 경험 역시 해석에 활용할 수 있게 된다.

셋째, 상호텍스트들과의 관련 속에서 원 텍스트의 의의나 가치를 명료하게 정위(定位)할 수 있는, 비교적 안목을 기를 수 있다. 김상진(2010)은 엮어 읽기를 '작품에 대한 비교적 관점의 읽기'로 규정하고, 관심의 제고, 시간적 효율성, 작품 가치의 명료화 등을 그 효과로 들고 있다.177) 한 대상의 의미와 가치를 제대로 투시하려면 그 대상을 가까이서 세밀하게 들여다보는 과정도 요구되지만, 다른 대상들과의 관계망 속에서 가늠해보는 과정도 요구된다.

---

176) 김정우, 「시 해석교육 내용 연구」, 서울대학교 박사학위논문, 2004, pp.82-89.
177) 김상진, 「엮어 읽기를 통한 시조 학습지도 방안 : 고등학교 수업을 대상으로」, 『국어교육연구』 47, 국어교육학회, 2010, p.10.

이러한 상호텍스트군 형성의 중요성에도 불구하고 학습자들의 해석텍스트에서 상호텍스트군의 형성 과정은 드러나지 않거나 매우 소박한 수준으로 나타난다. 이상 <날개>에 대한 작가내적 작품군 경험이 있을 것으로 기대되는 고등학교 3학년 학습자들은 물론이고, 대부분의 고등학생 독자들이 자신이 갖고 있는 텍스트 경험을 활용하지 않고 있었다. 대학생 독자군의 경우 상호텍스트군을 구축하려는 시도가 이루어지고는 있지만 그러한 상호텍스트군의 구축이 텍스트 간 유사성의 발견에만 머물 뿐, 상호텍스트군을 통해 원텍스트의 난해지점을 해석할 수 있는 실마리를 얻는다거나 비교적 관점의 도입을 통해 다양한 텍스트들의 지평을 융합, 확대해가는 수준에 도달하는 데는 어려움을 겪고 있음을 볼 수 있다. 다음의 해석텍스트를 살펴보자.

작중 남편은 분명 성인의 몸이다. 신체는 성인이나 하는 행동거지들은 티없이 맑고 순수한 동심의 모습이다. 머리로는 여러 가지 복잡하고 난해한 생각을 하지만, 아내의 화장품을 가지고 논다던지, 영문도 없이 누워서 잠들어 버리는 등 어린아이 같다. 그러다가 날개, 옛 겨드랑이에 달려있던,를 떠올리며 다시 날자고 한다. 갑자기 아기장수 우투리가 떠올랐다. 결국 뜻을 이루지 못하고 사라져버린 우투리. 남편의 모습도 그러하다. 무엇 하나 원하는 대로 이룬 것도, 이룰 수도 없어보인다. 날 수 있을까 남편은...<날개-U-K-M-34>

그런 화자가 불현듯 날개를 얻고 날고자 한다. 박제의 상황을 극복하려는 것이다. 하지만 이 시도는 성공할 것 같지 않다. '아기장수 우투리'를 떠올리게 하기 때문이다. 세상을 구할 영웅이나 사회적 상황으로 그 뜻을 펼치지 못한 겨드랑이에서 날개가 돋았던 영웅. 이상은 스스로를 우투리처럼 생각하지 않았을까?...마지막에 이르러 날개를 찾아 날아보려 하지만 이것이 긍정적인 결과로 이어질거라고 마냥 낙관할 수 없다. 우투리는 결국 비극적인 결로로 끝나기 때문이다. 이상이 정말 우투리를 의식하고 이 글을 썼는지는 모르나 많은 유사점이 있다. 그러므로 마지막 부분은 화자가 부활과 극복을 하는 것은 아닐거 같고, 시도는 하나 실패할 것이다. 그리고 아마 계속 박제된 채로 살지 않을까?<날개-U-K-M-32>

<날개-U-K-M-34>의 경우 <날개> 속 '나'의 유아적 속성과 행위에 주목하다가 '아기장수 우투리' 설화와의 유사성을 떠올리고 있다. 뜻을 이루지 못한 우투리와 희망이 없어 보이는 남편의 상태에서 유사성을 발견한 것이다. 그러나 남편의 유아적 속성이 작품의 전체 구성 안에서 의미하는 바나 이러한 유아적 속성의 변모과정이 어떻게 전개되는지에 대한 해석에 도달하기 위해 그러한 유사성을 생산적으로 활용하지 못하고 있다. 그래서 '남편은 우투리와 달리 날 수 있을까'를 질문하는 데서 해석이 종결되고 있다.

<날개-U-K-M-32>의 경우 상호텍스트군의 구축이 오히려 원 텍스트에 대한 해석을 왜곡된 방식으로 닫아버리는 현상을 보여준다. 작가 이상이 <날개> 창작 과정에서 '아기장수 우투리'와의 영향관계를 의식했는지에 대해 확신하지 못하는 상태임에도 불구하고, '아기장수 우투리'가 비극적인 결말로 끝났기에 <날개>의 '나'가 염원하는 비상 역시 이루어지기 어렵다는 무리한 추론을 수행하고 있다.

이처럼 고등학생 독자군과 대학생 독자군이 해석 과정에서 상호텍스트군을 능동적으로 구축하지 않거나 생산적인 방식으로 활용하지 못하는 까닭은 다음의 두 가지로 추론해 볼 수 있다. 첫 번째 까닭으로는 '한 편'의 텍스트는 온전히 자족적이라는 명제의 작동을 들 수 있다. 물론 해석을 위해 한편의 소설이 갖고 있는 고유한 특수성은 반드시 고려되어야 하고, 해석에 있어서도 그러한 특수성에 기반한 내재적 분석이 일차적으로 요구됨은 물론이다. 그러나 그러한 내재적 분석 이후에 텍스트에 대한 독자 나름의 의미화 작용으로서 다면적이고 다층적인 해석을 수행해나가려면 '한 편'의 의

미를 상호텍스트적으로 확장시킬 필요가 있다는 지적은 적실하다.[178]

두 번째 까닭으로는 학습자 자신이 가진 문학텍스트 경험과 해석의 대상이 되는 정전급 텍스트가 만날 수 없다는 선입견의 작동을 들 수 있다. 그래서 학습자들은 자신이 보유한 독특한 문학텍스트 경험보다는 교과서나 교사가 잘 처리해서 제공하는 상호텍스트적 맥락을 활용하고자 한다. 그러나 이처럼 '제공되는' 상호텍스트적 맥락은 맥락 개념 본연의 역동성을 잃고 보다 '더 두꺼워진 참고서'의 형태로 왜곡될 여지마저 존재한다.[179] 학습자들은 나름의 문학텍스트 경험사를 보유한 존재이다. 다만 그 것이 문학교실에서 적극적으로 호출된 적이 없을 뿐이다. 학습자의 문학텍스트 경험사는 교육용 문학사와 만나는 일이 드물다.[180] 반면 전문독자들의 독서-현장비평-는 문학사와 긴밀히 연결되어 있다. '작은 글쓰기'와 '큰 글쓰기'가 의미있게 조우하는 것이다.[181]

그렇다면 과연 학습자들이 갖고 있는 문학텍스트 경험사는 원 텍스트의 해석을 위해 활용될 수 없는 상호텍스트인가? 정재찬의 연구(2009)는 학습자가 보유한 개성적인 문학텍스트 경험사가 생산적 해석의 지평을 확대해가는 과정을 여실히 보여준다.[182] 위 연구에서 소개하고 있는 대학생 학습

---

178) 김정우, 앞의글, p.88.
179) 양정실, 정진석, 이인화, 한태구, 우신영, 「맥락을 고려한 작품 읽기의 문학 교과서 구현 양상에 대한 비판적 검토-2009개정 교육과정에 따른 고등학교 문학 교과서 분석을 중심으로」, 『문학교육학』 41, 한국문학교육학회, 2013, p.317
180) 2009 개정 국어과 교육과정(2012.12) 상 문학 교수학습 자료 선정에서 유의사항은 다음과 같이 진술되어 있다. "㈎ **문학사적 기준**과 비평적 안목에 비추어 타당하고 전이성이 높은 작품을 선정한다. ㈏ 내용과 형식, 표현 면에서 **문학의 전형성**을 보여 주면서 창의성과 상상력을 자극할 수 있는 작품을 선정한다. ㈐ 학습자의 관심 및 **생활 경험**과 밀접하게 연관되는 작품을 선정한다. ㈑ 자아 성찰, 공감과 소통, 공동체에 대한 책임과 참여 의식 등 학습자의 인성 발달과 관련 있는 작품을 선정한다."(강조-인용자) 하지만 ㈎와 ㈏의 선정기준이 완강하게 작동한 나머지 ㈐와 ㈑의 선정기준은 실제 선정 과정에서 누락되거나, 중심 자료가 아닌 보조 자료의 선정 기준 정도로만 활용된다.
181) 이 개념은 김윤식(2005)에게서 빌려 온 것으로, 그는 '작은 글쓰기'를 현장비평에 대한 은유로, '큰 글쓰기'를 문학사적 글쓰기에 대한 은유로 사용한다. 김윤식, 『작은 글쓰기, 큰 글쓰기 : 문학사와 현장비평』, 문학수첩, 2005.

222 | 제1부 소설 해석교육의 이론과 실제

자의 텍스트는 시인 이상과 레몬의 일화에서 타카무라 코타로의 시 <레몬
애가>, 노천명의 시 <나에게 레몬을>, 미셸 투르니에의 소설 <황야의
수탉>, 영화 <쇼생크탈출>까지 다양한 매체의 텍스트 사이를 자유롭게
유영하면서 '예술로서의 레몬'이라는 주제에 대한 한 편의 글을 완성해낸
다. 이는 비록 전형적인 의미의 해석텍스트라 하기는 어렵지만, 학습자가
상호텍스트군을 구축해내고 이를 통해 문학적 의미 주제를 자신의 삶과
접붙이는 전유의 과정이 얼마나 생산적이고 능동적일 수 있는지 보여준다.
    따라서 문학경험의 불행한 이분(二分) 현상이 학습자들의 상호텍스트군
구축을 방해하는 현상은 교육적 처치를 요한다고 할 수 있다. 3장에서 수
행된 독자군별 소설 해석 양상 분석 결과, 전문독자군과 고등학생 독자군
사이에서 나타나는 가장 두드러지는 양적 차이가 바로 상호텍스트의 양
과 질, 논거로서의 활용 여부임을 알 수 있었다. 따라서 학습자들이 보다
능동적인 엮어 읽기를 통해 상호텍스트군을 형성하고, 이를 해석의 타당
성 제고를 위해 이를 활용하도록 할 수 있는 교육 방법이 요구된다. 다음
의 과정이 그러한 실천의 한 예를 보여줄 수 있을 것이다.

<표 20> 엮어 읽기를 통한 상호텍스트군 형성 과정의 예시

과정	단계	예
원 텍스트 읽기	원 텍스트의 해석적 잉여지점/난해지점 도출	-<날개>에 등장하는 공간들, 가령 유곽을 연상시키는 '나'의 집이나 백화점 옥상, 카페 등의 공간적 의미는 어떻게 해석해야 하는가? -<날개> 속에 등장하는 비정상적 가족관계는 어떻게 해석해야 하는가? -<날개>의 모티프가 '좌절한 인간의 비상욕구'라면 이러한 모티프를 활용한 다른 문학작품과 어떤 공통점과 차이점을 가지는가?

182) 정재찬, 「상호텍스트성에 기반한 문학교육의 실천」, 『독서연구』 21, 한국독서학회, 2009.

	내재적 분석을 통한 가설 목록 설정	-일차적으로 <날개>의 의미 구조와 수사학적 구조를 면밀하게 분석하여 위에서 제기한 질문들에 대한 가능한 응답의 목록을 구축한다.
상호텍스트군 구축	작가내적 작품군/ 유사작가 작품군/ 유사주제 작품군 등의 조회	-교과서나 그 밖의 문헌 등을 통해 작가 이상의 소설과 시를 읽으며 <날개> 속에 등장한 어휘, 어구, 소재, 시공간적 설정, 인물 관계 등이 유사하게 나타난 경우가 있는지 조사한다. -이상과 동시대에 활동한 박태원, 김기림, 이태준 등의 작품을 통해 <날개>에 형상화된 시대적 배경, <날개>가 생산/유통되었던 사회·문화적 맥락 등에 대한 이해를 심화시킨다. -<날개>를 읽으며 연상되었던 문학작품이나 영화, 노래 등을 찾아보고 왜 그러한 연상 작용이 일어났는지 탐구한다.
	텍스트 간 유사성과 이질성의 탐구	-전 단계에서 수합한 자료들과 <날개> 사이에 어떤 유사성과 이질성이 있는지 살피고, 이러한 유사성과 이질성이 <날개> 해석에 어떻게 활용될 수 있는지 탐구한다.
	해석 과정에 도입할 상호텍스트군 선별과 상호텍스트군 구축의 근거 확보	-전 단계에서 수합한 자료들 중 <날개> 해석의 타당성과 소통가능성을 높이는 데 기여할 수 있는 텍스트를 선별한다. 이때 선별의 기준과 근거는 다음과 같이 제안될 수 있다. ㄱ. <날개>의 해석 과정에서 해석자가 어려움이나 모호함을 경험했던 지점들에 대해 해석의 실마리를 주는 텍스트 ㄴ. <날개>에 대한 기존의 해석과 다른, 새로운 의미를 도출하는 데 기여할 수 있는 텍스트 ㄷ. 의미 주제나 모티프, 문학사적 의의 등의 차원에서 <날개>와 계보학적 연계성을 가진 것으로 증명될 수 있는 텍스트
	선별된 텍스트들 사이의 관계망 형성	전 단계에서 선별된 텍스트를 <날개>와의 비교적 관점에서 검토하며 전체적인 관계망을 형성하고 그 관계망 속에서 <날개>가 점유하는 위치와 가치를 확정한다.

원 텍스트 해석	원 텍스트로의 회귀	위의 과정을 통해 확장된 시각을 갖고 <날개>에 대한 해석을 새롭게 시도한다.
	원 텍스트의 해석적 잉여지점/난해지점 해석	일차적 해석에서 문제로 남았던 해석적 잉여지점/난해지점이 상호텍스트군을 통해 어떻게 생산적으로 해결될 수 있는지 탐구한다.
	내재적 분석을 통한 가설과의 비교 및 가설의 조정	<날개>에 대한 내재적 분석을 통해 얻어졌던 해석 가설과 상호텍스트적 검토를 통해 얻어진 해석 가설을 비교하여 잠정적인 가설의 확정을 수행하고, 상호텍스트 맥락을 적용한 해석의 의미와 가능성을 인식한다.

이처럼 학습자들이 해석을 위해 적극적으로 자신의 문학텍스트 경험사를 활용하고, 자신만의 상호텍스트군을 구축해가는 것은 권장되어야 하지만, 이를 더욱 생산적으로 수행하기 위해서는 다음의 유의사항 역시 고려되어야 한다. 첫째, 상호텍스트군 구축 과정에서 여러 텍스트들 사이의 유사성과 이질성이 고르게 탐구되어야 한다. 이는 과도한 유사성의 범주 확장으로 인해 원 텍스트의 질적 고유성을 무시하고 상호텍스트 맥락 도입의 가치를 희석시키는 부작용을 막기 위함이다. 둘째, 상호텍스트군 구축의 근거가 충실하게 확보되어야 한다. 발산 자체보다는 연결망의 밀도가 더욱 중요하기 때문이다. 따라서 상호텍스트군 구축을 통해 원 텍스트의 해석이 보다 풍부해져야 한다. 즉 상호텍스트군의 구축 이후 해석자는 다시 원 텍스트의 해석으로 회귀해야 한다.

이러한 사항이 준수되지 않을 경우 때로 상호텍스트군의 확대는 그저 텍스트들 간의 우연적 유사성을 발견하거나, 해석자 자신이 보유한 문학텍스트 경험을 나열하는 데 지나지 않게 된다. 흔히 전문독자군의 수준을 해석교육의 도달점으로 삼을 때 문제되는 것은 현저한 상호텍스트적 지식의 양 차이인데, 실제로 많은 전문독자군의 해석텍스트에서 지나치게 많이 투입된 이론적 지식이나 현란한 상호텍스트성의 구축이 오히려 텍스트의 고유한 질을 탐구하지 못하게 만드는 부적절한 참조점이나 대조항으로 기능하는 사례가 발견된다. 다음의 예를 살펴보자.

> 그렇다면 비록 발자크뿐만 아니라 플라톤으로부터 카프카에 이르기까지 서구의 문학정신의 가장 중요한 한 표현을 이루어온 이러한 욕구가 상에게 있어서도 <날다>는 말에 깃들여 있는 것일까?...카프카나 보들레에르의 경우에는 미지의 것을 찾는 것이 그들의 문학의 전부였던 반면에, 상의 경우에는 그것이 극히 드물게 환상처럼 나타났다가는 이윽고 일생 생활의 중압에 짓눌려 버렸다고 생각해 볼 수 있는 것이 기껏이다...과연 상의 언어는 바로 이 <불우의 천재>를 남들과 자기 자신에게 증명하기 위한 쇼우에 지나지 않았다...우리는 자칫하면 상을, 카프카, 랭보 또는 초현실주의자들과 같은 초월의 순교자들과 혼동하는 과오를 저지르게 될 것이다.[183)

위의 <날개> 해석에서는 '부정과 생성의 변증법'이라는 해석 약호와 해석자가 은연중에 높은 가치를 부여하고 있는 서구의 작품들, 가령 카프카나 보들레르, 랭보의 작품들에 대한 상호텍스트적 지식이 매우 강력하게 작동하고 있음을 볼 수 있다. 그리고 이것이 작품 <날개> 자체에 대한 탐구보다 승함으로써 해석의 가능성을 스스로 제한하는 역효과를 낳고 있다.

또한 해석의 대상이 되는 소설텍스트와 유사한 모티프를 가진 이야기나 소설을 찾은 후, 그 사이의 유사성을 강조하는 데 해석의 초점을 맞추는 경우에도, 자칫 원 텍스트에 대한 해석이 공소해지거나 왜곡되는 부작용이 나타나게 된다. 그러한 부작용을 경계하고 있는 한 전문독자의 글을 살펴보자.

---

183) 정명환, 「부정과 생성」, 이태동 편, 『이상』, 서강대학교 출판부, 1997, p.94.

앞에서 우리는 <날개>의 마지막 장면을 논하면서, 미쓰코시 백화점 옥상에서 주인공이 '날자. 날자. 날자. 한번만 더 날자꾸나'라고 외쳤다고 읽음으로써 '날개'를 자연스럽게 탈출이나 재생의 의미로 해석해 왔던 적지 않은 논의와 입장들에 의문을 제기했다. 이런 예들은 우리 고전의 '날개 모티프'와 연결시켜 해석하는 경우에도 발견된다. <u>민간신앙이나 무속, 또는 민속 전반에 두루 깔린 '원본적 사고(원본비평)'를 토대로 분석한 논자들의 해석 또한 비평적 상상력을 너무 확대시킨 나머지 우리 옛 전설에 편만한 <아기장수 전설>의 '날개'와 이상의 '날개'를 직접 비교하기도 하였다</u>...가장 높은 '구지봉'에 올라 신의 뜻을 영접하는 우리의 고대가요 <구지가>나, '올림푸스' 산정에서 신들에게 제사지내는 그리스 신화의 이야기에 대한 원형적 상상력으로 비상이나 초월, 혹은 수직 상승 등의 이미지로 '날자'는 의미를 해석하는 일은 <날개>의 경우 재고의 여지가 있다. 미쓰코시 백화점 '옥상'은 비상이나 초월의 신성한 공간이 결코 될 수 없다.<날개-C-M-5>

<날개-C-M-5>에서는 일차적 연상에 의한 상호텍스트군 구축의 문제를 염려하고 있는데, 이는 그러한 경우 텍스트에 대한 '자세한 읽기' 대신 부분적 유사성을 통한 등가적 작품군의 나열에 그치기 쉽기 때문이다. 이처럼 부분적 유사성을 '비평적 상상력'을 통해 지나치게 확대하게 되면, <구지가> 속 '구지봉'과 그리스 신화 속 '올림푸스' 산정, 날개 속 '백화점 옥상'이 각각 가질 수밖에 없는 특수한 의미역이 상실된다. 그래서 위 해석자는 미쓰코시 백화점의 당대적 의미에 대해 보다 세밀한 검토를 시도하고 옥상에서 '회탁의 거리'를 바라보는 '나'의 시선과 사고를 텍스트 내적 근거에 기반하여 재서술한다. 한편 <날개> 속 '날개'가 문학의 상징임을 밝히기 위해 이상의 수필 <첫번째 방랑> 속 한 구절 "책을 덮었다. 활자는 상에게서 흘러떨어졌다."를 상호텍스트적 논거로 제출한다. 그 결과 '날개'는 '인간의 비상 욕망'이라는 보편적 주제로 해석되는 대신, '문학적 의지의 형상화'라는 창의적 의미로 주제화되게 된다.

따라서 교사는 해석의 타당성과 소통가능성이라는 본래의 목적을 도외

시한 채 상호텍스트군만을 확대해나갈 때 오히려 단면적이거나 왜곡된 해석이 발생할 수 있음을 보여줄 필요가 있다. 그리고 이를 통해, 상호텍스트군을 형성할 때 단순한 연결 짓기가 아닌 심도 있는 비교와, 비교를 통한 생산적 해석이 요구됨을 강조할 수 있다. 그러한 교육적 안내와 함께 비로소 학습자는 해석의 타당성과 소통가능성을 제고할 수 있는 상호텍스트군을 구축해가면서, 창의적인 해석 주체로서 자신의 능동성을 경험하고 해석 논리의 강화를 수행할 수 있다.

3) 해석 활동의 소통 및 조정

해석 활동의 각 범주를 정교화하는 과정을 통해 나름의 타당성을 갖춘 해석을 정립하였다면 이제는 그러한 해석의 결과를 해석공동체 내에서 의미롭게 소통하고 조정하는 방법이 구안되어야 한다. 문학교실에서 해석 활동은 텍스트 이해의 확장을 위해서 뿐만 아니라, 해석자의 성장을 위해 수행되기도 한다. 그리고 이러한 성장은 다른 해석과의 갈등, 그리고 자신이 제출한 해석에 대한 성찰을 통해서 가능하다.

하지만 현재 학습자들에게는 이러한 소통 및 조정의 과정이 충분히 제공되지 않았고 그 결과 학습자들은 소설 해석을 그저 일회적이고 외부적인 과제로만 수행해왔다. 따라서 자신의 해석이 다른 해석과의 긴장 관계 속에서 더 타당한 방향으로 조정될 수 있다거나 사후적인 성찰을 통해 해석자 자신의 성장에 기여할 수 있다는 인식이 거의 이루어지지 않는 경우가 대부분이었다. 전자에 대해서는 해석공동체 내에서 다양한 해석가능성들의 갈등을 경험할 수 있는 방법이 요구되고, 후자에 대해서는 텍스트 해석에서 나아가 그러한 해석을 수행한 해석자 자신을 성찰할 수 있도록 돕는 구체적 방법이 요구된다.

가) 공론화를 통한 해석의 갈등 경험

문학교실에서 학습자는 두 가지 성격을 갖고 있다. 우선 학습자는 문학 텍스트에 대한 한 명의 개인적 독자로 존재한다. 동시에 그는 적극적인 해석공동체의 일원이자 해석 담론 생성의 주체로 존재한다. 전자의 성격이 무시될 경우, 학습자는 텍스트에 대해 자유롭고 주체적인 반응을 펼쳐 나갈 기회를 잃게 된다. 따라서 학습자가 한 명의 개인적 독자라는 사실은 특정한 교육적 활동에 앞서 반드시 배려되어야 한다. 한편 후자의 성격이 무시될 경우, 학습자는 텍스트에 대한 자신의 반응을 공표하고 조정하며 성장시켜 나갈 수 있는 본격적 계기를 잃게 된다. 따라서 학습자 역시 해석공동체의 책임 있는 일원이라는 점을 자각하는 것은 그가 능숙한 문학 독자로 성장하기 위한 필요조건이 된다.

하지만 대부분의 고등학생들은 이러한 해석공동체에 대한 자각이 부족했고 이는 자신의 해석을 공론화시켜 보다 타당하게 정련해가려는 노력을 감소시키는 결과로 이어졌다. 고등학생 독자군의 맥락적 해석 양상 분석에서 해석 결과의 소통가능성에 대한 메타적 인식이 드러난 해석텍스트는 전무했음이 이를 뒷받침한다. 대신 자신이 제출한 해석에 대한 일반화를 유보하려는 태도가 드러난 해석텍스트는 19.4%로 대학생 독자군(7.6%), 전문독자군(0.0%)에 비해 월등히 많았다. 그러다보니 다른 해석에 대해 가정해보거나 반박하는 대신 자신의 해석을 무화시키고 기존의 해석을 추수하거나 참조하려는 양상마저 나타났다. 아래 해석텍스트를 살펴보자.

소설의 구조로 보았을 때 이 소설의 전체 내용은 마지막에 날개를 피는 즉 자아 의식의 회복을 위한 자기성찰의 과정이라고 생각되었다. 혹시나 해서 다른 참고서를 찾아보았는데 나의 생각과 조금 달랐다. 날개를 펴자는 부분이 의식의 회복이 아니라 소설 전체의 내용(억압받는 과정)을 통한 주

인공의 자살, 죽음이라고 한다. 그래도 내 나름대로 의미를 해석하고 작가
의 생각을 파악하면서 오랜만에 제대로 책을 읽은 것 같아 의미 있는 시간
이었던 것 같다.<날개-H3-I-M-269>

<날개-H3-I-M-269>의 경우 소설 전체의 내용이 자기성찰의 과정으로
의미화 될 수 있다는 자신의 해석을 제출해놓고도, 참고서라는 상대적으
로 권위 있는 레퍼런스에서는 결말을 주인공의 자살로 해석한다는 내용
을 소개하고 있다. <날개>의 결말을 자기성찰의 성취로 보는 해석과 자
살로 보는 해석은 동시에 양립하기 어려울 정도로 상이한 해석의 관점에
기반하고 있다. 그럼에도 불구하고 위 해석자는 자신의 해석에 대한 상대
적 타당성을 주장하거나 참고서의 해석을 반박하는 대신 '날개를 펴자는
부분이...자살, 죽음이라고 한다'며 다소 수용적인 태도로 소개한다. 그리
고 나서 '그래도 내 나름대로 의미를 해석'해 보았던 것 정도로 해석 경험
을 소박하게 의미화하며 해석을 종료하고 있다.

물론 해석 경험 자체에 의의를 부여하고 다른 해석의 가능성을 인지하
는 것만으로도 교육적으로 충분히 의미 있는 양상이다. 하지만 자신이 공
들여 도출한 해석적 결론과 타자의 해석 간에 발생하는 차이와 긴장을 보
다 적극적으로 활용했다면 해석의 타당성이 보다 높아졌으리라 예상할
수 있다. 따라서 고등학생 독자군들에게도 다의적인 텍스트를 놓고 벌이
는 '해석의 갈등'을 경험할 수 있는 방법이 요청된다.

'해석의 갈등'이란 리쾨르가 자신의 저서 『해석의 갈등』에서 제안한 용어
로, 그는 이 용어를 사용하여 상징을 무의식이나 이데올로기로 환원시키는
의혹의 해석학과 텍스트 차원에서 펼쳐지는 영적인 의미를 찾으려 하는 신
뢰의 해석학 사이의 갈등을 설명하고 있다.[184] 나아가 그는 의혹의 해석학

---

184) 김한식, 「해석의 갈등 : 의혹의 해석학, 신뢰의 해석학」, 『불어불문학연구』 93, 한국불
어불문학회, 2013, p.118.

과 신뢰의 해석학은 서로를 보완하면서 보다 나은 이해로 나아갈 수 있다고 보는데, 대상에 대한 절대지(絶對知)가 불가능함을 인정하고 잠정적 진리치를 확보하려는 해석자가 텍스트와 해석자 자신을 보다 잘 이해할 수 있기 때문이다. "보다 많이 설명하는 것은 보다 잘 이해하는 것이다"라는 테제로 요약할 수 있는 설명과 이해의 변증법은 바로 이런 해석의 갈등을 중재하기 위한 리쾨르 나름의 해석학적 방법론이라 할 수 있다.[185]

리쾨르는 주로 상징을 대상으로 이러한 해석의 갈등을 설명하고 있지만, 소설텍스트 역시 치열한 해석 갈등의 장소가 될 수 있다. 소설이 허구적 언어텍스트로서 갖고 있는 의미론적 불확실성은 자연히 해석의 갈등을 야기하게 되고, 이러한 갈등은 해석사의 과정 내내 완벽하게 해소되지 않는다.

특히 <날개>처럼 다의적 해석의 가능성이 폭넓게 열려 있는 텍스트의 경우, 그러한 가능성을 자신의 패러다임에 맞추어 구현하려는 해석자의 욕망 역시 커진다. 따라서 텍스트를 둘러싼 해석의 갈등은 해석자들의 관점 간의 갈등이라고도 할 수 있다. 그래서 때로 이러한 해석의 갈등은 매우 치열한 세계관의 경합으로 귀결되기도 한다.[186] 그리고 이러한 세계관은 해석 약호(codes of interpretation)의 형태로 구체화된다. <날개>의 해석사역시 이러한 해석 약호 간의 경합장이라 할 수 있는데, 리얼리즘이나 실존주의, 모더니즘의 해석 약호를 거쳐 최근에는 정치적 무의식이나 역사철학의 해석 약호를 도입하려는 움직임이 거세게 일고 있다. 특히 이러한 해석 진영에서는 정신분석학적 해석 약호의 탈정치성을 속류 성기주의[187]로 비판하며 이상 소설의 서술 기법 분석에 그치는 구조주의적 해석 약호

---

185) 위의글, p.113.
186) 17세기 조선조 유학의 경전 해석에서 주자학적 경전 해석과 반주자학적 경전 해석 간의 갈등이 그 좋은 사례가 될 수 있다. 안병걸, 「17세기 조선조 유학의 경전 해석에 관한 연구 : "중용" 해석을 둘러싼 주자학파와 반주자적 해석간의 갈등을 중심으로」, 성균관대학교 박사학위논문, 1991.
187) 신형철, 「이상(李箱) 시에 나타난 '시선(視線)'의 정치학과 '거울'의 주체론 연구」, 『한국현대문학연구』 12, 2002, p.350.

와도 분명한 대결 의식을 보인다. 이상의 소설 <12월 12일>에 대한 한 전문독자의 해석텍스트를 살펴보자.

> 김윤식은 이렇게 논평한다. "이 장면이야말로, 장편 <□2월 12일>의 심층구조의 참주제라 할 것이다. 말을 바꾸면 작가 이상의 이 처녀작은, 바로 작가가 현실 속의 큰 아버지이자 양아버지인 김연필 씨에 대한 심리적인 어떤 종류의 복수극을 감행한 사건에 해당되는 것이다." 그렇다면 이상은 바로 이 장면을 쓰기 위해 이 긴 소설을 쓴 것이라고 해도 과언이 아닌 게 될 것이다. <u>그러나 물론 그렇지 않다.</u> 단적인 예를 들자면, 그와 같은 심층 심리적인 복수가 그토록 중요했다면 왜 이상은 자신을 주체의 자리에 놓지 않고 백부를 '그'라는 중심인물의 자리에 놓았는가 하는 물음에 답하기 어려워진다. 적잖은 연구자들이 이 소설의 주제를 다른 방식으로 정식화해온 것도 이와 같은 논의의 편향성을 교정하기 위해서였다. 덧붙여 앞의 논의가 일면적인 결론에 도달한 것은 장편소설의 전체 구조를 온당하게 살피지 않고 특정 대목에 포커스를 맞추었기 때문이기도 하다...<u>그렇다면 이 소설의 근본 물음은 어디에 있는가.</u> 이를 이상은 프롤로그에서 분명하게 선언해 두고 있다.[188]

위 해석텍스트에서는 소설 <12월 12일>을 둘러싼 기존의 해석에 대한 분명한 대결 의식 속에서 해석을 수행하고 있다. 먼저 해석 정전이라 할 수 있는 한 비평가의 해석을 호출한 후, 그의 해석이 답할 수 없는 물음이 존재함을 강조한다. 즉 여전히 이 소설에 대한 '더 타당한 해석'이 가능하다는 문제의식을 제기하는 것이다. 그리고 이러한 자신의 문제 제기에 힘을 더할 만한 다른 해석들을 열거한 후, 기존 해석이 가진 맹점의 원인을 분석한다. 그 과정에서 해석자는 소설 해석은 소설텍스트의 전체적 구조를 모두 포괄하며 이루어져야 한다는 자신의 해석관을 명시적으로 드러

---

188) 신형철, 「이상(李箱) 문학의 역사철학적 연구」, 서울대학교 박사학위논문, 2012, pp.93-95.

낸다. 또한 이러한 자신의 해석관을 실천하기 위해 <12월 12일>의 서사 구조에 대한 방대한 분석을 수행한다. 즉 '업'의 복수는 <12월 12일>이라는 전체 담론구조의 한 '단계'일 뿐 '목적'은 아니며, 타당한 해석을 위해서는 텍스트의 다른 부분 역시 균형 있게 고려되어야 한다는 것이다. 그리고 이러한 분석 결과 이 텍스트의 의도는 전혀 다른 방식으로 해석되어야 함이 선언된다.

이처럼 전문독자들은 해석의 갈등을 생산적으로 활용하는 전략을 즐겨 사용하는데, 여기에는 그러한 갈등의 과정에서 '더 나은 것(the better)'이 찾아질 수 있다는 신념을 공유하고 있기 때문이다. 따라서 갈등은 단순한 소음(noise)이 아니며, 오히려 권장해야만 할 정도로 적극적으로 의미화될 필요가 있다.[189] 이러한 해석의 갈등은 단숨에 해결될 수 있는 것도 아니고, 그러한 해결이 이러한 갈등 경험의 목적도 아니다. 오히려 해석의 갈등은 교육적으로 가치 있는 경험인데, 갈등의 공론화 과정에서 해석자가 텍스트와 해석 주체 자신에 대한 이해를 증진시킬 수 있기 때문이다.[190] 특히 문학교실은 교사라는 해석 활동의 조력자와 동료 학습자라는 해석 활동의 동반자/경쟁자가 함께 하기 때문에 더욱 활발한 공론화의 장소가 될 수 있다.

문제는 이러한 공론화가 의미 있는 방향으로 형성되도록 돕는 교육적 장치이다. 공론화를 '올바른 공론의 형성 과정'으로 정의하는 리프만(Lippmann)은 올바른 공론이 형성되기 위해서는 크게 세 가지 전제가 필요하다고 본다. 첫째, 진지한 논쟁의 경험, 둘째, 충분한 시간, 셋째, 공동체가 가진 신념체계와의 접촉이 그것이다.[191] 이러한 전제가 충족되면 모두가 쟁점에 참여해서, 모든 방면으로부터 쟁점을 고찰하며, 그로부터 도출

---

189) 김대영, 「공론화를 위한 정치평론의 두 전략 : 비판전략과 매개전략」, 『한국정치학회보』 38-2, 한국정치학회, 2004
190) 천정환, 「1920년대 조선의 자살과 '해석의 갈등' : 근대 초기의 자살 3-1」, 『내일을 여는 역사』 43, 내일을 여는 역사, 2011, p.375.
191) W. Lippmann, *Public Opinion*, The Macmillan Company, 1965.

되는 선택 가능한 방법들을 이해하고, 자신들이 선택한 결과에 대해 완전히 수용하는 '높은 수준의 공론 상태'가 형성된다.[192] 이를 해석 활동의 상황에 전용한다면 다음과 같다. 해석의 갈등이 유의미한 경험이 되기 위해서는 첫째, 해석자가 다른 해석자들과 진지한 해석 논쟁을 경험해야 한다. 둘째, 이러한 활동을 위한 충분한 시간적, 물리적 환경이 제공되어야 한다. 셋째, 해석공동체의 신념과 접촉할 수 있는 환경이 조성되어야 한다.

해석공동체와의 접촉을 위해 다시 두 가지 방법이 제안될 수 있는데, 미시 해석공동체와의 소통과 거시 해석공동체의 설정이 그것이다. 해석공동체의 이원적 구분은 김도남(2006)을 참조한 것인데, 미시 해석공동체는 개별 해석 주체들이 구성원, 활동 특성, 활동 목적과 전략, 활동 과정과 결과 등을 분명히 인식할 수 있는 작고 분명한 공동체로 독서 동아리나 해석 모둠, 개별 학급 등이 그 예가 된다. 한편 거시 해석공동체는 미시 해석 공동체의 연합으로 해석 주체들이 추구하는 텍스트 해석의 이상적 표준이 존재하는 장소이다. 즉 해석공동체의 필수 요소인 공동 관념과 해석 전략의 원천이라 할 수 있으며, 대단위 학회나 한국 문단처럼 시공간적으로 제한되지 않는 범위를 지닌다.[193]

미시 해석공동체와의 소통을 통한 해석 가설의 교류와 상호검토는 학습자들에게 실제적, 긍정적 자극으로 기능할 수 있다. 해석 활동 모둠 조원이나 학급 친구들이 제출한 해석 가설을 자신의 것과 비교하면서 어떤 장소에서 해석이 분기되는지, 그리고 왜 그러한 분기가 일어나는지 심도 있게 탐구할 수 있다. 이를 통해 이러한 해석의 분기와 갈등이 자연스러운 것임을 인식할 수 있다. 이미 문학 토론이나 협동 해석 등의 활동을 통

---

192) J. Rosen, "Politics, Visions and the Press: toward a Public Agenda for Journalism", Jay Rosen, Paul Taylor, *The New News v. the Old News: the Press and Politics in the 1990s*, the Twentieth Century Fund, Inc, 1992, p.25.

193) 김도남, 「해석 공동체의 개념 탐구-읽기 교육을 중심으로」, 『국어교육학연구』 26, 국어교육학회, 2006, pp.287-291.

해 학습자들은 이러한 미시 해석공동체와의 접촉을 경험하고 있다. 하지만 문제는 이러한 접촉이 개별적, 주체적 해석자로서 온전한 해석 경험 이전에 주어지게 될 때의 부작용이다. 본고는 학습자가 한편의 텍스트와 온전히 맞서 해석을 수행해보는 과정의 의미를 강조한 바 있다. 이러한 개인적 수행 이전에 교사의 해설이나 다른 학습자들의 해석에 노출되게 되면 전달모형에 익숙한 학습자들은 쉽게 타인의 해석이 지닌 권위를 수용하고 자신만의 해석적 여정을 진행하지 않으려는 경향을 보이기 쉽다. 따라서 여기서는 해석의 잠정적 완료 이후에 미시적 해석공동체와 소통하며 의미 주제의 다양성을 경험할 수 있도록 하고자 한다.

한편 거시 해석공동체는 학습자들이 직접적으로 접촉할 수 있는 대상은 아니지만, 학습자들의 미시 해석공동체 역시 거시 해석공동체의 일부이다. 따라서 학습자들은 거시 해석공동체의 텍스트 해석사를 참조하고 그러한 해석사 속에 자신의 해석을 정위(定位)하는 방향으로 자신의 해석을 정련해나갈 수 있다. 이러한 과정에서 교사는 자신 역시 한 명의 해석자이자 학습자들과 텍스트의 의미불확정성을 함께 극복해나가는 동반자임을 강조해야 한다. 유의해야 할 점은 이 같은 해석의 공론화에서 최종 결론이 아니라 결론에 도달하는 과정이 중요하다는 것이다. 따라서 해석의 공론화 과정에서는 '현재 학습자들이 어떤 해석을 하고 있는지'에 관심을 집중하기 보다는 오히려 '학습자들이 어떤 방식으로 해석을 조정하고 있는지'를 중시해야 한다.

나) 메타 해석을 통한 해석자의 자기 성찰

단순히 소설텍스트에 대한 해석을 치열하게 수행한다고 해서 소설 해석 활동의 교육적 의미가 충분히 확보되는 것은 아니다. 소설텍스트에 대한 해석을 수행하는 해석자 자신에 대한 해석까지 나아갈 때 비로소 해석은 학습자의 성장을 위한 활동이 된다. 따라서 텍스트에 대한 모든 해석이 메타적인 성격을 지녀야 한다는 프레드릭 제임슨(Fredric Jameson)의 주장은 주목할 만하다. 그는 해석이 그 자체의 존재 조건에 대한 논평을 포함해야만 한다고 보며 "논평자의 역사적 상황 자체로도 관심"[194]을 돌리도록 촉구한다. 이는 해석자로 하여금 자신의 사회문화적, 이데올로기적 조건을 되묻게 만든다는 점에서 제임슨 자신이 이름붙인 '곱의 사고'[195]를 연마하도록 한다. 소설을 해석하는 일, 제임슨 식으로 말하면 소설을 해석자 자신의 해석 약호로 다시 쓰는 일은 결코 이데올로기적으로 중립적이고 온건한 작업이 아니다. 해석자가 의식/무의식적으로 도입하는 해석 약호가 해석자의 상이한 지식과 이데올로기를 투사한다는 점을 인정하면 이러한 해석 약호의 성찰을 통해 해석자가 발전된 자기 이해에 도달할 수 있게 된다. 이는 가다머가 말한 '선이해의 의식적인 파기'가 보다 구체화된 형태라고도 볼 수 있다.

적지 않은 고등학생 학습자들이 자신이 속한 사회문화적 상황을 해석에 투입하거나(10.1%) 자신이 보유한 가치체계를 기준으로 해석을 수행하는(7.9%) 양상을 보였다. 하지만 그러한 사회문화적 조건이나 가치체계가 어떤 해석 약호의 형태로 자신의 해석을 정향짓는지에 대한 사후적 물음을 던져보는 기회는 충분히 제공되지 못했다. 에코는 해석자의 해석 약호에 따라 작가가 예상하지 못한 여러 해석 결과가 도출된다고 본다.[196] 이는 수용자가 처한 특수한 사회적 조건에 따라 해독이 상이하게 이루어진다는 홀의 계급적 입장과도 연결된다.

홀의 작업은 사회상황과 텍스트가 어떻게 만나는지 그 결합의 양상을

---

194) S. Homer, 『프레드릭 제임슨 : 맑스주의, 해석학, 포스트모더니즘』, 이택광 역, 문화과학사, 2002, p.70.

195) F. Jameson, *The political unconscious: narrative as a socially symbolic act*, Ithaca, N.Y.: Cornell University Press, 1982, pp.306-307.

196) 김승현 외, 「미디어 텍스트에서의 과해석 현상에 대한 연구」, 『한국 언론학보』 51, 한국언론학회, 2007, p.10.

다층적으로 분석하고 해석자의 조건에 관심을 기울였다는 점에서 주목할 만하다. 그러나 홀의 제자 몰리의 작업이 보여주듯 해석자의 해석 약호가 꼭 그의 현재적인 조건과 기계적으로 상응하지는 않는다는 사실197) 역시 지적해둘 만 하다. 해석 약호에 더 큰 영향을 미치는 것은 해석자의 현재 조건보다는 해석자의 이데올로기적 기대나 그가 선호하는 지식의 틀, 그가 원하는 기준세계라 할 수 있으며 해석 약호는 이러한 요소들이 중층적으로 작용한 결과물이다.

이처럼 해석자가 소설텍스트를 해석하면서 구성한 의미는 어디까지나 '위치 지워진 의미'(situated meaning)이자 특정한 해석 약호에 의해 다시 씌어진 의미이다.198) 학습자들이 여러 편의 소설텍스트를 해석하면서 은연 중에 드러내는 해석의 관습적 모델 역시 그들의 해석 약호에 기인한다. 만약 어떤 학습자가 박지원의 소설 <허생전>, 이문열의 소설 <선택>, 오정희의 소설 <중국인 거리>에 대해 '21세기를 살아가는 10대의 한국 여성'이라는 해석자 본인의 정체성을 투사한 해석을 수행한다면, 이러한 해석자의 정체성은 소설 해석 활동에 도입되는 강력한 해석 약호가 된다. 즉 그가 도입한 해석 약호는 해석의 시작점과 도착점을 선규정하고, 작품의 부분과 전체에 대한 해석 관점을 방향짓게 된다. 그 결과 생산된 해석 텍스트는 '특정한 비평그룹에 소속된 남성 전문독자'의 그것과 상이할 것으로 예상할 수 있다.

이러한 해석 약호의 다양성은 해석의 창조성을 낳는다는 점에서 긍정적이지만, 그러한 긍정적 기능은 해석 약호 자체에 대한 성찰이 후행됨으로써 극대화될 수 있다. 텍스트 해석이 해석자의 자기 이해로 연계되어야

---

197) 필자가 진행하였던 한 연구에서도 이러한 기계적 접근이 독자가 가진 복잡한 변인들을 고려하는데 있어 가지는 한계를 실감할 수 있었다. Woo Shin-young, "Comparative Research on The Fiction Interpretation of Learning Readers in Heterogeneous Class", *The SNU Journal of Education Research* 20, 2012 참조.

198) 최인자, 앞의글, p.431.

한다는 리쾨르 해석학의 강령을 반복하지 않더라도, 문학교육의 기획 안에서 수행되는 학습자의 해석 활동이 학습자의 성장을 목표로 해야 한다는 것은 자명하다.

물론 '내가 어떤 위치에서 어떤 해석 약호로 이 텍스트를 어떻게 해석해냈는가?' 그리고 '그러한 나의 위치와 해석 약호는 텍스트 해석에 어떤 영향으로 작용하였는가?'에 대한 답은 일회적 해석을 통해서는 쉽게 얻어지기 어렵다. 해석 약호의 성찰이 해석 활동과 교차, 병행될 수도 있지만 그것은 고도의 자기관찰(self-monitoring) 능력을 요한다는 점에서 학습자에게 쉽게 요구될 수 있는 성질의 것은 아니다. 오히려 해석이 일차적으로 종료된 시점에서 수행되는 메타 해석의 경험을 통해 이러한 성찰의 가능성은 더욱 높아진다.

해석 약호의 성찰은 의도적 활동을 요구받지 않는다면 활성화되기 어려운 측면이 있다. 개인은 대개 자신의 익숙한 틀 속에서 사태를 바라보며, 이러한 투시가 자동화되면 투시의 기준점이 어디서부터 제공되었는지 자문하는 것은 부자연스럽기 때문이다. 그러나 이같이 자동화된 틀 속에서는 해석을 방향짓는 해석 약호가 제대로 인식될 수 없다. 따라서 메타 해석이라는 의도적 활동을 통해 독자는 자신의 해석을 복기해보고 방법적 거리두기를 수행하며, 거기서 재인(再認)될 수 있는 자신의 해석 약호에 주의를 기울이게 된다. 이를 통해 점차 인식 가능한 의미가 형성되면 그것들을 반성적으로 검토하고 조정한다.

텍스트의 이해를 통한 자기 이해를 강조했던 리쾨르조차 이러한 자기 이해의 방법에 대해서는 구체적으로 밝힌 바가 없다. 물론 자기 이해가 특정한 방법을 통해 기계적으로 도달할 수 있는 상태는 아니지만, 텍스트에 대한 앎에서 해석자 자신에 대한 앎으로 자연스럽게 이행하도록 돕는 교육적 처치가 필요한 것이 사실이다.

그렇다면 어떻게 학습자들이 자신의 해석 약호를 재인하고 성찰하여 자기 이해에 도달하도록 할 수 있을까? 여기서는 자신의 해석 약호에 대한 해석자의 민감성을 제고하기 위한 전략으로 추행법을 제안하고자 한다. 추행법(追行法)은 개인적 경험을 출발점으로 삼고, 언어를 매개로 경험의 의미를 추적해나가는 현상학적 방법을 의미한다.199) 추체험이 감정이입을 바탕으로 타자의 내적인 체험 세계를 재구성하는 과정이라면,200) 추행법은 자신의 체험 세계를 언어적 보고를 통해 거슬러 올라가는 과정이라 할 수 있다.

해석자는 추행법을 활용하여 자신의 해석에 대한 메타 해석을 수행하고, 이를 통해 해석 약호의 성찰을 경험할 수 있다. 양정실(2006)은 인식 지평의 확장에 도달한 고등학생 독자의 해석텍스트 분석을 통해 그러한 확장이 '자신이 기존에 지니고 있던 사고를 비교적 명료하게 인식하고 있었기 때문'임을 보여주고 있다.201) 따라서 학생들이 산출한 해석텍스트를 활동 자료로 주고 추행법을 통해 그것을 다시 해석하게 하는 메타 해석의 방법은 학습자 자신의 해석 과정을 타자적 시각에서 성찰하도록 유도할 수 있다.202) 자신의 사고가 드러난 텍스트를 다시 교육적 자료로 삼을 때 꾀할 수 있는 교육적 효과는 박인기(2008)에 의해서도 강조된 바 있다.203) 이처럼 자신의 해석을 공동체를 향해 열어놓고 겸허하게 조정할 줄 아는 해석 태도 역시 해석능력의 일부임을 고려할 때, 메타 해석을 통한 해석자의 자기 성찰은 해석교육의 한 방법으로 제안될 수 있으리라 본다. 다음의 과정이 그러한 실천의 한 예를 보여줄 수 있을 것이다.

---

199) M. Van Manen, 『체험연구』, 신경림, 안규남 역, 동녘, 1994, p.128.
200) R. Palmer, 『해석학이란 무엇인가』, 이한우 역, 문예출판사, 1988, p.157.
201) 양정실, 「현실 인식의 해석 관여 현상에 대하여 : <삼포 가는 길>에 대한 고등학생의 수용 텍스트를 중심으로」, 『한중인문학연구』 20, 한중인문학회, 2007, p.333.
202) 최인자, 앞의글 p.442. "독자는 자신의 읽기에 개입하는 수용 맥락을 비판적으로 성찰하여야 자신의 독서 활동도 사회・문화적으로 구성된다는 사실을 깨닫고 주체적으로 개입할 수 있는 능력을 키울 수 있다."
203) 박인기, 「국어과 평가의 반성과 전망」, 『국어교육학연구』 32, 국어교육학회, 2008, p.21.

<표 21> 메타 해석을 통한 해석자의 자기 성찰 과정의 예시

과정	단계	예
다시 읽기	해석텍스트에 대한 추행적 읽기	자신의 <날개> 해석텍스트를 낯선 시각을 유지하며 읽어본다. 해석텍스트에 드러난 표면적인 내용, 행간의 의미, 미묘한 단서 등에 민감한 주의를 기울이며 반복적으로 읽는다.
메타 해석의 수행	해석 약호의 발견	전 단계에서 수행된 읽기에 근거하여 자신의 해석 약호를 발견한다. 다음과 같은 질문의 목록이 활용될 수 있다. -나는 어떤 사회·문화적 위치에서 <날개>를 해석하였는가? -나는 <날개>를 해석하는 과정에서 어떤 전제나 고정관념, 가치관, 문학관 등을 투영하고 있는가? -나의 개인적 경험들은 <날개> 해석에 어떤 영향을 미쳤는가? -다른 사람들이 나의 <날개> 해석텍스트를 읽는다면 해석자인 '나'가 어떤 사람이라고 생각하리라 예상되는가?
	해석 약호로부터의 거리두기	전 단계에서 발견된 해석 약호로부터 방법적인 거리두기를 수행해본다. 다음과 같은 질문의 목록이 활용될 수 있다. -내가 <날개> 해석에 투입한 전제나 고정관념, 가치관, 문학관 등은 적절한가? -그러한 것들이 해석을 어떤 방식으로 방향 짓거나 제한하고 있는가? 그러한 정향과 제한은 정당한가? -나의 개인적 경험은 <날개>라는 텍스트의 해석을 위해 적절하게 활용되었는가? 혹 개인적 경험의 표현을 위해 <날개>를 부분적으로만 해석하거나, 왜곡하여 해석하고 있지는 않은가?

		-내가 지금과는 전혀 다른 해석 약호로 <날개>를 해석한다면 해석의 결과는 어떻게 달라질까?
메타 해석의 결과 반영	해석 약호의 조정과 성찰	해석자 자신의 해석 약호가 <날개> 해석에 대한 결정권을 행사했음을 인식하고, 자신이 투입했던 해석 약호가 <날개> 해석의 타당화를 위해 조정 및 성찰될 필요가 있다고 판단되면 그러한 활동을 수행한다. 이러한 해석 약호의 성찰을 타인의 해석에 대해서도 수행해볼 수 있다. 가령 동료 학습자나 전문독자, 교과서에 예시된 해석 등을 읽고 그러한 해석을 수행한 해석자의 목소리는 어떠하며, 그 목소리는 어떤 해석 약호로 구현되고 있는지 역으로 구성, 검토해볼 수 있다.

2. 현대소설 해석교육에서 해석 평가의 준거

1) 해석 평가의 목적

문학교육에서 평가는 가장 어려운 영역으로 꼽힌다. 다양성과 자율성을 요구하는 문학 활동의 본질적인 속성과 객관성, 실용성을 요구하는 평가의 속성 사이에는 일정한 낙차(落差)가 존재할 수밖에 없기 때문이다. 또한 학습자의 문학경험은 그것이 언어로 산출된다 하더라도 그 과정이 매우 역동적이고 종합적인 까닭에 특정한 요소나 기능을 분해하여 평가하는 작업 역시 쉽지 않다.204) 평가 관련 담론들의 누적에도 불구하고 여전히 교육학 일반의 평가 이론을 적용하는 수준에 그치는 경우가 많아 문학교

---

204) 위의글, p.16.

육의 이상(理想)과 특수성을 고려한, 평가 이론의 설계가 절실한 시점이다. 문학교육의 과정과 결과가 평가불가의 대상이라 규정짓는 순간, 문학은 교육불가의 대상이 되어버리기 쉽다. 따라서 현실논리의 강고함만을 탓하기보다는 그러한 현실논리에 대응하고 그것을 변화시킬 수 있는 평가 논리의 필요성이 지적되어 왔다.

이에 대하여 학습자의 문학 수용 및 생산 경험이 얼마나 질적으로 밀도 있게 이루어졌는지에 초점을 둔 문학 평가의 방향, 측정이 아닌 교육적 송환을 위한 문학 평가의 방향이 모색되고 있다. 이렇게 교육 목표의 성취 여부가 아닌, 학습자의 성장 여부가 평가의 중심에 놓일 때 비로소 학습자 중심적 교수-학습 뿐 아니라 학습자 중심 평가 역시 가능해진다.[205] 이러한 인식적 전환으로 인해 기존의 지식 위주 평가가 아닌, 학습자들의 총체적 문학경험에 대한 평가의 필요성이 대두되었는데, 학습자가 자신의 문학경험을 통해 산출한 해석텍스트를 교육 방법 설계의 기초 자료이자 평가 대상으로 삼는 본고의 접근 방법 역시 이러한 문학교육 평가론 일반의 인식적 전환에 영향 받은 것이다.

따라서 해석 평가에서도 단순히 학습자들이 도달한 해석능력의 수준을 측정하고 서열화하는 닫힌 평가관이 아닌, 학습자들의 해석 활동에 '다가가고 살피고 이해하고 발견하고 확인하고 북돋워 주는 활동'으로서의 개방적 평가관[206]과 준거지향평가[207]가 요구된다. 하지만 여전히 준거지향

---

205) 염은열(2009)은 학습자가 평가 과정을 통해 자신을 이해하고 성장시킬 수 있다는 평가관을 취한다. 염은열, 「학습자의 자기 이해를 위한 문학교육 평가 방안 탐색」, 『국어교육학연구』 34, 국어교육학회, 2009, p.360.

206) 박인기, 앞의글, p.16.

207) 백순근, 최인희, 「준거지향평가 기준 설정을 위한 Rasch 방법의 숙달 학습자 판정 일치도 － 원점수 및 Angoff 방법과의 비교를 중심으로」, 『교육평가연구』 19-2, 한국교육평가학회, 2006, p.158. "규준지향평가는 학생이 속한 집단에서의 상대적 서열을 밝히는 데 목적이 있다면, 준거지향평가에서는 사전에 규정된 교수·학습 목표를 기준으로, 성취도의 연속선(continuum, '전혀 성취하지 못함'에서부터 '완벽한 성취'까지의 연속선) 위에서 '학생 개개인이 성취한 정도'를 밝히는 데 목적이 있다."

평가를 실시하기 위한 필수적 전제조건이라고 할 수 있는 평가 기준 설정에 관한 연구는 활발하게 이루어지지 않고 있는 실정이다. 준거지향평가 체제에서 가장 중요한 것은 사전에 설정된 교육 목표에 근거하여 학습자 집단을 숙달 학습자(mastery learner)와 미숙달 학습자(non-mastery learner)로 타당하게 구분할 수 있는 준거의 적절성 여부이다.208) 그동안 해석교육에 대한 이론적 논의에서는 학습자의 해석이 도달해야 할 수준을 이상적으로 상정했을 뿐, 구체적인 평가의 준거를 마련, 합의하는 데는 이르지 못하였다.

이런 점을 고려한다면 소설 해석교육은 학습자의 소설 해석 활동이 도달한 성취의 방향과 정도를 판별할 수 있는 준거를 가시화할 필요가 있다. 그러한 해석 평가가 이루어질 때 비로소 학습자는 해석자로서 자신이 수행한 소설 해석 활동의 과정과 결과를 스스로 진단, 인지하고 성장의 계기로 삼을 수 있다. 따라서 학습자의 소설 해석능력 성장이라는 총체적 목표 아래 구체화된 해석 평가의 준거를 마련할 필요가 있다. 이러한 준거는 학습자들에게는 현재 자신의 해석능력이 어떤 수준에서 구현되고 있으며, 어떤 지침을 따라 더 성장할 수 있는지 하나의 안내도가 될 수 있으며, 교수자에게는 학습자의 현재 해석 활동 수준을 위치 짓고 더 높은 수준으로 안내할 수 있는 방향선이 될 수 있다.

3장에서 수행된 분석을 통해 학습자들의 소설 해석 양상과 경향, 수준이 가시화되었으므로 이를 토대로 구체화된 평가 준거를 설정209)하여 해석 평가를 위한 루브릭을 마련하고자 한다. 본디 법을 토대로 어떤 상황

---

208) 김석우, 윤명희, 지은림, 「준거지향검사 기준 설정 방안의 비교분석」, 『교육학연구』 37-2, 한국교육학회, 1999.

209) 박영민(2000)에서도 상위 집단과 하위 집단 학생들의 글을 분석하고 각 집단의 특징을 세분화하여 쓰기 수행평가의 준거를 설정하였다는 점에서 본고와 유사한 접근법을 취한다 할 수 있다. 박영민, 「쓰기 수행평가의 평가준거 설정에 관한 연구」, 한국교원대학교 석사학위논문, 2000.

을 판단하는 과정을 뜻했던 루브릭(rubric)은 교육학에서는 '하나의 과제나 활동을 통해 학생들이 만든 작품을 준거에 의해 목록화하고, 등급을 결정하며, 점수화하기 위한 도구'라는 의미로 사용되고 있다.[210] 일반적으로 루브릭은 준거(criteria)와 등급(grade)으로 구성되는데, 본고에서는 학습자들의 해석텍스트를 검토하여 그들의 해석텍스트가 실제로 나타내는 해석 수준을 고려해 루브릭을 구성하였다. 루브릭의 제공은 단순히 교수자의 용이한 학생 평가를 위해서만은 아니다. 가시화된 준거표로서 루브릭은 평가에 대한 교수자-학습자, 교수자-교수자 공동체 간의 소통과 합의를 촉발시키기도 한다.

전술했듯 해석교육에서 평가는 대개 교수자의 인상에 근거한 무정형적 형태로 이루어져 왔으며, 그 과정에서 평가의 일관성과 정합성을 담보할 수 없다는 고질적 문제에 노출되어 왔다. 이러한 문제의 해결을 위해서는 교수자의 '해석 평가 문식성'이 요청된다. 여기서 '해석 평가 문식성'이란 학습자의 해석을 평가하는 데 있어 교수자가 지녀야 할 방법적 지식과 수행 능력, 태도 등으로 규정될 수 있다. 즉 해석능력 성장이라는 총체적 목표에 부합하는 바람직한(sound) 해석 평가를 이해, 개발, 수행하고 이를 학습자 및 교사공동체와 소통하여 조정할 수 있는 전반적 능력을 의미한다.

평가 문식성(assessment literacy) 개념은 일반적으로 "평가에 대한 필수적인 지식이나 앎"의 소유를 의미하지만,[211] 주세형(2011)에서는 국어교육의 특수성을 고려하여 평가 문식성 개념을 수정, 확장하고 있다.[212] 위 논의에

---

210) 김정우, 「문학 능력 평가의 방향 : 학습과 평가의 연계를 중심으로」, 『문학교육학』 28, 한국문학교육학회, p.279.
211) 김종윤, 「국어과 교사의 평가 문식성에 대한 연구 : 읽기 영역 평가를 중심으로」, 고려 대학교 석사학위논문, p.10.
212) 주세형, 「평가 문식성 신장을 위한 국어과 교사 교육」, 『문법 교육』 15, 한국문법교육 학회, 2011, pp.36-37.

서는 기존의 평가 문식성 개념이 지나치게 지식 중심으로 정의되어 있음을 지적하며, 국어교사의 실질적인 수행 능력으로서 평가 문식성을 정의한다. 또한 교사가 유일한 평가 주체라는 인식을 비판하며 평가의 국지적 맥락, 평가 동료와의 소통 등을 강조하고 있다. 본고에서는 이러한 논의를 수용하여 '평가 주체 호환'213)을 염두에 둔 루브릭 조정의 가능성 역시 열어두고자 한다. 즉 여기서 제안되는 소설해석 평가 루브릭은 보다 국지적인 맥락 속에서 변용가능한 것이며, 학습자와의 협력이나 모의 평가를 통해 조정될 수 있음을 언급해두고자 한다.

또한 제안된 루브릭을 바탕으로 하여 학습자가 자기평가나 동료평가를 수행해볼 수도 있다. 학습자의 해석텍스트를 일회적 해석 행위에 따른 산출물이자 교사만의 평가 대상으로 여기기보다는, 보다 타당한 해석에 접근해가는 '과정 중의' 텍스트로 인지할 필요가 있다. 자신이나 동료 학습자가 산출한 자료만큼 학습자들로 하여금 그들의 해석능력을 메타적으로 인지할 수 있도록 도울 수 있는 자료는 드물기 때문이다. 루브릭을 토대로 자신과 동료의 해석을 평가해보면서 학습자는 해석의 질과 타당성을 감식할 수 있는 안목과 함께, 자신의 해석능력을 제고하기 위한 성찰적 노력을 계속하게 될 것으로 기대된다.

한편 해석 평가의 준거가 설정된다 해도, 이것이 교사와 학습자들에게 수용되는 바가 지나치게 상이하다면 준거 설정의 의의가 감소된다. 특히 준거에 개념어가 들어가 있거나 등급이 매우 상세하게 나뉘어져 있는 경우, 개별 학습자의 성취를 구체적으로 위치 짓는 데 많은 어려움이 따른다. 따라서 여기서는 루브릭과 함께, 평가 준거가 가질 수 있는 모호성의 문제를 해소하기 위해 학습자들의 소설 해석텍스트에서 수합된 평가 예시문(anchor paper)을 준거와 등급 별로 제시하고자 한다.

---

213) 유영희, 「평가 주체의 호환 작용에 의한 능동적 평가의 필요성-중학교 국어과 평가를 중심으로」, 『국어교육학연구』 32, 국어교육학회, 2008, p.86.

평가 준거가 평가의 방향과 요점을 포함한 추상적 진술 체계라면, 평가 예시문은 이를 구체화한 실제 사례문을 뜻한다.214) 이런 까닭에 박영민 (2009)은 평가 준거와 평가 예시문의 관계를 형법 조문과 판례에 비유하기도 한다. 위 연구에서는 평가 기준을 구체화한 평가 예시문의 유형을 두 가지로 구분하는데, 하나는 학습자의 글이라는 내적 자원에서 직접 평가 예시문을 선정하는 대응 평가 예시문의 유형이고, 나머지 하나는 평가 대상 학습자와 무관한 외적 자원에서 평가 예시문을 선정하는 표준 평가 예시문의 유형이다.215)

본고는 대응 평가 예시문의 유형을 취하고자 하는데, 이 유형의 경우 평가 예시문이 동일 과제 및 평가 준거를 직접적으로 반영하고 있기에 평가 타당도가 상당할 뿐 아니라, 다른 평가 대상 텍스트와의 비교 역시 보다 용이하기에 평가의 실효성, 적용성 역시 높은 까닭이다. 시조 의미구조 경험 교육의 평가를 구안한 송지언(2012)의 연구 역시 이와 같은 대응 평가 예시문의 유형을 취하고 있다.216)

현대소설 해석교육의 평가는 학습자들의 해석텍스트에 대해 의미론적 해석 범주에서의 응집성과 일관성, 수사학적 해석 범주에서의 민감성과 관련성, 맥락적 해석 범주에서의 독창성과 적절성을 평가하게 된다. 의미론적 해석의 응집성과 일관성은 3장 2절 1항에서 분석된 학습자의 의미론적 해석 수준과 3장 5절 1항에서 제안된 의미론적 해석의 기본/확장 목표 도달 여부에 따라 평가된다. 수사학적 해석의 민감성과 관련성은 3장 2절 2항에서 분석된 학습자의 수사학적 해석 수준과 3장 5절 2항에서 제안된 수사학적 해석의 기본/확장 목표 도달 여부에 따라 평가된다. 맥락적 해석의 독창성과 적절성은 3장 2절 3항에서 분석된 학습자의 맥락적 해

---

214) 박영민, 「평가 예시문을 활용한 쓰기 평가 개선 방안」, 『청람어문교육』 39, 청람어문교육학회, 2009, p.114.
215) 박영민, 앞의글, pp.121-125.
216) 송지언, 앞의글.

석 수준과 3장 5절 3항에서 제안된 맥락적 해석의 기본/확장 목표 도달 여부에 따라 평가된다.

위와 같이 세 범주로 분류된 평가 준거는 다시 네 가지의 세부 기준들에 따라 1점에서 4점 사이의 점수로 척도화된다.[217) 따라서 루브릭 상에서 학습자의 소설 해석능력 성취는 0에서부터 12 사이라는 연속선상의 특정 장소에 위치하는 것으로 진단될 수 있으며, 명시된 세부 기준들은 다시 그러한 진단에 따른 교육적 처치와 안내를 제공하는 역할로 기능한다. 먼저 전체적인 루브릭을 제시한 후 각 범주별 평가 준거에 대해 상술하도록 하겠다.

<표 22> 현대소설 해석교육에서 해석 평가의 루브릭

준거 등급	의미론적 해석의 응집성과 일관성	수사학적 해석의 민감성과 관련성	맥락적 해석의 독창성과 적절성
4 우수	텍스트의 전체적 읽기에 근거한 종합적인 판단을 수행하여 해석어휘를 중심으로 한 응집적 주제를 도출하고 한 편의 일관된 해석텍스트를 생산할 수 있다.	텍스트의 구조, 문체, 서술 상의 특성과 그 효과를 심도있게 인지하고 이를 의미 주제와 관련지을 수 있다	생산 맥락, 수용 맥락, 소통 맥락, 상호텍스트 맥락, 문학사적 맥락의 검토와 성찰을 통해 독창적이며 해석공동체 내에서 적절하게 소통될 수 있는 해석을 완성할 수 있다.
3 도달	텍스트의 전체적 읽기에 근거하여 응집적 주제를 도출할 수 있다.	텍스트의 구조, 문체, 서술 상의 특성과 그 효과를 민감하게 파악할 수 있다.	생산 맥락, 수용 맥락, 소통 맥락, 상호텍스트 맥락, 문학사적 맥락을 다각적으로 검토하고 이를 독창적 해석의 자원으로 삼을 수 있다.

---

217) 준거 달성 여부의 등급을 결정하는 기준은 주로 4단계를 기본 구조로 삼으며, 이때는 각 준거를 중심으로 '초과(exceed)-도달(meet)-근접(approach)-미달(begin)'의 네 등급이 일반적으로 설정된다. 김정우, 앞의글, p.281.

| 2
근접 | 텍스트의 부분적 읽기에 근거하여 일정한 의미론적 주제를 도출할 수 있다. | 텍스트의 구조, 문체, 서술 상의 특성에 대해 부분적인 인식을 드러낸다. | 생산 맥락, 수용 맥락, 소통 맥락, 상호텍스트 맥락, 문학사적 맥락 중 일부를 도입하는 것은 가능하지만, 이를 바탕으로 해석을 독창적으로 진행해나가지는 못한다. |
| 1
미달 | 의미론적 주제 도출을 포기하거나 수행하지 않는다. | 텍스트의 수사학적 특성에 대한 해석을 수행하는 데 어려움을 겪는다. | 맥락을 해석에 도입하지 못하고, 그 필요성을 인식하지 못한다. |

2) 의미론적 해석의 평가 준거–응집성과 일관성

여기서는 학습자가 해석의 대상인 소설텍스트를 전체적으로 읽고 종합적 판단을 수행하여 그 의미에 대한 응집적이고 일관된 해석을 수행할 수 있는지 평가하게 된다. 응집성(coherence)은 단순히 텍스트 문면의 응결성을 초과하는 개념으로, 텍스트 내부에서 결속되는 의미 요소들의 상호 접근과 적합성을 뜻한다.[218] 즉 응집성은 해당 텍스트가 보유한 심층적, 내용적, 의미적 연관성을 의미하는 개념이라 할 수 있다. 한편 일관성(consistency)은 텍스트에 표현된 필자의 방법과 태도의 유지를 의미한다.[219] 즉 일관성은 텍스트 전반에 걸쳐 동일한 관점의 지속 여부를 의미하는 개념이라 할 수 있다.

작문 평가 일반에 대한 준거로 강조되어 왔던 응집성과 일관성을 학습자들의 소설 해석텍스트에 대해서도 요구하는 까닭은 다음과 같다. 첫째,

---

218) R. D. Beaugrande, W. U. Dressler, 『담화·텍스트 언어학 입문』, 김태옥, 이현호 공역, 양영각, 1991, p.82.
219) 박영민, 「국어과 교육과정 용어의 진술과 개념 : 통일성, 응집성, 일관성을 중심으로」, 『독서연구』 11, 2004, p.203.

학습자들은 해석텍스트의 장르 성격을 일반 감상문이나 반응일지와 구분하지 않는 경향을 보였는데 이는 학습자들의 해석텍스트가 상위 독자군의 그것과 달리 비응집적으로 구조화된 파편적 텍스트가 되거나, 해석 가설의 논증은커녕 일관된 해석 가설의 성립조차 수행하지 못하도록 하는 결과를 낳았다.

둘째, 응집성과 일관성은 해당 텍스트가 한편의 유의미하고 완결된 텍스트로 수용, 소통되기 위한 일차적 조건이라는 점에서 학습자들이 충분한 의미론적 해석의 논리화를 수행했는지 평가하기 위한 준거로 적절하다. 의미론적 해석의 응집성과 일관성에 대한 세부 기준과 평가 예시문들은 다음과 같다.

<표 23> 의미론적 해석의 평가 준거와 예시문

준거 / 등급	의미론적 해석의 응집성과 일관성	평가 예시문	평가 내용
4 우수	텍스트의 전체적 읽기에 근거한 종합적인 판단을 수행하여 해석어휘를 중심으로 한 응집적 주제를 도출하고 한 편의 일관된 해석텍스트를 생산할 수 있다.	㉠1930년대의 일제강점기를 바탕으로 주인공의 무기력하고도 "비인간적"인 삶을 표현하고 있는 이 작품은 다음과 같은 문구로 시작한다. ㉡'박제가 되어버린 천재를 아시오?' 이미 이 부분에서 우리는 이 이야기가 살아있는 듯 보이나, 사실은 생명을 잃어버린 존재에 대한 이야기라는 것을 짐작할 수 있고 원래 가지고 있던 천재성이 더 이상 살아 힘을 발휘하지 못하는 상태에 대한 슬픔을 말하고자 하는 듯 하다...박제가 되어버린 천재...아내의 매춘현장 목격이 아니었다면, ㉢아마 평생 박제의 삶을 계속하여 살았을 것이다. 그렇다면 ㉣과연 작가 이상은 우리에게 무엇을 말하고 싶었던 것일까? 내 멋대로 해석해보자면, 당시 사람	㉠텍스트 전체를 포섭하는 주제 도출 ㉡'박제'라는 해석어휘의 선정 ㉢해석어휘 반복을 통한 해석텍스트의 일관성 확보

		들의 (주인공과 같은) 피폐한 삶에, 개혁의 의지를 일으키고 싶었던 것 같다.<날개-H1-K-F-152>	㉣(내포)작가의 의도 추론
3 도달	텍스트의 전체적 읽기에 근거하여 응집적 주제를 도출할 수 있다.	㉠무기력한 삶에서 벗어나 자유롭게 날아보고자 하는 인물을 다룬 소설, 이상의 '날개'이다. ㉡이상은 주인공이 ㉢의미 없는 삶에서 벗어나 진정한 자아에 눈뜨기까지의 과정을 인물의 내면을 통해 심도 있게 표현해내었다...'날개' 속에 드러나 있는 주인공의 모습은 어쩌면 식민지 시대를 살아가며 끊임없는 내적 갈등을 겪었던 지식인들을 대변하고 있는 것일지도 모른다.<날개-H1-K-F-148>	㉠응집적 주제 도출 ㉡(내포)작가의 의도 추론 ㉢서사의 전체적 전개 과정에 대한 검토
2 근접	텍스트의 부분적 읽기에 근거하여 일정한 의미론적 주제를 도출할 수 있다.	주인공 '나'가 나는 너무나도 한심하기 짝이 없고 ㉠그래도 남자인데 돈 벌 생각은 하지 않고 무기력하게 살아가는 모습이 안타깝기도 하였다. 정말 읽을수록 답이 없는 주인공의 행동에 정상적인 사람은 맞는지도 생각했다...나는 이 작품을 읽으면서 ㉡나는 주인공과 같이 무기력하게 살지 않도록 노력해야지 라고 생각했고, 마지막에 '한번만 더 날아보자꾸나'라는 구절에서는 포기하지 않고 무언가 새롭게 시작해야 한다고 느끼고...<날개-H3-I-M-272>	㉠'나'의 경제적 무능력만 초점화한 읽기 ㉡개인적 수준의 주제 도출
1 미달	의미론적 주제 도출을 포기하거나 수행하지 않는다.	㉠무슨 말인지 하나도 모르겠다. 말도 어렵고 내용도 어렵다...중학교 때 읽을 땐 이해 못하는게 당연하다 생각했고 고등학교 때 읽으면 이해할 수 있겠지 했지만 지금도 이해하지 못하겠다. 다만 좀 눈치 챈 게 있다면 글 속의 '나'가 좀 한심하단 거다.<날개-H2-S-F-1>	㉠의미 구성 포기

의미론적 해석의 응집성에 대한 세부 기준은 의미론적 주제 도출을 포기하거나 수행하지 않는 미달의 단계, 텍스트의 부분적 읽기에 근거하여 일정한 의미론적 주제를 도출하는 근접의 단계, 텍스트의 전체적 읽기에 근거하여 응집적 주제를 도출하는 도달의 단계, 텍스트의 전체적 읽기에 근거한 종합적인 판단을 수행하여 해석어휘를 중심으로 한 응집적 주제를 도출하고 한 편의 일관된 해석텍스트를 생산하는 우수의 단계로 나누어진다.

학습자가 동기나 해석능력의 부족으로 의미론적 주제 도출에 실패하는 경우는 적지 않게 발견된다. 따라서 이러한 경우 학습자들에게 해석텍스트의 완결을 무리하게 요구하기보다는 의미론적 주제의 장벽들을 열거해 보게 하고 그것을 해결할 수 있는 탐구적 활동들을 제안하는 지도 방안을 강구할 수 있다. 특히 이러한 경우의 학습자들은 매우 쉽게 의미론적 해석의 수행을 포기하기 때문에 학습자 자신의 경험을 활용하여 해석의 단초가 될 수 있는 구절들을 부각시키거나 작가의 입장이 되어 이 소설을 통해 전달하고 싶었던 내용들을 자유롭게 말해보게 할 수 있다.

의미론적 주제 도출을 포기하지는 않더라도 전체적 읽기를 수행하지 못한 까닭에 도출한 의미론적 주제의 설득력이 떨어지는 경우도 빈번하다. 이는 학습자들이 소설텍스트에 대한 전체적 읽기에 큰 어려움을 겪고 있음을 시사하는 부분이다. 특히 이 단계의 학습자들은 인지적, 정서적 충격을 주었던 소설텍스트의 특정 부분을 과도하게 초점화하는 양상을 보였는데, 위 평가 예시문 <날개-H3-I-M-272>의 경우 역시 '나'가 돈을 벌지 않는 무기력한 남자라는 점과 그에 대한 자신의 정서적 불쾌감을 강조하는 데 몰두하고 있다. 그 결과 '무기력한 삶을 살지 말자'는 주제를 도출해내기는 하였지만 그것은 독자의 개인적 다짐 수준에서만 의미를 지닐 뿐, 텍스트의 전체성을 감당해낼 정도의 보편성은 담보하지 못하고 있다. 이 경우 학습자들이 초점화하지 않고 있는 인물이나 사건들로 해석의 방향을 전환시키거나 도출된 의미 주제에 부합되지 않는 텍스트의 부분을 찾아보도록 조언해 줄 수 있다.

한편 텍스트의 의미 주제를 명시적으로 도출하고 이를 다양한 텍스트 내적 근거로 뒷받침하였다면 거의 응집성을 갖추었다고 볼 수 있다. 그리고 이러한 응집성이 텍스트 문면의 일관성에 의해 강화된다면 더욱 높은 단계의 의미론적 해석을 수행하였다고 볼 수 있다. 가령 우수 단계의 평가 예시문 <날개-H1-K-F-152>의 경우 '박제'라는 해석어휘를 중심으로 인물의 상태 변화를 자세히 분석하고, 그러한 인물의 상태 변화와 '박제 상태로부터의 탈출'이라는 의미론적 주제 사이의 동위성을 상정하며 해석을 수행하고 있다. 또한 이러한 해석의 과정에 토대해 한 편의 일관되고 완결된 해석텍스트를 산출시켜 해석공동체에 제출하고 있다.

이러한 단계는 고등학생 독자군이 수월하게 성취할 수 있는 것은 아니지만 해석텍스트 쓰기 활동 이후 자신의 해석텍스트에 대해 해석어휘를 추려보게 하거나 자신이 주장하는 해석 가설이 해석텍스트 전반에 걸쳐 일관되게 주장, 논증되고 있는지 검토해보게 하는 활동을 통해 보다 손쉽게 의미론적 해석의 응집성과 일관성을 형성할 수 있도록 도울 수 있다.

3) 수사학적 해석의 평가 준거-민감성과 관련성

여기서는 학습자가 소설텍스트의 미적 속성이 지닌 특성과 그것이 독자에게 미치는 효과를 민감하게 인지하고 그것을 다른 작품이나 소설 장르 문법 일반과 관련지을 수 있는지 평가하게 된다. 여기서 미적 속성에 대한 민감성(sensitivity)이란 텍스트가 독자에게 제공하는 미적 자극에 대한 예민도와 식별력을 의미한다. 이러한 민감성의 제고는 특히 예술교육에서 강조되어 왔는데 슈바드론(1966)의 경우 교육의 역할을 개인의 심미적 식별력 계발로 규정하고, 이를 토대로 한 예술대중의 확산을 음악교육의 책무로 언급하고 있다.[220] 한편 관련성이란 서로 관계를 맺어 매어 있는 성

질이나 경향을 의미하며, 여기서는 미적 속성과 그 효과에 대한 분석의
결과를 다른 작품이나 소설 장르 문법 일반과의 관계로 확장시킬 수 있는
능력을 의미한다.221)

　문학작품에 대한 해석에서는 작품을 구성하는 미적 언어의 쓰임과 배
열, 구조 등에 대한 주의가 요구되고, 이것이 해석의 타당성과 직결된다는
점은 주지의 사실이다. 그럼에도 불구하고 3장에서 수행된 학습자의 해석
텍스트 분석 결과 대상 소설의 미적 속성에 대한 민감성은 그 성취의 수
월성이 매우 드물게 나타났으며, 이로 인해 각 독자군별 해석의 수준과
단계를 표나게 가르는 준거로 작동하고 있었다. 수사학적 해석의 민감성
과 관련성에 대한 세부 기준과 평가 예시문들은 다음과 같다.

<표 24> 수사학적 해석의 평가 준거와 예시문

준거 등급	수사학적 해석의 민감성과 관련성	평가 예시문	평가 내용
4 우수	텍스트의 구조, 문체, 서술 상의 특성과 그 효과를 심도있게 인지하고 이를 작가의 문체나 소설의 장르 문법과 관련지을 수 있다.	<날개>는 ㉠의식 흐름의 기법을 사용하여 일제강점기 시대의 무기력하고도 무능력한 당대 지식인의 삶을 표방하고 있습니다. ㉡소설 전체에서 '나'의 독백을 통해 그의 심리를 엿볼 수 있을 뿐만 아니라 당대의 파행적 사회 분위기 또한 알 수 있습니다. 의식 흐름의 기법이란 사건의 진행과 상관없이 서술자의 생각의 흐름을 따라 소설을 전개하는 기법입니다. ㉢이상은 『날개』에서 의식 흐름의 기법을 사용함으로써 '나'의 고백적 어조와 함께 내면 세계를 더욱 직접적으로 드러내고 있습니다. 이 기법	㉠텍스트의 수사학적 특성 파악 ㉡수사학적 특성의 효과에 대한 다각적 검토

---

220) A. Schwadron, "Aesthetic values and music education", Bonni Kowell, *Perspective in Music Education: Source Book 3*, MENC, 1966, p.190.
221) 김정우(2004)에서는 관련성 개념을 상호텍스트적 변형 혹은 확산의 의미로 사용하고 있다. 김정우, 「시 해석교육 내용 연구」, 서울대학교 박사학위논문, 2004, pp.122-127.

		은 소설 전체에서 사용되고 있지만 특히 소설의 도입부에서 가장 잘 관찰할 수 있습니다...이상의 소설 『날개』는 일제강점기의 암울한 사회 상황 속에서 삶의 가치를 잃은 국민들의 아픔을 보여줍니다. 하지만 ㉣5번의 외출을 계기로 삶의 의지를 되찾은 '나'를 통해 사회적 고립과 단절을 극복하고 결국은 자아를 되찾아가는 인간의 의지 또한 보여주는 소설입니다.<날개-H1-K-M-144>	㉣수사학적 전략과 의미주제의 관련성 형성
3 도달	텍스트의 구조, 문체, 서술 상의 특성과 그 효과를 민감하게 파악할 수 있다.	㉠<날개>는 서술자인 '나'의 독백으로 시작된다. '박제가 되어 버린 천재'를 아냐는 서술자의 질문은 다음 문단의 '육신이 흐느적흐느적하도록 피로했을 때만 정신이 은화처럼 맑소'라는 대목과 이어진다. 서술자는 스스로를 '박제가 되어 버린 천재'로 바라보며, 육신이 온전치 못할 때에만 정신이 맑다는 주장을 한다...㉡이런 그의 독백에서는 도스트예프스키와 위고 등 유명 작가들이 등장한다. 즉 이야기로 들어가기 전, ㉢서술자인 '나'의 의식의 흐름을 따른 독백을 통해 독자는 서술자의 높은 지식 수준을 엿볼 수 있다.<날개-H1-K-M-143>	㉠수사학적 특성에 대한 주목 ㉡수사학적 특성에 대한 민감한 분석 ㉢수사학적 특성이 독자에게 미치는 영향 파악
2 근접	텍스트의 구조, 문체, 서술 상의 특성에 대해 부분적인 인식을 드러낸다.	특히 집에만 갇혀 살던 '나'가 처음 아내 몰래 외출 했을 때가 인상적이었다. 물가에 아이를 내놓은 기분이었다. ㉠이 글의 특징인 문체에 고스란이 드러나 있듯이 작품의 전체적인 분위기는 불안감이 쥐고 있었던 것 같다.<날개-H2-S-F-19>	㉠텍스트의 문체에 대한 느낌 표현
1 미달	텍스트의 수사학적 특성에 대한 해석을 수행하는 데 어려움을 겪는다.	(평가 예시문 생략)	

수사학적 해석의 민감성과 관련성에 대한 세부 기준은 텍스트의 미적 속성에 대한 해석을 수행하는 데 어려움을 겪는 미달의 단계, 텍스트의 구조, 문체, 서술 상의 특성에 대해 부분적인 인식을 드러내는 근접의 단계, 텍스트의 구조, 문체, 서술 상의 특성과 그 효과를 민감하게 파악하는 도달의 단계, 텍스트의 구조, 문체, 서술 상의 특성과 그 효과를 심도있게 인지하고 이를 작가의 문체나 소설의 장르 문법과 관련지을 수 있는 우수의 단계로 나누어진다.

텍스트의 미적 속성에 대한 해석은 학습자 해석텍스트의 문면에서 거의 드러나지 않거나 드러난다 해도 그 난해함을 지적하는 정도에 그치는 경우가 대부분이었다. 이 중 후자의 경우를 좀 더 눈여겨볼 필요가 있다. 학습자들이 텍스트의 미적 속성을 민감하게 인지하지 못하는 이유는 그들이 학습해온 장르지식을 실제 작품 해석에 적용하는 데 어려움을 느끼기 때문일 것이다. 문학교실에서 소설의 시점이나 서술 기법, 구성 등에 대한 지식교육은 꾸준히 행해져왔고 학습자들은 그러한 학습의 결과를 시험의 형태로 빈번하게 인출해왔음에도 불구하고 정작 낯선 작품의 해석이라는 실제적 과제의 국면에서는 이러한 장르지식을 매끄럽게 활용하지 못하는 양상을 보였다.

따라서 학습자들로 하여금 그들이 명제적 형태로 학습했던 장르지식을 소설 해석의 방법적 지식으로 활용할 수 있도록 하는 교육적 방안이 강구되어야 한다. 이를 위해 다른 소설텍스트와 변별되는 <날개>만의 미적 속성을 찾아보도록 하거나 <날개>가 시나 만화, 영화 등 다른 장르로 재생산되었을 때 발생할 변화를 초보적인 수준에서나마 찾아보도록 할 수 있다. 또한 비교적 학습자들에게 익숙한 시점 전환 활동이나 패러디 활동 등을 통해 <날개>의 미적 속성을 보다 뚜렷하게 인지하도록 도울 수 있다.

텍스트의 구조, 문체, 서술 상의 특성에 대해 인지한다 하더라도 그 심도가 얕거나, 인지의 결과를 텍스트의 의미와 연결 짓지 못하는 단계 역시 상정될 수 있다. 가령 위 평가 예시문 <날개-H2-S-F-19>와 같이 텍스트의 전반적인 문체가 독자에게 불안감을 조성시킨다는 인식은 이루어졌지만, 구체적인 분석과 예증을 결한 까닭에 그러한 문체 효과의 인식이 텍스트의 의미 해석과 연계되지 못하는 경우가 잦다. 텍스트의 구조, 문체, 서술 상의 특성에 대한 부분적 인식은 상위 단계의 인식과 동등하게 평가될 수는 없다. 하지만 이러한 부분적 인식 역시 텍스트라는 타자적 대상의 미적 특수성을 존중하고 그것이 독자에게 발생시키는 효과에 대해 주목한다는 점에서 유의미하다 볼 수 있다.

한편 <날개-H1-K-M-143>과 같이 텍스트의 시공간과 문체, 서술 상의 특성을 민감하게 인지하고, 특히 서술자의 발화 태도를 통해 추론할 수 있는 정보들을 꼼꼼히 분석하여 이러한 분석을 '자아 회복의 의지'라는 의미론적 주제 도출의 근거로 삼는 경우 수사학적 해석 범주의 평가 준거는 충족했다고 볼 수 있다.

그리고 이러한 민감한 분석의 결과를 텍스트의 전체적인 의미주제와 관련지을 수 있다면 더욱 높은 단계의 수사학적 해석을 수행하였다고 볼 수 있다. 가령 우수 단계의 평가 예시문 <날개-H1-K-M-144>의 경우 <날개> 전반에 걸친 의식의 흐름 기법을 수합하고, 작가가 그러한 기법을 사용한 까닭을 탐구하며, 서술자의 태도와 인물의 반복적 행위 패턴 등을 상세히 분석한다. 그리고 이러한 전략이 궁극적으로는 파행적인 작중인물의 내면을 통해 그것을 빚어낸 왜곡된 세계를 형상화고자 했던 의미주제와 관련됨을 파악하고 있다.

이러한 민감성과 관련성은 텍스트라는 미적 자극에 대한 일회적, 무의지적 반응이 아니며 상당히 의식적인 분석의 과정을 요한다는 점에서 쉽게 성취될 수 있는 것은 아니다. 문학텍스트에 대한 학습자의 '자세한 읽기' 자체가 생략된 채 교수·학습 활동이 이루어지는 문학교실의 현실에서는 더욱 그러하다. 하지만 미적 속성에 대한 민감성과 관련성이 확보되지 않은 해석은 충실한 소설 해석이라 보기 어렵다. 텍스트의 미적 속성에 대한 분석을 생략한 학습자들의 해석텍스트가 대부분 스토리 층위의 반복적 서술이나 수용 맥락의 재생산에 그치는 것이 이를 뒷받침한다.

따라서 서술자나 내포작가와 같은 가상의 인격적 존재를 가정한 상태에서 텍스트를 다시 읽어보게 하거나, <날개>와 유사한 구조, 문체, 서술상의 특성을 보이는 다른 소설을 참조점으로 제공하여 분석하도록 하는 지도 방안 등을 통해 수사학적 해석의 민감성과 관련성을 제고하도록 도울 수 있다.

4) 맥락적 해석의 평가 준거-독창성과 적절성

여기서는 학습자가 소설텍스트의 해석에 다층적 맥락을 도입하여 독창적이고도 적절한 해석의 자원으로 삼을 수 있는지 여부를 평가하게 된다. 해석의 독창성(originality)은 특정 해석만이 갖고 있는 고유하고 유일한 특성을 의미한다. 이는 단순히 발생 빈도가 통계적으로 낮은 해석을 산출한다는 의미는 아니다. 그보다는 해석자 자신만의 독립적이고 창조적인 해석을 수행하면서 기존의 해석에서 탈피하고자 시도할 때 발생하는 속성에 가깝다. 한편 이러한 해석의 독창성은 적절성(appropriacy)과의 결합을 통해서 비로소 유의미해지는데, 아무리 독창적인 해석이라 해도 적절성의 제한 속에 있을 때만 해석공동체로부터 해석의 상대적 개연성을 승인받을 수 있기 때문이다.[222]

이러한 독창성과 적절성은 특히 맥락적 해석의 범주에서 빈번하게 요구되는데, 다층적 맥락의 적절한 도입을 통해 독자가 기존의 해석과 다른 각도에서 텍스트의 의미를 실현할 수 있기 때문이다. 따라서 독자는 소설

---

222) 위의글, p.133.

텍스트를 둘러싼 생산 맥락, 수용 맥락, 소통 맥락, 상호텍스트 맥락, 문학사적 맥락 등을 다각도로 검토하고 성찰하며 해석 과정에 적극적으로 도입할 필요가 있다. 3장의 분석 결과에서 드러난 바와 같이 독자가 해석의 과정 속에 끌어들이는 새로운 생산 맥락이나 독자 자신의 수용 맥락, 혹은 문학사적/해석사적 맥락의 검토나 상호텍스트군의 형성 과정은 텍스트의 의미에 대한 독창적이면서도 적절한 시각과 접근 방법을 제안하는 기능을 한다. 그리고 이러한 해석의 과정을 통해 텍스트의 의미(sense)를 해석자의 담론 속에서 실현되는 의미(meaning)로 성장시킬 수 있다.[223) 맥락적 해석의 독창성과 적절성에 대한 세부 기준과 평가 예시문들은 다음과 같다.

<표 25> 맥락적 해석의 평가 준거와 예시문

등급 / 준거	맥락적 해석의 독창성과 적절성	평가 예시문	평가 내용
4 우수	생산 맥락, 수용 맥락, 소통 맥락, 상호 텍스트 맥락, 문학사적 맥락의 검토와 성찰을 통해 독창적이며 해석공동체 내에서 적절하게 소통될 수 있는 해석을 완성할 수 있다.	한국 근대문학의 정점이라고 평가받는 이상의 날개는, ㉠수많은 문학비평가들로부터 다양하게 해석되었다. 그 중에서도 ㉡가장 널리 알려진 해석은 반영론과 표현론이 섞인 관점으로, 소설이 씌인 1930년대 일제 강점기의 작가 자신을 포함한 지식인들의 무기력함을 심리적으로 묘사했다는 해석이다. 작품의 프롤로그에서도 나와 있듯이, '박제가 되어버린 천재'라는 많은 억압받는 사회에서 그 무엇도 할 수 없는 일제시대 지식인들을 가장 적절하게 표현하고 있다…㉢ 그러나 이러한 일반적인 해석은 남성중심의 시각에서 이 작품을 바라보고 있다는 문제점이 있다…남성의 시각에서 보면	㉠기존의 해석사 검토 ㉡대표적인 해석 경향 추출 ㉢그러한 해석 경향의 문제점

223) P. Ricoeur, "What is a text?", John B. Thompson, *Hermeneutics and the human science*, Cambridge University Press, 1981, p.159.

		이러한 무기력은 시대의 아픔 때문이라고 해석될 수 있다. 하지만 시대의 아픔 속에서 왜 여성의 삶은 대변되지 않는지 질문을 던져보고 싶다. 따라서 이 소설의 결말에서 주인공이 "날자. 날자. 날자. 한 번만 더 날자꾸나. 한번만 더 날아 보자꾸나." 라고 외칠 때, 날개조차 꿈꿀 수 없는 일제시대 여성의 모습은 더욱 초라하고 비참하게 묵살된다. ㉣이 작품을 여성의 시각에서 읽어야 하는 이유가 바로 여기에 있다.<날개-H1-K-F-136>	㉣자신이 제안한 대안적 해석 방향의 타당성과 의미 주장
3 도달	생산 맥락, 수용 맥락, 소통 맥락, 상호텍스트 맥락, 문학사적 맥락을 다각적으로 검토하고 이를 독창적 해석의 자원으로 삼을 수 있다.	이상의 <날개>를 읽고 내가 느낀 것은 그 시절 ㉠일제강점기 때의 우리나라 청년들을 보고 있는 거 같다고 느꼈다....내가 이상의 '날개'를 읽고 느낀 점은 ㉡자기의 꿈이 무엇인지 하고 싶은 것이 무엇인지를 설정 못하여 방황하고는 있지만 많은 것을 겪어보고 느껴보면서 경험을 하면 자기가 하고 싶은 것이 무엇인지 꿈이 무엇인지를 찾을 수 있다고 이상의 '날개'를 읽고 느낄 수 있는 계기가 되었다.<날개-H3-I-M-237>	㉠생산 맥락의 도입 ㉡생산 맥락과 수용 맥락의 유기적 접합
2 근접	생산 맥락, 수용 맥락, 소통 맥락, 상호텍스트 맥락, 문학사적 맥락 중 일부를 도입하는 것은 가능하지만, 이를 바탕으로 해석을 독창적으로 진행해 나가지는 못한다.	실제로, 이상은 잘생긴 얼굴과 화려한 말솜씨로 당대 꽤나 잘나가던 바람둥이였다고 한다. ㉠특히 <날개>는 그 중에서도 배천온천에서 만난 기생, 금홍과의 동거생활을 바탕으로 쓰여졌다고 알려져 있다....날개라는 소재를 두고 여러 가지 해석이 존재하지만 나는 그 중에서도 날개가 가장 잘 의미하는 바는 현실사회가 아닐까 생각한다.<날개-H1-K-F-139>	㉠주제 도출 과정과 무관한, 작가에 대한 지식 나열

1 미달	맥락을 해석에 도입하지 못하고, 그 필요성을 인식하지 못한다.	(평가 예시문 생략)

맥락적 해석의 독창성과 적절성에 대한 세부 기준은 맥락을 해석에 도입하지 못하고 그 필요성을 인식하지 못하는 미달의 단계, 생산 맥락, 수용 맥락, 소통 맥락, 상호텍스트 맥락, 문학사적 맥락 중 일부를 도입하는 것은 가능하지만 이를 바탕으로 해석을 독창적으로 진행해나가지는 못하는 근접의 단계, 생산 맥락, 수용 맥락, 소통 맥락, 상호텍스트 맥락, 문학사적 맥락을 다각적으로 검토하고 이를 독창적 해석의 자원으로 삼는 도달의 단계, 생산 맥락, 수용 맥락, 소통 맥락, 상호텍스트 맥락, 문학사적 맥락의 검토와 성찰을 통해 독창적이며 해석공동체 내에서 적절하게 소통될 수 있는 해석을 완성하는 우수의 단계로 나누어진다.

이를 다시 분류하면 맥락적 해석의 독창성과 적절성에 대한 세부 기준은 맥락이 해석에 도입되지 않거나 단편적으로 도입되는 경우의 낮은 단계와, 맥락이 독창적으로 도입되며 해석의 타당성 및 소통가능성을 제고하는 보다 높은 단계로 구별된다.

맥락을 단편적으로 도입하는 학습자의 경우, 텍스트에 대해 외부로부터 주어진 맥락적 정보를 나열하고 이를 해석텍스트 군데군데 배치하기는 하지만 결과적으로 이러한 맥락적 정보를 본인만의 독창적인 해석 가설을 위해 유의미하게 적용하지 못했다. 즉 작품 바깥에 존재하는 사실적 정보로서의 맥락만이 도입될 뿐 이를 해석의 진행 과정과 유기적으로 상호작용시키지 못하는 것이다.

이는 비단 학습자만의 문제가 아니라 '맥락'의 교육을 '맥락적 지식'의 교육으로 오도해온 문학교육 전반의 문제라 할 수 있다. 이런 상황에서 학습자에게 가장 신뢰할 만한 해석의 자원은 자신만의 독창적 문제의식이나 문학경험이 아닌, 텍스트를 둘러싼 사실적 정보일 수밖에 없다. 그래서 학습자들은 소설텍스트의 경험이 아닌, 소설텍스트의 출간연도나 작가명으로부터 해당 텍스트의 의미 주제를 도출해내는 작업에 몰두하게 된다. 그리고 이는 텍스트와 해석자 사이의 진정한 교류를 방해하는 결과를 낳게 된다.

가령 근접 단계의 평가 예시문인 <날개-H1-K-F-139>의 경우 해석텍스트의 전반부에서는 이상의 전기적 사실에 대해 자신이 아는 대로 나열하는 작업에 집중하다 후반부에서는 갑자기 '날개'의 의미를 격리의 공간에서 벗어난 현실사회로 해석한다. 즉 작가에 대한 맥락적 지식과 중심소재의 해석 사이에 어떠한 연계점도 없으며 다만 맥락적 지식은 지식대로, 해석은 해석대로 진행되고 있는 양상을 보인다. 물론 생산 맥락에 대한 지식을 통해 해석의 타당성에 접근하는 것은 얼마든지 가능하지만 지나치게 평면적이고 비유기적인 맥락의 도입은 해석 작업의 한 축인 해석자 본인의 특수성을 소거하기 때문에 '텍스트 이해를 통한 자기 이해'라는 해석의 본질에 비추어 아쉬울 수밖에 없다.

한편 <날개-H3-I-M-237>와 같이 텍스트세계가 지시하는 생산 맥락의 특수성을 복원하고, 이를 통해 구체적인 소재나 구절의 의미망을 구성하며, 구성된 의미를 다시 해석자 자신이 속한 현대사회의 문제와 유연하고 독창적으로 접합시키는 경우 맥락적 해석 범주의 평가 준거에 충분히 도달하였다고 볼 수 있다.

그리고 이러한 해석의 '새로움'을 '적절함'과의 긴장 관계 속에서 정련시켜 해석공동체 내에서 적절하게 소통될 수 있는 해석텍스트를 생산하는 경우 더욱 높은 단계의 맥락적 해석을 수행하였다고 볼 수 있다. 가령 우수 단계의 평가 예시문 <날개-H1-K-F-136>의 경우 그동안 축적되어 온 <날개>의 해석사를 검토하면서 그러한 해석들이 배제하고 있는 일제

강점기 여성의 삶의 문제를 제기한다. 그리고 남성 중심적 시각의 해석 정전을 비판적으로 검토하고, 이러한 비판적 검토를 통해 마련된 자신의 새로운 해석 가설이 해석공동체 내에서 의미있게 소통될 수 있다는 자의식을 드러내고 있다.

이러한 독창성은 단순한 새로움이나 기발함의 차원을 넘어 대상에 대한 지적 호기심과 발견적 열정, 그리고 이러한 호기심과 열정의 주체로서 자기 자신에 대한 관심에 기인하는 것이다. 따라서 텍스트 해석의 자원을 다층적 맥락에서 발굴하는 작업의 즐거움을 체감할 수 있도록 학습자를 동기화하고, 그들이 보유한 특수한 사회문화적 조건이나 문학경험사, 현실적 고민 등을 텍스트세계와 조우하도록 도울 필요가 있다.

해석 평가가 준거지향평가를 지향하고 그에 따라 세부 기준과 등급을 제시한다고 해서 단순히 학습자의 현 상태를 측정하는 것에만 목적이 있는 것은 아니다. 김창원(1999)은 문학교육 평가 결과의 해석 및 활용 원리로 유의성의 원리, 연계성의 원리, 메타성의 원리 등을 제안한다.224) 유의성의 원리에 따르면 평가는 의사의 처방전과 같이 학습자에게 구체적인 정보를 제공해야 한다. 따라서 교사는 학습자들과 평가 결과를 공유, 논의하면서 학습자가 통과하고 있는 해석능력의 지점을 상세하게 알려주어야한다. 학습자가 소설 해석의 의미론적 범주, 수사학적 범주, 맥락적 범주에서 어느 정도 수준을 성취하고 있는지, 그리고 보다 상위수준에 도달하기 위해서는 어떤 노력을 해야 하는지에 대한 상세한 피드백이 제공될 때, 비로소 평가의 결과는 학습자에게 유의미해지기 때문이다. 가령 의미론적 해석에서 도달 상태로 평가받은 학습자에게는 그러한 결과가 도출된 까닭과 정확한 평가 내용을 알려주고 우수 상태로 나아가기 위해서는 응집적 주제를 표현할 수 있는 해석어휘를 선정하고 이를 토대로 해석텍

---

224) 김창원, 「국어교육 평가의 구조와 원리」, 『한국초등국어교육』 15, 한국초등국어교육학회, 1999, pp.185-186.

스트의 일관성을 강화하라는 피드백을 제공할 수 있다.

연계성의 원리에 따르면 해당 평가 결과의 송환 범위를 다른 활동의 평가나 학습자의 생활 전반까지 확장할 수 있어야 한다. 위에서 제안된 해석 평가의 준거와 평가 예시문은 <날개>에 대한 해석텍스트를 대상으로 도출된 것이기는 하지만, 해석의 범주 별로 학습자의 숙달/미숙달 정도를 구분할 수 있기 때문에 일반적인 소설 해석 활동에 대한 평가 준거로도 이용될 수 있다. 마지막으로 메타성의 원리에 따르면 평가의 결과는 교사 평가, 수업 평가, 평가에 대한 평가와 관련되어 실시되어야 한다. 위에서 제안된 평가 준거를 토대로 학습자들의 현대소설 해석능력이 파악되면 교사는 이를 학습자에 대한 진단 뿐 아니라 교사 자신의 수업에 대한 진단으로도 해석해야 한다. 예를 들어 학습자들이 비교적 일관되게 수사학적 해석 범주에서 미도달의 수준을 나타낸다면 교사는 수사학적 해석을 정교화 할 수 있는 활동을 보다 강화하거나 수사학적 해석을 평가하는 준거가 학습자 수준에 맞는지 메타적으로 점검해야 한다. 혹은 맥락적 해석 범주에서 특정 맥락이 거의 참조되지 않는 경향이 일관되게 나타난다면 이후의 수업에서 해당 맥락에 대한 비계 자료를 제공하고 토의를 유도하는 등의 조정을 시도할 수 있다.

이처럼 해석 평가는 학습자가 해석 활동을 수행하고 있는 '지금, 여기'에서 도달한 장소나 도달하지 못한 수준에 대한 정보를 학습자와 교수자 모두에게 제공하고 이를 다시 해석 활동의 동력으로 삼는 선순환의 경험에 가깝다. 즉 소설 해석 평가의 준거는 학습자에게 자신의 해석적 여정에 대한 정보를 주고 자신의 실제적 성취와 성취 가능성에 대해 객관적으로 바라볼 수 있는 기회를 제공하며, 이런 측면에서 해석 평가 역시 해석교육 방법의 하나일 수 있다.

5장_다시, 해석교육으로

현대소설 해석에 어려움을 겪고 있는 학습자의 목소리와 자료에서 근거를 찾아 해석교육을 설계하는 연구가 필요하다는 문제의식에서 출발하여 현대소설 해석교육의 목표와 방법을 실천적으로 설계하는 것이 이 작업의 목적이다. 이를 위해 먼저 리쾨르의 텍스트 해석학과 에코의 소설해석 이론에 기반하여 현대소설 해석의 개념과 성격, 범주, 교육적 과제를 도출하였다. 여기서 도출된 해석의 개념과 범주에 기반하여 독자군별 현대소설 해석의 양상을 분석하였다. 이때 횡단적 접근법을 원용하여 현대소설 독자군을 고등학생 독자군, 대학생 독자군, 전문독자군의 세 집단으로 나누었고 이들 세 집단이 산출한 현대소설 해석텍스트를 질적 분석의 방법으로 탐구하였다. 분석도구로는 NVivo10이 사용되었다.

나아가 분석된 독자군별 해석의 패턴과 차이, 수준에 근거하여 현대소설 해석교육의 목표를 기본 목표와 확장 목표로 나누어 설정하였다. 의미론적 해석 범주의 기본 목표는 '텍스트의 의미론적 미결정성에 대한 견딤과 탐구의 태도를 내면화할 수 있다'이고, 확장 목표는 '텍스트의 의도에 대한 논증을 수행할 수 있다'로 설정되었다.

수사학적 해석 범주의 기본 목표는 '텍스트가 어떻게 말하고 있는지에 주목하고, 그 효과를 민감하게 읽어낼 수 있다'이고, 확장 목표는 '텍스트의 수사학적 전략을 분석하고 이를 의미 주제와 관련지을 수 있다'로 제안되었다.

맥락적 해석 범주의 기본 목표는 '텍스트의 생산, 소통, 수용을 둘러싼 맥락의 다층성을 알고, 그것을 해석의 자원으로 활용할 수 있다'이고, 확장 목표는 '해석공동체와의 교류를 통해 해석자 자신의 해석 과정에 대해 메타적으로 검토하고 성찰할 수 있다'로 설정되었다.

최종적으로 이러한 목표에 도달하기 위한 교육적 방법을 해석의 과정과 범주별로 제안하였다. 먼저 해석 활동의 활성화를 위해 '기점 형성을 통한 해석적 과제 부여'와 '해석사 검토를 통한 독창적 가설 설정'을 제안하였다. 해석 활동의 정교화를 위한 방법은 해석의 범주 별로 제안하였는데, 의미론적 해석의 정교화를 위해서는 '전체적 읽기를 통한 해석어휘의 도출'과 '타당성 기준에 따른 해석 가설의 반복적 검증'을 제안하였다. 수사학적 해석의 정교화를 위해서는 '심미적 반응의 텍스트내적 귀인'과 '내포작가의 구축과 방법적 대화'를 제안하였다. 맥락적 해석의 정교화를 위해서는 '협동학습을 통한 맥락적 지식의 수집과 선별'과 '엮어 읽기를 통한 상호텍스트군의 형성'을 제안하였다. 마지막으로 해석 활동의 소통 및 조정을 위해 '공론화를 통한 해석의 갈등 경험'과 '메타 해석을 통한 해석자의 자기 성찰'을 제안하였다. 또한 현대소설 해석 평가의 준거로 의미론적 해석에서는 응집성과 일관성, 수사학적 해석에서는 민감성과 관련성, 맥락적 해석에서는 독창성과 적절성을 제안하고, 각각에 대한 세부 기준과 평가 예시문을 도출하였다.

독자군(群)별 해석텍스트의 분석을 토대로 현대소설 해석교육을 설계한 이 작업은 다음과 같은 의의를 지닐 수 있을 것으로 판단된다. 첫째, 독자군별 해석의 양상을 질적으로 분석하되 분석 도구로 NVivo10을 채택하여 분석의 객관성을 높이고 각 독자군별 해석의 특성을 명료화하였다. 그동안 학습자의 해석텍스트를 분석한 연구에서는 특정한 방법론이나 분석의 틀 없이 연구자의 직관에 의존한 비정형적 분석이 주를 이루어 왔던 것이 사실이다. 이 연구에서는 그 유용성을 인정받은 내용 분석의 도구를 적극적으로 활용하여 질적 자료 분석에 근거한 이론을 도출했다는 데 의의가 있다.

둘째, 그동안의 해석교육 관련 담론이 학습자의 해석능력에 대해 이론적으로 가정하거나 전제해온 경향이 강하다면, 이 연구는 구체적 자료를 통해 학습자의 실제적 발달수준을 살피고 이에 기초하여 교육적 시사점을 도출하였다. 따라서 학습자가 해석 활동을 수행하는 데 있어 보다 실질적인 지침을 제공할 수 있다. 즉 이 연구는 해석의 다양성을 인정하되 진정한 해석의 주체로 학습자가 성장할 수 있는 방법을 모색함으로써 실질적인 학습자 중심 해석교육의 방향을 제안하였다는 점에서 의의가 있다.

이와 같은 의의에도 불구하고 앞으로 해결해야 할 과제도 남아 있다. 첫째, 장기적, 종단적 기획을 통해 보다 풍부한 표본을 대상으로 독자군별 해석 양상을 추출하고 보편화하는 발달 연구를 진행할 수 있을 것이다. 이를 위해 장기간의 독자군 관찰 및 해석텍스트 수합을 시도하여 해석교육 연구를 위한 실증적 자료로 축적할 필요가 있다. 둘째, 학교급과 학년, 연령, 지역, 성별, 배경지식 등의 해석자 변인이 해석 활동에 어떤 영향을 미치는지에 대한 후속 연구가 필요하다. 해석교육의 방법과 평가 준거는 학습자의 특성에 따라 유연하고 적절하게 투입되어야 하기 때문이다. 이상의 후속 작업을 통해 해석교육의 방향을 보다 확장해나가고자 한다.

제2부

문학교육의 실천적 쟁점들

1장_ 학습자는 문학교육을 어떻게 경험하는가

1. 문학에서 학습자로

교육은 학습자가 모종의 교육적 활동을 통해 성장하는 것을 목표로 한
다. 문학교육에서도 이러한 명제가 참임을 수긍하고 나면 크게 두 가지
문제가 문학교육 연구의 화두로 떠오른다. '어떤 교육적 활동을 구안할
것인가'가 첫 번째 문제이고, '학습자의 성장이란 과연 무엇인가'가 두 번
째 문제이다. 첫 번째 문제를 풀기 위해 문학교육 내용론/방법론의 차원에
서 양질의 연구가 축적되어 왔다. 하지만 두 번째 문제에 대해서는 그다
지 연속성 있는 연구가 이루어지고 있지 않다. '학습자'는 누구이고, 그들
의 '성장'이란 무엇을 의미하는가. 그리고 그 성장의 메커니즘에 문학교육
은 어떻게 개입해야 하는가. 이는 문학교육의 철학과 방향을 함축하는 질
문이며, 이에 대한 고민 없이 누적되어 가는 문학교육 내용/방법론은 공허
할 수밖에 없다.

물론 문학교육의 내용과 방법을 마련하려는 논의는 가시적이든 비가시
적이든 모종의 학습자상, 그리고 모종의 문학교육관을 함축하고 있다. 하
지만 대부분의 경우 그러한 논의에서 가정된 학습자상은 지극히 추상적
이거나 연구자 본인의 경험 혹은 직관의 연장선상에서 상상된 것에 가깝
다. 여전히 문학교육은 학습자들에 대해서 '너무 적게' 알고 있다.[1]

---

1) 우신영, 「현대소설 해석교육 연구-독자군별 해석텍스트의 분석을 중심으로」, 서울대학교
박사학위논문, 2015.

교육과정이 학습자 중심 교육을 표방하고, 문학교육 연구가 수용미학과 독자반응이론을 논의하며, 문학교사가 학습자들의 '꿈과 끼'를 함양하게 위한 연수들을 받고 있음에도 불구하고 정작 교실에서 문학과 교사, 학습자는 소통의 단절을 경험하고 있다. 즉 학습자들은 문학을 의미있게 경험하는데 있어 심각한 곤란을 겪고 있었으며 여러 가지 계기로 인해 문학교육과 인지적, 정서적으로 결별한 상태였다. 그럼에도 불구하고 문학교육은 그들이 더 나은 문학능력을 보유할 수 있는 방법을 마련하기 위해 동분서주하고 있는 것이다. 결과적으로 교육과정 개발자, 문학교육 연구자, 문학교사, 문학 학습자가 모두 각자의 벽을 보고 이야기하고 있는 형국이다.

이러한 간극을 메우기 위해서는 교육과정 3대 원천-교과, 사회, 학습자-중 하나임에도 불구하고 그동안 교과교육 연구에서 마치 유령처럼 다루어져 왔던 학습자의 실체와 욕구, 요구에 대한 관심이 필요하다. 그들은 누구이고, 그들은 문학교육에 무엇을 요구하며, 그들이 문학교육을 통해 이루고자 하는 성장은 어떠한 것인가? 대규모 기획에서는 수요조사가 필수적임에도 불구하고, 거대한 규모의 공적 기획인 (문학)교육에서는 수요자의 욕구와 요구가 철저히 가정태로만 남아있었다는 문제의식이 본고의 출발점이다. 학습자들의 인식에 투영된 문학교육의 상이야말로 향후 문학교육의 향방을 제안해 줄 가장 강력한 자료이며, 따라서 우리는 (문학)교육을 직접 경험하고 있는 그들의 목소리를 경청할 필요가 있다. 이 목소리를 통해 우리는 문학교육의 과거와 현재를 성찰하고 미래를 어떻게 디자인해 갈 것인지 논의할 수 있을 것이기 때문이다.

선행연구를 일별해보면 학습자의 교과 경험 및 인식에 대한 연구가 성인 학습자 및 외국인 학습자를 대상으로 하는 영역에서 상대적으로 활발함을 알 수 있다. 이러한 현상은 주목할 만하다. 특정한 필요에 의해 자발적으로 학습을 선택한 성인 학습자 및 외국인 학습자들의 요구에 대해서는 섬세한 분석을 통해 더 나은 교육 '서비스'를 제공하고자 하는 반면,

매우 당연히 교육을 '받아야 하는' 대상인 중등 학습자에 대해서는 특별한 요구 조사를 시도하지 않는 것이다.

홍후조(2010)의 경우 우리나라 국가 교육과정 연구 개발에서는 사회나 교과의 요구에 비해 학습자의 요구가 무시되어 왔음을 지적하고 있다. 특히 이 연구에서는 학습자의 일반적, 사회문화적 조건 등의 경성 자료(hard data)뿐 아니라 그들의 태도나 가치관, 경험 등의 연성(soft data) 자료도 파악할 필요가 있다고 지적한다. 교육과정 설계에는 경성 자료가 아니라 구체적인 학습자의 기대와 요구가 필요하기 때문이다.[2] 따라서 연구자들이 본인의 연장선상에서 추상해낸 이상적 학습자, 혹은 '감'에 의존해 그려낸 상상적 학습자가 아닌, 진짜 학습자(real learners)들에 대한 연구가 시급한 시점이라 할 수 있다.

그러한 진짜 학습자들의 목소리를 듣기 위해서는 교육과정 개발 시 이루어지는 대규모 설문 조사의 형태로는 미진하다. 대규모 조사를 통해 학습자들의 일반적인 교과 선호도, 중요도 등을 양적으로 측정해볼 수는 있겠으나 정작 그들이 해당 교과에 대해 어떠한 구체적 느낌과 경험을 갖고 있는지는 전혀 살필 수 없다. 따라서 학습자들의 진솔한 경험적 보고를 수합하려면 그들의 문학교육 경험사(經驗史)를 내러티브 형태로 청취하는 질적 연구의 필요성이 대두된다. 모든 학습자는 그들만의 문학교육 경험사를 가진 존재이며 이것은 문학교육 연구에서 경청해야 하는 핵심적 연구 자료이기 때문이다.

이에 본 연구에서는 중등학교 문학교육의 최종선상에 위치한 예비 고등학교 3학년 학습자들을 대상으로 문학교육 경험기술지를 수합하고 이들의 문학교육 경험 양상을 분석하여 향후 문학교육이 학습자와 맺어야 할 바람직한 관계의 방향을 모색하고자 한다.

---

2) 홍후조, 「국가교육과정기준의 연구 개발에서 학습자 집단의 요구분석을 위한 영역과 항목 설정 연구」, 『교육과정연구』 28-3, 한국교육과정학회, 2010.

2. 연구 대상

이 작업의 과정은 다음과 같다. 첫째, 학습자들의 문학교육 경험을 탐구하여 문학교육의 과거와 현재를 진단하고 미래를 탐색해야 한다는 문제의식에 기반하여 문학교육에 대한 학습자들의 실제 경험과 요구를 연구 대상으로 삼았다. 둘째, 공식적인 문학교육에 대한 경험이 이제 막 완료된 예비 고등학교 3학년 학습자를 대상 집단으로 선정하고 자료를 수합하였다. 셋째, 학습자들의 문학교육 경험을 분석하기 위해 질적 연구 중 내용 분석의 방법을 채택하고 분석 도구 소프트웨어로 NVivo10을 사용하였다.

일반적으로 요구분석은 대상의 현재 상태(what it is)와 바람직한 상태(what hould be) 사이에 존재하는 격차를 확인하고 그 상태와 원인을 점검하여 "미래 행동을 위한 우선순위(priority)"를 탐색하는 작업으로 규정된다.[3] 따라서 문학교육에서 요구분석은 문학교육의 이상태와 현실태 사이의 간극을 인정하고 그 원인을 따지는 작업이며, 궁극적으로는 미래의 문학교육을 디자인하기 위한 우선순위를 찾기 위해 수행된다고 할 수 있다. Witkin과 Altschuld(1995 : 10-11)에 따르면 요구분석 대상은 세 수준으로 나눌 수 있는데 서비스 수혜자, 서비스 공급자 및 정책 형성자, 자원 또는 해결책(대)이 그것이다.[4] 문학교육에 대한 다양한 요구의 주체 중에서도 이 작업은 특히 서비스 수혜자인 학습자에 주목한다. 문학교육의 성공/실패 여부는 객관적 준거로 평가되는 것이 아니라 직접적 수혜자인 학습자의 성장에 따라 평가됨에도 불구하고, 그들의 요구가 문학교육의 공적 국면에서 공백으로 처리되어 왔기 때문이다.

이러한 학습자의 요구 조사 없이 교과 목표와 내용, 방법이 설정될 때

---

3) 최정임, 『인적자원개발을 위한 요구분석 실천 가이드』, 학지사, 2002.
4) B. R. Witkin& J. W. Altschuld(1995), *Planning and conducting Needs Assessments: A practical guide*, CA: SAGE Publications, pp.10-11.

교과와 학습자는 점진적으로 유리된다. 후술하겠지만 학습자들의 문학경험기술지에서는 문학교육으로 '인해' 문학과 멀어졌다는 진술이 반복되고 있다. 학계의 논의가 진일보해나가는 것과 무관하게 여전히 많은 학교와 교사들은 전통적 방식으로 문학을 가르치고, 학습자들의 삶과 요구에 무관심하다. 그 결과 학습자들은 내적 동기를 잃어버리고 '내가 왜 지금 여기에서' 문학을 배우고 있는지에 대한 답을 오직 외적 요인-수치화되는 점수-에서만 귀인하게 된다. 대부분의 학습자들이 시험을 위해 혹은 '그저 거기 있으니 당연히' 배워야하는 대상으로 교과를 받아들일 뿐5) 그것의 본질적 가치나 생연관성은 부정한다. 이러한 현상은 학교급이 높아질수록 더욱 심해지는 양상을 보인다.6) 학교급이 높아질수록 취학이나 시험과 같은 외적 목적이 부각되어 학습의 타율성이 높아지고, 교육내용이 방대해지는 한편 교육방법은 단순화된다. 이로 인해 학습자들이 교과와 맺고 있던 정서적 관계가 증발된다.7) 따라서 본고는 문학교육에 대한 학습자들의 실제 경험과 요구를 연구 대상으로 삼고 이를 질적 내용분석의 방식으로 탐구하고자 한다.

본 연구의 기초 자료는 C고등학교의 예비 3학년 학습자를 대상으로 수합하였다. 연구자는 공식적인 문학교육에 대한 경험이 이제 막 완료된 예비 고등학교 3학년 학습자를 대상 집단으로 선정하는 것이 가장 적절하다고 판단 후, 선행연구를 검토, 분석하여 학습자들의 문학교육 경험기술지 작성 안내문과 양식을 마련하였다. 2015년 11월 11인에 완성된 문학교육 경험기술지 작성 안내문과 양식을 2015년 11월 13일 42명의 학습자들에게

---

5) 김두정, 「학교 교육과정 개발 및 운영의 요인으로서 학습자」, 『교육연구논총』 26(2), 충남대학교 교육발전연구소, 2005.
6) 한국교육개발원, 「초·중학생의 지적·정의적 발달단계 분석연구(Ⅲ)」, 『한국교육개발원 연구보고서』 RR 2002-4, 2002.
7) 배성아, 안정희, 「국민공통 기본교과에 대한 학습자의 인식 및 요구 조사」, 『학습자중심교과교육연구』 10-1, 학습자중심교과교육학회, 2010, p.189.

배포하여 총 42편의 문학교육 경험기술지를 수합하였고 그들의 동의를 얻어 2015년 11월 15일부터 이를 분석하는 작업에 착수하였다.

C고등학교의 예비 고3 학생(2015 국가학업성취도 평가 당시 2학년)을 대상으로 경험기술지를 수합한 까닭은 접근의 용이성 뿐 아니라 표본의 속성에 근거한 것이었는데, 2015 국가학업성취도현황에 의거할 때 C고등학교 2학년(2016 현재 3학년)들의 국어과 평가 결과는 보통학력 이상 83.5%, 기초학력 14.4%, 기초학력 미달 2.1%로 전국 평균인 보통학력 이상 86.1%, 기초학력, 11.6%, 기초학력 미달 2.3%와 거의 일치한다.[8] 따라서 C고등학교 학습자들은 고등학생들이 보유한 평균적 문학능력에 대한 대표성을 가진 집단으로서 그들이 갖고 있는 문학교육에 대한 경험과 요구는 개별적인 것인 동시에 분석과 연구에 의해 일반화될 수 있는 가능성을 지닌다.

분석 대상인 자료가 학습자들의 생생한 경험과 욕구를 담고 있는 텍스트인 관계로 통계 프로그램과 같은 양적 분석 도구보다는 질적 내용분석 도구가 적합하다고 판단하였다. 42편의 자료는 방대하다고는 할 수 없지만 매우 비정형적이며 경험 진술의 특성상 때로는 긴 길이를 지닌 텍스트였고, 특수한 경험들의 기록인 한편 특정한 경향과 패턴을 지닌 텍스트이기도 했다. 따라서 경험적 보고를 귀납적으로 분석하는데 높은 타당성과 적합성을 지닌 내용분석의 방법을 선택하였다. 학습자들의 요구와 욕구를 최대한 '실어 나르는' 것이 연구자들의 바람이었으므로 이론적 범주를 설정하고 그 범주에 자료를 할당하는 식의 연역적 접근은 지양하였다.

따라서 이 연구는 학습자의 자료에서 모든 범주를 생성하는 상향식의 귀납적 방식을 취한다. 이러한 질적 분석 과정의 일관성과 타당성을 높이기 위해 QSR NVivo10을 사용하였다.[9] 즉, 범주를 전제하고 거기에 맞춰

---

8) 이상의 국가학업성취도현황 정보 출처는 다음과 같다. 학교알리미 교육정보 공시서비스 (http://www.schoolinfo.go.kr)
9) 서혁, 「교실문화 개선을 위한 국어과 교수·학습방법」, 『국어교육학연구』 33, 서울대학교 국어교육연구소, 2008, p.37.

자료를 분석하는 대신 원자료 42편을 다큐먼트로 전환하고[10] 반복적으로 출현하는 어휘 및 어구를 중심으로 예상 코딩범주를 메모하였다.

데이터의 토픽과 패턴을 대변하는 코딩범주를 추출하자 32개의 프리노드가 생성되었는데 유사한 노드들을 묶고 계층화하여 최종적으로 3개의 범주와 10개의 트리노드가 생성되었다. 자료 검토 결과 학습자들의 자료 42편에 나타난 문학경험 기술은 크게 문학교육에 대한 <1. 문제의식>, <2. 원인 분석>, <3. 대안 제시>라는 세 개의 범주로 나누어 살펴볼 수 있었다. 즉 학습자들은 자신이 받아온 문학교육 경험을 문제적으로 회고하면서 자신의 문제의식을 드러냈고, 이러한 문제들의 원인을 다양한 방향으로 귀인하였다. 그리고 그러한 원인을 해소하거나 변화시킬 나름의 대안들을 제시하면서 경험 기술 작업을 마무리하는 양상을 보였다. 각 범주는 다시 반복적으로 출현하는 하위 범주들로 코딩되었는데 이는 아래 절에서 후술하고자 한다.

<표 1> 분석 결과 도출된 주요 범주

주요 범주	자료 수	코딩 수
1) 문제의식	38	65
2) 원인 분석	35	65
3) 대안 제시	27	52

3. 학습자들의 문학교육 경험 양상 분석

1) 문제의식

여기서는 학습자들의 문학교육 경험기술지 42편을 대상으로 NVivo10

---

10) 각 다큐먼트는 표집된 순서대로 넘버링하였다. 예) 21번째로 제출된 학습자의 경험기술
   지 : S-21

을 사용한 코딩을 실시하여 유의하게 떠오르는 문제의식을 포착하였다. 코딩 결과 문제의식은 "있던 재미도 사라졌어요", "이건 너무 불공정해요", "자아 분열을 하고 있어요" 등으로 코딩되었다. 이상의 코딩 결과를 표로 제시하면 다음과 같다.

<표 2> 문제의식의 양상 코딩 결과

범주	양상	자료 수(비율)	코딩수
문제 의식	(1) 있던 재미도 사라졌어요	14(33.3%)	15
	(2) 이건 너무 불공정해요	25(59.5%)	27
	(3) 자아 분열을 하고 있어요	21(50.0%)	23

(1) 있던 재미도 사라졌어요

문학교육에 대한 학습자들의 문제의식에서 두드러지는 점은 바로 공교육 이전에는 문학에 재미를 느꼈는데 교육을 거치며 그것이 소실되었다는 보고가 반복된다는 것이다. 전체 자료인 42편의 경험기술지 중 33.3%인 14편의 경험기술지에서 이러한 보고가 나타났다. 그들은 학령기 이전, 혹은 초등학교 시절까지는 자발적 문학경험을 시도하는 등 문학에 상당한 재미와 흥미, 관심을(S-21) 보였으나 순수한 동기를 잃어버리면서(S-20) 문학을 그저 스트레스에 불과한(S-24) 존재로 인식하고 있었다.

이러한 재미의 상실은 <2. 원인 분석>의 하위범주인 <3) 수단으로서의 문학경험>과 높은 유관성을 보이며 일종의 연어 관계를 형성하는 진술이다. 즉 재미 대신 점수나 등급, 성적과 같은 키워드들이 문학 교실을 지배하면서 문학경험 자체가 수단화되고 이에 따라 학습자들은 재미를 상실하게 된 것이다. 이는 학습자들이 문학 교과 시험에서 얻는 점수가 낮아지든 높아지든 간에 상관없이 나타나는 현상이라는 점에서 더욱 문제적이다. 비참한 점수와 등급으로 인해 재미가 추락하기도(S-14) 하지만 반대로 성적이 높아졌는데 재미가 없어진 경우도(S-17) 있다. 여전히 재미를 느끼지만 동시에 문학교육에 대한 혐오감을(S-25) 갖는 양가감정의 모습도 포착된다. 이러한 혐오감의 근저에는 개인적 즐거움의 성소(聖所)였던 텍스트가 교실에서 낱낱이 해부된 경험이 존재한다.

> 도축장의 돼지들처럼 해체되어서는, 부위 하나하나가 공개되고, 하지만 그렇지 않다면 어떻게 시를 배운단 말인가? 하는, 그런 생각도 있습니다. 저 질문에 답을 할 수 없습니다. 현대시는 그 정도의 충격이었습니다.(S-38)

문학 교실이라는 특수한 시공간 속에 배치된 문학작품은 "도축장의 돼지"라는 극단적 비유로 표상되고 있다. 이러한 교실 속 텍스트는, 문학이 본디 가지고 있고 또 가져야 하는 고유의 유혹적 속성이 완전히 탈각된 상태이다. 학습자들이 왜 '재미'를 잃었는지 수긍할 수밖에 없는 지점이다. 문학텍스트는 본디 독자의 재미를 지향하며, 유혹의 성격을 띠는 텍스트[11]이다. 텍스트가 독자에게 제공하는 유희의 공간에서 놀고 놀아지면서[12] 독자는 현실을 새롭게 인식할 수 있는 자유를 얻게 된다. 모든 놀이가 그렇듯 자발성이 재미의 핵심이 된다. 그런데 재미있게 놀이하는 자가 그 재미로 인해 변화되는 메커니즘이 교실에서 사라져 버렸다. 그래서 한 학습자는 "모의고사 시는 아무 느낌이 없지만 스크린도어나 페이스북 시에는 자주 감동을 느낀다"(S-41)고 토로한다.

'재미'라는 어휘는 본디 음식이 제공하는 이로움을 가리키는 '자미'(滋味)에 그 어원을 두고 있다.[13] 즉 재미가 발생하려면 감각적 즐거움이 주체에게 허용되는 느리고 자유로운 공간이 필요하다. 바르트가 즐김의 텍스트를

---

11) 황혜진, 「재미의 관점에서 본 <큰누님 박씨 묘지명(伯姊孺人朴氏墓誌銘)>」, 『고전문학과 교육』 29, 한국고전문학교육학회, 2015, p.55.

12) 김애령, 「텍스트 읽기의 열린 가능성과 그 한계-드 만의 해체 독서와 리꾀르의 미메시스 독서」, 『해석학연구』 29, 한국해석학회, 2012, p.128.

13) 김성룡, 「고전 문학의 재미와 고전 문학 교육의 재미」, 『고전문학과 교육』 28, 한국고전문학교육학회, 2014, p.5.

읽는 방식을 한가롭게 풀을 뜯는 소에 비유한 것은 적실한데[14], 칼로리 섭취를 위한 게걸스러운 문학경험이 아니라 텍스트를 한가롭게 노닐며, 그것을 맛보는 제 혀의 감각을 곱씹을 수 있는 '귀족적' 문학경험에서 비로소 재미가 발생하기 때문이다. 이 문학 읽기의 즐거움-문학비평가 김현이 지적한대로 이 즐거움은 대체로 괴로움을 경유한 즐거움이다-이 성립하려면 문학 교실이 그러한 '노닒'의 공간을 제공해주어야 한다. 학습자들이 문학 대신 방대한 인터넷 세계를 경험하는 일에 몰두하는 까닭을 생각해보자. 한 학습자는 교실에서 만나는 문학의 세계를 아주 '작은 창문'(S-29)에 비유하고 있다. 교사도 학습자도 매우 조급하게 이 작은 창문을 통과해야 한다. 물리적, 심정적 여유가 없으므로 본연의 맛을 느끼는 것(S-34)은 사치이다. 하지만 인터넷 세계가 제공하는 무한의 공간은 학습자로 하여금 자신이 바로 자유롭게 노니는 주체라는 느낌을 제공한다.

'천천히 읽기'를 권하는 목소리들이 등장한 바 있지만 여전히 문학 교실에서 '천천히 읽기'란 요원한 일이다. 스피드 퀴즈에 가까운 진도 빼기 수업과 시험 문화 속에서 천천히 읽는다는 것은 무능의 상징일 수밖에 없다. 이러한 문제를 해결하기 위해서는 재미의 추구가 시험으로 치환되는 문학능력의 성장과 전혀 무관하지 않다는 인식이 필요하다. 재미는 꼼꼼한 읽기(close reading)를 불러오고, 꼼꼼한 읽기는 다시 재미를 극대화시킨다. 에코가 말했듯 그가 십여 년간 수행한 텍스트 <실비>에 대한 분석적 읽기는 텍스트에 대한 최초의 쾌감을 훼손하기는커녕 나선적으로 강화시켰다.[15] 이 선순환 속에서 학습자는 문학'하기'의 권위 있는 주체가 된다. 단순히 텍스트의 맛에 대한 교사의 설명을 듣는 수동적 독자에서 벗어나 직접 텍스트의 맛을 보고 평가하는 미식가적 독자가 될 수 있는 것이다. 이러한 미식의 경험을 위해 반드시 최고급 커트러리나 미식사 개론서가 필

---

14) 황혜진, 위의글, p.53에서 재인용.
15) U. Eco, 『작가와 텍스트 사이』, 손유택 역, 열린책들, 2009, p.202.

요한 것은 아니다. 각자가 갖고 있는 고유한 혀의 감각과 기억, 취향을 통해 텍스트를 맛보고 그러한 경험의 연속성을 지켜간다면 누구나 텍스트의 진미를 '자미'나게 맛볼 수 있을 것이다.

(2) 이건 너무 불공정해요

문학교육에 대한 학습자들의 문제의식에서 가장 높은 빈도로 코딩된 것은 바로 불공정함에 대한 진술이었다. '불공정하다'는 표현은 '공평하고 올바르지 아니하다'는 사전적 의미를 갖는다.16) 학습자들이 문학교육에 대해 갖고 있는 지배적인 인상이 불공정함(unfairness)이라는 사실 자체도 놀랍거니와, 그 이유 역시 문학교육 연구담론에서는 심각하게 고려된 바가 없었던 항목들이다. 불공정함에 대한 학습자들의 문제의식은 각별했기에 그들은 그러한 불공정함의 사태에 대해 미시적이고 구체적으로 기술해나간다.

그들이 느끼는 불공정함은 크게 네 가지에 대한 것이다. 먼저 그들은 문학 교사들 간의 능력 차(S-4, S-11, S-27)로 인해 곤란을 겪고 있다고 말한다. 학급 별로 문학 과목을 담당하는 교사들이 다르고 따라서 수업의 내용과 질이 상이한데도 불구하고 모두 똑같은 시험 문항으로 평가받는 것은 불공정하다는 것이다. 학습자들은 어디서부터 어디까지가 문학 교과의 내용인지 혼란을 느끼고 그러한 혼란이 시험 점수에 미칠 영향을 최소화하기 위해 다음과 같은 진풍경을 연출하기도 한다.

> 문학을 가르치는 선생님들이 네 분이 계시는데 동일한 문학작품에 대한 생각이 정반대로 되어 가르치시는 경우가 잦았다. 네 분 모두의 필기를 베껴러 아이들은 문학 책을 들고 복도를 돌아다녔다.(S-13)

---

16) 국립국어원 표준국어대사전(stdweb2.korean.go.kr)

둘째, 그들은 재미와 점수 사이의 차이에 대해서도 의문을 표했다. 가장 좋아했고, 가장 잘 할 수 있다고 내심 자부심을 느꼈던 문학 과목에 대해 낮은 등급이 매겨지자(S-14) 학습자들은 문학교육이 학습자들의 정의적 영역을 공정하게 평가하고 있는지 묻게 된다. 자신보다 문학을 좋아하지 않고 오직 앵무새처럼 외우기만 하는 친구가 더 높은 점수를 받는 현실을 쉽게 이해할 수 없는 것이다.

셋째, 이는 학습자의 감상과 정답 사이의 차이를 인정하지 않는 문학교육으로 인해 '손해를 보았다'는 문제의식으로 이어진다.

> 실제로 내 친구 중에서도 문학시간에는 정말 자다가 시험 2주 전쯤 반 친구들의 필기를 베끼고 그대로 외워 손쉽게 1등급을 받는 친구가 있다. 초등학교 때부터 문학의 감상과 느낀 점을 중점으로 수업했는데, <u>그것을 지금까지 따른 내가 손해를 본 느낌이었다.</u>(S-25)

문학교육 연구자로서 가장 뼈아픈 지적은 넷째 항목이다. 많은 학습자들이 문학교과서에 선언된 이상적 진술과 문학교육의 현실 사이에 놓인 거대한 간극을 고발하고 있었다. 특히 교과서 단원 설명이나 이론 개관에서 해석의 다양성을 강조해놓고, 실상 해석의 다양성은커녕 해석 자체도 허용하지 않는 교실에 대해 학습자들은 불공정하다고 입을 모았다.(S-5, 9, 1, 24, 34)

> 학교에서 문학이란 과목을 처음 배울 때 독자마다 살아온 배경 가치관이 다르기 때문에 문학작품을 해석하고 수용하는 것이 다 다르다고 했었다. <u>하지만 모든 문학작품에는 교수님들께서 연구하신 해석본이 미리 존재해 있었고 우리는 그것만 외우는 식이었다.</u>(S-21)

이러한 불만은 결국 '문학공부란 선생님 비위 맞추기'라는 극단적 명제로 이어지기도 한다. 이처럼 학습자들은 문학의 재미(interest)는 느끼지 못한 채 문학교육이 본인과 맺는 이해(interest) 관계에만 매우 신경질적으로 반응-"문학이라면 치가 떨렸다"(S-10)-하고 있었다. 그 강도 역시 연구자가 예상한 수위를 넘어섰다. 이러한 적대적 반응이 누적되면서 문학교육에 대한 비우호적 태도를 학습자들은 공유하게 된다. 교육평가론이나 체육교육 담론에서 불공정성에 대한 연구들이 진행되어 오기는 하였지만, 문학교육에서는 그러한 연구의 역사가 길지 않기에 더욱 많은 관심이 요청된다.

(3) 자아 분열을 하고 있어요

학습자들의 문학교육 경험기술지 분석 결과 21편의 텍스트, 즉 50.0%의 학습자들이 문학 교실에서 일종의 자아 분열을 경험하고 있다고 진술했다. 이러한 분열의 양상은 과거 연구자가 수합했던 또다른 자료에서도 발견할 수 있었다. 이상의 <날개>를 배운 한 학습자가 시험문제를 풀 때는 해당 소설의 결말을 '부활'로 해석하였으며, 개인적으로는 '자살'로 해석해왔다고 증언한 바 있었다. 그리고 <날개>의 결말을 '부활'로 설명하는 수업과 시험을 반복적으로 경험하면서도 자신만의 고유한 해석은 어떤 변화도 없이 유지해왔다고 말한다. 물론 텍스트에 대한 개인적 반응과 지배적 해석이 충돌하는 상황은 빈번하게 일어나며 지배적 해석은 해석대로 인지하면서 개인적 반응을 고수하는 일도 가능하다.

문제는 이 학습자의 개인적 해석이 지배적 해석과 소통해본 적이 없다는 것이다. 지배적 해석은 개인적 반응에 어떤 타격도 주지 못했고, 개인적 반응 역시 지배적 해석에 어떤 영향도 미치지 못했다. 반응과 해석이 그저 각놀고 있는 것이다. 전술했듯 많은 학습자들이 '해석이 다양하다'는 선언과 '해석이 다양해서는 안되'는 현실 간의 괴리를 고발한다. 그러면서도 문학에 대한 자신의 애정을 힘겹게 방어하기 위해 택한 기제가 '학교

문학 vs 나의 문학'이라는 이항대립적 사고법이다. 즉 개인적으로는 문학을 사랑하지만 교실 속 문학은 문학이 아니라 과목이므로, 즐기는 문학과 공부하는 문학을 양분하자는 것이다.

> 자고로 <u>취미가 업이 되면 골치가 아픈 것이다.</u>(S-2)

이 같은 이항대립은 학습자들의 텍스트에서 반복적으로 발견된다. 문학교실에서 계속 내 생각이 강제로 무시(S-16)당하자 학습자들은 문학에 수학처럼 정서가 정해져 있다(S-34)는 인식을 갖게 되고 따라서 남의 생각으로 머릿속을 채우는 게 유리(S-35)하다고 판단한다. 선생님이 불러주는 화자의 감각과 정서를 느끼지 못하고 외우고 있다(S-23)는 한 학습자의 진술은 문학교육에서 '정서' 문제의 핵심을 건드리고 있는 지적이다.

> "내가 배우는 <u>문학 작품에서 감각과 정서를 내가 느끼지 못하고 그 문학 작품에 감각과 정서를 외우는데 지나지 않았다.</u> 이러한 문학교육은 시험에서만 필요할 뿐 그 외에 것들에는 필요가 없어졌다."

결국 학습자들은 마음 한 켠에 "일말의 감동 없이 해석 같은 걸 외워야지만 잘 풀 수 있는 게 문학입니까?(S-38)"라는 질문을 간직한 채 두 개의 뇌, 두 개의 감정으로 문학을 경험하는 것을 택한다. 더욱 문제적인 것은 이러한 분열이 이어지다가 마침내 후자가 전자를 장악해버리는 경우 - 무서운 것은 혼자 읽을 때도 그러하다는 것(S-39) - 역시 발견된다는 것이다. 이러한 이항대립의 양상을 도식화하면 다음과 같다.

<표 3> 문학 경험의 이항대립적 양상

텍스트	이항대립의 양상	
S-2	나의 문학	학교문학
	취미	업
S-21	감동	이성, 냉철
S-30	나를 위로해주고 가슴으로 이해하는 대상	머리로 이해하고 암기
S-32	내 입장	선생님(출제자, 작가가 아님)의 입장
S-38	내 마음에 들어오는 것	훈련받는 것

2) 원인 분석

여기서는 학습자들의 문학경험기술지 42편을 대상으로 NVivo10을 사용한 코딩을 실시하여 학습자들이 분석하고 있는 문학교육의 문제 원인을 포착하였다. 코딩 결과 원인 분석의 양상은 크게 "자포자기한 문학교사", "필기하는 인간-학생", "수단으로서의 문학경험" 등으로 코딩되었다. 이상의 코딩 결과를 표로 제시하면 다음과 같다.

<표 4> 원인 분석 양상의 코딩 결과

영역	양상	자료 수(비율)	코딩수
원인 분석	(1) 자포자기한 문학교사	9(21.4%)	9
	(2) 필기하는 인간-학생	21(50.0%)	22
	(3) 수단으로서의 문학경험	30(71.4%)	34

(1) 자포자기한 문학교사

학습자들은 문학교육의 문제 원인을 크게 인적 요인(교사)과 방법적 요인(수업 방식), 구조적 요인(수능을 비롯해 진학과 관련된 각종 평가 체제)으로 나누어 지적하고 있었는데, 그 중 학습자들이 재형상화하는 문학교사들의 모습을 살펴보면 다음과 같다. 문학교사들은 "문학은 암기(S-17)"이기 때문에 "그냥 읽기만 하"(S-12)고 "감동받으면 안된다"(S-21)고 말한다. 문학은 감상하는 것이 아니라 분석하는 것(S-26)이기 때문에 일정한 룰이 있고 "예외는 없"(S-24)다. 따라서 교사와 학습자, 텍스트가 소통하는 시끄러운 교실 대신 "자습서 읽어주"는 소리만 나직한(S-3) 교실이 존재한다. 이러한 문학교사들의 모습이 단적으로 드러난 것이 다음의 인용문이다.

> 한 선생님께 물었다. 왜 문학은 내 방식대로, 내가 처한 상황과 내 생각에 맞춰 읽으면 안 되냐고, 왜 답이 정해져 있으며 다른 사람의 생각을 배우고 외워 뭐하냐고. 그랬더니 그 선생님께서 하신 답은 꽤 충격적이었다. 그런 순진한 생각을 아직도 가지고 있냐며, <u>문학의 아름다움 따위는 대학에나 가서 즐기라 하셨다. 지금은 코 박고 외우기만 하라고.</u> 그 후로 문학이 싫어졌다.(S-25)

문학의 아름다움은 공교육 이후에나 맛볼 수 있는 것이라고 단언하는 교사의 발언은 어떤 측면에서는 문학교육을 포기한 상태라고도 할 수 있다. 문학교육이 문학'하기'를 통한 학습자의 의미 있는 성장을 꾀하는 기획일진대 위 경험기술지 속 교사는 지금 학습자의 의미 있는 성장 대신 의미 있는 성적 향상만을 목표하고 있기 때문이다. 더욱 사태를 심각하게 만드는 것은 이러한 교사들의 태도가 역효과를 일으켜 그들이 목표했던 성적 향상에조차 부정적 영향을 미친다는 사실이다. 서혁(2008)의 연구에서 보듯 이런 수업에서는 유의미 학습이 일어나기 힘들다. 대학생들을 상대로 수합한 국어학습 경험기술지에서 학습자들은 교사와의 적극적 상호작용이 있고, 자신만의 산출물이 있는 수업만을 긍정적으로 기억해냈다.[17]

그렇다면 왜 문학교사는 학습자들에게 이러한 형상으로 기억되는가? 이에 대해서는 별도의 연구가 필요하겠지만 진도의 중압감이 큰 영향을 미치는 요소로 판단된다. 학습자들 역시 반복적으로 진술하는바 너무 많은 "작품 수에 치여 음미"가 불가(S-17)하기 때문에 문학텍스트 역시 "비문

---

17) 서혁, 위의글, p.48.

학 지문처럼 동그라미, 세모 표시"(S-22)를 해가며 공부한다. 그래서 그토록 많은 작품을 배우고 "12년 동안 셀 수 없는 수업"을 받았으나 "기억나는 것이 없"(S-27)다.

> 문학교과서가 항상 살인적인 두께를 가질 필요는 없다고 봅니다...다 배울 수 없어 거품이 된 채 실려있는 문학작품들...(S-34)

너무 많은 작품, 너무 많은 교육내용으로 인해 유의미한 학습은커녕 전달조차 제대로 이루어지지 않는다는 지적은 새겨들을 만하다. 이러한 풍경의 기저에는 가시적인 점수를 위해서는 지식도 최대한 가시적인·형태로 풍성하고 빽빽하게 존재해야 한다는 강박이 존재한다. 그리고 이러한 강박은 자연스럽게 필기하는 인간-학생을 산출한다.

(2) 필기하는 인간–학생

문학교사들의 교과관에 실망한 학습자들은 수업 방식의 효과성에 대해서도 의문을 제기한다. 학습자들의 문학교육 경험기술지 분석 결과 21편의 텍스트, 즉 50.0%의 학습자들이 문학 교실 속 학생은 오직 필기하는 인간으로만 존재한다고 토로했다. 지식 위주의 수업은 엄청난 필기거리를 양산하고, 수업 시간의 대부분은 자습서에 있는 내용을 각자의 교과서로 '필사'하는데 바쳐진다. 문학이 '생각하는 인간(Homo sapiens)'이 아니라 '필기하는 인간(Homo archivist)'을 만드는 교과라는 것이다. 한 교육 다큐멘터리에서는 동아시아 학습 문화를 필기 문화로 규정하며, 이를 심화시키는 것이 공부에 대한 '집착 문화'라고 분석한다.[18] 학습자들이 복기해내는 문학 교실의 풍경은 다음과 같다.

---

18) EBS, <EBS 다큐-공부하는 인간 : 호모 아카데미쿠스>, 2013.

PPT나 한글 문서에 엄청 많은 필기거리...적는 사이에 설명(S-16), 의미 받아쓰기, 작품과 해석 외우기(S-17), 하나하나 해석되어 있는 풀이 빠짐없이 외우기(S-21), 암기한대로 풀기(S-24), 필기를 모두 암기하는 것, 통으로 암기(S-25), 모든 내용을 필기(S-27), 학습활동 답을 불러주면 급하게 적고(S-3)

이러한 과중한 지식 중심 수업에 염증을 느끼면서도 학습자들은 필기의 양에 대해 이중적 입장을 취한다. 그들은 문학 수업에서 필기가 무의미하고 괴롭다고 생각하면서도 필기-그리고 필기로 환원된 가시적 교육 내용-로 빽빽한 교과서를 보고서야 안도감을 느끼는 모습을 보인다. 필기를 별로 해주지 않은 교사를 고발하는 발언이 상당한 빈도로 코딩된다는 점이 이를 방증한다. 이는 시험이라는 구조적 요인이 굳건한 현실에서, 가시화된 지식 내용이 빈약할 경우 받게 될지 모를 손해를 우려한 것이다.

하지만 이러한 필기 중심의 수업 방식은 '깔끔한 명제로 정리될 수 있는 정답'이 있다는 지식관을 상정하고 있다는 점에서 다분히 문제적이다. 박철홍(2002)이 지적한 바, 이러한 필기 중심의 암기식 교육은 '일체개진'(一切皆眞)의 지식관과 세계관을 전제하며, 이러한 교육을 공교육 기간 내내 받는다는 것은 민주적 마음의 형성을 억압하는 결과를 낳는다.[19] 자유로운 사고와 표현을 구가하는 것이 공부와 문학이 공유하는 내적 특성일진대 필기 중심의 수업 방식은 그러한 내적 특성을 도외시한다. 뿐만 아니라 학습자들은 오직 받아 적는 존재로만 기능하면서, 문학을 직접 경험하고 그 경험의 의미를 탐구할 수 있는 능력을 무시당한다. 특히 자기조절학습능력의 수준이 높은 학생일수록 질문을 통해 교과에 대한 '마음'을 발생시키는 수업을 선호하며, 그러한 수업을 통해서 자기조절학습능력이 일층 더 상승함이 보고된 바 있다.[20] 따라서 테크닉 차원이 아닌 철학 차

---

19) 박철홍, 「암기 위주 교육의 극복을 위한 대안 탐색 : 의미로서의 지식관과 교육적 의의」, 『교육철학』 22, 한국교육철학회, 2002, pp.83-92.
20) 서혜애, 「과학영재교육원 생물반 중학생들의 특성」, 『영재교육연구』 19-3, 한국영재학

원에서 문학 수업 방식의 변화가 시급하다고 판단할 수 있다.

(3) 수단으로서의 문학경험

문학교육에 대한 학습자들의 문제 원인 분석에서 두드러지는 점은 바로 수능이라는 억압적 구조에 대한 고발과 이로 인한 '문학 불감증'의 고백이 반복된다는 것이다. 전체 자료인 42편의 경험기술지 중 71.4%인 30편의 경험기술지에서 이러한 보고가 나타났다. 앞서 분석된 무기력한 문학교사의 모습이 인적 요인이고, 오직 자습서의 필사로만 운영되는 수업 방식의 지리함이 방법적 요인이라면 이 항목은 구조적 요인이라 할 수 있다.

단 한 번의 수능과 정례화된 내신 시험이라는 평가 시스템 속에서 촘촘히 등급화되는 성적으로 인해 학습자들은 문학에 대한 인지적, 정서적, 가치적 변화를 경험한다. 그들은 이제 자신들의 문학경험을 철저히 수단화한다. 처음에는 "시인이나 작가들이 힘들고 정성을 다해 쓴 작품들이 시험지 여백을 채우기 위해 이용되는 것만 같"(S-21)은 현실에 서글픔을 느끼지만 곧 텍스트를 "하나의 작품으로 보는 것이 아닌 하나의 문제로 보게 되는 것"(S-19)에 익숙해진다. 그리고 점차 학교 바깥의 삶에서는 철저히 문학을 배제하게 된다. 점수를 확보하도록 돕는 것 외에는 문학경험의 고유한 가치를 탐색해본 적이 없기 때문이다.

"여기가 중요하지 식의 시험맞춤형 수업"(S-7)을 "기계적으로"(S-1) 받으며 오직 "내신시험에 맞춰"(S-13) 공부하다가 "시험이 끝나면 다 까먹"(S-16)지만 "문학이 아닌 일개 시험"(S-34)이기 때문에 그러한 휘발성도 아쉬워할 까닭은 없다. 문학의 일차적 비실용성이 이차적 실용성을 불러온다는 것을 경험할 여유도 없이, 그저 실용성을 위해서만 문학을 경험하기에 학습자들은 문학 교과의 본질이나 특수성에 관심이 없다. 교과서 표지만 바

회, 2009, p.472.

뿐 뿐 문학 과목 역시 "대학에 들어가기 위한 방법"(S-18)이라는 점에서는 다른 과목과 동질적이며, 따라서 "숫자가 없는 수학"(S-29)에 비유되어도 무리가 없다. 그래서 문학 공부에 대한 의지를 불태우는 아래 인용문의 목소리는 학습자 본인의 열띤 각오와는 대조적인 쓴 맛을 남긴다.

> 문학은 훨씬 더 공부할 것이다. 수능을 위해서!(S-7)

서혜애(2009)는 자기조절 학습능력의 주된 구성 요소로 동기를 꼽으면서 동기가 목표지향성, 자아효능감, 성취가치의 합산이라 본다.[21] 즉 학습자 스스로 왜 이 학습을 해야 하는지를 인식하고, 그것을 성취하는데 필요한 자신의 수준을 판단하고, 이 학습이 얼마나 유용하고 중요하며 내적 가치를 지니는지 확신해야 동기가 활성화된다는 것이다. 그런데 이러한 동기화가 부재하는 상태에서 오직 단기적, 가시적, 외재적 목표만이 외삽(外揷)되기에 학습자들은 그러한 목표가 달성되거나 혹은 포기되고 나면 학습을 지속할 동력을 잃고 만다. 그래서 이러한 주입식 수업을 바꾸지 않으면 "문학 발전은 소수의 것이 될 것"(S-35)이라고 한 학습자는 경고한다. 이러한 경고와 더불어 "문학 과목만은 시험에 희생되지 않았으면 좋겠다"(S-37)는 학습자의 바람 역시 경청할 필요가 있다.

3) 대안 제시

여기서는 학습자들의 문학경험기술지 42편을 대상으로 NVivo10을 사용한 코딩을 실시하여 학습자들이 제시하고 있는 문학교육의 대안을 탐구하였다. 코딩 결과 제시된 대안의 양상은 크게 "열정의 전이", "고기가 아닌, 고기 잡는 법을", "탈구된 맥락 접붙이기", "'내가 먼저'인 수업" 등이었다. 이상의 코딩 결과를 표로 제시하면 다음과 같다.

---

21) 서혜애, 위의글, pp.460-461.

<표 5> 대안 제시 양상의 분석 결과

영역	양상	자료 수(비율)	코딩 수
대안 제시	(1) 열정의 전이	11(26.2%)	11
	(2) 고기가 아닌, 고기 잡는 법을	7(16.7%)	7
	(3) 탈구된 맥락 접붙이기	13(31.0%)	14
	(4) '내가 먼저'인 수업	17(40.5%)	20

(1) 열정의 전이

문학교사들의 교과관과 교수 방법에 대해 실망한 학습자들은 보다 열정적인 교사의 수업을 대안으로 제시한다. 학습자들의 문학교육 경험기술지 분석 결과 26.2%(11편)의 학습자들이 '열정의 전이'를 현재 문학교육이 안고 있는 문제를 타개할 수 있는 해결책으로 꼽았다. 자습서 수업이 아닌 자신의 수업(S-12)을 하면서 교사로서 자기효능감을 가진 교사에게 배울 때 학습자는 교과에 대한 애정에 '전염'될 수 있다. 흔히 교육의 성패가 교육 내용이나 방법에서 갈린다고 생각하기 쉽지만 기본적으로 교실은 인간과 인간이 만나는 장소이다. 특히 문학 교실은 학습자, 교사, 작중인물들, 추론된 저자 등 다양한 인간들이 소통하는 공간이다. 이러한 만남이 본래의 인간다움을 회복할 때 비로소 학습자는 자신이 배우는 교과의 가치와 매력을 경험할 수 있게 된다.

학습자, 특히 중등학교 학습자들에게는 해당 교과와 그 교과를 가르치는 교사, 그리고 수업은 하나의 "패키지"로 인식된다. 즉 교사가 매력적이면 교과도 매력적이고 교과가 매력적이니 당연히 수업에도 즐겁게 참여한다는 것이 학습자들의 고백이다.[22] 이토록 교사 요인이 중요함에도 불구하고 문학을 가르치는 교사, 문학을 가르쳐야 할 예비교사들이 교과에 대해 어떤 신념과 열정을 갖고 있는지 조사하거나 그러한 신념과 열정을

---

22) 서경혜, 「좋은 수업에 대한 관점과 개념 : 교사와 학생 면담 연구」, 『교육과정연구』 22-4, 한국교육과정학회, 2004, p.174.

고취시킬 수 있는 방안에 대해 연구하는 교사론은 일천하다. 그러다 보니 '좋은 수업'에 대한 논의 역시 언제나 당위적 수준에 머무를 뿐 교실 속 문학교육의 주체인 교사와 학습자의 '마음'에 대해서는 무심하다. 서경혜(2004)는 좋은 수업을 크게 네 범주로 나누어 탐구한다. 전달, 관계, 구성, 결과가 그것인데[23] 그동안 좋은 수업에 대한 논의가 주로 전달 차원에 주목해왔다면, 학습자들은 관계 차원에 대한 요구를 강하게 피력했다. 교사와 학습자의 열정적인 소통이 교과내용의 효과적 전달과 재구성을 추동하기 때문이다. 그래서 학습자들은 학생의 흥미를 고려(S-40)하면서 다양한 방식의 수업-창작/야외 수업, 역할극, 토론, 발표-을 열정적으로 시도하고, 개별적 조언을 아끼지 않음으로써 학습자와 문학 간의 래포를 형성시켜주는 교사(S-33)를 기대한다. 저 높은 곳에 군림하며 단 하나의 해설을 읊어주는 교사가 아니라, 친구처럼 다가와 문학에 대한 매력적인 이야기를 들려주는(story-telling) 교사를 원하는 것이다. 다음의 인용문은 그러한 수업의 힘을 뚜렷이 증언하고 있다. 특히 인상적인 것은 학습자들이 '잘' 가르치는 교사보다 "문학을 사랑하는 게 눈에 보이는 교사"를 오래도록 기억한다는 것이다.

> 내가 선생님의 강의에서 인상 깊었던 점은(물론 선생님의 엄청난 강의에 놀랍기도 했지만) 선생님께서 문학을 누구보다 사랑하시는 게 눈에 보일 정도로 느껴졌기 때문이다...문학을 진정으로 사랑하고 연구하는 전문적인 분들만 문학담당 선생님을 하셨으면 한다.(S-41)

"문학이든 문법이든 어차피 다 국어영역이기 때문에 국어선생님이면 아무나 가르치시는 것 같았"고 교사의 열정에 전염되어 본 기억이 없기에 이 학습자는 고등학교 이전의 수업은 남는 게 없었다고 회고한다. 하지만

---

23) 서경혜, 위의글, p.80.

그의 문학교육 경험사는 고등학교 2학년 때 급격한 전환을 맞는데 이 전환은 교과에 대한 애호를 숨기지 않는, 숨길 수 없는 교사와 조우한 순간에 일어났다. 문학을 사랑하는 분들만 문학을 가르쳐달라는 학습자의 발언은 경청을 요구한다. 물론 현실적으로, 행정적으로 '문학교사'라는 직업은 없다. 국어 교과를 담당하는 교사가 때때로 '문학'을 가르칠 뿐이다. 하지만 문학이라는 교육 대상의 본질과 속성, 가치에 대해 깊은 신념을 지니지 않은 교사가 문학을 가르칠 때 학습자는 급격히 문학과 멀어진다. 교사는 편집된 지식의 전달자가 아닌, 학습자의 모델이자 촉진자이기 때문이다. 그래서 문학교사는 문학교사이기 전에 한 명의 문학 애호가여야 한다는 결론에 도달할 수 있다. 교사가 해당 교과의 역할과 가능성에 대해 갖고 있는 신념과 열정은 그가 실천할 숱한 문학 수업, 그가 만날 숱한 학습자에게 강력하게 작동할 수밖에 없다. 통념과 달리 교사의 신념이 지식보다 더 강하게 교사의 수행 능력을 예언하고 통제한다는 Ernest(1989)의 연구 결과가 이를 방증한다.[24]

(2) 고기가 아닌, 고기 잡는 법을

문학교육에 대한 학습자들의 대안 제시에서 두드러지는 점은 바로 파편적인 지식이나 개별 작품에 대한 수업보다, 문학을 '스스로' 경험하고 즐길 수 있는 방법을 요청하는 발언이 적지 않게 코딩된다는 것이다. 전체 자료인 42편의 경험기술지 중 16.7%인 7편의 경험기술지에서 이러한 보고가 나타났다. 비록 높은 빈도는 아니지만 이러한 학습자들의 요구는 문학교육 연구자와 문학교사 모두에게 시사하는 바가 크다. 학습자들 스스로 문학 공부를 할 수 있도록 '방법적 지식'을 요구하는 것이기 때문이다. 거품처럼 떠다니는 작품과 필기거리로만 전락한 지식 대신 혼자서도

---

24) P. Ernest, "The knowledge beliefs and attitude of th mathemarics teacher: A model", *Journal of Educationa for Teaching* 15(1), 1989, pp.13-33.

문학을 읽고 공부할 수 있도록(S-26) 방향을 제시(S-15)해달라는 목소리는 주목할 만하다. 그동안 문학교육 학습자들의 주체성과 능동성을 복원해야 한다는 철학적 논의는 풍성했지만 막상 그들이 주체적이고 능동적으로 문학을 경험할 수 있게 도울 비계, 즉 방법적 지식은 공허했다. 그 빈틈을 학습자들은 정확히 간파하고 있었다.

> 혼자 하면 이해가 잘 가지 않는다. 수업 시간에 소설을 많이 다뤄주지 못하면 소설 공부법들을 알려주었으면 좋겠다.(S-6)

> 현재 입시 제도에서 암기는 어느 정도 있을 수밖에 없다는 것을 안다. 하지만 현재 문학수업은 너무 과하다고 느껴진다. 문학작품을 그대로 주입시키는 것이 아니라 스스로 해석하는 방법을 가르쳐주었으면 한다.(S-17)

윤여탁 외(2011)에서 지적하듯, 문학 지식과 문학 능력의 간극을 극복하기 위해서는 방법적 지식이 필요하다. 개별 문학 작품에 대해 문학지식을 적용하며 감상하는 경험이 지금처럼 일회적, 산발적으로 소비되지 않으려면 학습자에게 구체적인 방법적 지식을 제공하고, 그것을 학습자가 자기화된 지식으로 재구성하도록[25] 도울 필요가 있다. 실질적이고 방법적인 지침은 주지 않은 채 제공되는 해석의 자유는 막상 학습자로 하여금 그 자유를 만끽할 수 없도록 만들기 때문이다. 막 문학경험을 시작한 사춘기 청소년에 대한 믹의 종단 연구와 아직 문학 해석에 숙련되지 못한 학습자에 대한 하멜의 연구는 초심자를 위한 방법적 지식이 문학교육 내용의 중핵이라 주장한다. 학습자들을 보다 숙련된 문학 애호가로 성장시키기 위해서는 "숙련된 독자들이 알고 있는 비밀스러운 것들의 목록, 하지만 아직 결코 말해진 적 없는 것"을 알려줘야 한다.[26] 이는 학습자를 작은 문학

---

25) 윤여탁 외, 「현대시 교육에서 지식의 성격과 교육의 방향」, 『국어교육연구』 27, 서울대학교 국어교육연구소, 2011, pp.249-250.

연구자로 만들기 위함이 아니라, 그들이 "독립적 주자로서 1루에" 설 수 있게 하기 위함이다. 문학이 제공하는 독특하고 강력한 앎의 방식을 경험하기 위해서는 학습자들이 설 수 있는 발판(scaffolding)을 마련해 주어야 하며, 이 발판이 문학 감상과 해석의 방법적 지식이라 할 수 있다. 이러한 방법적 지식이 교육 내용으로 구체화될 경우, 학습자들은 문학교육을 받은 후 자신이 문학과 '더불어' 무엇을 구체적으로 할 수 있게 되는지 명료하게 인식할 수 있다.

(3) 탈구된 맥락 접붙이기

학습자들이 인상적으로 기억하는 수업들을 일별해보면 생산 맥락과 상호텍스트 맥락이 생생하게 작동한다는 공통점이 추출된다. 31.0%에 달하는 문학교육 경험기술지에서 작가의 배경과 시대, 관련된 작품이 등장한 수업에 대한 호감이 드러난다.

> 고등학교에서는 한번 보았던 작품은 얼핏 내용과 배경이 기억날 정도로 하나하나 전부 다 해석하면서 수업을 하셨다. 그래서 내용도 궁금해지고 수업보다는 누군가가 이야기를 들려주는 것 같은 느낌이 들 때도 있었다(S-16)

이지영(2012)이 지적하듯 교사와 학생이 깊은 만족감을 표하는 수업의 핵심에는 스토리텔링적 요소가 존재한다.27) 교사가 학생에게 이야기하고, 학생이 작가에게 말을 걸고, 작중인물이 학생에게 응답하며, 학생과 학생

---

26) M. Meek, S. Armstrong, V. Austerfield, J. Graham and E. Plackett, *Acheiving literacy: Longitudinal studies of adolscents learning to read*, Routledge& K. Paul, 1983; L. Hamel, M. S. Fredrick, "you can't play if you don't know the rules: Interpretice conventions and the teaching of literature to students in lower-track classes", *Reading and Writing Quarterly: Overcoming Learning Difficulties* 14-4, 1998, pp.358-359.

27) 이지영, 「스토리텔링 수업 기술의 국어 수업 적용 연구」, 『청람어문교육』 45, 청람어문교육학회, 2012, p.64.

이 화두를 생산해내는, 다양한 스토리텔러(storyteller)들의 대화 공간이 확보되는 수업이 필요하다. 그러면서 점차적으로 학습자에게 스토리텔러의 역할을 이양해간다면 이론적으로 선언되어 왔던 학습자의 능동성과 주체성이 현실태로 구현될 수 있다.28) 학습자들은 텍스트와 관련된 작가의 이야기를 듣고 싶어 했고, 텍스트와 연쇄적 의미망을 형성하는 또 다른 텍스트(S-42), 특히 영상 텍스트(S-12)에 깊은 관심을 보였다.

　흔히 사회문화적 관점을 중심으로 텍스트를 해석하는 방식은 문학 교실에 매우 널리 퍼져있다고 인식되지만, 막상 학습자들은 작가와 시대에 대한 '더 많은 이야기'를 갈구하고 있었다. 그들은 작가의 배경(S-31)과 시대를 알고 모르고 사이에 큰 갭(S-10)이 있었다고 고백하며 생생한 시대 상황, 왜 그 작품이 탄생했는지 질문하는(S-28) 과정을 통해 화자/글쓴이의 상황, 그들이 느낀 감정, 마음을 생각(S-13)해보았다고 말한다. 공감을 활용한 수업(S-26)의 효과를 체감하면서 모든 문학 수업에서 학습자는 "작품 속 주인공은, 작가는 어떠한 사람인지 배워야 한다"(S-37)는 결론에 도달한다. 이러한 '인간적 이야기'들에 대한 학습자의 요구는 경청할 만한데 핏기 없는 지식이 아니라 피와 살이 있는 인간의 이야기를 읽으며 작중인물/내포작가라는 인간적 존재에 대한 이해와 공감을 경험할 때 비로소 학습자와 문학 간의 인간적 유대가 형성되기 때문이다.

　　선생님께서는 작품을 배우기 전에 그 작품이 써졌을 때의 시대적 상황과 시인의 처지를 말씀해주셨다. 그래서 그냥 무턱대고 작품을 읽을 때는 이해할 수 없던 부분이 이해가 되기 시작하였고 문학이 재밌어지기 시작하였다.(S-22)

　　입시도 중요하지만 12년이라는 학교생활 동안, 문학작품의 매력이라 할

---

28) 교수·학습 활동으로서 스토리텔링의 유용성을 활용하는 예들에 대해서는 다음을 참조, 박인기, 「스토리텔링의 교수·학습 활동 작용」, 『한국문학논총』 64, 한국문학회, 2013.

수 있는 공감을 활용해 수업을 지도해 주시면 좋겠다. 그렇다면 혼자 공부
할 때도 덜 질리고 즐기면서 할 수 있을 것 같다.(S-26)

　시대 상황에 대한 이해와 글쓴이의 내면에 대한 공감이 있을 때 비로소
문학수업이 즐거워진다는 위 인용문들은 작가론의 교육적 의미29)가 무시
되어서는 안 된다는 것을 증명한다. 작가의 죽음을 논하는 목소리가 드높
지만 여전히 문학 독자는 인간에 대한 애정과 호기심을 충족시키기 위해
문학을 경험한다. 그러나 일부 문학 교과서에서는 텍스트를 둘러싼 맥락
과 작가에 대한 정보가 그저 요식적인 형태로만 다루어지고 있는 경우들
이 종종 목격된다. 2009 개정 교육과정에 따른 국어과 교육과정의 2011년
및 2012년 고시본에서는 맥락의 세부 유형으로 사회문화적 맥락, 문학사
적 맥락, 상호텍스트적 맥락을 제시하고 있다. 그럼에도 불구하고, 맥락
개념이 막연한 감상 원리 정도로만 다루어지는 경우가 잦다. 실제 교과서
들을 검토한 양정실 외(2013)의 논문에서도 검토된 바와 같이 대부분의 교
과서들은 사회문화적 맥락으로 활동을 구성하고 문학사적 맥락이나 상호
텍스트적 맥락에 대해서는 선택적으로 다루고 있다.

　특히 상호텍스트적 맥락의 경우 7차 이전 교육과정에서는 언급되지 않
는 새로운 개념이자 작품 해석의 넓이와 깊이를 갱신할 수 있는 폭발력을
잠재하고 있는 개념임에도 불구하고 오직 4종의 교과서에만 활동으로 구
현되고 있다.30) 또한 그나마 활동으로 구현되어 있는 사회문화적 맥락도
시대에 내한 성보(information)를 제공하는 데 그친다. 이러한 파편적 정보는
학습자로 하여금 자신이 몸담고 있는 현실 맥락과 작품 사이의 접합점을

29) 김명석, 「작가 연구와 문학교육 : 소설가 박태원을 중심으로」, 『돈암어문학』 24, 돈암어
　　문학회, 2011.
30) 양정실, 정진석, 이인화, 한태구, 우신영, 「맥락을 고려한 작품 읽기의 문학 교과서 구현
　　양상에 대한 비판적 검토 -2009개정 교육과정에 따른 고등학교 문학 교과서 분석을 중
　　심으로」, 『문학교육학』 41, 한국문학교육학회, 2013, pp.323-325.

찾도록 유도하기 어렵다는 점에서 시급한 변화가 요청된다.

(4) '내가 먼저'인 수업

대안적 문학교육의 방향을 제시한 언술 중 가장 높은 빈도로 코딩된 항목은 '"내가 먼저"인 수업'이다. 학습자들의 문학교육 경험기술지 분석 결과 40.5%(17편)의 학습자들이 '내가 먼저'인 수업을 현재 문학교육이 안고 있는 문제를 타개할 수 있는 강력한 해결책으로 꼽았다. 학습자들은 자신의 사고와 문학 취향을 강제로 무시당하는 느낌(S-16)을 지속적으로 고발하면서 왜 자신의 반응은 무시당하는지, 왜 자신이 사랑하는 장르나 세계문학은 교실에서 다루어지지 않는지 입을 모아 질문한다.

> 세계문학 세계문학을 달라 왜 외국 작품은 수업을 안하는가..(그냥 넘어간다) 도스토예프스키를 꼭 교과서에 실어야 한다. <악령>을! 하긴 좀 정신이 산만할 수는 있겠지만. 인물들이 어쩌면 저렇게 매력적인지. 그리고 문학 시간에 책을 읽으면 좋겠다. 수업은, 개별의 학생에게 그 소설의 정답이 될 수도 없고 되어서도 안 되지 않은가. 시대 상황이 반영된 시만이 아니라 순수하게 아름다움을 추구하며 쓴 시도 배우고 싶다. 재미있는 거!(S-42)

그들은 문학작품을 읽었을 때 나타나는 여러 가지 감정들(S-29)이 존중받는 교실, 다른 사람에게 나의 생각과 느낌을 이야기할 수 있는 수업(S-3)을 꿈꾸고 있었다.[31] 이는 단순히 이상적 가정이 아니다. 드물지만 간혹 경험했던 자기주도적 수업을 긍정적으로 회상하며 그러한 수업에서 문학

---

31) 물론 이러한 수업이 성공하기 위해서는 교사 뿐 아니라 학습자들의 용기와 변화도 필요하다. 송현정(2012)에 따르면 학습자들은 의견 제시나 질문, 동료들과의 논의 등에 매우 소극적인 것으로 나타났다. 적극적 활동에 대해 '가끔 그렇거나 거의 그렇지 않다'와 '전혀 그렇지 않다'는 응답의 합이 81~95%에 달했다. 송현정, 「국어 수업 참여에 대한 학습자 인식 실태 분석」, 『국어교육연구』 29, 서울대학교 국어교육연구소, 2012, p.127.

경험의 깊이와 넓이가 결정적으로 확장되었다고 고백한다.

> 가장 머리에 남는 국어 수업은 중학교 때 일주일에 한 번씩 학교 도서실
> 에 가서 한 시간 책을 읽고 감상문을 쓰는 것이다. 그리고 그 뒤에 그 작품
> 에 대해 수업을 하는 방식으로 수업이 진행되었다. 먼저 내가 그 문학작품
> 을 읽고 수업을 듣는 것과 처음 보는 문학작품에 대해 수업을 듣는 것은 그
> 문학작품에 대해 이해하는 면의 정도부터 달랐다.(S-13)

위 학습자는 학교 도서실에 가서 작품을 먼저 읽고 자신만의 경험세계
를 구축한 후 수업을 통해 그러한 경험을 재구성/정련한 수업을 인상 깊
게 회고한다. 그리고 이러한 수업을 통해 작품 이해의 감도가 달라졌다고
말한다. 일종의 문학교과 식 '거꾸로 수업'이라 지칭할 만한 위 수업을 학
습자는 "딱딱한 주입식이 아닌 내가 문학에 한 발 더 다가설 수 있게 하
는 이해에 중점을 둔 수업"이라 평가했다. 한 학습자는 "학생이 먼저 해
석해보고 선생님께서 방향만 제시해주는 수업"(S-13)을 좋은 문학수업의
조건으로 삼고 있었고, 또 다른 학습자는 "오늘 배울 작품을 학생이 먼저
해석해보고 선생님께서 이러한 방향으로 읽으면 된다고 방향을 제시를
해주시면 나중에 혼자 스스로 공부할 때 더 쉽게 접근"(S-15)할 수 있다는
아이디어를 제안하였다. 이러한 수업을 통해 학습자가 스스로 구성해낸
지식은 전문독자의 그것에 비해 정련도나 유창성은 떨어질 수 있다. 하지
만 지식의 파지라는 측면에서 보았을 때는 다르다. 스스로 발견하고 동료
들과 함께 재구성해낸 문학지식은 시험이나 수능과 같은 외재적 장소가
아니라, 바로 학습자의 삶 속으로 '닻을 내린다'(anchor). 그리고 이러한 경
험이 제공할 수 있는 수업이야말로 학습자의 인생을 문학경험 이전과 이
후로 갈라놓는 결정적 수업으로 기억된다. 아래 사례를 살펴보자.

> 한영덕 보고 답답해했지만 내가 한영덕임을 깨닫고 나자 너무 무서워졌

다. 수업을 듣지 않았다면 나는 나의 끝은 한영덕 같았을 수도 있겠구나 싶
었다. 최고로 감사하고 약간 정말 소름 돋을 정도로 감동적인 수업이었다.
내가 생각해온 선생님과 제자 사이에 인생이라는 주제를 놓고 교류하는 바
람직한 수업상이었다. 모든 청소년은 이런 수업을 받고 얻은 깨달음을 자신
의 것으로 만들며 커야 한다.(S-36)

위 학습자는 문학애호가인 교사에게 <한씨연대기>를 배우며 작중인
물 한영덕과 독자인 자신의 삶을 교차시켜본다. 그리고 자신이 곧 한영덕
일 수 있음을 깨닫고 '소름 돋을 정도'의 감동을 체험한다. 이는 단순히
작중인물에 몰입을 했다거나 동일시를 체험했기 때문만은 아니다. 텍스트
를 사이에 놓고 교사와 자신이 인생을 주제로 교류한 느낌을 받았기 때문
이다. 그리고 "다른 과목은 몰라도" 문학수업만은 이러하기를 소망한다.
이와 같은 소망은 여러 경험기술지에서 반복 진술된다.

제 동생들은 저보다 따뜻하고 촉촉한 문학 수업을 받았으면 좋겠습니
다.(S-34)

현실의 문학교육에 대한 학습자들의 문제의식은 단순한 지적을 넘어서
미래 세대의 문학교육을 우려하고 그에 대한 대안을 모색하는 수준까지
나아가 있었다.

4. 더 나은 경험을 위하여

이상 학습자들의 문학교육 경험기술지 분석을 통해 다음과 같은 결과
를 얻을 수 있었다. 이 연구는 그동안 가정태로만 존재해왔던 학습자들의
문학교육에 대한 요구를 경청하고자 하는 문제의식에서 출발하였다. 이를

위해 예비 고등학교 3학년 학습자들의 문학교육 경험기술지를 NVivo10을 사용하여 분석하였다.

먼저 학습자들은 문학교육에 대해 다음과 같은 문제의식들을 토로하였다. 첫째, 문학교육으로 인해 문학에 대해 느끼던 재미가 오히려 사라졌으며, 둘째, 문학교육 이론과 현실, 평가 방식, 교사들 간의 능력 차이 등이 야기한 불공정성에 대해 문제를 제기하고 있었다. 셋째, 개인적으로 향유하는 문학과 학교에서 배우는 문학을 양분법적으로 인식하며 교실 속에서 두 명의 독자(개인적 독자/모범적 독자)로 분열하고 있다고 진술하였다. 한편 학습자들은 이러한 문제의 근저에 있는 원인들을 다각도에서 분석하고 있었는데, 원인 분석의 양상은 크게 "자포자기한 문학교사", "필기하는 인간-학생", "수단으로서의 문학경험" 등으로 코딩되었다. 그들은 문학을 문학답게 가르치는 것을 포기하고 암기와 필기만 종용하는 교사들, 거품처럼 떠도는 작품들과 방대한 정보들, 그로 인해 필기하는 기계로 전락해버린 학생들의 자화상을 섬세하게 묘사하면서 문학경험을 수단화시키는 제도적 억압을 고발한다.

그들은 이러한 암울한 현실의 묘사(description)에만 그치지 않고 새로운 처방(prescription)을 제시하여 더 나은 문학교육의 전망 역시 타진하고 있었다. 코딩 결과 제시된 대안의 양상은 크게 "열정의 전이", "고기가 아닌, 고기 잡는 법을", "탈구된 맥락 접붙이기", "'내가 먼저'인 수업" 등이었다. 그들은 교과에 대한 애정을 가진 교사에게 '전염'되기를 원했고, 문학을 스스로 경험하고 즐길 수 있는 거멀못으로서 방법적 지식을 요청했다. 또한 작품을 분비한 시대나 문제적 개인으로서의 작가에 대한 '스토리'가 있는 수업을 꿈꾸고 상대적으로 소외되어온 상호텍스트 맥락과 수용 맥락이 복원되어 학습자 자신이 출발점이 되는 문학 수업을 요구했다. 이처럼 학습자들은 이미 문학교육 담론의 이론적 결론들을 경험을 통해 선취하고 있었다.

이들의 목소리를 통해 얻을 수 있는 시사점을 정리해보면 다음과 같다. 먼저 문학교육 연구는 문학작품이 본래적으로 갖고 있는 유혹적 텍스트의 속성을 살리고 이러한 텍스트 경험의 '자미'를 경험할 수 있도록 해야 한다. 이를 위해서는 학습자들이 내적 동기를 잃지 않은 채 교실 속에 머물 수 있는 장치가 필요하다. 생연관성이 높은 제재를 고르되 천천히 읽을 수 있도록 전체적인 제재의 수나 교과서의 분량을 조절하고 발문과 토론 등을 통해 학습자가 텍스트를 맛보는 주체임을 자각시켜야 한다. 물론 제재와 수업 방식의 변화만으로 학습자들이 갑자기 문학경험의 참 재미를 느낄 수는 없다. 평가라는 괴물 때문이다. 특히 학습자들은 문학 교과에서 평가의 불공정성이 심하다고 인식하고 있었다. 해석의 다양성을 표방하면서도 일의적 해석을 요구하는 한편으로, 교사들마다 상이한 해석을 펼쳐 혼란을 야기하기 때문이다. 따라서 학습자들이 제안하는 맞춤형 평가나 다양한 평가 도구의 도입 등의 아이디어를 경청할 필요가 있다. 수사적 분석 등 비교적 정밀한 문학지식을 해석에 적용하는 능력에 대해서는 객관식 문항으로 평가하되, 작품에 대한 감상과 해석을 구조화해나가는 능력에 대해서는 수시로 서술식, 토론식 평가를 수행할 필요가 있다. 또한 문학교사 공동체는 서로의 수업을 공유, 비평하고 보조 교재(sub-text)나 곁텍스트(para-text)를 개발/발굴하는 등의 협력적 활동을 통해 학습자들에게 더 나은 문학수업을 제공할 수 있는 인지적, 정의적 동력을 얻을 수 있을 것이다. 나아가 문학교육 연구자들은 학습자들이 독립된 '문학 향유자'로 설 수 있는 기초(base)로서 방법적 지식을 교과 내용으로 구조화하고, 교과 활동에서 소략하게 다루어져 왔던 맥락의 역동성을 복원시킬 필요가 있다.

이 연구는 나름의 문학교육 경험사를 가진 존재로서 학습자에 착목하여 그들이 문학교육에 대해 갖고 있는 생각과 느낌을 최대한 '실어나르고자' 하였다. 이러한 연구 목적은 그들의 눈에 비치는 문학교육의 상이 어떠한지 모른 상태에서 펼쳐지는 고담준론이 무의미하다는 문제의식에 기반하고 있다. 학습자들이 진솔하게 펼쳐놓은 그들의 문학교육 경험사를 질적으로 분석하며 그들의 요구와 아이디어를 통해 문학교육이 나아갈 방향을 타진했다는데 본 연구의 의의가 있다. 다만 비교적 제한된 수의 경험기술지만을 수합하였으며, 다양한 연구대상 집단을 선정하지 못한 한계가 있으므로 이에 대한 후속연구를 지속, 보완하고자 한다.

2장_문학교육과 윤리의 관계란 무엇인가

1. 문학교육의 윤리적 전환

'교육의 질은 교사의 질을 넘어설 수 없다.' 교육학을 전공하는 사람이라면 종종 듣거나 인용하는 문구다. 이 문구의 진리치를 어느 정도 인정한다면 이를 다음과 같이 변용해볼 수도 있을 것이다. '문학교육의 질은 문학교사의 질을 넘어설 수 없다.' 그렇다면 우리가 그토록 꿈꾸는 문학교육의 이상향을 세우는 존재는 문학교육 연구자라기보다는 문학교사일 것이다. 문학교육 연구자는 그러한 이상향의 설계도를 그리거나 수정하는 사람에 가까울 뿐이다.

그런데 문학교육 연구의 주체와 실천의 주체가 소통하는 경우는 의외로 드물며, 그런 까닭에 연구와 현장의 간극이 종종 문제로 지적되곤 한다. 하지만 드물게 문학교육 연구의 주체와 실천의 주체가 대면하는 장소가 있는데 그곳은 바로 사범대학 <문학교육론> 강의실이다. 이 자리에서 문학교육 연구자인 교수자와 예비 문학교사인 수강생은 만나게 된다.

이 글 역시 <문학교육론> 강의실에서 이루어진 연구자-필자와 예비교사들의 만남에서 출발하였다. 강의를 진행할 무렵 필자는 문학교육과 윤리의 관계에 대한 소논문을 준비하면서 고민을 거듭하고 있었다. 문학교육과 윤리의 관계에 대한 필자의 관심은 다음과 같은 까닭에 기인한 것이었다.

첫째, 최근 들어 범학문적으로 윤리 문제에 대한 관심이 폭등하였으며,[32] 문학교육 연구 담론에서도 예외가 아니었다. 이는 문학교육이 오래 도록 수행해왔던 윤리교육적 가능성을 강화하고자 하는 시도인 한편,[33] 문학교육만의 독자적 가치가 의심받고 있는 상황에 대한 대응의 성격도 지닌 것으로 보인다. 마사 누스바움(Nussbaum)이 새삼스레 아리스토텔레스 의 시학을 끌어들여 시적 정의를 이야기하는 것 역시, 문학이 그동안 방 기해왔던 사회적 책무를 다시 적극적으로 수행해야 한다는 의식에 기반 해 있다.[34] 따라서 문학교육과 윤리의 관계에 대한 새로운 탐색이 요구된 다고 보았다.

둘째, 문학교육 제재로서 문학텍스트를 다룰 때 윤리적 기준을 의식하 지 않을 수 없는데, 여기서 작품성과 적절성의 딜레마가 첨예하게 발생할 때가 있다.[35] 따라서 이러한 딜레마에 대한 해결책을 모색할 필요가 발생 하였다. 기실 문학은 항상 윤리와 긴장관계를 맺어 왔다. 그래서 문학교육 내용을 선정하거나 제재를 채택할 때 텍스트의 윤리성은 중요한 잣대가 되어왔는데, 그럼에도 불구하고 텍스트의 윤리성이 어떻게 판단될 수 있 는 것인지에 대한 공준된 합의는 부재했다. 따라서 문학교육에서 어떤 문 학텍스트가 진정 윤리적인 것인지에 대한 논의가 필요하다고 보았다.

---

32) 이를 알랭 바디우(Alain Badiou)는 '윤리학의 인플레이션'이라 명명했다. J. Bindé(ed), *Future of values*, 이선희, 주재형 옮김, 『가치는 어디로 가는가? : 유네스코, 21세기의 대화; 세계의 지성 49인에게 묻다』, 문학과지성사, 2008.

33) 다음의 연구들이 그러한 경향을 잘 예시한다. 우한용, 「문학교육과 도덕성 발달의 의미망」, 『문학교육학』 14, 한국문학교육학회, 2004, 정재찬, 「문학교육과 도덕적 상상력」, 『문학교육학』 14, 한국문학교육학회, 2004, 우한용, 우신영, 「소설의 담론구조와 윤리의 교육적 상관성에 대한 고찰 -염상섭의 <삼대>를 대상으로」, 『국어교육연구』 29, 서울대학교 국어교육연구소, 2012, 정진석, 「윤리적 가치 중심의 소설 읽기 연구」, 서울대학교 박사학위논문, 2013.

34) M. C. Nussbaum, *Love's knowledge*, New York: Oxford University Press, 1990. M. C. Nussbaum, *Poetic justice: the literary imagination and public life*, 박용준 옮김, 『시적 정의 : 문학적 상상력과 공적인 삶』, 궁리, 2013.

35) 많은 교사들이 문학 수업에서 윤리 문제를 다루는데 있어 어려움을 겪는다고 토로하곤 한다. 필자 역시 고등학교 문학 교실에서 채만식의 <탁류>나 김동인의 <광염 소나타>를 가르치며 그러한 난감함을 체험했던 바 있다.

그래서 필자는 문학교육의 윤리적 가능성에 대한 나름의 신념과 논리를 정당화하기 위해 선행연구를 뒤적이며 분투 중이었다. 하지만 작업의 고비마다 이 연구가 과연 문학교육의 윤리적 가능성을 실천적으로 구현하는 데 어떤 도움을 줄 수 있을지에 대한 무력감이 몰려왔다. 그러자 갑자기 그저 <문학교육론> 강의의 '수강생'으로 보였던 학생들이 몇 년 뒤면 문학교육 현장을 만들어갈 '(필자보다) 힘센 주체'로 재인식되었다. 그리고 그들이 문학교육과 문학교사[36]에 대해 어떤 신념체계와 자기이미지를 갖고 있는지 주목하게 되었다.[37] 예비교사로서 그들이 문학교육의 역할과 가능성에 대해 갖고 있는 신념은 향후 그들이 실천할 문학 수업 전반에 강하게 내포된 상태로 나타날 것이기 때문이다.

문학교사론 자체도 드문 상황인 까닭에 예비 문학교사들의 신념체계와 자기이미지에 대한 연구는 더더욱 희박하다. 하지만 전술했듯이 그들은 멀지 않은 미래에 문학교육의 실천태를 구현해갈 존재들이기에 그들이 갖고 있는 교과관은 매우 중요하다.[38] 비록 그것이 아직 소박한 수준과 형태일지 몰라도 그들이 교사가 되었을 때의 수행(performance), 나아가 그들과 접촉할 수많은 문학교육 학습자들에게 지대한 영향을 끼칠 수밖에 없기 때문이다.[39] 그런 까닭에 다른 교과교육 분야에서는 예비교사 및 교사

---

36) 문학교사란 물론 확정된 개념은 아니다. 그 경계 역시 애매하다. "교사의 한 범주로 문학교사를 설정하는 일은 쉽지 않다. 그것은 자질이나 소양이나 능력과 일치하지 않을 수 있는 '자격'이라는 객관적 표지에 의해 설정되는 '국어교사'와는 다른 범주이다." 최지현, 「문학교사는 존재하는가 : 문학교사에 대한 문학교육학 교수, 예비교사, 그리고 국어교사의 이해」, 『문학교육학』 21, 한국문학교육학회, 2006, p.66.

37) 여기에는 문학교육에 대한 지식보다도 신념체계 쪽이 문학교사로서 그들의 수행에 더 큰 영향을 끼치리라는 필자의 전제가 반영되어 있다. Ernest(1989) 역시 교사의 신념이 지식보다 더 강하게 교사의 수행을 예언하고 통제한다고 주장하였다. P. Ernest, "The knowledge, beliefs and attitudes of the mathematic teacher: A model", *Journal of Education for Teaching* 15(1), 1989, pp.13-33.

38) "예비교사들의 인식은 가까운 미래에 실행될 교육의 방향과 질을 결정한다." 성경희, 조희진, 「사회과 교과 성격에 대한 예비교사 인식 조사 연구」, 『시민교육연구』 44(4), 한국사회과교육학회, 2012, p.119.

교육에 대한 연구가 상대적으로 활성화되어 있다. 특히 수학교육 연구에서는 수학 예비교사 및 교사교육에 대한 연구가 국내외에 걸쳐 활발하게 진행되고 있는 경향이 뚜렷했다.[40]

한편 국어교육 연구에서는 국어교사 전문성에 대한 인식 연구, 예비교사를 위한 컨설팅 연구, 예비교사의 특성이나 문제점에 대한 연구, 다문화 국어교육에 대한 인식 연구 등이 주종을 이루며, 문학교사를 다룬 연구로는 김귀식(1999), 우한용(1999), 이대규(1999), 정재찬(2003), 최지현(2006) 등이 대표적이다.[41] 하지만 예비교사에 대한 연구는 상대적으로 소략하다. 따라서 문학교육의 방향과 범위, 가능성에 대한 예비교사들의 인식과 양상에 대한 연구가 더 수행될 필요가 있다. 그리고 그러한 연구는 연구자의 관점을 전달하는 형태가 아니라 예비교사들의 목소리를 섬세하게 경청하여 전달하는 형태가 되어야 한다는 인식에 도달했다.

그러자 문학교육과 윤리의 관계라는 연구 주제에 대해 연구자의 신념을 논리화하는 작업만큼이나, 예비교사들이 문학교육과 윤리의 관계에 대해 어떤 인식을 갖고 있는지 탐구하는 작업이 중요하다는 문제의식을 확립하게 되었다. 때마침 강의 주차별 읽기 과제로 박범신의 <은교>(2010)[42]가 부과된 상태였다.[43] 연구자는 <은교>가 예비교사들이 문학교육과 윤리

---

39) "예비교사들이 공식적인 교사 양성 프로그램을 시작할 때 갖고 있던 경험, 지식, 신념, 태도 등의 특성은 그 이후 그들이 교사로 성장하고 발달하는 데 많은 영향을 미친다." 고재천, 「효과적인 초등교사의 특성에 대한 예비초등교사들의 인식과 교육신념과의 관계」, 『초등교육학연구』 18(1), 초등교육학회, 2011, p.1.

40) 나귀수, 「초등학교 예비교사들의 수학 수업 관점에 대한 연구 : 예비교사들의 수업 논평 비교를 중심으로」, 『학교수학』 10(2), 대한수학교육학회, 2008, p.279.

41) 김귀식, 「문학교사의 정체성-나의 문학교사상」, 『문학교육학』 4, 한국문학교육학회, 1999, 우한용, 「문학교사의 양성과 재교육」, 『문학교육학』 4, 한국문학교육학회, 1999, 이대규, 「문학 교사의 역할」, 『문학교육학』 4, 한국문학교육학회, 1999, 정재찬, 『문학교육의 사회학을 위하여』, 역락, 2003, 최지현, 앞의글.

42) 박범신, 『은교』, 문학동네, 2010.

43) 이 강의에서는 주차별로 필수적인 읽기 자료가 부과되었고 수강생들은 매주 해당 텍스트를 읽고 감상문을 쓰도록 요청되었다.

의 관계에 대한 인식을 가시화하기 적합한 텍스트라 판단하였다. <문학교육론> 시간에 <은교>를 읽는 작업은 필연적으로 문학의 윤리성과 문학교육의 윤리성에 대한 고민을 불러일으킬 수밖에 없기 때문이다.

<은교>는 노년의 섹슈얼리티라는 민감한 문제를 다루고 있는 작품이었고, 미성년자와의 성관계, 원조교제, 우회적 살인과 같은 '비윤리적' 코드가 빽빽하게 기입되어 있었다. 그리고 이러한 코드는 단지 소재 차원에서 뿐만 아니라 서술 차원에서도 독자를 불편하게 하고 있었다. 많은 수강생들이 이 소설에 대한 감상에서 그러한 불편함을 토로하고 있었다.44)

수강생들은 교직 이수자 집단으로 예비교사이기는 했지만 문학교육에 대한 교과 이미지나 신념을 강하게 가시화하고 있지는 않았다. 그래서 그들이 암묵적으로 갖고 있는 문학교육에 대한 인식을 탐구와 논의의 장으로 호출해낼 필요가 있었다. 클락과 피터슨(Clark & Peterson) 역시 교육에 대해 교사가 지니고 있는 암묵적 신념이야말로 교수 실제를 결정한다고 주장한다.45)

이상의 연구 문제를 질문의 형태로 정리하면 다음과 같다.

> − 예비교사들은 문학교육과 윤리의 관계에 대해 어떤 인식의 양상을 보이는가?
> − 그러한 인식의 양상에는 각각 어떠한 의미와 문제가 존재하는가?

이 문제를 해결하기 위해 본 연구에서는 국어과 교직과정을 이수하고 있는 대학 3, 4학년 예비 문학교사들에게 박범신의 소설 <은교>를 읽고 문학교육과 윤리의 관계에 대한 글을 작성하도록 한 후, 그 글을 분석하

---

44) 이는 여대라는 수강생 집단의 특성으로 인해 더욱 강하게 나타난 것으로 보이지만 연구 대상의 수가 적고, 대조군이 없었기에 이러한 추론을 일반화하기는 어렵다.

45) C. M. Clark, P. L. Peterson, "Teacher's thought process", M. C. Wittrock(ed), *Handbook of research on teaching*, New York: MacMillan, 1986.

는 방식으로 예비교사들의 인식을 조사하였다. 예비교사들은 <은교>에 대한 감상을 '문학교육과 윤리의 관계'라는 화두와 결부시켜 참신하고도 치열한 고민들을 내놓았다. 아래 인용문은 그러한 고민의 강도와 결이 결코 전문 연구자에 뒤지지 않음을 보여준다.

> '문학교육론' 강의를 들은 이후부터, 정말이지 머리가 터질 것만 같다. '문학'과 '교육'의 접점을 도무지 찾지 못하겠기 때문이다…정말이지 화가 날 정도로 머릿속이 복잡하고, 어지럽다. 내가 연구라는 말을 쓰는 것 자체가 좀 웃기지만, 문학을 연구하는 것과 문학교육을 연구하는 것이 이렇게나 다르다니 놀랄 따름이다. '어떤' 문학을 가르쳐야 할까? 윤리적인 문학? 문학이 윤리적인가? 그럼 문학은 대체 무엇인가? 의문이 꼬리에 꼬리를 문다. 이에 대해 고민해보라고 화두를 던져주셨으니, '문학교육과 윤리, 그리고 <은교>'에 대해서 나의 고민을 이야기해 보겠다.(PT21)

2. 연구 과정

2014년 9월 18일부터 21일까지 서울 소재 S여대에서 국어과 교직과정을 이수하고 있는 3, 4학년 예비 문학교사 40명을 대상으로 문학교육과 윤리의 관계에 대한 글을 자유로운 형식으로 작성하도록 요구하였다. 그리고 강의를 위한 읽기 자료로 제시되었던 박범신의 소설 <은교>에 대한 감상을 해당 글의 작성 과정에서 충분히 활용하도록 권장하였다. 그 결과 수합된 34편의 자료글을 살펴 문학교육과 윤리의 관계에 대한 예비교사들의 인식을 조사하였다.[46]

이들 대상 집단은 <국어교육론>을 비롯한 관련 교직 수업을 수강했거

---

46) 자료글은 제출 순서대로 기호화하였다. 가령 첫 번째로 제출된 예비교사(Pre-service Teacher)의 자료글은 PT1로 기호화하였다. 인용문의 강조는 모두 연구자인 필자가 처리한 것이다.

나 수강 중인 경우가 대부분이었고, 국어교사가 되고자 하는 비교적 뚜렷한 열망과 문학교육에 대한 관심을 가진 집단이라 할 수 있다. 실제로 국어교사가 되기 위해 중등교사 임용시험을 준비하거나 준비하고자 하는 수강생이 대다수였으므로 이들을 예비 문학교사 집단으로 상정하는 데는 무리가 없다고 판단된다.

실제 교사가 아닌 예비교사를 연구 대상 집단으로 채택한 이유는 다음과 같다. 먼저 실제 교사를 연구 대상 집단으로 삼을 경우 그들이 갖고 있는 근무 환경, 교직 경력, 수업 경험 등의 다양한 변인들을 통제하기 어렵고, 개별적인 경험에 터한 관점이 강하게 드러나기 쉽다.[47] 그런데다 실제 교사들의 인식 양상을 연구하기 위해서는 '문학교육과 윤리의 관계'라는 특정한 주제에 대한 인터뷰나 서면 대담, 자료 수집 등을 요청해야 했는데 이를 위해 충분한 수의 연구 대상자를 선정하는 작업이 현실적으로 쉽지 않았다.

대신 예비교사를 연구 대상 집단으로 택하게 되면 다음과 같은 이점이 있다. 먼저 문학교사가 되기 위한 수련 과정을 밟고 있는 일종의 입문자로서 그들이 보유하고 있는 교과에 대한 기대와 선입견, 관점을 오히려 뚜렷하게 조명할 수 있다. 또한 그러한 그들의 인식이 향후 문학교육 현장에 직접적, 장기적으로 구현될 것이므로 그러한 조명의 의의가 더욱 크다고 보았다.

자료글을 작성하는 과정에서 소설 <은교>에 대한 감상을 적극적으로 활용하도록 수강생들에게 주문한 까닭은 다음과 같다. 첫째, 문학교육과 윤리의 관계라는 화두에 대해 지나치게 추상적이거나 일반적인 논의가 진행되는 것을 경계하기 위해 구체적 작품을 끌어들일 필요가 있었다. 예비교사들이 일반적 개념으로서의 '문학교육과 윤리'의 문제에 대해서가

---

47) 이관희, 「다문화 국어교육에 대한 예비 초등 교사들의 인식 양상 연구」, 『한국초등국어교육』 44, 한국초등국어교육학회, 2010, p.39.

아닌, 교실에서 하나의 현실적 사건(event)으로 벌어질 '문학교육과 윤리'의 문제에 대해 고민하기 위해서는 특정한 문학작품의 경험을 경유할 필요가 있었다.

둘째, 소설 <은교>는 '문학교육과 윤리'라는 주제에서 파생될 수 있는 다양한 논의거리를 내포한 텍스트였다. 이 소설은 다양한 인간적 욕망의 맨얼굴, 그리고 그것들이 서로 부딪히거나 각자의 방향으로 질주할 때 일어날 수 있는 비극의 내러티브를 보여준다. 파행(跛行)에 가까운 이 소설의 사건 전개는 '소설적인 것'에 대한 다음의 정의에 매우 잘 부합한다.

> 이런 전대미문의 행위도 가능하다, 라고 '소설적인 것'은 말한다...이렇게 말할 수밖에 없다는 불가피를, 이렇게 행위할 수밖에 없다는 불가피를 정초한다.[48]

그래서 <은교>가 보유한 '소설적인 것'이 '교육적인 것'과 충돌하면서 발생한 불편함 속에서 수강생들은 '문학과 문학교육의 관계', '문학과 윤리, 교육 사이의 긴장감', '문학교육의 목표와 제재 선정 기준으로서의 윤리' 등과 같은 다양한 논의거리를 생산해냈다. <은교>라는, 적어도 이야기 층위에서는 비윤리적인 소설을 의도적으로 채택함으로써 예비교사들의 인식이 분기(分岐)되는 지점 역시 선명해졌다. 그 결과 자료글을 통해 예비교사들이 보유한 문학교육관과 학습자상, 예비 문학교사로서의 자기 이미지 등이 다양하게 드러났다.

자료 처리 및 분석 과정은 다음과 같다. 문학교육과 윤리의 관계에 대한 예비교사들의 인식 범주는 예비교사들의 목소리가 담긴 자료를 통해 질적 내용 분석의 방법으로 귀납적으로 도출하되, 교사들의 신념체계를 범주화한 어네스트(Ernest)의 분류를 참조하였다. 그는 수학에 대한 수학교

---

48) 신형철, 『몰락의 에티카』, 문학동네, 2008, pp.13-16.

사들의 신념체계를 실용적-도구주의적 관점, 단일체적 관점-플라톤적 관점, 문제해결적 관점 등으로 분류하였다.[49] 그리고 이러한 신념체계 유형을 바탕으로 수학교육에 대한 이데올로기 모델을 실용주의 이데올로기(산노동자 훈련인과 과학기술적 실용주의자), 순수주의 이데올로기(인본주의자와 진보주의 교육자), 사회적 구성주의 이데올로기(대중교육자)로 유형화하였다. 이는 교과에 대한 교사의 인식이 교육의 거시적 이념 및 구체적 수행과 밀접하게 관련됨을 보여준다.

이러한 분류를 참조하여 본고는 문학교육과 윤리의 관계에 대한 예비교사들의 인식 범주를 보호주의적 관점, 절충적 관점, 도구적 관점, 독자적 관점 등으로 나누고 각각의 관점 별로 예비교사들이 드러내는 인식의 양상을 미시적으로 분석하였다. 즉 예비교사들의 인식을 대범주로 나누되, 각 범주 안에서 자료를 살피고 의미 있는 양상이 떠오르면(emerge) 하위범주를 부여, 수정해나갔다. 이는 예비교사들이 언어적 보고(報告)를 통해 드러내는 '목소리'를 섬세하게 읽어내고 전달하기 위함이었다.[50]

3. 예비교사들의 인식 양상

1) 보호주의적 관점 : 학습자는 연약해요

(1) 문학교육은 공교육이에요
첫 번째 유형으로 분류된 예비교사들은 문학교육이 공교육임을 끊임없

---

49) P. Ernest, *The Philosophy of Mathematics Education*, London ; New York: The Falmer Press, 1991.
50) 개인의 인식은 비가시적 대상이므로 그러한 인식을 조사하고 의미를 부여하고자 하는 이 연구에서는 인식 주체들이 생산한 자료를 간접적으로 분석할 수밖에 없다.

이 강조하며 보호주의적 관점에서 문학교육과 윤리의 관계를 바라본다. 그들이 견지하는 우려의 목소리와 경계의 포즈 근저에는 그들이 갖고 있는 연약한 학습자상이 존재한다. 그들은 학습자들이 아직 덜 완성된 존재임을 끊임없이 강조한다. 이러한 예비교사들의 자료글에서 '학습자'와 연어관계(collocation)를 형성하는 단어들을 보면 이러한 경향은 더욱 뚜렷해진다. "아직 자아를 확립하지 못한, 미성숙한, 혼란스러운, 체계를 온전히 갖추지 못한"과 같은 표현들이 '학습자'를 설명하거나 수식하기 위해 빈번하게 등장한다.

따라서 문학교사의 몫은 윤리적으로 미성숙한 존재인 학습자들을 돌보고 보호하며 그들의 혼란을 줄여주는 것이다. 이때 문학텍스트는 이들의 정상적인 윤리적 성장을 방해하거나 윤리적 혼란을 가중시키는 위험한 물질로 판단된다. 다음의 인용문들을 살펴보자.

> 이러한 문학이 아직 자아를 확립하지 못한 미성숙한 독자들에게 미치는 영향은 사뭇 크게 다가올 수도 있다. 이는 어린아이들에게 미화된 동화책을 보여주는 것과 같은 이치이다. 어느 정도 성인이 되고 나서는, 어렸을 때 읽었던 동화책에 대해, '인당수에 빠진 심청이의 행동이 과연 아버지를 위한 것인가'와 같이 의문을 제기할 수 있다. 그러나 이전에는 '효'라는 키워드를 읽어내, 자각하지 못하는 사이에 이를 자신이 가져야 할 덕목 중 하나라는 사고로 정립시킨다. 그렇기 때문에 <u>미성숙한 독자들에게 미치는 문학의 파급력은 거대하다고 할 수 있다</u>. 즉, 문학을 자신의 것으로 다시금 받아들일 수 있는 능력이 바탕이 되었을 때의 문학은 매우 다양한 지식과 경험의 보고라 할 수 있지만, 그런 능력이 뒷받침되지 않는다면 오히려 역효과가 발생할 수 있는 것이다.(PT22)

위 예비교사는 문학의 힘을 인정하고 있다는 점에서, 그리고 그러한 힘이 전복적일 수 있음을 간파했다는 점에서 디킨즈의 소설 속 그래드그라인드(Gradgrind)와 유사하다.[51] 문학은 독자로 하여금 세상의 일반적 기준을

전복시키는 욕망을 형성하는 데 기여한다.52) 더구나 독자가 '미성숙'하기
까지 하다면 그 전복성은 극대화된다.

> 학생들의 인식 체계는 교육자의 이상과는 달리 체계를 온전히 갖추지 못
> 한 상태이다. 따라서 계층적 인식 체계를 갖추지 못한 (더구나 일차적인 생
> 리적 욕구에 강하게 반응하는) 학생들이 작품을 감상함에 있어 <은교>의
> 젊음과 대치된 죽어가는 삶의 자리에서의 존재에 대한 근원적 물음, 그러한
> 삶의 시간에 서린 깊은 슬픔 속에서 나온 욕망이라는 주제보다, "70대 시인,
> 30대 제자, 고등학생 사이의 사랑"이라는 다소 자극적인 설정과 세세한 묘
> 사를 갖춘 일종의 '포르노'처럼 보일 수 있는 장면들이 먼저 다가와 학생들
> 의 인식을 지배함으로써 작품해석을 방해하게 된다. 자극적인 내용에 치중
> 되어 주제의식이 약화될 가능성까지 존재하는 것이다.(PT30)

위의 글에 나타난 예비교사의 인식 역시 유사하다. 학습자들은 일차적
인 생리적 욕구에 강하게 반응하는 시기를 통과하고 있다. 게다가 아직 계
층적 인식 체계를 갖추지 못한 상태이므로 <은교>의 주제보다는 장면이
학생들의 인식을 지배하고 나아가 그러한 장면들이 학습자의 무의식에 스
며들 수 있다는 것이다. 여기서 학습자들은 미성숙한 존재로 백지화되고,
문학텍스트에 의해 오염 또는 감염되는 존재로 다시 한 번 백지화된다.

> 학습자들에게 <은교>와 같은 비윤리적인 문제점을 가지고 있는 문학은
> 학습자들의 무조건적인 수용에 불을 지피는 일이며 아직 다 완성하지 못한
> 밑그림에 채색을 하라고 물감을 던져주는 격이다.(PT3)

따라서 교사는 마치 어린아이로부터 위험한 물건을 치우듯이 문제적

---

51) 그래드그라인드(Gradgrind)는 찰스 디킨즈의 소설 <어려운 시절>에 등장하는 인물로,
  물질주의와 사실주의, 경제적 합리성의 영역을 대표한다.

52) M. C. Nussbaum, *Poetic justice: the literary imagination and public life*, 박용준 옮김, 『시적
  정의 : 문학적 상상력과 공적인 삶』, 궁리, 2013, p.26.

텍스트를 조심스레 교실 바깥으로 치워두어야 한다. 물론 대부분의 예비교사들은 문학의 교육적 힘을 완전히 부정하지는 않았지만, 그러한 힘은 이익과 위험의 손익계산을 통과한 뒤에야 의미가 있다고 본다.

(2) 위험이 이익을 넘어서면 안되요

그래서 그들은 특정 문학텍스트가 학습자에게 가할 수 있는 위험(risk)이 이익(benefit)을 능가한다면 그것이 교육되어서는 안 된다고 본다. 비윤리적인 소재를 다루거나 형상화의 방식이 '불량'하다면 교육적으로도 위험하고 불량하다는 것이다.

> 작품성도 좋으면서 윤리적으로 문제도 되지 않는 다른 작품들도 얼마든지 있고 문학 수업이 아니더라도 학생들은 비윤리적인 것들을 접할 수 있는데 수업 시간까지 그것들을 다루어야 할 이유는 없다고 생각한다.(PT18)

이러한 입장에 서는 예비교사들은 왜 굳이 비윤리적 부분이 포함된 작품을 가르쳐야 하는지 되묻는다. 혹은 덜 위험한 작품으로 대체하자는 방안을 내놓기도 한다. 아래 인용문을 살펴보자.

> 특히나 텍스트를 읽는 미성숙한(이라고 전제하겠다) 독자인 학생들이 잘못된 인식을 가질 수 있는 요소가 다분하다면 그 어떤 교훈을 가지고 있다고 해도 경계해야 할 필요가 있다고 생각한다...이 작품이 깊은 교육적 의미를 담고 있다고 해도 그게 아이들에게 포르노그래피로 다가올 수 있다면 나는 이 작품을 가르치고 싶지 않다. 작품이 가지고 있는 윤리성, 비윤리성보다 아이들에게 인식될 윤리, 비윤리성을 위해서라도 말이다.(PT19)

위 인용문에서 예비교사는 위험성이 교훈성을 넘어선다면 경계해야 한다고 본다. 동양에서는 소설을 괴력난신(怪力亂神)이라 낮추어 보면서도 아이러니하게 서사를 도덕교육에 활용해왔다. 이러한 전통의 영향으로 예비교사들은 문학텍스트의 도덕성에 대해 양가적 인식을 갖고 있는 경우가 상당했다. <은교>가 갖고 있는 교육적 의미가 가능성의 상태로 존재한다고 해도 그것을 포르노그래피로 읽는 학습자가 있다면 교육의 대상이 될 수 없다는 것이다. 특히 마지막 문장에 주목해볼 필요가 있는데, 이 예비교사는 텍스트의 윤리/비윤리가 아니라 학습자가 인식할 윤리/비윤리가 이 문제의 핵심이라 보고 있다. 즉 문학교육 대상자인 학습자가 비윤리적 읽기나 인식을 수행할 가능성이 농후하다면 그 작품은 비윤리적이라는 것이다.

(3) 문학과 문학교육은 달라요

이익보다 위험이 큰 문학텍스트에 대해 연약한 학습자를 보호해야 한다는 예비교사들의 인식은 결국 문학과 문학교육의 경계를 표나게 가르는 작업으로 귀결된다. 그리고 이를 위해 문학교육이 공교육임을 반복적으로 강조한다.

> 누군가 나에게 '문학은 윤리적이어야 하니?'라고 묻는다면 '아니'라고 대답하겠지만, '문학교육은 윤리적이어야 하니?'라고 묻는다면 '응'이라고 대답할 것이다...문학교육은 조금 다르다. 문학교육은 그 목표가 문학으로 학습자들을 사회화 하는 데에 있다.(PT17)

이 과정에서 학습자의 사회화를 통한 인적 자원 공급을 교육의 핵심적 기능으로 보는 그들의 뒤르켐적 교육관이 선명하게 드러난다.[53] 문학교육

---

53) 뒤르켐은 교육이 아동을 사회화시키는 작업이라 보았다. 교육되지 않은 아동은 오직 개체로서의 본성만을 표출할 수 있다. 따라서 교육은 이러한 비사회적 존재인 아동에게 사회적이고 도덕적인 삶을 살 수 있는 기능을 길러주어야 한다. 최정웅, 양경숙, 「뒤르켐의 기능주의 교육이론」, 『교육연구논집』 6, 대구효성가톨릭대학교 교육연구소, 1998.

역시 이러한 공교육의 기능에 복무해야 하며, 따라서 방법적 사회화 기능을 초과하는 문학의 힘이 있다면 그것은 교실에서 섬세하게 배제되어야 한다. 다소 극단적으로 말하자면 문학(을 비롯한 예술)교육에서 문학(을 비롯 예술)은 교육에 예속된 대상에 불과하다.

> <은교>가 적어도 '나 혼자' 읽기엔 거부감이 없었기 때문이다. <u>그러나 '교육'이란 제도권 안에 들어가게 되면</u> 이 사회적 관습에 의해 만들어진 윤리에 대해 신경을 쓰지 않을 수가 없다.(PT21)

> 문학의 주제는 자유롭지만 문학교육은 그렇지 않다. 문학교육은 '교육'이기 때문이다.(PT20)

위의 인용문들에서는 그러한 인식이 여실히 드러나고 있다. 첫 번째 인용문에서 예비교사는 <은교>가 "혼자 읽기엔 거부감이 없었"던 작품이라고 진술한다. 하지만 이 텍스트를 '교실'이라는 장소로 옮겨놓으면, 즉 읽기의 맥락이 달라지면 "신경을 쓰지 않을 수가 없"는 부분이 생긴다고 토로한다. 교실은 혼자 읽는 공간이 아니라 집단적으로 읽는 공간이며, 그 나름의 목표와 생리를 가진다. 사실 문학 감상이란 대부분의 경우 개인적이고 은밀한 과정이다. 그런데 크고 작은 교육 목표 아래 얌전히 편집된 텍스트를 동료 학습자, 그리고 교수자와 함께 감상하는 문학교실은 사실 매우 특수한 감상의 공간이다.

이 점에 착목한 예비교사들은 '문학교육'이라는 단어에서 '문학'보다는 '교육' 쪽에 방점을 찍는다. 그들에게 문학텍스트는 그 자체의 아우라(aura)를 지닌 작품이라기보다는 특정한 학습 목표 달성을 돕는 제재에 가깝다. 따라서 작품성보다는 적절성이 제재 선택의 기준으로 작동한다. 그래서 최대한 윤리적으로 적절한 텍스트를 선정하거나, 적절하게 편집된 텍스트를 선호하며 간혹 윤리적으로 불편한 부분이 발견되면 이를 교묘하게 피해갈 수밖에 없다고 본다.

물론 문학교육이 공교육의 기획 아래 수행되고 있다는 현실을 고려하면 그들의 인식은 일정 정도 정당하다. 하지만 교육은 현재의 사회를 기능적으로 유지하는 작업일 뿐만 아니라, 그것을 부분적으로 파열시켜 더 선한 사회를 기획하는 작업이기도 하다. 그런 점에서 현실성과 적절성을 지나치게 강조하는 이러한 인식은 문학텍스트를 '교육적으로' 왜곡시키는 결과를 낳기도 한다.

물론 문학과 문학교육은 동일하지 않다. 하지만 문학교육이라는 기획이 가능한 까닭은 문학이 학습자를 기능적으로 사회화시킬 수 있기 때문이라기보다는 문학의 힘이 학습자의 사유를 성장시키기 때문이다. 그런 점에서 문학의 힘은 곧 문학교육의 힘이기도 하다. 따라서 예비 문학교사들은 학습자가 보호해야 할 존재라기보다는 성장할 수 있는 존재이며, 문학의 효용과 이익 역시 배치되는 것이라기보다는 공존하는 것임을 인식할 필요가 있다.

2) 절충적 관점 : 문학교사가 '잘' 하면 되요

(1) 학습자들의 도덕적 발달 수준을 따져봐야 해요

두 번째 유형으로 분류된 예비교사들은 문학교육과 윤리의 생산적 관계가 조건부로 가능하다고 보며 이 과정에 있어 교사가 결정권을 쥐고 있다고 판단한다. 즉 날 것 그대로의 <은교>를 문학교육의 제재로 다루는 것은 위험하지만, 학습자의 수준을 고려하고 <은교>를 잘 편집한 후 교사가 수업 운영의 묘(妙)를 한껏 발휘한다면 교육이 가능하다는 절충적 관점을 취한다. 그래서 문학교육과 윤리의 관계를 현명하게 풀어나갈 수 있는 교사의 수행이나 구체적 대안을 제시하는 것이 이 유형의 특징이다.

그들 역시 학습자들이 성숙한 가치판단을 수행하는 존재라고 인정하지는 않지만 첫 번째 유형의 예비교사들처럼 학습자들이 마냥 연약하거나 백지 상태의 대상이라고 보지도 않는다. 대신 학습자들은 가치체계가 수립되어 가는 과정 중에 있는 존재이기 때문에 교사가 이러한 과정을 섬세하게 파악하여 각 과정에 적절한 윤리적 문제를 제기하는 텍스트를 제공할 수 있다는 것이다. 다음의 인용문을 살펴보자.

> 다만 학습자의 연령이나 가치관의 확립 등 학습자의 상태를 이해하지 못한 채 모든 연령의 아이들에게 <은교>를 가르칠 수는 없다. 아이들이 작품에 등장하는 비윤리적인 것을 잘못 이해하고 호기심으로 모방을 할 수 있다는 문제점이 생기기 때문이다. 그렇기 때문에 교육 현장에서 이 작품을 가르치기 위해서는 <u>올바른 가치관을 가지고 잘못된 것과 옳은 것을 바르게 판단할 수 있는 연령인 학습자를 대상으로 교육</u>시켜야 한다. 또 비윤리적인 행동이 사회적으로 어떤 물의를 일으키는지 그 문제점에 대해서 제대로 된 교육을 시키고 윤리적인 인간으로 성장할 수 있도록 도와줘야 할 것이다.(PT5)

> 학생들의 도덕적 발달 수준, 인지적 수준 및 공감 수준에 맞춰 작품을 선택해야 하고, 필요하다면 '교육적 처치'를 해야 한다는 전제가 들어간다. 도덕적 발달 수준, 인지적 및 공감 수준들이 모두 보편적으로 발달되는 것은 아니지만, <u>'학년' 수준으로</u> 어느 정도 고려해야할 필요는 있다. 이마저 고려하지 않는다면, 학생들이 비윤리적인 것을 올바르지 않게, 잘못된 지식으로 습득할 가능성이 높아지기 때문이다.(PT25)

두 예비교사 모두 '올바른 가치관을 가지고 잘못된 것과 옳은 것을 바르게 판단할 수 있는 연령'이나 '학년'에 도달한 학습자에 대해 <은교>를를 가르칠 수 있다고 주장한다. 즉 이미 가치체계가 어느 정도 자리 잡은 학생에게 <은교>를 교육하면 되므로 관건은 그러한 학습자의 상태를 제대로 파악하는 교사의 안목이다. 이러한 논리에 따르면 결국 윤리적 인간을 길러내려는 교육은 이미 윤리적 발달을 일정 정도 성취한 학습자를 대상으로만 가능하다.

하지만 두 번째 인용문에서 자인하고 있듯 이러한 발달 수준은 보편적이지 않을 뿐 더러, 문학교육 연구자나 교사들은 학습자의 도덕적 발달 수준에 대한 실증적 데이터조차 충분히 공유하고 있지 못하다. 따라서 이러한 판단은 교과서 집필진과 교사의 직관이나 심증에 맡겨지고 만다.

학습자의 발달 수준에 따른 문학교육 내용 및 제재의 위계화는 개인 단위의 연구자가 해결하기 어려운 문제로, 상당한 기간과 규모의 종단, 횡단 연구를 요구한다.[54] 그래서 학습자의 발달 수준 파악을 강조하는 목소리는 대체로 추상적 수준에서 마무리되고, 대신 수업을 운영해가는 교사의 노하우가 보다 구체적으로 제안된다.

(2) 교수자의 적절한 개입과 지도가 필요해요

다만 이러한 제안 역시 두 방향으로 분기되는 양상을 보이는데, 교수자 자신의 고민이나 질문을 통한 소극적 방향의 개입을 제안하는 예비교사들이 있는가 하면 윤리와 비윤리, 옳은 가치와 옳지 않은 가치의 명시적 경계를 교수자가 적극적으로 알려주어야 한다고 제안하는 예비교사들 역시 존재했다. 다음의 인용문을 살펴보자.

> 마지막으로 덧붙일 말은 이런 <은교>와 같은 텍스트를 접할 때 가장 기초가 되는 것은 선생님 스스로 이런 '비윤리적인 상황'에 대한 치열한 고민을 먼저 해보야 한다는 것이다. 그렇지 않다면 학생들과 함께 선생님이 혼란의 도가니로 빠지는 엉뚱한 상황이 나올 수도 있을 것이다. 나부터 이런 텍스트를 기피해선 안 되겠다.(PT28)

---

54) 김상욱(2001)에서는 정신분석적 발달이론과 인지적 발달이론을 참조하여 문학 제재 위계화를 시도하고 있다. 김상욱, 「초등학교 아동문학 제재의 위계화 연구」, 『국어교육학연구』 12(1), 국어교육학회, 2001.

<은교> 역시 문학 교과서에서 다루어도 문제가 없다. 그러나 이러한 다소 문제적인 소재를 다루고 있는 작품에 있어서는 교육 이전에 교사의 준비가 필수적으로 병행되어야 한다. <은교>를 문학교육에 사용하려면 그에 앞서 전문을 읽을 것인지 아니면 선별된 부분만 읽을 것인지를 결정하고, 전문을 읽는다면 학습자들이 소재의 자극성에 집중하지 않도록 하여 이 소설의 의미와 문학적 가치를 충분히 학습할 수 있도록 교사가 적절하게 지도해야 한다. 또한 부분만 읽을 예정이라면, 최대한 작품의 주제가 잘 드러나면서 선정적이지 않은 부분을 선별하여 학습자들이 교육 의도를 오해하지 않도록 해야 한다.(PT20)

위 인용문들의 경우 문학교육과 윤리의 관계를 대하는 교사 자신의 치열한 고민과 준비를 요청하고 있다. 윤리적으로 민감한 텍스트와의 대면을 피하지 않되 학습자들과 동일한 수준에서 혼란에 빠지는 것 역시 경계하고 있다. 따라서 학습자에게 제공되는 제재의 범위와 지도의 방식이 섬세하게 정련되어야 한다. 이 과정에서 자극적이고 선정적인 부분은 배제되거나 중화되고 대신 교사가 의도한 학습 목표에 적절한 부분이 초점화된다. 이처럼 수업 전에는 교사가 능동적 주체로 부각된다면 수업 중에는 학습자들이 전면에 나서게 된다. 대신 교사는 윤리적 문제에 대한 사유를 촉발하는 질문을 던지거나 학습자들 간의 토론을 유도하는 조력자(안내자)의 역할을 수행한다.

그래서 교육자의 역할이 아주 중요하다. 각자의 길을 찾아 갈 수 있도록 풀어줄 때, 벼랑 끝을 향해 달려가는 학습자가 있다면 붙잡아야 한다. 그렇기 때문에 교육자는 어떠한 질문을 던질 것인가에서부터 진지한 고민을 할 필요가 있다.(PT29)

따라서 문학교사는 문학교육의 윤리적 가능성을 극대화시키는 결정적 인물이며 때로는 학습자가 그러한 가능성의 바깥으로 탈주할 때 붙잡는

'호밀밭의 파수꾼' 역할을 해야 한다는 것이다. 이러한 관점을 지닌 예비교사들은 대체로 윤리가 개인적, 집단적 성찰을 통해 사유되면서 잠정적으로 확정되는 것이라 가정한다.

(3) 교사가 옳고 그름을 제시해 주어야 해요

하지만 공교육에서 그러한 가정은 오히려 학습자의 혼란을 가중시킬 뿐이며 따라서 교사는 윤리적 문제에 대한 정답을 제공하고 문학텍스트가 일으킬 수 있는 혼란을 중화시켜야 한다고 보는 예비교사들도 있다. 그들은 학습자가 예술을 이해할 준비가 안 되었다면 <은교>는 외설적인 작품일 뿐이라고 본다. <은교>는 어디까지나 문학텍스트이기에 미성년의 성경험, 원조교제, 의도적 살인을 다루면서도 누가 옳다거나 무엇이 그르다고 말하지 않는다. 그런 면에서 문학은 오히려 인간의 비윤리성이 불가피한 것임을 주장하는 것처럼 보인다. 아래 인용문의 예비교사들은 그러한 문학 자체의 속성이 위험함을 경고한다.

> 문학교육은 윤리적인 인간상을 전면으로 내세우고 무엇이 옳음을 직설적으로 표현하지 않는다. 나는 그렇기 때문에 더더욱 학습자들 개개인을 파악하고 있는 교육자가 옳고 그름을 제시해 주어야 한다고 생각한다.(PT15)

> 우리는 대개 해당 작품이 윤리적으로 문학 교육에 타당한지 아닌지를 가지고 논하기만 할 뿐, 문학과 윤리성의 관계의 본질에 대한 깊이 있는 논의는 하지 않는다. 앞서 말했듯 윤리성은, 가능한 모든 것을 고찰해보고 검토해 볼 수 있는 힘을 의미하므로, 이를 문학교육의 영역과 조화시키기 위해서는, 이에 배치되는 문학의 '역기능적 요소'를 조금은 '중화'해 내어놓는 것도 고려해 보아야 한다.(PT14)

문학텍스트 속에서는 무엇이 옳고 그르다고 판결해주는 '큰 목소리'가

부재하고, 다만 각각의 옳음을 주장하는 작은 목소리들의 불협화음만이 존재한다. 따라서 교사가 대신 '큰 목소리'를 학습자들에게 들려주어야 한다는 것이다. 그들은 그러한 교사의 역할을 통해서만 문학의 교육적 역기능성을 중화시킬 수 있다고 본다.

물론 문학텍스트에는 교육의 일반적 목표와 기능을 초과하는 잉여의 지점이 존재한다. 하지만 그것은 교사에 의해 삭제되거나 중화되어야 할 대상이라기보다는 교사와 학습자 공동체에 의해 보다 첨예하게 문제화되고 고민되어야 할 대상이다. 따라서 예비 문학교사들은 학습자가 자신의 관심과 발달 수준에 걸맞은 문학텍스트와 접촉하면서 윤리적 질문을 사유할 수 있도록 장려할 필요가 있다.

3) 도구적 관점 : 문학은 윤리교육의 수단이에요

⑴ 문학은 윤리교육을 위한 자료를 제공할 수 있어요

세 번째 유형으로 분류된 예비교사들은 문학교육이 윤리교육의 일부로 기능할 수 있으며, 특히 소설텍스트는 윤리교육을 위한 훌륭한 재료가 될 수 있다고 본다. 아래 인용문과 같이 문학교육이 윤리교육의 보충 자료를 제공해주는 일종의 앤솔로지(anthology)라 보는 시각이 대표적이다.

> 문학 작품들은 윤리교육의 좋은 자료이자 하나의 매개체가 될 수 있는 것이지, 그 자체가 온전히 윤리교육의 역할을 담당하게 될 수는 없다고 생각한다. 문학교육은 윤리교육의 보충적인 자료를 제공해주고, 어떤 문제에 대해 조금 더 '생각'해 볼 수 있는 환경을 만들어주는 역할을 담당하는 것이다.(PT6)

기실 서사를 윤리교육의 재료로 삼고자 하는 시도는 동서고금을 막론하고 있어왔다. <이솝 우화>나 <명심보감> 속 이야기는 물론이고 현재도 일부 서사윤리학자의 논의에는 이러한 도구적 시각이 강하게 투영되어 있다. 전술했듯 문학에 대한 윤리적 논란과 요구는 공존해왔다. 하지만 소설을 윤리교육의 수단으로 파악하는 것은 소설교육과 윤리교육 양 편 모두에서 한계를 노정한다.[55]

기존의 윤리교육에서는 주로 서사를 딜레마 상황의 예시나 교육적 담화로 가공해왔지만 이런 경우 소설텍스트의 장르적 특성과 형상성은 배제되어 버리기 쉽다. 게다가 다원적 가치실험이 이루어지는 현대소설의 경우 몰입이나 동일시의 태도로 도덕적 추론을 대신하게 할 때 상당한 문제가 수반된다. 다음의 인용문들을 살펴보자.

> 윤리란 사람으로서 마땅히 행하거나 지켜야 할 도리라고 국어사전에 나와 있고, 교육은 학습자들을 올바른 방향으로 인도해야 하는 것이다. <은교>를 통해 학습자들은 올바른 성에 대한 인식과 노인에 관한 고정관념을 개선할 수 있는 기회를 가질 수 있다.(PT23)

> 문학을 통해 윤리적인 사람을 키워내는 데 보다 더 많은 기여를 할 수 있기 때문이다. 윤리적인 것들의 연속만을 가르친다면 아이들에게는 내성이 생겨버릴 것이다. 윤리적인 것을 봐도 이것이 윤리인지 아닌지에 대해 무감각해진다는 것이다. 하지만 윤리적인 것과 비윤리적인 것을 함께 가르친다면 양자의 대조로 인해 윤리적인 것을 더욱 명확히 받아들일 수 있을 것이다.(PT27)

첫 번째 인용문은 <은교>가 성교육 및 노인에 대한 인식 개선을 위해 활용될 수 있는, 윤리교육적으로 좋은 제재라 판단하고 있다. 두 번째 인용문은 관점을 다소 달리 한다. <은교>는 선명하게 비윤리적이기 때문에 오히려 학습자들의 윤리감각을 날카롭게 할 수 있다는 것이다. 이처럼

---

55) 우신영, 「가치탐구활동으로서의 소설교육」, 『새국어교육』 86, 한국국어교육학회, 2010, pp.232-233.

관점은 상이하지만 <은교>가 윤리교육을 위한 자료로 활용될 수 있다는 인식은 유사하다.

이러한 활용의 관점은 최근 도덕/윤리교육 담론에서 맹위를 떨치고 있다. 이 같은 유행의 근저에는 1980년대 점증하는 청소년들의 일탈 행위에 대한 해결책으로 등장한 미국의 인격 교육이 있다. 인격교육론자들은 위대한 전통을 부활시키기 위해 서사를 적극적으로 활용해야 한다고 주장한다. 하지만 도덕적 추론과 상상을 강조하는 이러한 입장의 맹점은 '도대체 왜 꼭 소설이어야 하는지'에 대한 답이 빈약하다는 것이다.

가령 소설을 활용한 도덕교육의 대표적 사례인 맥카티(McCarty)의 편견 프로그램에서는 <앵무새 죽이기>를 활용하여 반편견(anti-bias) 교육을 수행한다. 이 프로그램에서는 둥글게 둘러앉은 학생들이 톰 로빈슨의 누명을 어떻게 처리할지 토론하며, 애티커스가 유죄 판결을 받을 때의 느낌을 상상해본다. 그들은 작품 속 인물이 실존 인물인 것처럼 대하고 편지나 새로운 결말을 써본다. 그리고 교양 있는 시민이라면 편견을 어떻게 극복해야 할지 토론해본다.[56] 하지만 이 정도 수준의 토론을 촉발하기 위해서는 흑인 차별에 대한 기사문으로도 충분하다. 도덕적 추론을 유도하기에 현대소설은 지나치게 비도덕적이고 지나치게 산만하기 때문이다.

(2) 문학은 일종의 윤리적 예방주사가 될 수 있어요

일부 예비교사들은 <은교>가 윤리적으로 위험하기 때문에 오히려 교육적으로 처리해서 가르쳐져야 한다고 주장한다. 교육의 장 안에서 <은교> 읽기가 이루어진다면 <은교>가 지닌 위험성은 일정 정도 경감되어 오히려 학습자들의 윤리적 면역력을 증강시키는 백신처럼 작동한다는 것이다. 이러한 인식의 기저에는 문학교육을 통해 비윤리적 상황들과 간접

---

56) M. McCarty, *Little Big Minds: Sharing Philosophy with kids*, New York: Penguin, 2006.

적으로 접촉하고 나면, 현실의 윤리적 문제가 발생했을 때 초래할 비용을 경감시킬 수 있다는 전제가 깔려 있다. 아래 인용문을 살펴보자.

> 이미 학생들은 비윤리적인 것을 많이 접하고 있다. 여기서 더 큰 문제는 이것들을 기준 없이 무분별하게 받아들이게 되는 학생들의 상황인 것이다. 비윤리적인 것에 무감각해지는 학생들을 그대로 놔둘 수는 없다. '윤리적인 고민'에 닿았을 때 학생들이 치열한 고민 없이 단순히 '무감각화'로 인해 그 상황들을 경시하게 된다면 그것은 좋은 교육을 받은 것이라 말할 수 있을까...혼자 숨어 읽는 <은교>는 위험할 수 있으나 <u>수업시간에 다루는 <은교>는 교육적으로 각색되어 오히려 건전할 것이다.</u> 다른 미디어 매체를 통해 접하는 것들 보다 오히려 더 윤리적인 사고를 형성하는데 도움이 될 것이란 말이다.(PT28)

현재 학습자들이 영상 매체 등을 통해 시각적으로 체험하는 자극은 언어적으로 형상화된 소설이 따라잡기 어려울 정도이다. 그래서 위 인용문의 필자는 교육적으로 각색된 <은교>를 문학교육에 활용하자고 주장한다. 그렇게 되면 매체를 통해 비윤리적 상황에 무분별하게 노출되어 무감각해진 학생들에게 덜 자극적으로 윤리적 사고를 형성시킬 수 있다는 것이다. 이러한 주장들에는 현재의 윤리교육에 대한 깊은 회의와 불만이 내재되어 있다.

(3) 문학은 윤리교육의 효과를 제고하는 촉매가 될 수 있어요

예비교사들은 자신들이 받았던 윤리교육을 문제적으로 회고하면서 그러한 문제를 부분적으로 해결할 수 있는 돌파구이자 윤리교육의 효과를 제고할 수 있는 촉매로 문학을 인식하는 경향을 보였다. 동서고금의 철학을 맥락 없이 제공받는 현재의 윤리교육이 학습자의 윤리적 성장과 무관하다는 비판적 인식이 상당히 많은 자료글에서 드러났다.

때로는 학자의 주장을 정리하는 것보다 문학 작품과 같이 주어진 텍스트를 통해 '윤리'에 대해 다루고 배우는 것이 오히려 효과적인 윤리교육의 방법이 될 수 있다는 것이 내 개인적인 생각이다.(PT32)

윤리교육의 측면에서도 문학의 역할을 부정하고 그것의 도움을 받지 않을 만한 이유는 없다고 본다. 우선 현재 이루어지고 있는 윤리교육을 살펴보면 우리의 실제 삶과 굉장히 동떨어진 내용이 주를 이루는 것 같다. 소크라테스, 아리스토텔레스 등의 고대 철학자들부터 시작해서 현대 사상을 이끌어가는 주요 철학자들에 이르기까지, 이 시대의 학생들은 많은 철학자들의 이론과 논리 등에 대해서만 배우고 있는 실정이다...문학은 그 경험의 부족함을 조금이나마 보충해 줄 수 있다.(PT6)

즉 현재의 윤리교육은 맛이 없는 약(藥)과 같으며 문학은 이러한 문제점을 보완해줄 수 있는 힘을 갖고 있다. 흥미와 교훈으로 문학의 효용을 설명해온 오랜 전통이 말해주듯 문학은 입에 달콤하면서도 몸에 이로울 수 있기 때문이다. 아래 인용문을 살펴보자.

윤리교육은 암기 위주의 과목이 되었으며, 그 목적을 달성하는 것에 한계에 다다르고 있다. 하지만 실제 상황을 다루는 것이 부족하다는 단점은 문학이 보완 가능하다...문학을 통해 교훈을 얻는 것은 소위 "당의정"처럼 거부감 없이 흡수되기 쉽다. 즉, 문학 교육은 이론 위주의 윤리 교육과 그에 대한 거부감 문제를 극복할 수 있다. 그렇기 때문에 문학을 이용한 윤리 교육이 더 효과가 좋을 수 있다.(PT31)

문학과 윤리의 관계에 대한 매우 고전적인 입장을 보여주는 위 인용문의 예비교사는 이론 위주의 윤리교육이 가진 쓴 맛을 가려주는 문학의 달콤함에 주목한다. 즉 문학이 주는 쾌락은 목적이 될 수 없으며 필요에 한정된다. 이는 문학적 쾌락이 궁극적 "행복 혹은 종교적 구원"으로 향해 가도록 돕는다는 중세 시학의 논리와 관계된다.[57]

하지만 당의정(糖衣錠, sugarcoated pill)을 먹어야 하는 진짜 이유는 약효 때문이지 달콤함 때문일 수는 없다. 따라서 이러한 입장에서 볼 때 문학은 윤리적 효과가 제대로 학습자의 몸과 마음에 퍼지도록 돕는 장치일 뿐이며, 사실 약효만 얻고자 한다면 생략되어도 되는 '껍질'이다. 그렇다면 문학교육이 윤리교육의 일부가 되는 것이, 문학교육과 윤리가 맺을 수 있는 최선의 관계일까? 다른 대답을 제안하는 예비교사들의 목소리를 경청해보자.

4) 독자적 관점 : 문학교육의 윤리가 따로 있어요

(1) 윤리교육이 되면 문학교육의 정체성을 잃어요

네 번째 유형으로 분류된 예비교사들은 문학교육이 윤리교육과 다른 독자적 영역을 가진다고 본다. 즉 문학교육의 윤리적 가능성은 문학에서 도출될 수 있는 교훈의 목록을 학습한다거나 토론 논제에 부쳐질 수 있는 윤리적 딜레마 상황을 제공하는 정도로 제한될 수 없다.

오히려 문학교육의 윤리적 가능성은 학습자의 성찰과 사유 속에서 구현되는 것에 가깝다. 따라서 문학교사는 이러한 성찰과 사유의 안내자이자 지지자 역할을 수행해야 한다. 이러한 입장에 서는 예비교사들은 문학교육이 결코 윤리교육에 포함되거나 동일시될 수 없다고 본다. 아래 인용문들에서는 그러한 입장이 단적으로 드러난다.

> 문학교육에서 윤리는 빠질 수 없는 항목이지만, 그것이 문학교육의 목표는 아니다. 학생들이 문학교육을 통해 비윤리적으로 교육된다면 문제가 되겠지만 학생들을 윤리적 사람이 되도록 가르치는 것이 문학교육의 목표일 수는 없기 때문이다.(PT20)

---

57) 김경범, 「문학의 한 목적으로서 쾌락을 추구하기 위한 변론-스페인 중세 텍스트를 중심으로」, 『인문논총』 47, 서울대학교 인문학연구원, 2002, p.2.

문학교육은 윤리교육이 아니다. 문학교육이 일부 윤리교육적인 측면을 가지고 있다고 할지라도 문학교육과 윤리교육은 명백히 다른 분야이다. 무조건적으로 선만을 가르칠 의무는 없을 뿐만 아니라 선만을 담은 문학작품 또한 찾기 힘들다. 윤리적인 작품이 아니라고 해서 문학교육을 할 수 없다고 말한다면, 그것은 이미 문학교육이 아닌 윤리교육이 되어버리고 만다. 문학교육은 윤리적이든 비윤리적이든 '문학'이 중심이 되어야만 하며, 그 교육으로 나온 산물이 '윤리'적이면 된다. 즉, 비윤리적인 문학으로 윤리적인 인간상을 기르기만 한다면, 그 또한 윤리적인 문학교육이라고 할 수 있는 것이다.(PT17)

학습자를 윤리적 주체로 성장시키는 것은 모든 교과교육의 공통적 목표이다. 다만 그것이 문학교육의 전부는 될 수 없으며, 문학교육은 문학교육이 가장 잘 할 수 있는 방식으로 그것을 수행할 수 있을 따름이다. 그래서 그러한 방식에 대한 고민이 없는 '윤리적' 문학교육은 문학교육의 정체성을 잃는 것으로 귀결되기 쉽다. 이러한 위험성을 우려하는 예비교사들은 문학교육만의 독자적 영역을 구축하려 시도한다. 아래 인용문들을 살펴보자.

문학교육은 어떻게 윤리를 교육할 수 있을까. 라고 묻는다면 나는 윤리를 교육할 수 없다고 말하고 싶다. 위에서 말한 바와 같이 사람은 저마다의 윤리관을 가지고 있다. '사람답게'라는 지극히 주관적인 어휘를 사용해 만든 나의 윤리에 대한 정의에서 알 수 있듯이 윤리란 아주 추상적이고 모호한 단어이다. 따라서 "이것만이 윤리다." 라고 교육할 수 없는 것이다. 단지, 문학은 인간에게 저마다의 윤리를 만드는 데에 여러 방향을 보여주고 윤리라는 개념에 대한 수많은 물음표를 품게 한다. 문학은 선하고 때로는 악한 인간의 본성을 직면하게 하고 "그것을 어떻게 하면 사회의 일원으로서 적절히 실현하고 또 포기하며 살 수 있을까?" 하는 문제에 대해 좀 더 현실적이고 구체적으로 생각해 보게 하는 것이다.(PT16)

> 문학은 윤리적이지가 않다. 만약 문학을 윤리적인 부분만 빼내어 가르친
> 다면 그것은 문학의 본질을 이해하지 못한 방식일 수밖에 없다. 문학이 윤
> 리적이고 교과서적인 이야기만 한다면 문학을 통해 아무 것도 배울 수가
> 없듯이, 문학교육도 마찬가지로 윤리저인 부분만 가르친디면 학생들에게
> 아무런 도움이 될 수 없다...윤리적인 부분을 가르치기 원한다면 도덕이나
> 윤리를 교육하면 되지, 굳이 문학을 가르칠 필요가 없기 때문이다. 문학교
> 육이 문학교육만의 입지를 확보할 수 있다는 것은 다른 과목보다 훨씬 월
> 등하게 세상사는 이치와 지혜를 가르쳐줄 수 있기 때문이다...(PT24)

첫 번째 인용문의 예비교사는 '윤리는 교육할 수 없다'는 도발적인 명
제를 내세운다. 그래서 문학을 통해 윤리를 교육한다는 교조적 태도보다
는, 윤리에 대해 물음을 품게 하는 문학을 통해 구체적 사유를 경험하도
록 주문한다. 두 번째 인용문의 예비교사 역시 '문학은 윤리적이지가 않
다'는 도발적 선언으로 논의를 시작한다. 대신 문학은 윤리적으로 살 수
있는 지혜를 길러줄 수 있다는 논리를 펼치며 이를 구체적 작품들의 예로
증명해 나간다. 이러한 이들의 인식은 학습자의 가치판단 능력에 대한 신
뢰에 기반해 있다.

(2) 학습자를 좀 믿을 필요가 있어요

보호주의적 관점을 취하는 예비교사들과 달리, 이들은 학습자를 상당히
성숙하며 자기결정권을 가진 존재로 인식한다. 따라서 그러한 학습자들에
게 경직된 윤리적 잣대를 들이대거나 일방향적인 윤리교육을 수행하는
것은 적절하지 못하다고 본다. 그들은 문학교육과 윤리의 긴장 관계야말
로 문학교육이 학습자에게 제공해야 할 의미 있는 경험이라 본다. 따라서
그러한 긴장을 교육의 장에서 강제로 삭제하는 것은, 학습자가 치열한 가
치탐구를 경험할 수 있는 기회와 권리를 박탈한다고 본다. 아래 인용문을
살펴보자.

현재의 문학교육이 작품에 들이미는 윤리기준은 다소 경직되고 지나치게 호들갑을 떠는 것처럼 보인다. 작품 속에서 매춘, 불륜, 성관계 등이 드러난다고 해서 그것을 교육 현장에서 배우기 부적절하다고 판단하는 것은 우스꽝스러울 정도로 보수적인 행태라고 생각된다. 보수적인 윤리잣대는 교육 현장에 있는 학생들을 '멍청한 요즘 것들' 정도로 여기는 것 같아서 오히려 불쾌하기까지 하다...만약 <은교>를 교육현장에서 다룰 수 없다고 판단한다면, 그것은 동시에 사회에서 노인의 욕망을 존재하지 않는 것으로 치부하는 것과 다름없는 것이다... <u>문학교육의 엄중한 윤리 기준은 앞선 어이없는 이유들로 학습자들이 이적요라는 노인을 만나지 못하게 하며 끈적끈적한 현실을 학습자들로부터 은폐하려는 폭력적인 모습마저</u> 보인다.(PT13)

위 인용문의 예비교사는 문학과 문학교육에 대해 지나치게 보수적인 윤리적 잣대를 들이대는 것은 학습자를 무시하는 처사라고 비판한다. 나아가 학습자들이 다양한 인간군상의 삶과 욕망에 대해 공감적으로 이해할 기회를 박탈한다고 비판한다. 학습자에 대한 과잉보호가 오히려 '인간/세계 이해의 성장'이라는 문학교육의 목표를 훼손한다는 것이다. 따라서 학습자의 윤리 감각과 판단 능력을 평가절하하지 말고 좀 더 유연한 태도를 취할 필요가 있다고 주장한다. 그럴 때 비로소 문학이 학습자의 삶에 의미 있는 영향을 미칠 수 있다는 것이다. 그래서 한 예비교사는, 오히려 충격적인 문학작품이어야만 우리로 하여금 삶을 돌아보게 할 수 있다고 주장한다.

<u>어떤 면에서든 '충격적이어야' 우리는 비로소 삶을 돌아보기 마련이고,</u> 이런 작품이 오히려 좋은 작품, 가르칠 만한 작품일 수 있다.(PT10)

기존의 윤리관에 적합한 문학을 가르치는 작업이 윤리적인 것이 아니라 학습자의 윤리관을 충격하는 작품을 가르치는 작업이 오히려 윤리적

일 수 있다는 위 예비교사의 주장은 새겨들을 만하다. 이러한 주장은 결국 학습자의 힘과 텍스트의 힘이 만날 때 비로소 문학교육만의 윤리가 탄생함을 알려준다.

(3) 인간이 윤리에 대해 사유하게 하는 것이 문학교육의 윤리에요.

이 유형의 예비교사들은 문학교육만의 윤리로 다음과 같은 것들을 제안한다.

> 문학교육의 목표가 인간다운 삶을 꾀하고 이를 위해 고민하는 인간을 길러내는 것이라면 문학교육에서만 다룰 수 있는 윤리교육의 내용이 있어야 한다. 바로 삶에 대한 고민, 가치에 대한 재평가다. 윤리는 단순히 규범을 지키자는 차원의 '도덕'과는 달리 치열한 자기반성과 성찰을 바탕으로 하는 것이기에, 문학작품을 통해 더욱 내면화될 수 있기 때문이다.(PT10)

> ...적어도 그것은 아이들로 하여금 자신의 윤리적 신념과 인식들에 대한 점검과 회의를 가져다 줄 수 있다는 점에서 의미가 있다...그리고 이러한 점검을 교사의 지도하에 거치고 나면 '이럴 수도 있겠구나.'라며 기존에 가지고 있던 생각의 폭에서 조금은 넓어질 수 있고, 설사 처음 자신이 가지고 있던 기준에서 바뀌지 않았다고 하더라도 점검과 회의의 과정을 거친 것만으로도 충분히 가치 있다고 말하고 싶다.(PT33)

> 아주 옛날부터 우리는 이솝우화 같은 '이야기'를 통하여 어린 아이들을 가르쳐왔다. 우리가 생각하는 바른 인간으로 키워내기 위해서이다. 그 때의 문학이 그저 도덕적인 성장을 목표로 했다면, 이제 우리는 보다 더 높은 곳을 바라보아야 한다. 문학교육을 받는 청소년들은 도덕을 넘어선 윤리를 탐구해야 한다. 도덕이 일차원적이라면 윤리는 이, 삼차를 뛰어 넘는 범주의 것이다. '이렇게 살아야 한다'라는 것을 받아들이는 수용적인 학습에서 벗어나 자신이 생각하고 판단하여 자신의 논리로 그를 입증할 수 있는 능동적인 학습이 이루어져야 한다.(PT29)

우선 그들은 도덕과 윤리의 개념을 구분한다. 그들에 따르면 "일차원적"인 도덕과 달리, 윤리는 "이, 삼차를 뛰어 넘는 범주의 것"이다. 공적으로 합의된 상식/규범에 가까운 도덕과, 개인적이고 주체적인 성찰의 결과물인 윤리를 구분함으로써 그들은 문학교육만의 윤리적 가능성을 발견해낸다. 문학은 독자의 의식을 의도적으로 충격하고 그로 인해 발생한 불균형 상태로 인해 독자는 가치탐구의 여정을 시작할 수밖에 없다. 이 과정의 밀도와 깊이는 일반적인 윤리교육이 따라잡을 수 없을 정도로 치열할 수 있다.

가치탐구의 주체는 학습자 자신이며, 이 가치탐구의 결과는 특정한 가치관의 확립이라기보다는 기존의 윤리적 신념과 인식에 대한 철저한 성찰과 회의이다. 이 과정에서 문학은 합리성과 경제성, 과학성을 전복시키는 욕망과 상상력을 형성하는 데 기여하며,[58] 그동안 직면하기 어려웠던 것들에 반응하기를 당당하게 요구해온다. 선입관이나 무관심 같은 자기방어적 계략들이 깨어지는 과정은 혼란과 두려움, 그리고 즐거움을 동시에 제공한다.[59]

따라서 학습자들을 인간의 맨얼굴과 직시하게 하는 것, 욕망의 서사를 처음부터 끝까지 주파하게 하는 것, 그리하여 철저한 혼란에 빠지게 하는 것이 오히려 권장된다. 그래서 욕망의 서-본-결을 보여주는 텍스트 <은교>는 그러한 문학교육의 윤리적 가능성을 구현하기에 적합한 작품으로 재평가된다. 이러한 예비교사들의 인식은 문학교육이 문학의 가치와 힘을 적극화하는 작업이자, 학습자를 가치 결단의 주체로 양성하는 작업이라는 정재찬(2014)의 논의와 맥을 같이 한다.[60]

---

58) M. C. Nussbaum, 앞의책, p.26.
59) 위의책, 34면.
60) 정재찬, 「소통과 통합을 위한 문학교육」, 『국어교육』145, 한국어교육학회, 2014, pp.199-210.

4. 더 나은 관계를 향하여

이상의 연구 결과 예비교사는 적어도 문학교육의 윤리적 가능성에 대해서는 상당히 이질적 집단임을 알 수 있었다. 그들은 상당히 다른 관점들을 견지한 채 문학텍스트를 읽고 교육하는 존재였다. 문제는 이것이 가시화된 적이 없기 때문에 조정되거나 성장할 가능성도 희박하다는 것이다.

자료 분석 결과 예비교사들은 문학교육과 윤리의 관계에 대해 보호주의적 관점, 절충적 관점, 도구적 관점, 독자적 관점의 인식 양상을 보였다. 보호주의적 관점을 취하는 예비교사의 경우 학습자를 연약한 존재로 상정하는 경향을 보였는데 따라서 <은교>는 학습자들의 연약한 가치관과 인식 체계를 뒤흔들 수 있는 위험한 텍스트로 경계의 대상이 된다. 그들은 비윤리적인 인물이나 소재가 형상화된 작품은 그 교육적 위험성이 이익을 넘어서기 때문에 그렇지 않은 작품으로 대체되어야 한다는 입장을 견지한다.

한편 이들은 문학과 문학교육의 차이를 표나게 강조함으로써 이러한 입장의 타당성을 확보하고자 한다. 즉 문학과 문학교육, 문학적 작품성과 문학교육적 적절성은 동궤에 놓이거나 호환될 수 없는 것이다. 그래서 이들은 문학교육이 공교육의 하위 영역임을 끊임없이 강조한다. 다수의 학습자들을 대상으로 하는 공적 기획으로서 문학교육은 문학과 달리 외부의 제약으로부터 자유로울 수 없다. 따라서 그러한 제약 안에서 감당할 수 없는 텍스트는 배제되는 것이 합리적이라고 본다.

절충적 관점을 취하는 예비교사의 경우 문학교육과 윤리의 관계를 생산적으로 풀어나가기 위해서는 교사가 '잘' 해야 한다는 조건부 가능의 입장에 선다. 즉 교사가 학습자들의 도덕적 발달 수준을 검토한 후 적절한 개입이나 지도를 수행해야 한다는 것이다. 이러한 개입의 정도에 대해서는 다시 입장이 나뉘는데 윤리적 문제에 대한 사유를 촉발하는 질문을 던지는 정도의 소극적 개입이 적절하다고 보는 입장이 있는 한편 윤리적 옳고 그름의 경계를 명백하게 해주어야 한다고 보는 입장이 있다. 이 유형의 예비교사들은 문학교육과 윤리 문제에 대해 교수자의 구체적인 수행을 강조한다는 점에서 주목할 만하다.

도구적 관점을 취하는 예비교사의 경우 문학교육을 윤리교육의 하위 영역으로 자리매김한다. 그래서 문학은 윤리교육을 위한 자료를 풍성하게 제공할 수 있는 일종의 앤솔로지로서 유의미해진다. 이는 미국식 인격교육의 영향을 받은 최근 도덕/윤리교육 담론과 맥을 같이 한다. 또한 이 유형의 예비교사들은 문학교육에서 위험한 작품을 안전하게 처리하여 가르친다면 일종의 윤리적 예방주사로 기능할 수 있다고 본다. 따라서 문학교육은 사회적 비용을 경감시키고 윤리교육의 효과를 제고할 수 있다고 지적한다. 이는 문학의 교육적 실용성과 도구성을 한껏 강조하는 입장으로 당의정론이 가지는 한계를 그대로 내포한다.

이에 비해 문학교육만의 윤리적 가능성을 지지하는 입장에 서는 독자적 관점을 취하는 예비교사들도 있다. 이들은 문학교육이 윤리교육이 될 때 문학교육은 그 정체성을 상실하게 된다고 경고한다. 그래서 그들은 문학교육이 결코 윤리교육이 되거나 윤리교육에 포함될 수 없다고 본다. 그들은 도덕과 윤리를 구분하고, 기존의 윤리적 신념과 인식에 대한 성찰을 유도하는 문학의 힘을 통해 문학교육의 윤리적 가능성을 구현하고자 한다.

즉 문학교육의 윤리적 가능성은 착한 아이라면 준수해야 할 규범을 가르치는데 있는 것이 아니다. 그보다는 다양한 가치 문제에 대해 사유하고 성찰할 수 있는 자기입법적 주체를 길러내고 그들에게 구체적인 삶의 기술(technique)을 길러주는 것이다. 이들의 인식은 학습자의 가치판단 능력에 대한 신뢰 위에서, 문학교육의 윤리적 정체성을 분명히 하고 있다는 점에서 유의미하다.

이 작업은 예비교사들이 문학교육과 윤리의 관계에 대해 어떤 인식을 갖고 있는지 탐구하는 작업이 중요하다는 문제의식에서 출발했다. 이를 해결하기 위해 예비교사들이 문학교육과 윤리의 관계에 대해 어떤 상이한 인식을 갖고 있으며 그러한 인식의 양상에는 각각 어떠한 의미와 문제가 존재하는지에 대한 연구질문을 설정하였다. 그리고 실제 예비교사들의 자료 분석을 통해 그들의 인식 범주를 귀납적으로 도출, 탐구하였다.

이 작업은 그동안 충분히 초점화되지 못하였던 예비교사들의 교과관과 인식이 문학교육의 미래를 위해 결정적임을 주장하고, 그들의 목소리를 질적으로 탐구하였다는 점에서 연구사적 의의를 지닌다. 하지만 한계 역시 존재하는데, 일반화하기에 충분한 양의 연구대상 집단을 확보하지 못하였으며 <은교>라는 특수한 텍스트만이 참조 대상으로 제한되어 있다는 것이 그것이다. 보다 확장된 후속 연구를 통해 이러한 한계를 보완할 수 있기를 기대하며 논의를 마무리하고자 한다.

3장_교육용 문학사는 어떻게 서술되어야 하는가

1. 문학사 vs 교육용 문학사

7차 국어과 교육과정에 서술된 문학교육의 목표 항목에서는 문학사 이해가 문학 이해의 바탕[61]이라고 밝히고 있다. 문제는 이러한 문학사의 교육적 가치가 학습자의 문학능력에 구체적으로 기여하는 국면이 잘 드러나 있지 않다는 것이다. 교육과정의 내용이나 교수·학습 지침 항목에서 문학사가 언급된 부분을 추출하여 분석한 결과, 오히려 문학사의 기능이 뚜렷해지는 국면은 작품 감상을 위해 제공될 지식의 목록, 교수·학습 자료 선정의 이념적·비평적 기준[62], 문학 작품의 시대 구분 준거 등 문학사의 교육적 활용성이다. 문학교육에서 문학사의 기능은 이렇듯 엄연하게 작동하고 있지만 여전히 문학사의 교육적 효과에 대해서는 명확하게 밝혀지지 않고 있다.

'문학사를 아는 것'과 '문학능력을 기르는 것' 사이의 매개 항이 생략되어 있다는 사실로 인해 문학사 교육 논의들은 문제의식에서는 대부분 일치하면서 교육적 제안은 상당히 다양한 방향으로 갈라지는 경향을 보인

---

61) 7차 국어과 교육과정, 『문학』 Ⅱ. 목표. 나. 문학의 실제적 제 양상을 이해하여 문학에 대한 체계적 이해와 심미적 안목을 높인다. 문학의 실체는 개별적인 작품으로 구현되며, 이 개별 작품들은 구체적인 시공간의 특정한 문제와 관련이 있다. [⋯] 이처럼 개별 작품들이 다양한 맥락 속에 존재하면서 동시에 그 맥락에 작용하며, 나아가 문학사라는 일정한 흐름을 이루는 양상을 이해하는 것은 학습자가 문학을 체계적으로 이해하는 바탕이 된다.

62) 7차 국어과 교육과정, 『문학』, 교수학습 자료 선정에서 유의사항. ㈎ 문학사적 기준과 비평적 안목에 비추어 타당하고 전이성이 높은 작품을 선정한다.

다. 문학사는 문학작품과 문학적 사건들의 통시적 집적물이라 할 수 있다. 문학사는 문학의 역사라는 점에서 역사 서술 일반이 지니는 '기억과 기억의 투쟁'이라는 구성적 성격을 공유하고 있다. 따라서 문학사 교육은 문학사의 역동성과 계열성을 동시에 느낄 수 있게 해주는 것이어야 한다.

　이렇듯 역동적이며 구성적 성격을 가진 문학사가 교육의 장에서는 지식의 정태적·명제적 서술이라는 부정적 시각[63]에 부딪히고 있다. 이는 첫째, 문학사 교육에서 중심이 되는 문학사 지식의 특성으로 인해 과거 학문 중심 교육과정에 제기되었던 비판을 동일하게 적용받기 때문으로 보인다. 둘째, 문학사 교육은 정교한 교육적 시각과 설계가 없다면 국문학의 연구 성과를 그대로 교육 국면에 투입하는 방식으로 이루어지게 된다. 따라서 교과교육학의 정체성을 구현할 수 있는 교육용 문학사나 문학사 교육방법이 마련되지 않는다면 이러한 부정적 시각은 쉽게 사라지지 않을 것으로 보인다. 셋째, 문학 교과서에서 학습자가 접하는 '문학사적 지식'과 '문학사적 가치가 높은 작품'들이 실제 학습자의 문학경험과 유리되어 문학에 대한 학습자의 심적 장벽으로 작동할 수 있다는 점 때문이다.

　이러한 문제점을 의식하며 서술된 문학사로 채호석, 김은정 등이 시도한 청소년 문학사[64]를 꼽을 수 있다. 문학사적 이야기나 특정 인물들의 대결 구도에 주목해서 독자의 용이한 접근을 도모하는 장덕순의 『이야기 국문학사』[65], 이명구의 『이야기 한국고전문학사』[66], 정출헌 외의 『고전문학사의 라이벌』[67] 등도 주목할 만하다. 흥미로운 문학사적 이야기 들을

---

63) 이러한 부정적 관점은 문학교육에서뿐 아니라 몇몇 문학연구자 사이에서도 드러나고 있는데, 최근 문학연구에서 문학사의 퇴조현상에 대해서는 박헌호, 「'문학' '史' 없는 시대의 문학연구」, 『역사비평』 75, 역사비평사, 2006 참조.

64) 채호석, 『청소년을 위한 한국현대문학사』, 두리미디어, 2009; 김은정·류대곤, 『청소년을 위한 한국고전문학사』, 두리미디어, 2010.

65) 장덕순, 『이야기 국문학사』, 새문사, 2001.

66) 이명구, 『이야기 한국고전문학사』, 박이정, 2007.

67) 정출헌 외, 『고전문학사의 라이벌』, 한겨레출판, 2006.

들려주거나 시대를 풍미했던 문학인들을 대결 구도 속에서 소개하기도 하고, 문체의 난이도 조절과 풍부한 삽화를 통해 독자의 이해를 도모하는 이러한 시도들은 문학사와 독자 사이의 강고한 경계를 연화(軟化)시키고자 하는 시도라는 점에서 유의미하다. 그러나 주로 작가 전기 중심의 문학사 서술에 집중되는 경향이 있고, 일부 서술에서는 문학사 전체를 꿰뚫는 명확한 서술의 관점이나 원리를 찾아내기 어렵다.

교육용 문학사가 문학교육의 일반 목표인 문학능력 향상에 기여하도록 서술되어야 하는 것이라면 그러한 목표에 도달할 수 있도록 체계화된 서술 방향과 내용 구성이 제안되어야 할 것으로 보인다. 물론 문학사 교육이 가진 성격상 교육용 문학사가 기존 문학사를 전복적으로 재서술하는 데는 무리가 있다. 그보다는 학습자가 문학사의 흐름과 그 흐름의 동력을 알고 이를 '문학능력의 신장'에 유의미하게 활용하는 것이 바람직하다. 하나의 문학사관에 입각하여 정교하게 짜인 플롯의 문학사 서술을 할 수 있는 사가(史家)를 키워내는 일이 문학교육의 목적은 아니기 때문이다. 문학능력은 문학작품과 문학사에 대한 학습자의 능동적 참여능력을 포함한다는 점에서 문학사의 유동성과 그 동력을 학습자가 인식하고 그것에 참여할 수 있도록 하는 교육용 문학사의 필요성이 부각된다.

학습자의 경험과 참여를 통해 문학능력 신장에 기여할 수 있는 학습자 중심[68]의 문학사 서술을 위해 다양한 서술방식이 시도될 수 있을 것이다. 이 글에서는 그러한 시도의 하나로 문화사적 접근을 통한 교육용 문학사의 서술을 제안하고자 한다. 문학사는 범박하게 말하면 문화사의 일부이

---

68) '학습자 중심 교육'이란 교육 설계의 초점이 학습자의 흥미, 관심, 요구에 있는 교육을 의미하며, 그 특징은 대략 다음과 같이 정리된다. ㄱ.학생들로 하여금 사실을 발견하게 하고, 자신들이 생각한 문제와 쟁점을 규명하게 하여, 재해결을 위한 노력을 경주하도록 격려한다. ㄴ.접근방법의 다면성과 다양성을 견지하고, 개인 과제와 소집단 과제 및 여타 교수절차를 결합한다. ㄷ.학생들의 창의력과 적극적 표현을 촉진한다. 현종익 외, 『교육학 용어사전』, 동남기획, 2002, pp.735-736.

다. 그런데도 교육용 문학사 서술에 문화사적 접근의 방향과 내용을 새삼 강조하고자 하는 까닭은 다음과 같다. 문화는 삶의 방식[69]이라는 점에서 문화사를 안다는 것은 삶의 방식의 역사를 아는 것을 의미한다. 따라서 문화사를 학습하는 과정은 당대인들의 삶이 어떠한 패턴으로 운위되었는 지, 그 시대의 구체적 풍경은 어떠했고 예술은 그러한 삶과 시대의 무늬 들을 어떤 방식으로 형상화했으며, 지금 우리는 그것을 어떻게 읽고 의미 화해야 하는지 질문하는 해석자를 요구한다.

이 과정에서 우리는 그 시대의 삶 속에 능동적으로 동참하는 느낌을 받 게 된다. 가령 우리가 특정 지역의 음식문화사를 학습한다면 우리는 선인 들이 어떤 음식을 마련하고 그것을 어떤 방식으로 나누고 즐겼으며, 그러 한 음식문화가 어떤 지절들에서 변화를 겪으면서 지금 우리의 밥상에 영 향을 미쳤는지 흥미롭게 탐구할 수 있다. 지금까지의 문학사 교육이 학습 자에게 이러한 참여감과 실감을 제공했는지에 대해서는 긍정하기 어렵다. 하위징아(Johan Huizinga)는 역사에서 인간이 아닌 일반화된 설명만 볼 수 있다면 그 역사는 '사막'이라고 단언한다. 교육용 문학사 역시 학습자들로 하여금 선인들의 삶과 문화에 대한 실감과 그에서 파생된 정서적 연대감 을 제공할 수 있어야 한다는 문제의식이 이 글의 출발점이다.

2. 문화사적 접근을 통한 교육용 문학사 서술의 전제

문학사는 문학의 역사인 동시에 문학과 역사의 관계를 보여준다는 점 에서 문학의 지평과 역사의 지평이 어떠한 방식으로 만나야 할 것인가 라

---

69) Peter Burke 저, 조한욱 역, 『문화사란 무엇인가』, 길, 2006, p.65. "지난 30여 년 동안 역 사가들이 사용한 문화라는 용어의 용례는 서서히 변화해왔다. 한때는 고급문화를 가리 키던 이 용어가 이제는 일상적인 문화도 포함하기에 이르렀으며, 바꾸어 말하면 관습과 가치와 삶의 방식을 포함하게 되었다는 것이다."

는 문제를 내장한다. 여기서는 그 매개 항으로 문화를 상정하고 문화사적 접근이 문학사 서술에 유의미함을 밝히고자 한다. 문학사는 단순히 문학적 작품의 집적물만 다루지 않는다. 오히려 문학적 사건의 역사를 다룬다. 여기서 사건은 사고와 다른, 구조연관적인 것이다. 사고는 사고 이전으로 회복을 꾀하는 주체를 요구하지만 사건은 그것을 통해 구조를 변화시킨다. 그렇다면 문학사에서 무엇을 다룰 만한 사건, 즉 문학사의 전반적 구조에 영향을 미쳤던 것으로 판단하여 선정, 배열할 것인가 하는 문제가 제기된다. 문학사는 예술사라는 점에서 선정기준에서 개별 작품의 미학적 성취를 의식하지 않을 수 없지만, 이러한 성취는 창작과 수용의 문화적 맥락 속에서 판단 가능하다. 특히 소설의 경우 스토리 차원에서뿐 아니라 맥락과 스토리, 담론의 차원을 상호 조회해야만 문학사적 성취가 평가될 수 있는 경우가 많다.

가령 채만식의 <탁류>에서 미두에 빠진 정 주사나 육체적·정신적으로 뒤틀린 불구자 장형보와 같은 인물은 물론이고 소설의 중심에 놓인 초봉이라는 인물 역시 학습독자로서는 이해하기 힘든 성격과 행위를 보인다. 스토리 차원의 검토에 그칠 경우 교육용 문학사에서 이 작품의 서술 여부를 재고하는 것이 가능하다. 그러나 한 여인이 몰락해가는 과정을 그려내는 <탁류>의 담론방식이 부정한 시대 상황에 대응하는 문학적 대응이자 전략이며, 이를 통해 1930년대 문학과 문화의 상호 관계를 보여주는 작품으로서 그 적절성과 대표성을 인정할 수 있다고 판단했다면 <탁류>는 여전히 교육용 문학사에서 안정적인 지위를 유지할 수 있을 것이다. 이처럼 문학사 서술에서는 문학 텍스트 내적 지점뿐 아니라 그 텍스트의 사적 의미를 원근법적으로 조망할 수 있는 외재적 지점, 즉 일반 문화사가 요구[70]된다.

---

70) 이러한 문화사적 접근은 단지 문학사 서술을 위해 일반 문화사를 빌려오는 것만을 의미하지 않는다. 문학은 문화의 일부로서 문학을 고려하지 않고서는 전체 문화의 역사가

문학사를 문화사의 일부로 보는 것은 이미 임화에 의해 시도된 바 있다. 임화는 문학사가 문화사, 나아가 사상사(정신문화사)에 포섭되는 구도를 통해 신문학사를 이해하고 서술한다. 한국의 신문학사는 근대문화사의 일부이며 이 근대문화는 근대사상의 일부이므로 신문학사는 근대사상을 그 내용으로 삼게 된다. 물론 임화가 문학사를 사상사로 보면서도 양식의 역사임[71]을 강조했듯이 문학사 서술에는 양식의 문제가 존재하며, 일반 문화사로 환원될 수 없는 잉여지점이 있음을 고려하여야 한다.

이 글에서는 문학사와 문화사가 맺고 있는 관계를 세 층위로 나누어 살핌으로써 환원주의적 오류를 피하고자 한다. 전술했듯이 문학사 역시 문학의 내재적 구조에 대한 탐사만으로는 성립될 수 없고, 그러한 내재적 구조가 문화와 맺고 있는 관계를 통시적으로 검토[72]해야 한다. 문학은 당대 문화의 반영물만으로는 정의할 수 없을 만큼 다층적으로 문화와 관계하기 때문이다.

이 글에서는 이러한 관계 양상을 ① 문학 속에 형상화된 문화, ② 문학 형식에 작용하는 문화, ③ 문학 소통에 관계하는 문화 등의 세 층위로 나누어 살피고자 한다. 한 작품의 문학사적 가치를 알기 위해서는 이 작품은 그것이 그려내고 있는 문화와 그것이 돌출된 문화 및 그것이 만들어내는 문화와 어떤 관계를 맺고 있는가가 모두 질문되어야 한다. 문화사적 접근을 통한 문학사 서술은 위의 세 층위를 포괄하는 내용으로 구성될 수 있을 것이다. 이러한 접근에 대해 문학사는 문학의 내재적 특성 위주로 구성되

균형 있게 기술될 수 없음을 상기한다면 오히려 문학사 서술의 방향이 문화사 일반을 서술하는 데 도전적 과제를 제시할 수 있다는 시각 역시 가능하다.

71) 임규찬 외 편, 『임화 신문학사』, 한길사, 1993, p.384.

72) 셰익스피어 연구자인 그린블랫은 문학사 연구에서 문화의 시학 연구로 방향을 전회하면서 문학과 사회문화 사이의 교환, 협상에 주목하고 있다. Stephen Greenblatt, *Shakespearean Kegotiations: the Circulation of Social Energy in Renaissance England*(University of California Press, 1988); Stephen Greenblatt, *Hamlet in purgatory,* Princeton University Press, 2001.

어야 한다는 반론이 제기될 수 있다. 그러나 문학에 대한 문화사적 접근은 오히려 문학의 미학적 형식과 개성이 집단적 삶의 양식과 관계하며, 문학사가 삶의 역사를 보여준다는 것을 재인식하게 할 수 있다고 본다.

학습자는 문학시간에 각 작품을 둘러싸고 있는 문학사적 지식을 배우고, 한국문학사의 전통과 흐름에 대한 설명문과 연표를 암기하며 문학사적 기준에 비추어 선정된 작품을 문학사적 기준에 의해 분류된 시대 구분에 따라 묶어 배운다. 아마 학습자가 나름대로 구축해왔던 문학경험과 교육용 문학사는 대상 작품이나 작품 간의 계열적 연결성에 큰 간극이 있을 것이다. 반면 비평가들의 독서, 즉 현장비평은 문학사와 긴밀히 연결되어 있다. '작은 글쓰기와 큰 글쓰기'[73]가 조우할 수 있는 것이다.

지워진 서술자[74]가 구획 지어 놓은 시대 구분 안에서 각 시기의 장르적 특성이 짧게 언급되고 그 시기를 대표하는 작가의 작품 제목이 나열되는 식의 교육용 문학사는 정전을 숙독해본 경험이 거의 없는 학습자에게 매우 추상적인 것으로 다가올 수 있다. 이러한 추상성은 바로 교육용 문학사에서 나열되고 있는 문학사적 정전과 학습자의 문학경험이 분리되어 있기 때문이다. 따라서 교육용 문학사는 선사·고대관, 중·근세관 식의 분류기준으로 견고하게 나누어진 박물관 속 유물이 아니라 각 시대문화 속에서 욕망하고 행위하고 살아간 개인 및 집단들과 그들이 만들어가는 역사의 흐름을 볼 수 있게 해주는 안내자가 되어야 한다.

문화사적 접근을 통한 문학사 학습은 학습자로 하여금 개별 문학경험을 문화사적 지리감각을 통해 배치하고 문학 텍스트 내외의 문화적 요소들을 풍부하게 해석할 수 있도록 돕는다. 문학과 문화의 관계를 종합적으

---

73) 김윤식,『작은 글쓰기, 큰 글쓰기』, 문학수첩, 2005.
74) 양호환,「역사 서술의 주체와 관점」,『역사교육』68, 역사교육연구회, 1998, p.20. "역사 교과서 서술방식은 기성의 학문적 역사 서술을 되도록 유사하게 간추린 형태이면서도 학술 논문보다 더욱 집요하게 서술의 주체와 관점을 감춘다. […] 즉, 서술의 주체는 더욱 완강히 그 모습을 감추는 것이다. 이럼으로써 이른바 진리 효과의 극대화를 추구한다."

로 바라봄으로써 다음과 같은 질문을 할 수 있다. 하나의 문학작품 또는 한 장르의 주도적 형식은 어떤 문화에서 탄생하는가. 문화의 변화에 따라 문학의 내용이나 형식, 장르 교체는 어떻게 이루어지는가. 문학과 수용자의 관계는 문화의 흐름에 따라 어떻게 변화하는가. 문학은 어떤 문화적 변화를 촉발하는가. 그리고 이 모든 변수가 어떻게 개별 작품의 미적 특성으로 구현되고 작품의 사적(史的) 가치를 담보하는가. 이러한 질문들을 통하여 교육용 문학사는 다양한 문화적 시스템과 구체적인 삶의 양식들을 가로지르며 학습자의 풍부한 감상을 자극할 수 있다. 나아가 이러한 질문들은 학습자의 이후 문학경험으로 전이되면서 문학사가 정체된 것이 아니라 부단한 문화의 전개 속에 있는 것이며, 학습자 역시 문화의 흐름을 구성해나가는 일부임을 주지시킴으로써 문학작품에 대한 독자의 '책임 있는 응답'을 요구한다.

3. 문화사적 접근을 통한 교육용 문학사 서술의 방향

1) 시대적 감수성의 전달

학습자들은 문학사 교육을 통해 어떤 시대의 주된 정서와 경험에 대한 지식, 사회역사적 맥락에 대한 지식, 그리고 그러한 사회역사적 맥락 속에서 정서와 경험을 형상화해낸 문학언어에 대한 지식을 습득하게 된다. 그 결과 습득된 문학사 지식은 학습자에게 시대적 감수성의 변천을 파악하게 한다는 점에서 일종의 정서적 지식(emotional knowledge)이라 할 수 있다. 문학사가 정서적 지식일 수 있음은 김윤식·김현의 『한국문학사』에서도 지적되었지만, 문예사조나 문학적 용어를 작품에 앞서 명제적으로 제시했던 기존의 교육용 문학사에서는 문학사 지식의 정서적 성격이 부각되지 못하였다. 가령 <해에게서 소년에게>가 당대에 던졌던 문화적 충격과 그 형식적 특성의 사적 전후관계가 충분히 전달되지 않은 상태에서 최남선의 시는 '신체시'라는 시가 형태부터 암기하거나, 1930년대 사회와 문화에 대한 이해 없이 '1930년대 문학은 리얼리즘과 모더니즘으로 양분된 시대'라는 명제[75]부터 암기하게 된다면, 이는 문학사가 문학 감상과 분리된 지식으로 존재하는 결과를 초래한다.

'지금, 여기'를 살아가는 10대의 학습자가 <무정> 속 인물의 행위와 감정에 공감하기는 어렵다. 삼랑진에서 이루어지는 네 남녀의 장엄한 맹세 장면에서 오히려 학생들은 실소하기도 한다. 과거의 연구자나 독자들에게는 자연스럽게 이해되어 오히려 연구 대상이 아니었던 것, 이를테면 여학생을 따라한 영채의 머리, 남녀칠세부동석의 관습을 넘어 무릎을 맞대고 이루어지는 영어 과외의 의미 등을 살피고, 나아가 자신을 사랑하느냐고 묻는 형식의 질문이 선형을 아연하게 만든 까닭, 이광수 소설이 당대에 미쳤던 영향력 등을 섬세하게 설명해야 한다. 나아가 이 소설을 1910년대 신소설의 교훈적 태도와 1930년대 풍자소설의 냉소적 태도 사이의 어떤 지점에 놓고 바라보았을 때 학습자들은 <무정> 속 시대적 감수성에 용이하게 접근할 수 있을 것이다.

이런 시각에서 보면 문학사는 학습자의 자연스러운 문학경험을 방해하는 추상적 언술이 아니라, 학습자의 공감적 문학경험을 도와주는 촉매가 될 수 있다. 공감은 사적 맥락 없이는 이루어지기 힘들기 때문이다. 시대적 감수성을 전달하기 위해 다양한 문화적 요소와 시스템에 주목하는 것은 문학사적 지식을 통해 시공간을 확장하면서 이루어지는 공감을 가능하게 한다. 이를 통해 학습자는 삶과 문학작품을 연계시키고 문학 텍스트가 서술되고 있던 역사의 현장 속에 들어선 느낌을 받을 수 있다.

---

75) 조남현, 「한국 현대문학의 흐름」, 7차 9학년 『국어』 교과서, "1920년대 소설이 리얼리즘이 주류를 이루었던 것과는 달리, 1930년대 소설은 리얼리즘 경향과 모더니즘 경향이 비슷한 힘으로 양분된다."

시대적 감수성을 전달하는 문학사를 위해 문학작품 안팎을 둘러싼 풍속과 문화에 대한 해석적 서술을 활용할 수 있다. 풍속/문화는 주로 생활사, 미시사, 생활세계 등의 개념과 중첩되어 사용되는데, 특히 문학 연구에서 풍속과 문화는 일상생활을 재생산하는 사회적 조건들과 제도들에 대한 풍부한 포착과 해석을 포괄[76]한다. 본격적인 문학연구에서 풍속에 대한 주목은 김남천이 시작하였는데, 그는 풍속이 생산관계의 양식에까지 현현되는 일종의 제도를 말하는 동시에 다시 그 제도 내에서 배양된 인간의 의식적인 제도 습득감까지 지칭하므로, 사회기구의 본질이 풍속에 이르러서 비로소 완전히 육체화[77]된다고 보았다. 따라서 문학사에서 문학작품 속 풍속/문화의 역사를 서술하는 것은 문학작품 속의 세계, 그리고 그 문학작품이 창작, 수용된 세계가 구현했던 사회적 제도와 분위기, 나아가 당대인들의 심성구조(mentalite)까지도 사적 맥락 속에서 경험하게 해준다.

이러한 풍속-문화사적 서술이 주는 의의는 단순히 흥미로운 박물지를 제공하는 수준에 그치지 않고, 학습자에게 문학의 역사라는 거대한 흐름 속에 참여하는 느낌[78]을 갖게 할 수 있다. 따라서 이러한 서술은 엄밀한 의미에서 위대한 작가나 왕조 교체를 결정적 지절로 삼는 문학사라기보다는 주제사나 계열사의 성격을 띠게 된다. 최근 활발하게 출간되고 있는 문화사 서적들, 즉 음식의 문화사, 책과 독서의 문화사, 문화사로부터 접근하는 음악사 등도 개별 주제의 역사를 문화적 의미체계 속에서 살피고

---

76) 김동식, 「풍속·문화·문학사」, 『민족문학사연구』, 민족문학사학회, 2001, p.73. 푹스 역시 시대를 부조처럼 생생하게 드러내는 풍속의 특성에 주목하였다. Eduard Fuchs 저, 이기웅 외 역, 『풍속의 역사』 I, 까치, 1988, p.6.

77) 김남천, <일신상의 진리와 모랄(5)>, ≪조선일보≫, 1938년 4월 22일자.

78) Alfred North Whitehead 저, 오영환 역, 「교육에서 고전의 위치」, 『교육의 목적』, 궁리, 2004, p.169. "과거의 역사를 다루는 데는 일반화된 서술이 아니라 시대에서 시대로 서서히 계승된 문양이라든지 생활양식이나 민족의 변천을 보여줄 구체적 예를 통해서 시작해야 한다." 한국역사정보통합시스템 등 아카이브의 활용 가능성 역시 지적해두고자 한다.

자 하는 시도들이다.

다만 문학사는 역사 서술의 하나로 계열성(seriality)을 가져야 한다는 점을 상기할 때, 인상주의적 서술의 유혹은 경계되어야 한다. 개별 풍속의 장면 속에서 당대의 상징체계나 시대적 감수성을 포착해내되 그러한 풍속이 다른 시대의 소설들에서 어떻게 문학적으로 의미화되고 있는지 역시 서술되어야 할 것이다.

2) 역사에 대한 문학적 대응 경향과 역동적 구도 서술

교육용 문학사 서술은 양적인 제한과 함께 다양한 방향에서 가해지는 요구와 검열을 의식하지 않을 수 없기 때문에, 권위 있는 문학사들의 압축 형태가 되어온 경향이 있다. 이러한 상황에서 근대·현대문학의 기점이나 순수·참여문학 논쟁 등의 갈등적 지식은 충분히 서술되기 힘들었다. 따라서 문학사 지식은 문학정전 자체의 소개와 문예사조의 요약 등으로 수렴되는 형태가 될 수밖에 없었다.

그러나 정전이 생산, 소통, 수용되어온 역사나 문예사조의 교체는 매우 역동적이며 논쟁적이다. 문학의 역사 속에는 많은 개인과 집단들의 선택 과정[79]이 존재했기 때문이다. 곰브리치가 주장했듯이, 역사는 인간들의 행위에서 유래하므로 역사의 이해는 인간이 이루어온 선택을 재구성하는 작업[80]을 통해 이루어질 수 있다. 따라서 교육용 문학사는 역사의 흐름 속에서 특정한 삶의 방식, 즉 문화를 선택했던 문학인들의 행위에 접근할 수 있게 서술되어야 한다. 물론 문학사에서 다루는 것은 모든 선택의 역사가 아니라 문학만이 할 수 있는 문학적 선택과 대응의 역사가 될

---

79) Theodor Adorno 저, 홍승용 역, 『미학이론』, 문학과지성사, 1990, p.327. "예술의 역사는 사회의 전체적인 경향에 비추어보아서만 필연적이라고 할 수 있을 것이다. 결코 예술의 개별적인 현상을 통해 필연적인 것이 되지는 않는다."
80) 김우창 외 편, 『103인의 현대사상』, 민음사, 1996, p.23.

것이다.

　프랑스 교육과정과 교과서의 구성은 이러한 역동적 구도에 초점을 맞추다는 점에서 주목할 만한데, 프랑스어 교과서의 1학년 단원 구성[81]을 살펴보면, 고등학교 1학년 과정에서는 19, 20세기의 문학운동만을 문학사 단원에서 다루고 있는 점이 특징이다. 문학사는 거꾸로 서술되어야 한다는 바르트의 도발적인 논의[82]를 의식한 듯한 이러한 문학사 서술은 학습자로 하여금 자신과 밀접한 지식으로서 문학사를 학습하도록 하는 효과가 있다.

　김윤식(1973)에 의해서도 이와 유사한 의견이 제출된 바 있는데, 그는 문학교육에 관한 논의에서 "몇 년에 누가 무슨 작품을 썼는데 그것은 문학사적으로 어떤 의미가 있다"는 것은 개념적 지식일 뿐 체험적 지식이 아니라고 비판한다. 그러한 개념적 지식만으로는 학습자가 삶의 갈등과

[81)]

Nathan	Hachette	Hatier
1. 문학운동(문예사조)이란 무엇인가? 2. 진화하는 장르 : 극 3. 서사 장르의 다양성 4. 소설 서사의 기법 5. 장르의 속성과 이야기의 전체성 6. 작품의 작가 7. 책의 발명 8. 타자, 문제적 주제 9. 옹호와 비판의 글	1. 이야기 읽기 2. 장르 설정 　① 극 　② 소설 　③ 시 3. 읽기, 쓰기, 출판 4. 주장하기 　① 제시하기, 설득하기, 　　논증하기 　② 옹호와 주장	1. 글쓰기에서 독서까지 　① 글쓰기 　② 쓰기, 출판, 읽기 2. 서사 장르 3. 문학사 　① 극의 역사 　② 문학 운동(19세기, 　　20세기) 4. 논쟁

　관련 교육과정 내용은 다음과 같다. "1학년 수업에서는 프랑스 문학사를 구성하는 주된 문학운동을 대상으로 한다. […] 학생들은 이와 같이 수업을 통해 주요한 문학운동을 이해할 수 있을 것이다. 교육과정상의 편의를 위해 1학년에서는 19세기와 20세기 문학문화운동을 다룬다." 김지영, 「한국과 프랑스의 문학교과서 비교 연구」, 한국교원대학교 석사논문, 2004, p.70.

82) Roland Barthes, 「교과서에 대한 고찰」, Tzvetan Todorov 외 편, 윤희원 역, 『문학의 교육』, 하우, 1996.

존재 방식의 절실함을 찾을 수 없기 때문이다. 이에 대한 대안으로 그는 오늘날 학생들의 절실한 문제를 견딜 수 있는 작품부터 가르치자고 주장하며, 학생들과 밀접한 세대의 문학 순으로 교육적 순서를 부여[83]한다. 이 글은 이러한 문제의식은 수용하되 공감의 정도가 반드시 시간적 거리와 반비례하는 것만은 아니며, 문학사를 내림차순의 연대기로 서술할 경우 문학사가 전개되어온 과정의 이해가 오히려 난해해질 수 있는 것 역시 고려하고자 한다.

역사에 대한 문학적 대응의 경향과 그 역동적 구도를 강조하는 서술 방향에서는 기존의 문학사에 비해 문학작품이 발표된 잡지, 신문 등의 매체 문제가 부각되고 그러한 매체를 둘러싼 검열이나 수용집단의 문제, 시대별 문인집단과 그들의 이념적 구도, 이들의 대립이 파생시킨 이슈들과 문학운동 등의 문화사적 고찰이 문학사 서술의 주요 내용으로 포섭될 수 있다.

3) 서술 대상의 이념적·장르적 편향성 조절

대부분의 문학사는 전문적인 문학연구자에 의해 서술된다. 전문적인 연구자란 그가 문학연구의 장 안에서 특정한 지위와 역할을 갖고 있음을 의미한다. 따라서 그의 문학사 서술은 그가 속한 집단의 이념적 지향성이나, 그가 비평과 문학연구에서 견지해온 문학관, 장르관 등과 밀접한 관계를 맺고 있다. 따라서 한국문학사는 서술자에 따라 상이한 역사관과 문학관, 서술방식을 보이게 되는데 이는 이를 교육용 문학사에서 그대로 수용할 경우 문제적 지점으로 남게 된다. 교육용 문학사의 성격상 서술의 이념적 편향성은 일정 정도 조정되어야 하기 때문이다. 문화사적 접근을 통한 문학사 서술 방향을 채택할 경우 이러한 문제들이 다소간 해결될 수 있을 것으로 본다. '문화'라는 용어가 역사연구에서 급부상한 까닭은 그 용어가

---

83) 김윤식, 「문학을 어떻게 가르칠 것인가」, 『한국문학사논고』, 법문사, 1973, pp.455-456.

'이데올로기'와 '사회'의 대체어로서 학문적인 시의 적절성을 갖고 있었기 때문이다. 단의적인 플롯의 역사 서술이 어려워지면서 역사학은 정치사나 사회경제사가 아닌, 문화사에 관심을 기울이게 되었다. 서술방식 역시 전체 구조를 가설적으로 상정하거나 움직일 수 없는 경성적 자료 검토에 의존하기보다는 구체적인 삶과 경험을 표현하는 연성 자료에 입각하는 방식으로 변화하였다.

문학사 서술에서도 이러한 문화사적 접근은 특정한 문학관이나 장르관에 의한 편향성을 줄이는 데 유효하게 작용한다. 예를 들어 조동일의 『한국문학통사』는 민족문학이 항일문학이어야 한다는 당위적 전제[84]하에 세태소설을 "사소한 사건에나 관심, 그 이상은 생각하지 않게 하는 폐해"를 갖는 소설로 평가절하한다. 반면 김윤식·김현의 『한국문학사』는 박태원 등의 세태소설을 여급, 인텔리 등의 인물군을 통해 서울 시민의 현실인식과 '거대한 풍속화'를 보여주는 소설로 판단하고 그 문학사적 의의를 고평하고 있다. 문화사적 시각에서 보면 세태소설은 당대의 문화 변화에 기민하게 대응한 문학적 결과물인 동시에 당대의 풍속과 삶을 디테일하게 보여주는 텍스트로 평가[85]될 수 있다. 작가의 세계관과 작중인물의 세계관을 등치시키고 그것을 특정한 이념으로 판단하기보다는 문학적 소재나 주제, 사회문화적 요소의 계열을 작품의 미학성과 연계 지을 때 교육용 문학사 서술의 편향성이 줄어들 수 있다고 본다.

이념적 편향성뿐 아니라 장르나 매체, 특정 작가에 대한 편향 역시 문화사적 접근을 통해 일정 부분 해소될 수 있다. 1926년에 이미 영화라는 매체가 소설 장르를 넘어섰다는 말이 나오기 시작했고 이후 문학사에 영

---

84) 조동일은 민족문학의 성격과 책임을 의식한 결과 이상의 <날개>를 아기장수 이야기와 바로 연결 짓기도 하고, 같은 시기 여성작가라도 백신애보다는 강경애에 압도적인 서술 분량을 할애하였다.

85) 다만 이러한 문화사적 의의가 작품 자체의 서사구조적 미학 속에서 구현될 때 개별 작품의 문학사적 의의 역시 인정될 수 있을 것이다.

화가 미친 영향이 적지 않은데도 소설과 영화의 관련성이나 기타 대중 매체와 문학 양식 사이의 관계[86] 등에 대해서는 문학사 서술이 충분히 배려되지 않은 경향이 있다. 또한 장르가 주요한 문학사 서술의 축이 되다 보니 특정 장르의 변천사는 충분히 서술되지만 장르 간의 소통과 상호 교섭에 대해서는 포괄하기 어려웠고, 전체 장르의 비중으로 따졌을 때 많은 문학사에서 희곡 장르에 대한 서술이 소략한 것으로 보인다. 이념적·장르적 편향성을 줄이고 구체적인 자료나 매체문화의 영향 등을 보다 풍부하게 서술하여 학습자로 하여금 문학의 역동성을 통찰하게 하는 것 역시 교육용 문학사 서술의 한 방향이라 본다.

4. 문화사적 접근을 통한 교육용 문학사 서술 내용 : 1930년대 소설사를 예로 하여

이 장에서는 문화사적 접근을 통한 교육용 문학사 서술 방향에 따라 구체적인 서술 내용을 구안하되, 서술 대상의 범위는 1930년대 소설사로 제한하고자 한다. 한국문학사 전체를 문화사적 시각에서 다시 기술한다는 것은 광범위한 작업이므로, 식민지 치하 근대적 문화와 삶이 본격적으로 문학적 형상화의 대상이 된 1930년대에 초점을 맞추려 한다. 근대문화를 식민지라는 독특한 형식으로 경험할 수밖에 없었던 민족의 특수성으로 인해 1930년대 문학은 독특한 문학적 대응의 양상을 보여주며 한국문학사 전체에서 결정적 지점을 점유한다.

또한 1930년대는 현재 문학교실에서 교육되고 있는 정전적 위치의 작품들이 활발하게 생산된 시기이며, 카프의 해산과 함께 지배적인 문학적

---

86) 김동식, 앞의 글, p.103.

경향들이 사라진 상태에서 여러 소설적 관심과 경향이 공존하면서 경쟁하던 시기[87]이기도 하다. 1930년대 초반까지 우리 소설을 주도했던 계급문학이 퇴조하면서 나타난 문학적 현상은 관심의 다원화[88]로 도시소설, 예술가소설, 농민소설, 가족사소설, 역사소설 등 다양한 유형의 소설이 대거 등장하였다.

문학적 태도, 문학적 방법, 문학적 이념의 차원에서 복잡다기한 경향들이 공존했던 1930년대[89]는 문학사와 문화사의 다층적 관계를 발견하고 서술하기 용이한 시기라 판단할 수 있다. 한편 이 글에서는 텍스트 내적 지점에서 당대의 문화와 풍속, 제도 등이 비교적 상세하게 포착될 수 있는 소설 장르를 중심으로 서술하고자 한다.

이하에서는 문화사적 접근을 통한 교육용 문학사의 내용을 크게 ① 텍스트 내부 : 소설에 형상화된 문화의 사적 흐름, ② 텍스트 내부-외부 : 문화와 작가의식, 소설 형식 간 관계의 사적 흐름, ③ 텍스트 외부 : 소설 생산과 수용문화의 사적 흐름의 세 항으로 나누어 살펴보고자 한다. 이러한 세 항의 설정은 문화사와 문학사의 관계를 문학 속에 형상화된 문화, 문학 형식에 작용하는 문화, 문학 소통에 관계하는 문화의 세 층위로 나누었던 위의 논의를 적용한 것이다.

1) 텍스트 내부 : 소설에 형상화된 문화의 사적 흐름

소설 속에는 풍부한 문화적 레퍼토리가 잠재한다. 문학사가 문학작품을 통해 문화적 레퍼토리의 계보를 구성하는 것만을 목적으로 하는 것은 물론 아니다. 그런 경우 개별 작품에 대한 사적 평가가 불가능해지기 때문이다. 그러나 각 시대별로 엄연한 형상화의 대상으로서 문화가 존재하고,

---

87) 김종욱, 「여전히 문제적인 30년대 소설들」,『민족문학사연구』 16, 민족문학사학회, 2000, p.386.
88) 이재선, 『한국현대소설사』, 홍성사, 1979, pp.313-315.
89) 김종욱, 앞의 논문, p.386.

이러한 문화의 사적 흐름을 읽는 것은 단순히 연대기순으로 문학사를 훑는 것보다 텍스트의 숨겨진 지점들을 풍부하게 탐색하게 해준다. 가령 이광수의 1917년 작 『무정』에서 여학생 선형은 지식인 청년 이형식의 동반자이며 동경의 대상이었다. 하지만 1930년대 소설 속에서 여학생은 구매할 수 있는 사치품 또는 장식품으로 그려지는 경우[90]가 많아진다. 여학교라는 사회제도가 생겨나고 이에 따라 여학생들이 패션이나 연애, 사회적 활동 등의 삶의 방식을 만들어냈다. 이러한 삶의 방식은 패턴화되면서 일종의 유행을 형성하며 사회 전반에 영향을 미치고 마침내 하나의 '여학생' 문화로 자리 잡게 된다. 이러한 여학생 '문화'는 여학생 '제도'나 여학생 '사회'라는 개념으로는 포섭할 수 없는 구체성과 일상성의 영역에까지 육화되어 작동한다.

특히 문화는 그것이 작동하는 공간과 밀접한 관련을 맺는데, 윌리엄스(Raymond Williams)는 이에 착안하여 소설에 나타나는 시골과 도시의 대조적인 측면에 주목하면서 이를 바탕으로 문학사를 구성[91]하기도 하였다. 1930년대 소설 역시 도시와 농촌이라는 상반된 공간을 형상화하는 데 주력하는 경향을 보였는데 근대적 풍속 체험이 드러난 것은 도시 쪽이다. 농촌의 경우는 주로 민족 신문을 통해 전개된 계몽운동의 대상으로 그려지거나 지식인의 귀향처로 형상화되었고, 그렇지 않은 경우는 <탁류> 속 '군산'처럼 도시화되거나 김유정 소설에서처럼 금광 찾기의 대상으로 변모하는 과정에서 겪는 진통이 부각되었다. 도시 혹은 도시화 과정에서 새롭게 등장한 문화들을 속속 소설적 형상화의 대상으로 채택하기 시작하였다.

금광이나 미두[92]처럼 투기에 가까운 자본거래가 일어나고 사적인 연애

---

90) 강심호, 「유행, 대중적 감수성, 문학의 변모」, 『한국현대문학연구』 12, 한국현대문학회, 2002, p.76.

91) Raymond Williams, *The Country and the City* , London: Cox&Wyman Ltd., 1973.

92) 금광광, 미두광, 잡지광, 만주광 등이 조선의 4대광으로 지목되기도 하였다. 우석, 「현대

를 가능하게 해주는 자동차와 패션이 도시인들의 삶 속 깊이 침투되어오기 시작하였다. 채만식의 <탁류>(1937-1938)는 미두를 소설의 소재이자 하나의 시대적 상징으로 부각시킨 작품인데, 미두는 현물거래와는 관련 없는 청산거래 방식을 통해 결제의 권리만을 사고파는 시장93)을 의미한다. 미두로 인해 파산하는 정 주사의 모습을 통해 독자는 왜곡된 자본거래의 허상과 실체를 인식할 수 있다.

이러한 자본주의 도시화의 물결 속에서는 이전과 다른, 새로운 소비문화가 자리 잡을 수밖에 없었다. 집단적 근대화의 환상을 충족시켰던 기차를 넘어 개인적인 유희와 연애를 가능하게 해주는 자동차94)가 김남천의 소설 <사랑의 수족관>(1939-1940) 등에서 주요한 소재로 등장한다. 개인의 개성이 자각되면서 패션과 화장품, 음식 등이 하나의 기호로 소설 속에 등장하게 되는데 이러한 기호들에 대해 과도할 정도의 나열적 서술이 이루어기도 한다. 개인의 개성은 익명의 타자에게 관찰되기 위해 공적 공간을 필요로 하게 되었고, 이에 따라 다방, 카페, 거리 등이 소설 속 공간으로 자주 등장하게 된다.

1930년대 소설에 형상화된 문화의 사적 흐름은 다른 시대 소설과의 비교를 통해서 살필 때 더욱 명확해지기도 하지만 한 편의 소설 속에서도 감지될 수 있다. 1930년대에는 가족사소설이나 세태소설이 활발하게 창작되었는데, 특히 <삼대>(1931)나 <천변풍경>(1936) 같은 소설을 통해 세대별로 육화하고 있는 문화 간 갈등이나 급속히 변모해가는 풍속의 흐름을 살필 수 있다. 염상섭은 서울 중산층의 의식을 유장한 문체로 그려낸 작가인데, 특히 <삼대>에서는 족보와 사당의 구문화 보수파로 그려지는 조의관, 신문물을 수용하고 교육사업을 하면서도 도덕적 파행을 일삼는

조선의 4대광」, 『제1선』, 1932.9.
93) 유봉희, 「채만식 탁류 연구-미두장을 중심으로」, 인하대학교 석사논문, 2008, pp.71-72.
94) 김성환, 「1930년대 대중소설과 소비문화의 관계 양상 연구」, 『한국현대문학연구』12, 한국현대문학회, 2002, pp.133-134.

조상훈, 일본 유학파이자 현실적·중립적 인물인 조덕기, 삼대의 관계 형식을 통해 각 세대의 풍속과 문화, 나아가 윤리감각이 교체되는 과정을 보여준다. 여기서 이러한 관계 형식을 매개하는 주 요소는 유교적 질서가 아닌 돈이다. 조의관이 조상훈을 비난할 수 있는 것도 도덕적 우월성이나 가부장적 권위에서 비롯된 것이 아니라 돈의 힘이며, 조상훈은 유산상속에서 배제된 후 아들 앞에서도 권위를 잃는다.

> "무어 어째? 널더러 먹여 살리라니? 걱정 마라. 아니꼽게 네가 무슨 총찰이냐?
>
> 그러나 정미소 장부는 이따라도 내게로 보내라."
>
> 부친은 이 말을 하려고 트집을 잡는 것이었다.
>
> "정미소 아니라 모두 내놓으라셔도 못 드릴 것은 아닙니다마는 늘 이렇게만 하시면야 어디 드릴 수 있겠습니까."
>
> "드릴 수 있고 없고 간에, 내 것은 내가 찾는 게 아니냐?"
>
> "왜 그렇게 말씀을 하셔요. 제게 두시면 어디 갑니까?"
>
> "이놈 불한당 같은 소리만 하는구나. 돈 몇백 원도 못 치러주겠다는 놈이 무어 어째?"
>
> 부친은 신경질이 났는지 별안간 달려들더니 주먹으로 뺨을 갈기려는 것을 덕기가 벌떡 일어서니까 주먹이 어깨에 맞았다.[95]

이렇듯 자본주의 소비문화와 화폐가 새로운 가치척도로 등장하면서 유교적 윤리나 순결한 연애의 이상이 깨어지고 그 빈자리를 채운 속악한 현실이 형상화의 대상이 되기도 하였다. 이상의 대표작 <날개>는 도시인의 정신적 파산과 불구적 관계를 포착해낸 작품으로, 1936년 ≪조광(朝光)≫지에 발표되었다. '나'는 33번지에서 아내와 함께 살지만, 실제로는 아내와 정상적인 가족관계를 맺지 못하고 있다. 아내는 손님이 주고 간 돈을 다시 '나'에게 주지만 '나'는 화폐의 가치를 파악하지 못한다. 그러던

---

95) 염상섭, 『삼대』, 문학과지성사, 2004, p.575.

어느 날 '나'는 아내가 먹여온 약이 수면제일지도 모른다는 사실을 알게 되고 정오 사이렌을 들으며 다시 한 번 날고자 다짐한다. 작중인물의 복합적인 내면의식과 그 서술방식의 독특성을 통해 전근대와 근대 사이의 문제적 과도기를 그려낸 작품인데, 이처럼 화폐를 중심으로 새롭게 편성되어가는 근대문화의 체계 속에서 소외된 잉여인은 이 시기 다른 소설에서도 빈번하게 형상화되었다. 이러한 잉여인의 집단으로 박태원은 여급과 예술가를 꼽고 있다. 그들이야말로 시대문화의 표면과 이면을 동시에 보여줄 수 있는 존재들이었기 때문이다.

> 황금광 시대(黃金狂時代). 저도 모를 사이에 구보의 입술은 무거운 한숨이 새어 나왔다. 황금을 찾아, 황금을 찾아, 그것도 역시 숨김없는 인생의, 분명히, 일면이다. 그것은 적어도, 한 손에 단장과 또 한 손에 공책을 들고, 목적 없이 거리로 나온 자기보다는 좀 더 진실한 인생이었을지도 모른다. 시내에 산재한 무수한 광무소(鑛務所). 인지대 백 원, 열람이 오 원. 수수료 십 원. 지도대 십팔 전······.96)

이처럼 새로운 문화에 대한 서술은 단순히 시류에 그친 측면도 없지 않으나 현상의 본질을 간파하는 감각과 시선의 변화를 드러내는 중요한 증거97)가 되어주기도 한다. 문학을 문화적 텍스트 그 자체로 치환하거나 문학에 나타난 쇄말한 문화적 요소를 분석하는 데 그치지 않고 의미 있게 소설사의 내용을 구성하기 위해서는 소재나 주제의 계열사98)를 학습자들

---

96) 박태원,『소설가 구보씨의 일일』, 문학과지성사, 2005, pp.117-118.

97) 김춘식,「식민지 도시 경성과 모던 서울의 표상」,『한국문학연구』38, 동국대학교 한국문학연구소, 2010, p.49.

98) 이 경우 무관해 보이던 텍스트들이 새로운 사적 관계를 맺게 된다. 이러한 예에 대해서는 김동식, 앞의 글, p.99 참조. "여학생이라는 주제에 주목함으로써 춘원의『무정』에서 박태원의『소설가 구보씨의 일일』을 경유해서 이상의『실화』에까지 도달한다. 또한 카프 내부의 돈키호테적인 인물인 김팔봉의 소설『장덕대』와 카프의 최고 소설가인 이기영의『설』, 그리고 카프와는 별다른 관계가 없었던 김유정의『금 따는 콩밭』이 한 편의 글에서 상호 관련을 맺으면서 새로운 해석의 공간을 창출해낸다."

이 찾아내고 그것이 문학사 속의 문화사적 풍경임을 강조해야 한다. 그리고 더 나아가 학습자들이 접하는 다른 문학 텍스트 속에서 문화사적 계보를 능동적으로 탐구할 수 있도록 유도해야 한다.

2) 텍스트 내부─외부 : 문화와 작가의식, 소설 형식 간 관계의 사적 흐름

위에서는 교육용 문학사의 서술 내용으로서 소설에 형상화된 문화의 사적 흐름을 살펴보았다. 그러나 텍스트 내부에 재현된 문화적 요소들만을 탐구하는 것이 문화사적 접근을 통한 교육용 소설사 내용의 전부가 될 수는 없다. 문화의 흐름이 텍스트의 내부와 외부를 매개하며 특정한 소설 형식을 창출하는 과정 역시 고려되어야 한다. 즉 한 작가가 시대적 문제의식을 안은 채 바라본 문화가 어떤 소설 형식으로 표현되었는가가 서술될 것이다. 임화가 말했듯 시대의 양식은 단순히 하나의 특이한 양식에 그치는 것이 아니라, 그 시대인의 고유한 체험과 생활에서 형성된 시대정신이 자기를 표현하는 형식에 지나지 않기[99]때문이다. 따라서 여기서는 1930년대의 문화경험이 작가의식의 지향성을 방향 짓고 특정한 형식으로 표현되는 과정을 교육용 문학사 서술의 내용으로 구안할 것이다.

근대화의 경험이 나름대로 축적되면서 미두나 금광, 다방과 카페, 여학생, 잡지 등의 문화현상이 생겨났고, 개별 작가나 작가 집단들은 이러한 문화현상들 속에서 창작활동을 수행하였다. 그러면서 작가나 작가 집단들마다 문화현상을 바라보는 독특한 시선이나 입장을 표방히게 되었고 이는 그들의 소설 형식에도 영향을 미친다.

미두열풍이나 황금광 시대에 대해 김유정의 소설 <금 따는 콩밭>(1935), <노다지>(1935), <금>(1938)은 아이러니한 유머의 태도를 견지했으며, 채만식의 <탁류>는 풍자적이면서도 통렬한 비판적 시각을 취하였다. 이태

---

99) 임규찬 외 편, 앞의 책, p.384.

준의 <영월영감>(1939)에서는 금광의 환상 속에서 생을 마감하는 인물에 대해 관찰자적 연민의 시선을 보이기도 한다.

많은 작가들이 도시, 특히 경성에서 전문적인 창작활동을 수행했기 때문에 경성의 풍속은 작가들의 생활세계에 깊은 영향을 끼쳤는데 그중 1930년대를 휩쓴 다방문화는 문화와 소설 형식의 관계를 보여주는 좋은 예라 할 수 있다. 다방과 카페, 그리고 여급 등이 등장하는 1930년대 소설은 양적으로 매우 풍부한데, 이는 다방이라는 공간이 작가들의 자기 인식적 공간으로 자리 잡았기 때문이다. 다방이 예술가들의 삶으로 파고든 것은 1930년을 전후하여 예술가들이 경성에서 직접 다방을 경영하면서부터이다. 영화감독 이경손의 다방 '카카두', 소설가 이상의 다방 '제비' 등은 다방문화에 의해 주도되다시피 한 1930년대 문인들의 풍속도를 이루는 주요 장면이라 할 수 있다. 다음 신문기사에는 이러한 문화현상과 이른바 여급문학의 상관관계를 보여주는 내용이 실려 있다.

> 연애는 어쩐지 삼각형을 그리려는 경향이 있다 저 피타고라스도 미처 생각지 못한 성의 물리다. 그런데 현대의 모든 연애의 변의 하나는 카페나 빠에 버치고 잇다는 설도 있다. 그 증거로는 文章 특집 <..三十三人集..>의 단편의 대다수가 여급을 취급했다.[100]

문제는 이러한 문화현상이 단순히 소재의 차원에 그치지 않고, 소설의 형식에까지 영향을 미쳤다는 것이다. 다방은 타인 앞에 자신을 노출시키고 유사한 집단끼리의 문화를 형성하게 해주며 나아가 타인의 말과 행위를 장시간 관찰할 수 있는 공간이다. 거리에서 스치는 사람과 마찬가지로 관찰자와 타인은 서로의 맥락을 자세히 알 수 없으며, 다만 다방이라는 공적이면서도 사적인 공간 안에서 짧은 시간 접촉하게 된다. 이러한 근대

---

100) 공명, <여급문학>, ≪조선일보≫ 5면, 1939년 8월 8일자.

적 관계 형식은 관찰한 바의 기록이라는 독특한 소설 형식을 산출시킨다. 근대를 관찰하고 그것을 기록하는 것만으로도 문학이 될 수 있다는 인식 은 1930년대 후반의 세태소설과 김남천의 관찰문학론에서 절정을 이룬 다.[101] 이러한 1930년대 다방문화와 소설 형식 간의 관계는 이후 다방이 등장하는 소설들과 비교해보면 더욱 그 사적 특징이 확연해진다. 예를 들 어 1970년대 이청준의 소설 <예언자>(1977) 속에서 다방 '여왕봉'은 가면 을 쓰고 만나는, 대학생들의 경박한 유흥문화를 상징하고 2000년대 김경 욱의 소설 <나가사키 내 사랑>(2007)에서 '스타벅스'는 부유한 여성과 아 르바이트 청년이 불륜관계를 시작하는 공간이 된다.

공간문화 이외에도 영화와 같은 매체문화가 활성화되면서 새로운 대중 적 감수성이 형성되었다. 이러한 문화현상을 포착한 박태원은 영화를 소 설 형식에 적극적으로 이용하였는데, 가령 <애욕(愛慾)>(1934)과 같은 소설 을 보면 대상의 외양을 영화배우의 이미지와 비교해서만 인식하는 관찰 자가 등장한다. 그의 대표작 <천변풍경>(1936-1937)에서는 마치 카메라의 포커스를 이동하듯이 다양한 인물들을 포착, 전시하면서 그러한 인물들이 대표하는 특정한 유형이나 계급의 특성을 기록한다. 이러한 과정이 세태 소설의 주류를 이루고 있는데 이 역시 관찰이라는 시선이 외부로 향하면 서 성립된 형식이라 볼 수 있다.

문화현상이 작가의식을 경유하여 특정한 소설적 형태를 얻는 과정을 서술하기 위해서는 단순한 반영론을 넘어서야 한다. 문화와 작가의식, 소 설 형식 간의 관계가 변화해온 과정을 살핌으로써 형식과 내용이 분리된 감상을 막고 소설 장르가 나름의 형식적 모색을 거듭해온 역사를 이해할 수 있다. 나아가 학습자들이 경험하는 문화현상과 그에 대한 문제의식은 어떠한 소설 형식을 통해 가장 적절하게 표현될 수 있는지, 그러한 적절

---

101) 노지승, 「1930년대 작가적 자기 인식과 그 문학적 생산력에 관한 고찰」, 『한국현대문
    학연구』 7, 한국현대문학회, 1999, pp.169-170.

성을 띤 현재의 소설로는 어떤 것이 있을지 탐구하도록 유도할 수 있을 것이다.

3) 텍스트 외부 : 소설 생산과 수용문화의 사적 흐름

표면적으로만 보았을 때 한국문학사가 텍스트 외부에 관심을 기울이지 않았다고 말하는 것은 적절하지 않다. 특히 교육용 문학사에서는 사회역사적 사건과 문학정전들을 곧바로 연결 짓는 서술도 어렵지 않게 찾아볼 수 있다. 그러나 정작 하나의 문학작품이 생산되고 수용되었던 문학현상에 대한 문화사적 접근은 드물다. 문학이라는 활동이 수행되는 과정 역시 하나의 문화사를 구성하게 된다는 점에서 이는 보완되어야 할 부분으로 보인다.

따라서 텍스트 내부에 형상화된 문화, 텍스트 내부-외부를 매개하는 문화와 함께 텍스트 외부에 작용하는 문화로서의 문학현상 역시 문학사 서술의 내용으로 제안될 수 있다. 문학, 특히 1930년대 문학은 문인집단들의 경합과 문학논쟁, 문학작품이 발표되는 매체의 성격과 독자집단, 근대적 문학제도 등과 뗄 수 없는 연관 속에 놓여 있다. 등단, 출판의 제도가 정비되지 않았던 1920년대 초까지도 문학은 다소간 취미나 교양의 성격을 띠었다. 그러나 1930년대에는 ≪조선중앙일보≫, ≪매일신보≫, ≪동아일보≫ 등의 신문이 발간되었고, ≪신동아≫, ≪조광≫, ≪신여성≫, ≪삼천리≫ 등의 잡지가 간행되면서 저널리즘의 전성시대가 펼쳐졌다. 이러한 매체들은 이중구속에 시달렸는데, 하나는 제한된 문학시장 안에서 우위를 차지하기 위한 판매경쟁이고, 하나는 검열에 대한 의식이었다. 잡지의 편집자들에게는 이제 자신들만의 방식으로 특화된 문학체제(literary system)를 구축하는 일이 핵심적 과제[102]가 되었다. 이러한 매체의 성격은

---

102) 유석환, 「경쟁하는 잡지들, 확산되는 근대문학」, 천정환 편저, 『식민지 근대의 뜨거운 만화경』, 성균관대학교 출판부, 2010, p.283.

그러한 매체에 의해 발표된 문학작품에도 영향을 끼치게 되었다. 1930년대의 문학적 경향이 단일한 것으로 수렴될 수 없는 까닭도 일정 부분 여기서 찾을 수 있다.

1930년대는 이후까지도 이어지는 여러 가지 문학논쟁이 탄생한 시기이기도 한데, 이는 카프 해산 이후 문단구조가 몇몇 문인집단에 의해 재편되고 있었다는 점, 정치적 정론 기사가 검열로 인해 제한되자 그 역할을 문예비평이 대신하게 되었다는 점[103] 등에서 비롯된다. 1930년대 신문 학예면 지상에서 벌어진 안막, 한설야, 안함광, 임화, 김남천 등의 비평논쟁이나 기고 평론들[104]이 이를 증명한다. 이후까지 이어진 순수문학 논쟁은 문학 자체의 이중적 속성에 기반한 대립이기도 했지만, 당대의 저널리즘과도 깊은 연관을 맺고 있다. 이 논쟁이 계속 지속된 것은 논쟁을 지속시키려던 편집진의 의도가 작용했기 때문이다.

당시 문사들의 언행과 글은 상당한 대중적 관심을 얻었고, 문사들끼리 일종의 정치적 세력을 형성하기도 하였다. 전술했던 다방문화 등을 통해 구인회와 같은 새로운 문인세력이 결성되고 이 구인회의 구성원들 중 신문 학예면 담당자들(≪동아일보≫의 이무영, ≪조선일보≫의 김기림, ≪조선중앙일보≫의 이준 등)이 있었기에 사교가 곧 정치적 문단 세력화로 이어지게 되었다.

≪조선일보≫를 무대로 1930년대 이후 전개된 고전부흥론은 카프 해체로 전환기를 맞이한 당대 현실에서 한국 고전문학의 탐구와 계승을 통해서 문학을 재건하기 위한 방책이었고, 그러한 관심이 현실화되어 상고주의적 경향의 잡지 ≪문장≫이 출현하게 되었다. 반대 방향의 흐름도 있었는데 철저히 상업성을 추구하기 시작한 신문 잡지의 치열한 사세확장으

---

103) 한국현대문학회,『한국문학과 풍속』1, 국학자료원, 2003.
104) 조영복,「1930년대 신문 학예면과 문인기자 집단」,『한국현대문학연구』12, 한국현대문학회, 2002, p.163.

로 인해 주요 일간지에 연평균 40-50편 이상의 소설이 발표 게재되었고, 대개 그것들은 상업성을 의식한 장편소설[105]이었다. 저널리즘의 확대와 근대적 문화의 경험으로 인해 독자들은 문학독서의 오락적 기능을 추구하게 되었고, 이에 소설은 장편 경향이나 다양한 하위 장르적 서사물[106]로 응답했기 때문이다. 이태준, 박태원 등과 같은 구인회 멤버들도 역사소설 창작이나 고전소설 번역에 나섰는데, 이는 문단 전반의 전형기적 상황이나 고전부흥론의 발흥 등의 움직임과도 관련[107]이 있었다.

이러한 소설현상에 대한 문화사적 접근은 각 시대별로 문학이 가졌던 문화적 위치와 역할의 변화뿐만 아니라, 문학이 세상의 변화와 동떨어진 고립적 행위가 아님을 알게 해준다. 따라서 소설 생산과 수용의 사적 흐름을 문화사적 접근을 통해 살피는 것은 소설이 단순히 당대 문화를 반영하는 거울에 그치는 것이 아니며, 소설을 읽고 쓰는 행위 자체가 하나의 문화적 흐름을 형성해나가는 힘을 갖는다는 것을 깨닫기 위함이다. 또한 수용자의 요구와 태도 역시 문학현상의 흐름을 주도하는 요인임을 문학사적 사실을 통해 살핌으로써 책임 있는 응답자로서 독자의 역할을 이해할 수 있다.

5. 더 나은 서술을 향하여

교육용 문학사가 문학교육 일반의 목표인 문학능력 향상에 기여하도록 서술되어야 하는 것이라면 그러한 목표에 도달할 수 있도록 특화된 서술 방향과 내용 구성이 제안되어야 한다. 이 글에서는 문화사적 접근을 통한

---

105) 윤정헌, 「30년대 애정통속소설의 갈등 양상」, 『어문학』 60, 한국어문학회, 1997, p.421.
106) 천정환, 「1920-30년대 소설독자의 형성과 분화과정」, 『역사문제연구』 7, 역사문제연구소, 2001, p.96.
107) 김윤식, 「고전론과 동양문화론」, 『한국근대문예비평사연구』, 일지사, 1976.

교육용 문학사의 서술을 제안하고 서술의 방향과 내용을 구안하였다.

문학사 서술에서는 문학 텍스트 내적 지점뿐 아니라 그 텍스트의 사적 의미를 원근법적으로 조망할 수 있는 외재적 지점, 즉 일반문화사가 요구된다. 이러한 문학사와 문화사의 밀접한 관계에도 불구하고 문화사적 접근을 통한 문학사 기술은 어느 정도 환원주의적 오류의 위험을 내포한다. 따라서 이 글에서는 문학사와 문화사의 관계 양상을 ① 문학 속에 형상화된 문화, ② 문학 형식에 작용하는 문화, ③ 문학 소통에 관계하는 문화 등의 세 층위로 나누어 살펴보았다.

문화사적 접근을 통한 교육용 문학사 서술의 방향으로는 시대적 감수성의 전달, 역사에 대한 문학적 대응 경향과 역동적 구도 서술, 서술 대상의 이념적·장르적 편향성 조절 등을 제안하였다. 이러한 서술 방향에 따라 구체적인 교육용 서술 내용을 구안하되 서술 대상의 범위는 1930년대 소설사로 제한하였다. 1930년대 문학은 사회문화에 대한 독특한 문학적 대응의 양상을 보여주고, 문학적 태도, 방법, 이념 등에서 다양성을 띠기 때문이다.

구체적인 작품들을 대상으로 하여 소설 텍스트 내부에 형상화된 1930년 대 문화의 다양한 요소와 그 사적 흐름을 살펴보았다. 미두나 금광, 여학생, 자동차, 패션 등의 문화현상이 당대 소설 속에서 형상화된 방식과 당대의 풍속 변화에 따라 교체되어가는 시대적 가치관 등을 서술하였다. 그리고 당대 문화와 작가의식, 소설 형식 간 관계의 사적 흐름을 추적하였다. 다방이나 카페, 근대적 건물이나 거리문화가 형성되면서 작가들은 그 속에서 자신들의 집단을 형성하고 관찰이나 기록 같은 독특한 현실 파악의 형식을 익혔다. 이는 그들의 작품에도 영향을 미쳐 심리소설이나 세태소설 등의 내용과 기법을 형성하였다. 또한 1930년대 소설 생산과 수용 문화의 사적 흐름을 서술하되, 문인집단들의 경합과 문학논쟁, 문학 작품이 발표되는 매체의 성격과 독자집단, 근대적 문학제도 등을 중심으로 그 문학사적 의미를 살펴보았다.

　이러한 다층적 서술을 통해 교육용 문학사는 다양한 문화적 시스템과 구체적인 삶의 양식들을 가로지르며 학습자의 풍부한 감상을 자극하고, 학습자가 개별 문학경험을 문화사적 지리감각을 통해 배치할 수 있는 능력을 신장시킬 수 있을 것으로 기대된다.

4장_ 청소년창작소설은 왜 외면되었는가

1. 왜 청소년소설인가

의식되지 못한 무의식은 운명이 된다.
-칼 융(Carl Gustav Jung)

융의 고찰대로 개인의 '의식되지 못한 무의식', 즉 운명이 조형되는 가장 기초적이고 결정적인 장소는 가정이다. 부모의 성적 결합으로 인해 꾸려진 이 공간 속에서 개인은 태어나고 자라고 분리된다. 가정은 인간의 물리적, 인지적, 심리적, 문화적 특성이 형성되는 가장 개인적인 장소이자 사회적인 장소이다.[108] 이처럼 가정은 개인-사회의 경계선이자 그러한 경계선에 서 있는 청소년과 닮아 있는 공간이다. 그래서 가정의 문제는 그 가정에서 나고 자란 청소년의 문제로 연계되고, 이러한 청소년의 문제는 그들이 성인이 되어 구성하는 사회로 확산된다. 그리고 이는 다시 각 가정에 영향을 미친다.

문제는 인성교육에 대한 관심이 거센 최근의 흐름이 무색하리만큼 청소년들의 가치 불안이 위험 수위에 육박해가고 있다는 점이다. '스윗 홈'에서 양육되어 '헬시 소사이어티'의 한 구성원으로 건실하고 안전하게 이동해갈 수 있는 청소년은 극소수이며 많은 청소년들은 가정을 질곡과 멍

---

108) 집(home)은 공적 영역과 사적 영역 사이에 가로 놓인 비유적 경계선을 대표한다. 석지영, 『법의 재발견』, 김하나 역, W미디어, 2011, p.20.

에의 운명으로 수용한다. 성인과 크게 다르지 않은 인지적, 정서적 복잡성을 보유한 청소년들을 그저 미성숙한 대상으로 취급하며 심리적, 물리적 폭력을 자행하는 부모, 그리고 부모와 유사한 성인들로 구성된 사회는 청소년들에게 애정과 증오, 기대와 혐오가 끊임없이 뒤섞이는 복합감정을 형성시킨다. 그리고 이러한 감정의 배출구가 타인을 향할 때는 폭력의 연쇄고리가 형성되고, 자신을 향할 때는 자기파괴적 행위가 일어나기 쉽다.

한경자(2000)에서 강조하듯 청소년의 발달적, 정신적, 신체적 문제의 근본 원인은 대개 부모-자녀 관계에 귀착되어 있다.[109] 대상관계 심리학에서는 어릴 때 내재화된 대상관계가 이후의 모든 대인관계에서 재현, 반복된다고 보는데 이때 가장 근원이 되는 것이 양육자와의 관계이다. 초기 양육자와의 관계에 따라 타인과 자기개념이 형성되고 인간적 정서에 대한 학습이 일어난다. 즉 가정은 정서지능 발달을 좌우하는 학습의 장(場)인 것이다.[110] 하지만 이러한 초기 양육자와의 원만한 접촉이 좌절되면 개인의 정신적 표상은 손상되고 타인과 세계에 대한 인식 역시 비관적으로 정향된다. 한 인간을 살게 하는 내적 작동 모델(internal working model)이 망가지고 비극적 자기서사가 쓰여 지기 시작하는 것이다. 따라서 이러한 연쇄작용을 단기(斷機)하기 위해서는 부모-자녀 관계라는 운명, 즉 '무의식'을 의식하는 작업이 필수적이다.

하지만 부모-자녀 관계는 가정이라는 공간의 내밀함과 혈연이라는 물리적, 정서적 밀착성 등으로 인해 오히려 치열한 의식이나 탐구의 대상이 되기 어렵다. 그래서 부모-자녀 관계의 문제는 가정 내 사생활이라는 베일 속에 잠재되어 있다가 가장 극악한 방식으로 폭발하기도 한다. 문학교육이 학습자의 더 나은 삶을 위한 의도적 개입인 이상 학습자-청소년이

---

109) 한경자, 「아동양육과 간호역할」, 『부모-자녀 건강학회지』 3-1, 부모자녀건강학회, 2000, p.95.
110) 유가효, 김길안, 「부모자녀관계와 청소년의 정서지능」, 『인간발달연구』 10-1, 한국인간발달학회, 2003, p.3.

겪고 있는 삶의 문제에 촉각을 곤두세우는 작업은 문학교육의 의무에 가깝다. 그럼에도 불구하고 교육의 수혜자이자 소비자인 청소년들의 욕망과 욕구, 문제의식에 귀 기울이려는 시도는 드물었다. 문학교육 내용의 탐구나 방법론적 모색도 중요하지만 정작 학습자의 더 나은 삶(better life)에 무심하다면 이는 인간의 정서적 성장을 도모하는 문학교육의 본령과 배치될 수밖에 없다. 따라서 본고는 청소년들이 직접 창작한 소설에서 가족, 특히 부모-자녀 관계가 어떻게 표상되어 있고 그 의미는 무엇인지 고찰하고자 한다. 즉 이 연구는 청소년창작소설 속 부모-자녀 관계에 관한 탐험 (exploration of parent-child relationship)이다.

이러한 연구 목표에는 다음의 두 가지 가정이 전제되어 있다. 첫째, 부모-자녀 관계를 위시한 가족 관계는 그 내밀성과 복합성으로 인해 허구 서사의 공간에서 오히려 탐구되기 쉽다. 둘째, 가족관계에서 발생하는 문제의 인식과 진단, 탐구, 문학적 해결 과정이 모두 담겨 있는 텍스트가 바로 청소년창작소설이다. 청소년소설이 주로 형상화하는 공간이 학교와 가정임은 널리 알려진 사실이다. 학교가 청소년들의 공적 영역을 대표한다면, 가정은 자신을 형성해가는 내밀성의 영역인 동시에 압축된 사회 (microsociety)이기 때문이다.111) 그래서 청소년소설에 나타난 부모 표상이나 부모-자녀 관계에 대한 분석은 기존의 문학교육 담론에서도 일정 정도 누적되어 왔다.

그러나 정작 청소년들이 직접 형상화해낸 부모-자녀 관계의 양상과 의미에 대해서는 연구사적 공백이 남아있다. 청소년작가들의 작품에 표상된 부모-자녀 관계가 성인작가들의 그것에 비해 적극적 탐구의 대상이 되지 못했던 것이다. 이는 그동안 청소년을 위해 적합하다고 여겨지는, 혹은 청소년을 위해 쓴 청소년 소설에 우선적으로 주목해왔던 연구 풍토와 무관

---

111) 황도경, 나은진, 「한국 근현대문학에 나타난 가족담론의 전개와 그 의미 : 현대소설」, 『한국문학이론과 비평』 22, 한국문학이론과 비평학회, 2004, p.252.

하지 않다. 그러나 청소년의 소설에 담긴 쓰기 욕망, 그리고 그 쓰기 욕망을 추동하는 삶의 문제를 진단하고 교육적으로 접근하기 위해서는 청소년창작소설에 주목할 필요가 있다. 김성진(2011)은 '청소년 문학'이라는 용어에서 '청소년'이 창작 주체, 독서 주체, 문학적 소재 차원으로 삼원화된다고 지적하면서, 그 중에서도 특히 생산자로서의 청소년을 강조한 바 있다.112)

물론 청소년이 생산한 소설은 구조적 미학성이나 완결성, 문학사적 의미에 있어 전문작가의 것과 대등한 위치에 서기 어렵다. 그런 까닭에 청소년 작가가 생산한 작품이 국문학적 탐구의 대상이 되는 일은 드물다. 그러나 그러한 '결함' 대신 그들이 왜 그러한 이야기를 계속 생산하는지 그 욕망을 읽어주는 작업이 문학교육적 탐구에서는 필수적이다. 청소년들이야말로 현재의 문학교육을 구성하는 주된 인적 주체이자 미래의 문학교육을 설계하기 위한 변인이며 문학문화의 생비자(prosumer)이기 때문이다.

따라서 이 연구는 청소년이 창작 주체가 된 청소년소설을 '청소년창작소설'이라 이름하고 이러한 작품군에서 형상화되고 있는 부모-자녀 관계, 그리고 이러한 형상화를 추동하는 사회문화적 맥락을 주된 연구 대상으로 삼고자 한다. 물론 특정한 청소년창작소설이 우리사회 청소년이 가정에서 겪고 있는 모든 문제를 대표하는 증례(case)는 아니다. 여기서 중요한 것은 양적 대표성이 아닌 질적 대표성이다. 사회학이 양적 대표성을 가진 집단을 분석하여 일반화될 수 있는 패턴과 법칙을 발견하고자 하는 것과 달리, 이 연구는 개별 작품들이 부모-자녀 관계를 허구서사의 장르문법 안에서 다루어나가는 고유한 방식들을 탐구하고, 그것이 암시하는 교육적 의미를 포착하는 데 관심을 둔다.

---

112) 김성진, 「청소년 소설의 장르적 특징과 문학교육」, 『비평문학』 39, 한국비평문학회, 2011, pp.66-67.

연구 질문을 정리하면 다음과 같다.

첫째, 청소년창작소설에서 가족 서사 특히 부모-자녀 관계가 어떻게 표상되고 있는가?
둘째, 이러한 청소년창작소설의 가족서사가 탄생한 원인과 맥락, 그리고 그것이 우리에게 의미하는 바는 무엇인가?

이러한 연구 질문을 해결하기 위해 채택한 연구대상 및 연구 방법은 다음과 같다. 먼저 제22회 대산청소년문학상 수상작품집 『팝콘전쟁』(2014)에서 부모-자녀 관계가 주도적으로(dominant) 표상된 작품 11편을 선정하였다.113) 대산청소년문학상은 그 역사와 권위가 상당한 청소년문학상으로 1993년도부터 23년간 시행되고 있다. 그 중 가장 최근 단행본으로 출판된 작품집 『팝콘전쟁』을 연구 대상으로 선정하여 연구의 시의성을 확보하고자 하였다. 시대적 문제성과 문학성에 대한 치열한 추구가 의미 있는 소설의 조건임을 수용할 때, 그리고 '10대들의 민얼굴'이 진지하게 '고백'되는지에 주목한다는 대산청소년문학상의 취지를 참고할 때114), 연구대상으로 선정된 작품들은 작금의 현실에 대한 청소년들의 인식이 일정 수준 이상의 소설적 성취를 겸비하였다는 표지를 확보한 것으로 판단할 수 있다.
한편 양적 수량화의 방법은 작품 속 표상과 그 맥락에 대한 고찰을 담보할 수 없기에, 이 연구는 질적 내용분석을 주된 연구방법으로 도입하였나. 내용 분석(content analysis)은 문자 텍스트 분석을 통해 연구 가설을 검증

---

113) 김은빈, 류연웅 외, 『팝콘전쟁』, 대산청소년문학상 수상 작품집 22, 민음사, 2014. 본문에서 위 책이 인용될 때는 인용문 끝에 쪽수만 표기한다. 선정 작품의 목록은 다음과 같다. 이정문, 「삼각김밥에 대한 보고서」, 임정민, 「감별사들」, 유희주, 「노아를 위하여」, 성유경, 「제이」, 이슬희, 「카무플라주」, 이예지, 「물결」, 이헌홍, 「도도새」, 지동준, 「안녕, 침팬지」, 조정빈, 「당신은 나쁜 사람입니다」, 박민곤, 「책」, 서민영, 「아빠」
114) 신창재, 「작품집을 펴내며」, 『팝콘전쟁』, 대산청소년문학상 수상 작품집 22, 민음사, 2014, p.5.

하며 자료들을 신뢰할 수 있는 자료로 전환하고자 하는 연구 방법으로 주로 텍스트가 '무엇을, 어떻게, 누구에게, 왜, 누구에 의해, 어떤 효과로' 전달하는지 분석한다. 내용 분석을 수행하는 절차는 대체로 연구 문제의 정립, 표본의 추출, 범주의 구성, 분석 단위나 방안의 설정, 분석의 수행 및 분석결과의 해석 등으로 정리할 수 있다.115)

구체적인 분석의 과정을 개략적으로 정리하면 다음과 같다. 첫째, 선정된 작품 11편을 반복적으로 읽으며 핵심 아이디어를 메모한다. 둘째, 작품 속에서 부모-자녀 관계가 주도적으로 표상된 부분을 추출하여 해당 부분의 특징이나 경향성을 대표하는 어휘나 어구로 코딩한다. 셋째, 추출된 부분을 수합, 편집하여 반복적으로 읽으면서 코딩을 수정한다. 그 결과 총 12개의 범주가 도출되었다. 넷째, 이를 다시 원문과 대조하여 검토, 수정한다. 다섯째, 범주들 간의 위계성과 중복성을 고려하여 조정, 최종 3개의 핵심범주-'숫자의 세계 대 감각의 세계', '말더듬이 아빠, 실어증 엄마', '상속의 논리'를 도출한다. 이러한 분석 과정에서 소설을 통해 근대 부모상을 분석하는 간호학의 연구116)나 부모서사-자녀서사에 대한 국문학적, 문학치료적 연구117) 등의 선행연구가 참조되었다.

---

115) 이지훈, 『사회과학의 메타분석방법론』, 충북대학교출판부, 1993, p.452.

116) 박은숙, 김은경, 성경숙 외, 「개화기 근대소설을 통해 조명한 한국의 부모상」, 『Child Health Nursing Research』 11, 아동간호학회, 2005.

117) 최새은, 「90년대 단편소설에 드러난 가족의 의미 : 발달적 관점에서 바라본 자녀서사와 부모서사」, 『문학치료연구』 28, 한국문학치료학회, 2013, 하은하, 「부모서사진단검사도구의 문항설정」, 『문학치료연구』 10, 한국문학치료학회, 2009, 정선희, 「17·18세기 국문장편소설에서의 부모-자녀 관계 연구」, 『한국고전연구』 21, 한국고전연구학회, 2010, 조희정, 「치료 서사와 부모 이야기 쓰기」, 『국어교육』 114, 한국어교육학회, 2003, 황혜진, 조은상, 김혜미, 김지혜, 김현희, 「초기 청소년기 폭력성의 문학치료적 중재를 위한 시론 -폭력성 진단을 위한 폭력 상황의 유형화를 중심으로」, 『겨레어문학』 55, 겨레어문학회, 2015 등이 대표적이다.

2. 숫자의 세계 대 감각의 세계

연구대상으로 선정된 청소년작가들의 소설에서 공히 두드러지는 것은 성인들의 세계와 청소년들 자신의 세계를 이항대립적으로 구조화하는 '배치의 기술'(technic of assemblage)이다. 이러한 구조는 매우 선명하고 완강하여 두 세계 간의 교통은 거의 불가능한 상태로 묘사된다. 가정 안에서 부모와 자녀는 물리적으로만 근접해 있을 뿐, 의미 있는 접촉을 시도하지 않는다. 이는 그들의 세계가 지닌 본질적 차이 때문인데, 청소년작가들은 그 차이를 다음과 같이 표상한다. 먼저 부모의 세계는 흑백 혹은 명징한 삼원색으로 그려진다. 그들은 이미 삶의 가치에 대한 탐구와 방황이 완료된 상태이며 따라서 명확한 가치 체계와 가치 간 서열을 확정해두었다. 그들이 이러한 확정적 상태를 자녀에게도 곧장 요구하는 데서 두 세계 간의 갈등이 시작된다. 청소년들의 세계는 다양한 색채들이 넓은 스펙트럼으로 펼쳐져 있는 상태로 표상된다. 청소년들이 한창 그 색채들의 다양성과 유동성을 만끽하고자 하는 찰나 그들은 부모의 통제와 직면한다.

이슬희의 소설 <카무플라주> 속 청소년 '나'는 '나'가 키우는 카멜레온이 표상하는 다채로운 색의 세계에 거주하고 있다. 반면 '나'에게 경영대학 진학만을 강요하는 엄마는 단순명백한 삼원색의 세계에 가깝다. 결국 엄마로 인해 나의 세계는 삼원색의 합인 '검정'으로 탁해진다.

> "엄마는 세상에 얼마나 다양한 색깔이 있는지 알지 못했다. '빨강이면 빨강, 파랑이면 파랑'인 것이 엄마의 삶의 방식이었다...엄마는 원색의 빨강, 파랑 그리고 노랑 속으로 나를 밀어 넣었다. 상위권의 성적과 정해진 진로로. 엄마는 불분명한 선택은 하지 않았다. 그렇게 빨강, 파랑, 노랑으로 혼합된 나는 곧 까맣게 바뀌며 탁해졌다."(245)

청소년들은 그들이 지닌 다양한 색깔을 명백한 삼원색으로 축소하려는 성인들의 시도로 인해 아픔을 겪는다. 주목할 만한 것은 적극적인 저항보다는 우회적 저항이나 순응, 혹은 자기 파괴적 상태가 더 빈번하게 나타난다는 점이다. 그 까닭은 무엇일까? 청소년은 여전히 부모와 물리적으로 공존하며 경제적, 심리적 이유기(離乳期)를 통과하고 있는 중이다. 이러한 상황에서 자녀의 삶에 대한 부모의 개입은 절대적 목소리(Voice)의 위상을 지닐 수밖에 없다. 이 절대적 목소리는 가부장제 특유의 종적 위계질서와 맞물려 자녀를 소유물화하고 자녀의 삶 전체를 조직, 군림하려는 부모의 신체적/정신적 폭력으로 이어지기 쉽다.

이러한 폭력을 이헌홍의 소설 <도도새>는 '깃털 뽑기' 작업에 비유한다. <카무플라주> 속 엄마처럼 <도도새> 속 '나'의 엄마도 '나'에게 상경계 진학을 권유한다. 이 두 소설 속 엄마들의 발화는 쌍둥이처럼 닮아 있다. 그에 반해 자신만의 고유하고 존엄한 삶을 꿈꾸는 '나'는 멸종 위기에 처해있는 도도새에 비유된다.

> "공부 포기할 거냐. 너 이래선 대학 못 가. 정말 너 나중에 거지 되고 싶어? 나보다 내 미래에 대해 더 많이 아는 것 같은, 내 미래에 대한 이어지는 욕 같은 단정에 이미 화는 머리끝까지 차올랐다. 그러다 마지막 말에서 폭탄은 폭발했다. 부모 얼굴에 자꾸 먹칠할거야? 어쩌라고. 그게 왜 엄마 아빠한테 먹칠하는 건데. 아무것도 모르면서 막말하지 마. 그리고 마지막 '마'가 채 끝나기도 전에 따귀가 날아왔다...따귀는 그것이 끝이 아니었다. 교내 입시 상담에서, 진로 상담 때에도 따귀는 계속 내 빰을 갈겨 댔다. 그러니까 따귀는, 현실이었다."(281)

'나'의 꿈을 경청하기 보다는 "나중에 거지 되고 싶어?"라는 말로 그 꿈의 비극적 결말을 단언하는 부모의 의식 근저에는 자식이 "부모 얼굴에 먹칠"할 것에 대한 깊은 공포감이 서려 있다. '나'는 "도도새라면 따귀가 아닌, 새살이 솔솔 마데카솔 같은 걸 줄 것 같다."(281)는 생각을 하면서도 부모가 시키는 대로 상경계 진학을 준비한다.

> "과외 첫날은 그런 입시 전략과 앞으로의 공부 계획 같은 걸 세우며 끝났다. 하지만 고민은 끝나지 않았다. 내가 하고 싶은 건 뭐였지. 어릴 적에는 있었던 것 같기도 한다. 깃털을 뽑은 자리에 맺힌 피딱지가 간지러워 나는 쉽사리 잠을 잘 수가 없었다."(285)

이러한 깃털 뽑기 작업이 더욱 극단적인 방식으로 드러나고 있는 성유경의 소설 <제이>의 경우를 살펴보자. 주인공 '나'의 엄마는 '나'가 잠을 잘 때조차 영어 테이프를 틀어놓고, 기분 내킬 때마다 물리적 폭력을 휘두르는 모습으로 형상화된다.

> "엄마의 목소리가 따라 나와 나를 헤집었다. 내 머리맡에서 영어 단어를 읽는 엄마, 잘 때도 영어 테이프를 틀어 놓는 엄마. 나는 그 소리 때문에 잠도 제대로 잘 수 없었다."(233-234)

'나'는 충실한 모범생이지만 엄마의 끝없는 기대치에 대해서는 불가피하게도 영원한 미도달 상태일 수밖에 없다. 따라서 '나'는 완벽을 추구하는 엄마에게 '손거스러미나 잘못 박힌 못'과 같은 존재이며, '나'의 불완전성은 엄마의 결벽성과 강박증을 끊임없이 자극한다. 이 불행한 관계를 조율해야 할 아빠는 사태를 방치한 채 집을 나가버린다. 고립된 '나'는 끝없이 울리는 '공장소리'를 듣게 되는데, 이 소리를 들을 수 있는 사람은 오직 '나'와 제이 뿐이다. 제이는 부유하지만 무관심한 부모에 의해 방치된 소녀로, 말을 전혀 하지 못하는 인물이라는 점이 의미심장하다. 어떤 언어도 사용할 수 없는 제이만이 '나'의 내면 세계와 소통할 수 있다는 역설 속에서 '나'는 제이를 "세상에 단 하나뿐인 나만의 모스 부호"(240)라 명명한다. '나'만이 제이를 해독할 수 있고, 제이만이 '나'를 해독할 수 있다. 환청을 공유하는 이 유일무이한 관계 속에서 처음으로 '나'는 공감과 안식을 경험한다.

자신을 이해하지 못하는 부모를 대신하는 제3의 교육적 존재를 등장시키는 청소년작가소설에는 <제이> 외에도 앞서 살펴보았던 <카무플라주>, <도도새> 그리고 임정민의 소설 <감별사들> 등이 있다. 이러한 제3의 존재들은 성인처럼 청소년의 '따귀'를 때리지 않고 대신 상처에 '마데카솔'을 발라주는 존재이다. 이런 존재를 발견하지 못할 경우 박민곤의 소설 <책>의 경우처럼 완전한 심신상실 상태라는 비극적 귀결을 맞기도 한다. <책>에서 청소년 '나'는 어른들에 의해 강요된 학업을 상징하는 '책'이라는 존재에 문자 그대로 '잡아먹힌다'. '나'를 조금씩 조금씩 파먹어가던 '책'은 마침내 피투성이 '나'를 흔적도 없이 삼켜버린다.

> "책은 쭉 째진 눈을 부라리며 이죽대고 있었다. 헤헤. 세상이란 놈이 너를 물어뜯었다. 헤헤. 인생의 패배자야. 책은 날카로운 혀로 입가에 묻은 피를 핥아먹었다. 마지막 남은 피까지 빨아먹겠다는 듯이. 그리고 책은 입맛을 쩝쩝 다셨다."(364)

강고하고 포악한 현실 논리, 그리고 그 논리의 주창자이자 순응자인 성인들이 가차 없이 청소년에게 '패배자'라는 낙인을 찍을 때, 청소년들은 성인과 대등한 인간이 아니라 포식자 앞에 선 먹이사슬 최하단의 생물로 처리된다. 많은 청소년창작소설에서 청소년들이 스스로를 카멜레온이나 도도새, 병아리 같은 동물로 형상화하는 것은 이러한 사태에 대한 상징적 작업으로 분석될 수 있다. 멸종 위기에 처해있거나 감별 후 죽임당할 운명의 이 나약한 동물과 대조되면서 성인들의 세계는 더욱 그로테스크한 힘을 갖게 된다.

이러한 작품 속 부모, 특히 어머니는 자녀들을 낳고 목조르고 삼키는

'팔루스적' 어미로 형상화된다.118) 청소년이 응당 지녀야 할 삶의 주권을 몰수하고 무소불위의 권력을 휘두르려는 이 공포스러운 어미들과 대적할 물리적 힘이 청소년들에게는 부재한다. 김은하(2010)는 이러한 팔루스적 어미를 등장시키는 소설이 모성을 단순한 공포와 혐오의 대상으로만 형상화하기 때문에, 그 어미들을 만들어낸 맥락-교육제도, 자본주의, 계급, 가족, 부권 등-에 대해 침묵한다고 지적한다. 이는 적실한 지적이지만, 청소년작가들에게 현실 맥락에 대한 통찰이 공히 부재한다고 볼 수는 없다. 그 한 예로 임정민의 소설 <감별사들>을 살펴보자.

> "엄마는 그제야 입술을 달싹였다. 저희 애는 미대 준비 안 합니다. 돈이 너무 많이 들어요...저는 취업 쪽을 생각하는데...선생님은 그날 결국 병아리 감별사라는 이색적이고도 전망 있는 직업을 추천해 주었고, 대학도 그에 맞추어 전문 대학 몇 곳을 점찍어 주었다. 뚜렷한 점이 찍힐 때마다 엄마의 눈이 빛났다. 엄마는 홀가분한 눈으로 나를 바라보았다. 나는 그 눈에서 투자 가치 없던 두 딸년의 미래를 처리한 것에 대한 가벼움을 엿보았다...나는 언니와 같은 등급이 매겨졌다. 너는, D라고."(171-172)

소설 <도도새> 속 인물 '도도새'처럼 그림을 그리고 싶어 하는 인물 '나'가 등장하지만, '나'의 소망은 엄마와 담임교사의 짧은 상담 결과 신속하게 반려된다. 그 이유 역시 간명하다. 어차피 현실논리 속에서 "D등급"에 위치할 것인 빤한 자녀에게는 투자 가치가 없기 때문이다. 그래서 전문대학 병아리감별학과에 지원할 것을 결정한 엄마의 눈에는 "홀가분"함만이 빛난다.

Berstein(1971)은 부모의 통제 방식을 지위지향적 부모와 인성지향적 부모로 유형화한 바 있다.119) 지위지향적 부모는 가족 구성원이 사회에서

---

118) 김은하, 「청소년 문학과 21세기 소녀의 귀환-여성작가의 청소년 소설을 대상으로」, 『여성문학연구』 24, 한국여성문학학회, 2010, pp.305-306.

점유하는 역할과 지위를 중시하므로 역할 기대에 의해 아동을 통제하고 자 한다. 반면 인성지향적 부모는 역할과 지위보다는 개인이 보유한 삶의 주권을 존중하기 때문에 가족 구성원 각자의 개성과 의사 결정에 우선권 을 둔다.[120]

분석 대상이 된 작품들에서는 주로 전자의 부모가 등장하는데 이들이 애초에 지위지향적 부모로 태어난 것이 아니라 '먹고' 그래서 '살아' 남아 야 하는 현실에 의해 지위지향적 부모로 형성된 것임을 청소년작가들은 이미 간파하고 있다. 소설 속 부모들이 청소년들의 날개를 임시로 묶어두 거나 영구적으로 절단하면서 내미는 논거가 바로 '현실'이기 때문이다. 그 렇다면 청소년소설에서 이토록 일관되게 형상화되는 '현실'의 의미는 무 엇인가? 본고의 분석 결과에 따르면 팔루스적 어미 앞에 선 청소년들과 마찬가지로, 부모-성인 역시 팔루스적 현실의 공포와 직면해 있다.

한국전쟁과 산업화, IMF 사태를 압축적으로 경험해온 성인들에게는 '먹기'가 곧 '살기'의 동의어이다. 신샛별(2015)에 따르면 한국전쟁은 치욕 적인 허기의 경험을 선사했고 유교적 이념이 허물어진 자리에 먹이/생활 에의 헌신이 들어섰다. 욕되더라도 먹고 그래서 살아남아야 한다는 것이 '벌거벗은 삶'을 살아본 자들의 모토가 되었다. 삶은 먹이를 구하기 위한 '전장'으로 비유되고, 이 전쟁의 대열에서 낙오되는데 대한 불안심리가 일 종의 민족적 망탈리테(mentalité)로 공유된다.

부모-성인들은 자녀 세대에 이러한 불안 심리를 상속하지 않겠다는 다 짐을 강화하고, '먹기'와 '살기'를 지탱하는 명징한 지위와 보장된 안정성 을 지상목표로 설정한다. '공부'를 유일한 입신양명의 도구로 여겨온 전통 이 이러한 현상과 불행하게 맞물려 들면서 부모-성인들은 너무나 당당하

---

119) B. A. Berstein, *Class, codes and control: Theoretical studies towards sociology of language*, London, UK: Routledge&Kegan Paul, 1971.
120) 차경애, 「어머니의 언어유형과 아동의 인지능력의 발달」, 『사회언어학』 5-2, 한국사회 언어학회, 1997, p.708.

게 자녀의 도리를 공부로 규정하게 되는 것이다. 내 새끼가 배곯지 않는 삶을 살기를 앙망하는 부모의 원초적 애정이 외려 부모-자녀의 세계를 끝 간 데 없이 유리시키게 된 것이다. 박완서의 소설 <도시의 흉년> 속 지 수연이 자신에게 무언가를 끊임없이 먹이려 드는 지독한 '모성애'에 대해 거식증으로 맞서는 장면 역시 이러한 맥락에서 해석할 수 있다. 즉 지수 연의 거식은 먹이를 위해 투쟁하는 속물적 세계에 대한 저항의 표지이자, 자신만의 주체적 삶을 코드화하는 방식인 것이다.121)

　부모-자녀 간의 소통불가 상태가 길어지면서 점차 그들은 서로에게 완 전히 해독 불가능한 코드가 되어버린다. 청소년들이 스스로는 동물로, 부 모는 괴물로 형상화할 때-<잔혹동시> 사건에서 드러나듯 해독될 수 없 는 존재는 종종 괴물화된다122) - 그 근저에는 부모를 '인간적으로' 해독 할 수 없다는, 그러나 해독하고 싶다는 욕망이 존재한다. 그럴 때만이 청 소년 자신 역시 '동물'에서 '인간'으로 귀환할 수 있기 때문이다. 그런 의 미에서 청소년작가소설 속 '나'들이 피투성이로 내뱉는 발화들은 성인들 에 의해 싹이 잘린 삶의 자기창조권을 회수하겠다는 외침이며, "어떤 내 용의, 어떤 품질의 삶이든지 간에 개인 자신에게 진실한 삶을 살려는 파 토스이다."123)

---

121) 신샛별, 「박완서 소설에 나타난 '먹는 인간'의 의미」, 『상허학보』 45, 상허학회, 2015, p.351.

122) 10살 이순영 양의 시 '학원가기 싫은 날'의 원문은 다음과 같다. <학원에 가고 싶지 않을 땐/이렇게//엄마를 씹어 먹어/삶아 먹고 구워 먹어/눈깔을 파먹어/이빨을 다 뽑아 버려/머리채를 쥐어뜯어/살코기로 만들어 떠먹어/눈물을 흘리면 핥아 먹어/심장은 맨 마지막에 먹어//가장 고통스럽게> 이 시가 일으킨 파문으로 인해 성인들은 그들이 동 화의 세계, 혹은 '착한' 청소년문학의 세계에 거주한다고 믿었던 자녀들이 실상은 '잔 혹동화'의 세계에 거주하고 있었음을 목도하게 된다. 성인들이 '실제' 아동/청소년의 욕망에 대해 얼마나 적극적으로 무지하고자 했는지 성찰할 수 있다.

123) 황종연, 『비루한 것의 카니발』, 문학동네, 2001, p.31.

3. 말더듬이 아빠, 실어증 엄마

청소년작가소설에 표상된 청소년의 세계와 성인-부모의 세계는 물리적으로는 매우 긴밀하게 유착되어 있으나 심리적/상징적으로는 소통불가 상태인 경우가 지배적 경향을 이룬다. 이는 전술했듯 부모의 괴물화 양상으로 이어지는 한편 이러한 소통의 장애를 신체적/정신적 질병 상태로 은유하는 양상 역시 두드러진다. 특히 이 질병은 언어적인 것일 때가 잦은데, 『팝콘전쟁』 속 부모들은 자주 말을 더듬거나 잃거나 독백만 거듭한다. 그들은 언어화될 수 없는 자아 속에 히키코모리(引き籠り) 상태로 유폐된다.

구병모의 소설 <위저드 베이커리>(2009)[124] 속 청소년 '나'가 문자를 보지 않고는 발음을 할 수 없는 언어장애를 겪었던 것과 대조적으로 이제는 부모가 언어장애 상태를 겪고 있다. 성인 작가가 쓴 청소년문학 속 십대들이 가정문제로 인해 언어장애에 빠지는 것과 달리, 청소년작가소설에서는 부모가 외려 언어(소통)장애 상태라는 점이 의미심장하다.

부모들은 타의에 의해 말더듬이 상태로 유폐(<안녕 침팬지>)되어 있거나 자발적 고립을 선택하며(<삼각김밥에 관한 보고서>), 혹은 의미 없는 독백(<아빠>)만 거듭하거나 해독될 수 없는 언어를 사용하다 그마저 잃는 실어증(<물결>)에 빠진다. 자연히 자녀들과의 소통은 물론 세상과의 소통도 원만할 수 없다. 이예지의 소설 <물결>의 경우에만 유일하게 엄마가 등장하는데, 네팔인인 엄마는 사춘기 딸인 '나'와 언어적/정서적 관계가 결렬되어 있다. 엄마의 검은 피부를 아름답다고 생각했던 어린 '나'는 초등학교 공개 수업 때 친구들에게 놀림을 받은 후부터 달라진다. '타자'의 눈으로 엄마의 피부색을 바라보기 시작한 것이다. 마도로스였던 아빠의 죽음 이후 엄마는 절망 속에서 한국어도 네팔어도 잃어버린다.

---

124) 구병모, 『위저드 베이커리』, 창비, 2009.

"엄마는 말을 잃어버렸다. 징검다리처럼 허술했던 말마저 잃어버리자, 엄마와 나는 정말로 멀찌감치 떨어진 외딴섬처럼 의미 없이 마주보고 둥둥 떠 있다."(256)

그리고 이러한 엄마의 증상을 치유할 책임은 딸에게 주어진다. 딸은 네 팔어를 배움으로써 엄마의 언어, 엄마의 세계와 재접속을 시도한다.

"내가 엄마의 말을 잃게 했으니 다시 찾아 줘야 하는 것도 나라고 생각했다. 그리고 나는 아빠가 마지막에 엄마에게 남긴 말의 의미를 찾았다. '뻐 뜨닐 마야 거르츠' 우리 말로 하면, 여보 사랑해"(268)

이처럼 청소년 인물이 부모/성인의 병에 능동적으로 개입하고 성숙한 치료자 역할을 떠맡음으로써 일반적인 부모-자녀의 권력구도가 전도되는 양상은 다른 청소년작가소설에서도 빈번하게 나타난다. 지동준의 소설 <안녕 침팬지>에서 말도, 세상살이도 모두 서툰 말더듬이 아빠는 동물원 철창 속 침팬지와 동일시된다. 아빠의 심각한 말더듬이 증상은 말놀이의 규칙, 나아가 세상살이의 규칙에 서툰 그의 성향을 암시하는 메타포로 작동한다. 소설 전체에 걸쳐 미련한 몸짓으로 탈출을 희구하는 유원지 침팬지와 세상살이에 무기력한 아빠가 끊임없이 병치되는데, 침팬지와 아빠를 실제적/상징적 철창에서 탈출시키려는 '나'의 시도는 실패하고 만다.

"그러니까 엄마도 도망가고 그러는 거잖아. 무슨 말만 하면 장애인같이 어, 어, 어 거리는데 누가 같이 살고 싶겠어. 씨발, 나 같아도 도망가겠다. 나는 떠날 거야. 이 지긋지긋한 컨테이너를, 유원지를, 학교를 떠나서 자유롭게 살 거라고. 아빤 계속 이딴 식으로 살아. 그래, 철창 안에 갇혀서 지나다니는 사람들 구경이나 해. 계속 개새끼처럼 그러고 살아!" 아버지가 손을 뻗으며 입을 열었지만, 나는 닥치라고 소리쳤다.(303)

위 인용문에서는 전통적인 가부장제의 종적 질서가 완전히 전도된 부자 관계가 드러난다. 그럼에도 '나'는 고전소설 속 어린 영웅들처럼 분연히 출가하지 못한다. 대신 동정과 경멸이 뒤섞인 상태로 아버지를 '돌본다'. 결국 '나'는 결말부에서 아버지와 극적 화해에 도달하는데 그 화해의 장소는 다름 아닌 은파유원지의 관람차이다. 관람차는 침팬지가 갇혀있던 유원지나 아버지가 갇혀있던 컨테이너처럼 여전히 유폐된 공간이기는 하지만 일시적으로 현실의 중력과 논리를 떠나 높은 위치에서 세상을 내려다볼 수 있게 해주는 공간이기도 하다.

> "아버지의 얼굴은 침팬지 같기도 했고, 낯선 사람 같기도 했다...나는 점자 같은 세상을 내려다보며 부드럽게 손을 흔들었다. 그도 나를 따라 손을 흔들었다. 우리는 서로의 손을 맞잡은 채로, 철창에 갇혀 있는 세상을 향해 손을 흔들었다. 이 안녕은 세상의 모든 침팬지를 향한 인사다. 나는 입술을 오물거리며 낮게 내뱉는다. 안녕, 침팬지들."(309)

물론 관람차는 다시 땅으로 내려 올 수밖에 없고, 따라서 이후에도 이 화해가 유지될 수 있을지는 미지수다. 그러나 관계의 봉합이 일시적이나마 이루어지고 있다는 점, 그리고 그 전권을 자녀인 청소년이 쥐고 있다는 점은 주목할 만하다. 서민영의 소설 <아빠>에서도 엄마가 돌아가신 후 폐인이 되어버린 아빠를 치유해주는 것은 16세 소녀 '나'이다. 이 소녀는 '부모화된 아이'125) 개념을 소설적 육체로 거의 완벽하게 구현하고 있는 인물이다. 엄마의 죽음이라는 불행 앞에서 심신상실 상태에 빠진 아빠를 대신해 집안을 돌보고 살림을 꾸리며 심지어 원하는 고등학교에 진학하고자 학업에 매달려 전교 1등을 놓치지 않는다. 웃자란 버린 이 소녀는

---

125) "부모화는 어린 시기부터 부모를 보살피는 역할을 맡게 되는 부모-자식 간의 역할전이를 일컫는다." 조은영, 정태연, 「자녀의 부모화와 관련된 심리적 특성들의 탐색」, 『한국심리학회지 여성』 9-1, 한국심리학회, 2004, p.45.

소주병을 달고 사는 아빠에게 불꽃축제에 가자고 조르는 대신, 그를 엄마의 무덤으로 이끈다. 그리고 문방구에서 산 작은 폭죽을 터뜨리며 아빠의 기름때 낀 손을 잡아 준다.

> "문방구에서 산 폭죽이라 실제 불꽃축제의 불꽃과는 비교할 수 없을 정도로 작았다. 그렇다고 예쁘지 않은 것은 아니었다. 겨울 아침 하늘에 터지는 불꽃도 봐줄만 했다. 내 옆으로 다가와 마치 어렸을 때처럼 손을 잡아오는 아빠의 기름때 낀 손은 그때만큼이나 따뜻했다. 열여섯 살의 내가 찾아낸 가장 따뜻한 발견이었다."(377)

물론 늘 이런 화해가 가능한 것은 아니다. 이정문의 소설 <삼각김밥에 관한 보고서>에는 여느 소설에서 찾아보기 어려운 독특한 형태의 부자 관계가 등장한다. 편의점 아르바이트생인 청소년 '나'는 삼각김밥에 대한 탐구에 광적으로 매달린다. 삼각김밥을 이해할 때 비로소 세상을 이해할 수 있다는 식이다. 그 까닭은 소설의 중반부를 넘어서며 드러난다. 통계학과 교수인 아빠는 서재 깊이 숨어들어 타인과의 관계를 거부하는 인물로 형상화된다. 정서적 관계를 맺을 줄 모르는 그에게 지쳐 아내와 딸은 떠나버렸으며, 마지막 남은 아들 '나'가 찌개를 끓여 권할 때도 그는 아들과 함께 식탁에 앉는 것을 거부하고 다시 서재로 돌아간다. 그러던 그가 갑작스러운 구토 증세를 보이고, '나'는 아빠의 토사물을 본 뒤 그가 그동안 서재에서 삼각김밥만 먹어왔음을 알게 된다.

> "처음에 나는 삼각김밥에 관한 논문을 작성하려고 했지만 '논문'이라는 단어가 나를 역겹게 만들었다. 아빠가 1년에 네 번씩 작성하는 그놈의 논문 때문에 그랬다"(146)

> "내가 세 번째로 아빠에게 밥을 먹자고 한 날, 나는 집을 나왔다. 함께

밥을 먹자는 부탁을 거절당해서는 아니었다...내가 하고 싶은 공부는 인문학, 그 중에서도 심리학이었다. 나는 이해를 하고 싶었다. 내가 왜 이렇게 살고 있는지, 왜 아빠가 나를 사랑하지 않는지...아빠가 게워 낸 삼각김밥은 나보다 자신의 일이 더 중요하다는 것을 보여주는 시각적인 증거였다."(155-157)

즉 '나'에게 삼각김밥은 자신이 사랑받지 못하는 아이라는 증거이자, 아빠를 이해할 수 있는 마지막 열쇠였던 것이다. 끝내 '나'는 삼각김밥에 대한 이해에 실패하고, 아빠는 '나'와의 대화를 거부한다. 이처럼 분석대상 소설들에서는 유독 아빠들의 언어불능 상태가 공통적으로 두드러진다. 이들 소설 속 아빠는 한결 같이 자녀와의 소통을 거부하며 이는 종래의 청소년소설에서 사춘기 청소년들의 전매특허와 같던 행태이다. 이제 청소년들은 고립을 추구하고 소통을 거부하며 예민한 감성을 뿜내는 대신 그러한 증상에 시달리고 있는 어른들을 달래야 하는 것이다.

Maccoby와 Martin(1983) 등은 부모의 양육 유형을 네 가지로 분류했는데 권위적, 허용적, 권위주의적, 거부-무관심형 등이 그것이다.126) 2장 '숫자의 세계 대 감각의 세계'에서 숫자의 세계를 대표하던 부모가 권위주의적 유형이라면 이 장에서 등장하는 부모는 의식적이든 무의식적이든 거부-무관심형에 가깝다. 거부와 무관심으로 일관하는 아버지는 자녀에게 삶의 지표가 되어주기는커녕 성장 불가능의 조건으로 기능한다.127) 그 결과 부권은 추락하고, 아버지-자녀 간의 정서적 관계 형성에 중요한 역할을 할 수 있는 엄마는 대개 '부재 중'이다. 그래서 가정 문제의 봉합을 주도해야 할 책임은 자녀에게 전가되며, 이러한 양상은 이 연구의 검토 대상이 된

---

126) E. E. Maccoby and J. A. Martin, Socialization in the context of the family: Parent-Child Interaction, In Mussen Editor, *Handbook of child psychology*, 1983.

127) 서은경, 「현대문학과 가족 이데올로기 (1) : 아버지 부재의 성장소설을 중심으로」, 『돈암어문학』 19, 돈암어문학회, 2006, p.106.

청소년창작소설 뿐 아니라 최근 청소년문학 전반에서 뚜렷하다. 이에 대해 가족 이데올로기의 부활이라며 문제를 제기하는 목소리도 있지만,[128] 그러한 목소리들의 기저에 깔려있는 전제, 즉 반드시 청소년이 가족과 분리되어야만 독립된 인격체로 성숙했다는 명제 역시 일종의 강박일 수 있다. 청소년작가소설 속 인물들이 능동적으로 시도하고 있는 소통의 복구, 그리고 그 결과 얻어진 관계의 부분적 복구가 오히려 의미 있는 성장의 표지일 수 있다는 점에서 더욱 그러하다.

4. 상속의 논리

이처럼 부모, 특히 아버지가 청소년 자녀에게 일정한 영향력을 행사할 수 있는 에너지나 목소리를 잃어버린 상태로 형상화되는 원인은 무엇일까. 그리고 그것은 이 시대 청소년들의 현실 인식과 어떻게 관계되는 것일까. 심영희(1998)가 지적하듯 IMF 이후 국가적 실업 사태는 가정의 해체를 불러왔고,[129] 적자생존의 잔인한 규칙에서 탈락하거나 그것에 매끄럽게 적응하지 못한 채 도태된 부모의 모습은 부권의 추락을 불러왔다. 부모들이 제 자신 탈락하거나 부적응한 체제의 규칙을 자녀만은 잘 체득하기를 바라며 학업을 통한 성취를 강요할 때 부모-자녀 간의 갈등과 불통은 더욱 심화된다. 자녀들은 그러한 부모의 현실 인식에 저항하면서도 은연중에 부모 세대가 주문처럼 되뇌었던 현실의 규칙을 일종의 모유 이데올로기(mother-milk ideology)로 학습한다. 그리고 지속적인 학습의 결과는 청

---

128) 김혜정, 「청소년문학에 나타난 가족해체서사 연구」, 『아동청소년문학연구』 10, 2012, 한국아동청소년문학학회, pp.186-188, 김윤, 「청소년소설과 가족 이야기」, 『창비어린이』 11-4, 창작과비평사, 2013, p.202.

129) 심영희, 「IMF 시대의 청소년문제 양상과 과제 : 위험사회의 관점에서」, 『청소년학연구』 5-3, 한국청소년학회, 1998, pp.127-138.

소년들의 현실 인식을 강력하게 틀짓는다. 장은주(2008)의 지적대로 생활세계 속 살벌한 생존 경쟁으로 인해 제 2의 본성이 된 속물근성이 어느새 이 땅의 "도덕적 정언명법" 지위에 오른 것이다.[130]

청소년작가소설 속 '나'들은 그러한 정언명법에 따라 자신과 부모의 사회적 자본을 냉정하게 가늠하는 모습으로 그려진다. 즉 "신체발부 수지부모(身體髮膚受之父母)"로 대변되는 부모-자녀 간의 유전적 연결고리만큼이나 자본, 취향, 계급이라는 사회적 연결고리가 강하게 의식되는 것이다. 흔히 '수저계급론'으로 불리는 이러한 인식이 고등학생 작가들의 소설뿐만 아니라 중학생 작가들의 소설에서도 뚜렷하다는 점은 주목을 요한다.

중등부 금상 수상작인 조정빈의 <당신은 나쁜 사람들입니다>에는 편의점 알바를 하는 '나', '나'에게 밀린 월급을 주지 않으려 절도 누명을 씌우는 편의점 점장, 그리고 '나'가 월급을 받지 못한 날 점장에게 자가용을 선물 받는 점장의 딸이 등장한다.

> 2014년 1월 11일, 그가 이 편의점 야간 알바로 채용되던 날이었다. 그는 계약서에 찍힌 시간당 4000원의 임금을 보고도 계약서에 도장을 찍었다. 2014년 4월 28일, 어머니의 갑작스러운 수술로 1월달부터 쭉 밀리던 월급을 받아야 할 것 같다는 남자의 절박한 목소리에, 점장은 '어, 이걸 어쩌지...... 이번 달이 적자라 내가 다음 달에 확실히 챙겨 줄게, 조금만 버텨 봐, 응?'이라고 대답했다. 그리고 아마 그날이 점장의 딸이 생일 선물로 새 차를 받은 날이었을 것이다.(327)

이 단편은 인물도, 사건도 최소화함으로써 최저임금을 간신히 웃도는 시급마저 보장받지 못하는 '나'와 생일 선물로 반짝이는 차 키를 받아든 점장의 딸 간의 명암을 선명하게 강조한다. 유전적, 사회적 복권을 긁은 자와 긁지 못한 자의 이분법은 고등부 동상 수상작인 유희주의 <노아를

---

130) 장은주, 「상처 입은 삶의 빗나간 인정투쟁」, 『사회비평』 29, 나남출판사, 2008.3.

위하여>에서 보다 세련되게 변주된다.

SF 소설의 문법을 차용하고 있는 이 소설에서 인물들은 방주에 탈 수 있는 시민 계급 노아와 비(非)시민 계급인 비(非)노아-비노아는 인터넷과 앱 스토어도 사용할 수 없다-로 분류된다. 방주 티켓을 구입할 수 있는 자본을 가진 노아들만 멸망이 예정된 지구에서 탈출할 수 있다. '나'의 아빠는 성실하고 선량한 생활인이었으나 방주 티켓을 사자마자 회사를 버린 사장에 의해 철저히 외면당한다.

> "사장이 아빠에게 마지막으로 남긴 말은 '우리' 회사도 방주 안으로 입점하려고 했으나 워낙 쟁쟁한 후보에 밀려 자신의 가족들 표밖에 끊지 못했다, 였다....아빠가 잘못한 것은 없었지만 그 전에도 허울뿐이었던 도덕과 도리가 한 꺼풀 벗겨진 지금, 교활할 줄 모르고 우직하기만 했던 아빠의 처신은 죄였다."(190)

우직했던 아빠의 처신이 죄였다는 '나'의 발화는 사실 아빠의 계급이 죄였다는 발화나 다름없다. 신귀족 노아들에게는 자신들을 시중들어줄 노예, 즉 골리앗이 필요했고, 비노아 중 총명하고 유능한 인물을 골리앗으로 뽑아 방주에 태운다는 설정 역시 의미심장하다. 아무리 출중하다 해도 상속된 자본을 보유하지 못한다면 노아 계급의 시종에 불과하다는 것, 그리고 그러한 시종이 되는 것이 비노아들이 생존할 수 있는 유일한 길이자 비노아들이 가질 수 있는 전망의 최대치라는 것이다.

SF 영화 <가타카>(1997)[131]를 연상시키는 이 공포의 서사는 더 이상

---

131) <가타카>는 시험관 수정을 통해 선택적 우성 유전자를 갖고 태어난 자들이 인간의 사랑으로 태어난 불완전한 인간을 지배하는 미래를 그린 SF 영화이다. 열성 유전자를 가진 인물 빈센트가 고문에 가까운 수술을 견디며 우성 인자를 구입하고 우주 항공 회사 가타카에서 일하게 되는 일련의 과정이 서사적 얼개를 이룬다. 이 영화는 아이러니컬하게도 <하느님이 행하신 일을 보라, 하느님이 굽게 하신 것을 누가 능히 곧게 하겠느냐?>는 전도서 7장 13절로 시작한다.

허구가 아니라 강고한 '현실'로 청소년들의 인식 속에 자리 잡고 있다. "부모는 무력하고 가난하다-따라서 나도 무력하고 가난하다-또한 나의 후속세대도 무력하고 가난하다. 이하동문"의 삼단논법에 의거하여 청소년들은 과거와 현재, 미래가 모두 선(先)규정되어 있는 세대로 자처한다. 과거, 현재, 미래의 이 요지부동한 일관성 및 연속성이 전망(vision) 없는 청소년소설, 성장 없는 청소년소설을 만든다. 청소년작가소설 속 '나'들은 굳이 성장의 문턱을 경유하지 않고도 놀랍도록 노숙해져있는 것이다.

5. 청소년을 위한 청소년문학

지금까지 청소년창작소설에서 부모-자녀 관계가 어떻게 형상화되고 있는지, 그리고 그러한 가족서사가 탄생한 원인과 맥락, 의미는 무엇인지 분석하였다. 먼저 청소년작가들은 성인의 세계와 자신들의 세계를 이항대립적으로 분리시키고 있는 경향을 뚜렷이 드러냈다. 세속의 논리에 철저하게 입각하고 있는 성인(부모)세대가 흑백의 세계로 표상된다면, 감각을 통해 세계를 맛보고 즐기며 다양성과 차이를 긍정하는 청소년 세대는 다양한 빛깔이 공존하는 세계로 표상된다.

이러한 대립 속에서 빚어진 갈등이 누적되면서 점차 부모들은 그들의 논리를 강요하는 괴물이나 소통이 불가능한 병자로 형상화된다. 청소년작가들의 눈에 비친 부모는 많은 경우 심신의 병을 앓고 있는 상태이며, 질풍노도의 시기를 통과하고 있어야 할 청소년들이 외려 더 멀쩡한 상태로 그려진다.

부모들은 심각한 속물 상태이거나 실어증, 말더듬이, 대인기피증 등을 앓고 있고, 부모의 언어를 익혀 병든 부모들과의 소통 관계를 복구하고자 고군분투하는 것은 자녀이다. 예전에는 권위적인 가족권력을 행사하는 억압적 부모가 문제였다면 이제는 소통불능이나 마음의 질병에 걸려있는 부모가 문제가 되는 것이다.

한편 수저계급론이 대표하는 청소년들의 비관적 세계인식은 일반적인 성장소설의 문법을 불가능하게 만든다. 철저히 상속과 자본이 지배하는 세계 속에서 청소년들은 좋든 싫든 부모가 물려준 '계급' 안에 유폐되며, 이 계급은 허구세계의 공간 안에서도 극복되기 어려울 정도로 공고하다.

이처럼 청소년작가들의 소설은 이 시대를 살아가는 청소년들이 가지고 있는 현실 인식과 그것의 허구적 해결/미해결 방식을 문학적으로 보여주고 있다. 그럼에도 불구하고 진지한 연구의 대상으로 주목받지 못했던 청소년창작소설을 주된 분석의 대상으로 삼고, 소설 속 가족서사를 통해 청소년들의 현실 인식과 문학적 대응 양상을 탐구했다는 데 이 작업의 의의가 있다.

5장_문학교육 속 젠더 이데올로기를 찾아서

1. '전래동화'라는 성정치의 공간

학습자들이 보유하고 있는 최초의 문학경험사(經驗史)는 대개 동화(童話)로 시작된다. 따뜻한 엄마의 품에 안겨 그가 읽어주는 이솝 우화나 전래동화를 들으며 자란 아동들은 이때의 경험에 토대하여 이야기, 나아가 문학에 대한 상(象)을 형성하고, 문학과 더불어 살기(Living with literature)를 시작하게 된다. 그래서 부모와 아동교육기관은 쉴 새 없이 동서고금의 동화전집을 사들이고, 초등학교 국어 교과서 역시 동화를 핵심적 텍스트로 활용하고 있다. 최경희(2013)에 따르면 국어교과서에 동화 작품이 수록된 것은 개화기의 <신정 심상소설>(1896)과 <초등교육>(1906)부터이다. 즉 120년에 육박하는 시간동안 우리는 공식적으로 동화를 '교육'해왔다. 비공식적 동화 교육의 역사까지 포함하면 동화의 교육적 기능이 매우 결정적(critical)임을 체감할 수 있다.[132]

교과서나 아동 문학 전집에 수록된 동화 속 주동인물들은 아동 독자들에게 일종의 역할모델 기능을 하게 된다. 문학작품 속 인물들에 독자가 체험하는 몰입시와 공감의 메커니즘에 대해서는 기왕의 논의를 통해 밝혀진 바 있거니와, 특히 아동 독자들의 동화 독서에서는 이러한 메커니즘이 매우 강력하게 작동할 가능성이 높다.[133] 이처럼 동화의 교육적 효능

---

132) 최경희, 「초등 국어 교과서 동화교재 고찰(1)」, 『초등교육연구』 24-2, 전주교육대학교 초등교육연구소, 2013, p.95.
133) "아동들은 동화 속에 등장하는 인물에 자신을 동일시하거나 투사하는 성향이 짙기 때

에 대한 합의는 강고하며 '(교육적으로) 좋은 동화'에 대한 평가 기준 역시 상당히 명쾌하다.[134] 그리고 이러한 '좋은 동화'의 선정기준은 아동에 대한 성인들의 기대를 역으로 드러내준다. 즉 성인들이 꿈꾸는 '좋은 아동'의 모습이 '좋은 동화'의 선정기준에서 가시화되는 것이다. 최근 한 초등학생이 쓴 동시가 성인들을 당혹감과 공포에 몰아넣었던 사건은 성인들이 '실제' 아동의 욕망에 대해 얼마나 적극적으로 무지하고자 했었는지 성찰하게 했다. 동화의 세계에 어울린다고 성인들이 판단했던 아동들이 사실은 '잔혹'동화의 세계에 거주하고 있었다는 사실은 동화의 교육적 의미에 대한 재고찰을 요구한다.

물론 동화의 교육적 효과에 대한 비판적 읽기 작업은 충분히 누적되어 왔다. 동화의 원초적 잔혹성에 대한 연구는 물론, 동화가 가진 이데올로기 교육의 기능 역시도 지적되었다.[135] 하지만 우리네 전래동화[136]에 대한

문에 어린이를 대상으로 하는 아동문학은 평등한 성 역할과 미래 지향적 여성 이미지 형상화에 세심한 노력을 기울이지 않으면 안 된다." 김자연, 「동화에서 남녀 평등의 문제」, 『여성문학연구』 6, 한국여성문학학회, 2001, p.355.

134) 한우리독서문화운동본부에서는 좋은 옛이야기의 내용 선정 기준을 다음과 같이 제시하고 있다. "재미와 교훈을 모두 갖추고 있다. 한국인으로서 자긍심을 갖게 한다. 효도, 우애, 신의, 협동을 이야기한다. 옛이야기의 본모습이 온전하게 살아 있다. 어려움을 극복하는 의지와 용기를 이야기한다. 조상들의 생활풍속과 사상을 이해할 수 있게 된다. 미래에 대한 긍정적이고 낙관적인 생각을 심어 준다. 어린이의 발달 단계(성장, 흥미, 인지, 욕구)에 맞다. 어린이들의 마음을 다치게 하는 음담패설이나 잔인한 내용이 없다. 조상들의 멋과 지혜, 꿈과 소망, 웃음과 재치, 해학과 풍자가 잘 드러난다. 자연과 사회, 역사와 인간에 대하여 새로운 인식을 얻게 하고 현실을 보는 눈을 넓고 깊이지게 한다."(출처 : http://www.hanuribook.or.kr/reference)

135) 현지연, 「양성평등교육을 위한 비판적 동화 읽기 교육」, 고려대학교 석사학위논문, 2010, 김자연, 「동화에서 남녀 평등의 문제」, 『여성문학연구』 6, 한국여성문학학회, 2001, 김경중, 「페미니즘 관점에서 본 아동문학」, 『여성문학연구』 6, 2001, 송희영, 「페미니즘 시각에서 본 동화」, 『독일문학』 42-2, 한국독어독문학회, 2001, 정혜원, 「한국 동화에 나타난 '여자 어린이상' 연구」, 『돈암어문학』 17, 돈암어문학회, 2004, 손아미, 「서구 동화에 나타난 성고정관념 연구」, 경희대학교 석사학위논문, 1996, 한국여성학회, 「동화에 나타난 고정관념과 차별의 문제」, 『또하나의 문화』 32집-여성해방의 문학, 또하나의 문화, 1993.

136) 동화가 아동을 위한, 혹은 아동의 이야기라면 전래동화는 구전되어 온 옛 이야기 가운

젠더적 읽기 작업은 여전히 양적으로 빈약하다. 문학경험의 원초적 장면 (primal scene)에 해당하는 옛이야기 속 남성과 여성은 아동 독자들에게 일종 의 성역할 모델이다. 즉 전래동화는 일종의 젠더 이데올로기 교육을 수행 하는 강력한 매체이다. 아동 독자에게 특정한 전래동화의 레퍼토리를 권 장하고 읽히는 작업은 그들이 한 사회의 구성원이자 전통 계승자로서 갖 춰야 할 기능과 역할들을 학습하는 '국민 기억'의 저장 작업이기 때문이 다.137) 아동 독자는 이야기 속에 묘사된 사건을 상징적으로 연습, 경험하 면서 실생활에서도 그러한 사건의 결과를 결정하는 원칙이 작용되리라 믿는다.138) 가령 '첩박명(姜薄命)'139)류의 시가나 희생(犧牲)으로서의여성이 빈번하게 형상화된 텍스트를 전통의 이름으로 교육받은 독자는 그와 같 은 수동적 여성상이 사회적으로 합의되어 왔음을 암묵적으로 자기화할 가능성이 높다. 반대로 그러한 사회적 합의에 저항하는 여성들이 등장하 는 텍스트에 노출될 경우 기존의 수동적 여성상을 교정할 가능성이 발생 한다. Shirley(1996)의 실험은 이러한 가설이 상당한 타당성을 지니고 있음 을 방증한다.140)

따라서 지금 우리가 아동에게 전래동화라는 장르를 통해 어떤 여성상

데 아동을 대상으로 선택된 이야기를 말한다. 최인학, 「동화」, 『한국 민속의 세계』 7, 고려대학교 민족문화연구원, 2002, pp.215-218.

137) 어린이문학과 국민 기억의 관계에 대해서는 서영미, 「레짐과 어린이문학」, 『비교문학』 56, 한국비교문학회, 2012, p.51 참조.

138) 권성아, 「교과서와 아동의 성역할 사회화」, 『연구노트』 9권, 행동과학 연구소, 1978, pp.6-11.

139) 이혜순, 「15, 16세기 한국 여성화자 시가의 의의-사미인곡, 속미인곡, 첩박명을 중심으 로」, 『한국문화』 19, 서울대학교 규장각한국학연구원, 1997, p.74. "첩박명은 버림받은 여성화자의 임에 대한 그리움, 자탄, 반성, 체념을 그린다는 점에서 16세기에 지어진 사미인곡류와 그 성격을 같이 하면서도, 천상계와 하계의 이원적 공간 구조, 내세의 바 람 등이 그려져 있지 않은 점에서 차이를 보인다."

140) 초등학교 1학년에서 5학년까지 남녀 아동에게 비전통적 직업에서 성차별성과 성공적 으로 투쟁하여 승리한 인물을 다룬 책을 읽히자 직업과 사회활동에서 성에 대한 고정 관념 태도가 경감되었음이 보고되었다. 한국교육과정평가원, 「제7차 교육과정에서 양 성 평등 교육 실현 방안」, 『양성평등교육자료집』, 1999, p.55.

을 보여주고 있는지 점검해 볼 필요성이 대두된다. 이를 위해 본고는 아동들의 동화 독서를 주도하는 집단의 권장 전래동화 목록을 분석하고자 한다. 공식적 교육이 일어나는 장소인 교과서를 연구 대상으로 삼을 수도 있겠지만, 교과서는 매우 제한된 수의 동화를 다루고 있고, 현실적으로 아동들의 동화 독서를 주도하는 것은 아동 권장도서목록이라 보아도 무방하다. 특히 '어린이도서연구회'의 영향력은 다른 매체의 영향력이 필적하지 못할 정도이다. 이로 인해 '어린이도서연구회'가 특정한 출판사나 주제를 편중되게 다루며 아동 출판 경향을 지배하면서 상징자본을 증식해나 간다는 비판도 선행된 바 있다.[141] 따라서 여기서는 최근 4년(2012~2015년) 간 '어린이도서연구회'가 발행한 권장도서 목록 중 전래동화 속 여성인물 표상이 주요한 서사적 기능을 갖고 등장하는 텍스트를 여성 표상의 사회적, 심리적, 서사적 특성을 중심으로 분석하고자 한다.[142] 이러한 여성 표상의 형성 과정을 통해 전래 동화가 젠더 이데올로기를 재생산 및 교육하는 기제를 탐구하는 것이 이 작업의 목적이다.

연구 질문을 정리하면 다음과 같다.

-아동 전래동화 권장목록에서 여성은 어떻게 표상되는가?
-그러한 표상의 방식이 암시하는 젠더 이데올로기는 무엇인가?
-전래동화 읽기(독서)/읽히기(교육)는 어떤 방식으로 바뀌어야 하는가?

---

141) 김은하, 「권장도서 목록을 버려야 하는 이유 : 어린이도서연구회 권장도서 목록 비판」, 『창비어린이』 3-3, 창작과비평사, 2005, pp.59-62.

142) 프라이의 인물유형론은 고대 희비극에서 그 원형을 찾은 것이고, 프로프 역시 서양 민 담을 대상으로 인물 유형을 7가지로 압축한 것이므로 프라이나 프로프 식의 인물유형론은 한국 전래동화 속 인물들을 분석하는 최적의 틀이라 보기는 어렵다. 여기서는 등장인물의 기능을 심리적 기능과 사회적 기능, 텍스트적 기능으로 나눈 툴루즈 세미나의 분류를 따른다. 이상일, 「고전소설의 인물 비평 교육 연구 서설」, 『국어교육학연구』 44, 국어교육학회, 2012, p.439에서 재인용.

2. 보상 혹은 '남겨진 자'(left behind)로서의 여성

2012~2015년 '어린이도서연구회' 전래동화 권장목록을 일별하다 보면, 유독 반복적으로 등장하는 여성 표상이 있다. 4년이라는 길지 않은 기간 동안 세 번에 걸쳐 등장하는 '우렁각시'가 바로 그 주인공이다. 2013년도 '어린이도서연구회' 권장도서인 ≪고소한 이야기≫ 중 <용왕의 딸>은 <우렁각시>의 변이형 서사인데, 그 줄거리는 다음과 같이 요약될 수 있다.

① 마음씨 착한 청년이 선행을 함
② 선행에 대한 대가로 강아지를 얻음
③ 강아지와 동거한 후부터 청소와 요리 등의 가사가 남몰래 수행되는 것을 발견
④ 용왕의 딸이 강아지로 변신한 것을 알게 되고 혼인
⑤ 용왕의 딸이 지나치게 아름다워 왕이 그녀를 빼앗으려 시도함
⑥ 용왕의 딸이 지혜를 발휘하여 다시 청년은 행복을 되찾음

어떤 대가도 바라지 않고 몰래 베풀어지는 완벽한 돌봄(care), 변신(變身)이라는 신비로운 면모, 육체적 아름다움과 현명함까지 겸비한 이 우렁각시는 남성들의 가부장적 판타지를 충족시키기 위해 구현된 인물이라 해도 무방할 정도이다. 우렁각시와 유사하게 강아지나 꾀꼬리로 변신하여 바다에서 뭍으로 나온 인물들까지 포함하면 전래동화 권장목록 속 우렁각시형 여성 표상은 그 빈도가 상당하다. <머리 셋 달린 괴물과 사수>에서는 꾀꼬리로 변신한 용궁의 딸이 등장한다. 그런데 그녀가 귀한 신분과 바다라는 삶의 터전을 버리고 초라한 젊은이를 따라 뭍으로 나온 계기가 의미심장하다. "오빠를 살려주셔서 정말 감사합니다. 당신의 아내가 되어서 그 은혜를 조금이라도 갚고 싶습니다."[143] 그녀에게 결혼은 보은의 의

---

143) 박영만 글, 김병호 그림, 「머리 셋 달린 괴물과 사수」, 『고소한 이야기』, 사파리, 2010.

미로, 자발적인 것이기는 하지만 일종의 인신공양에 가깝다. 이때의 자발
성 역시 순수한 자유의지라기보다는 사회문화적 합의에 기초한 것이라
볼 수 있다. 이는 원시적 사회에서 여성이 교환가치로 환원됨을 지적하였
던 레비스트로스의 논의를 상기시키기 충분하다.

현대의 게임 문법에서도 여전히 가장 인기 있는 보상물은 여성이다. 승
자가 트로피를 챙기듯 성공한 남성이 미녀를 보유하는 현상을 일컫는 용
어인 '트로피 와이프(trophy wife)'가 ≪포춘(Fortune)≫지의 커버스토리로 등
재되는 것을 보면, 여성의 보상물화는 현재진행형이며, 이러한 현상에 공
식적/비공식적 동화 읽기가 지니는 영향력 역시 무시할 수 없다. 중요한
것은 이들 여성 표상이 선물(gift)이 아니라 보상으로 개념화되고 있다는
점이다. 선물이란 철저히 일방적 증여를 가리킨다.[144] 즉 어떤 답례나 피
드백도 없어야 하므로 데리다는 순수한 선물이란 존재할 수 없음[145]을 강
조한다. 전래동화 속 여성들은 자신의 교환가치를 인지하고 인정한다. 즉
사회문화적으로 합의된 가치체계 내의 성역할을 수용한 채 자신을 보상
물로 내어주고 있는 것이다. 그래서 그녀들이 지닌 아름다움(이 선함)은 모
험이나 내기, 시험을 통과한 남성에게 주어지는 달콤한 전리품이 된다.

<뒹굴뒹굴 총각이 꼰 새끼 서발> 속 색시는 총각의 낙천적 성격에 대
한 대가로 주어지는 보상이며, <맷돌 조롱박 장구> 속 부잣집 딸은 도깨
비에게 빼앗긴 혼을 찾아준 남성에게 주어진 보상이다. <황정승댁 아가
씨>에 등장하는 황처녀는 그녀가 보유한 지나친 미색 '때문에' 이정승댁
아들에게 일방적으로 납치를 당하지만 일련의 난리(갈매기 난리, 구렁이 난리,
멩이 변신)를 해결해주는 이정승댁 아들의 모습을 보며 그저 모든 것을 팔
자소관으로 수용하고, 그의 아들을 낳는다.

---

144) 박일형, 「선물의 덫에 갇힌 여성」, 『문학과영상』 6-2, 문학과영상학회, 2005, p.168.
145) Derrida, Jacques, *Given time 1, Counterfeit money*, translated by Peggy Kamuf, University of
    Chicago Press, 1992, p.16.

남성이 지닌 미덕 혹은 능력에 대한 보은으로 값이 매겨진 이 여성 표상의 특성이 특히 극명하게 드러나는 전래동화가 바로 <계수나무 할아버지>이다. 이 전래동화에는 늙은 과부의 친딸과 수양딸이 등장한다. 이미 수양딸이라는 점에서 '순혈(純血)'이 아니라는 큰 결함을 지닌 두 번째 처녀는 보상물로서 여성이 가질 수 있는 가장 큰 자원(resource)인 미모 역시 친딸만 못한 것으로 형상화된다. 그래서 더 아름다운 친딸과 결혼하기 위해 두 사내는 내기를 벌인다. 내기의 승자를 기다리며 두 처녀는 각각 신방에 앉아 있다. 모기의 도움을 받은 계수나무 아들은 친딸의 신방으로 인도되고, 친딸은 승자를 맞아 합방을 치른다. 반면 패자는 할 수 없이 수양딸의 신방으로 향하고 그들 부부는 다산하는 친딸 부부와 달리 평생 무자식으로 살아간다. 혈통의 정통성과 미모, 생식력이 모두 부재하는 수양딸이 패자에게 주어지는 이 이야기는 아동 독자에게 매우 도식적이고 가부장적인 가치체계를 전달할 위험성을 지닌다.

이처럼 전래동화 속에서 남성과 아직 접촉하지 않은 처녀들이 주로 '보상물'로 표상된다면, 공식적/비공식적으로 남성과 접촉한 여성들은 주로 '영웅의 어머니'나 '버림받은 여성'으로 표상된다. 양자 모두 남성과의 접촉 이후에 '남겨진 자'(left behind)라는 공통점을 지닌다. 이들은 대개 정상적인 혼인관계를 맺지 않은(못한) 상태에서 남성과 일시적으로 접촉하고 영속적으로 남겨진다.

'영웅의 어머니' 형에 해당되는 <고구려를 세운 영웅 주몽> 속 유화는 물의 신(水神) 하백의 셋째 딸이라는 고귀한 지위를 점유한 여성이다. 그럼에도 불구하고 해모수에게 버림받고 아버지 하백에게서도 축출된다. 출생한 가문에서 새로운 남성의 가문으로 자연스럽게 인계될 때 보장될 수 있었던 안정된 삶이 불가능해진 것이다. 독립적인 생존의 방법을 모색할 수 없어진 유화는 금와에게 의탁하고 난생(卵生)이라는 기이한 형태의 출산을 한다. <대왕별 소왕별>의 총명 아가씨 역시 그 이름과 달리 본인의 능력을 펼치기보다는 그저 천지왕과 관계한 후 박씨를 받고 남겨져 출산하는 인물로 형상화된다. 출산된 쌍둥이 아들이 박 줄기를 타고 올라가 아버지의 시험을 통과하고 해와 달을 하나로 만드는 주 서사(main narrative)에서 총명 아가씨는 철저히 배제되어 있다.

장영란(2007)이 지적하고 있듯 한국의 이야기 속에서 영웅의 어머니는 대개 결혼하지 않은 처녀이다. 처녀 어머니로서 그들이 겪어야 할 수난은 엄청나지만 그들을 수태시킨 아버지는 그러한 수난에 철저히 무관심하다. 영웅을 처녀에게 수태시키는 것까지가 대개 영웅의 생물학적 아버지가 지닌 서사적 기능의 전부이다. 그렇다면 이 경우에는 보상물을 넘어서는 적극적 여성 표상이 등장하지 않을까? 하지만 영웅의 어머니들은 단지 영웅을 출생시키는 생물학적인 모체로 표상될 뿐, 그들을 양육하고 인도하는 사회적인 어머니로 표상되지는 못한다. 그러다보니 그들은 자신을 버린 영웅의 아버지에게 그러했듯, 영웅인 아들에 대해서도 여전히 종속적 지위만을 가진다.[146]

'버림받은 여성' 형 인물들의 생은 더욱 고단한데, <갈댓잎> 속 여성이 감당해야 하는 고통은 아동 독자는 물론 성인 독자를 충격하기에도 부족함이 없다. 부잣집 딸의 혼삿날 그녀와 신방에서 마주한 신랑은 창가에 비친 갈댓잎을 사람의 형상, 그것도 간부(奸婦)의 형상이라 오인한다. 신랑은 놀라 도망친 뒤 다시 돌아오지 않고, 신부는 신방에서 첫날밤의 그 모습 그대로 봉인되어 버린다. 아주 오랜 시간이 지난 뒤, 우연찮게 그 장소를 찾아와본 신랑은 그대로 남아있는 신부의 형상을 발견한다.

신부가 결혼이라는 입사의례를 통과하려 시도하는 과정에서 봉착한 신랑의 오해는, 그것이 신부의 순결과 관련된 점이었다는 점에서 지극히 치명적이다. 아름다운 신부의 이미지는 순결 이데올로기 속에서 극도로 이

---

146) 장영란, 「한국 신화 속의 여성의 주체의식과 모성 신화의 전복적 기제」, 『한국여성철학』 8, 한국여성철학회, 2007, pp.152-154.

상화된 결과물로서, 순결에 대한 아주 작은 오해의 빌미나 여지도 있어서는 안 되기 때문이다. 그러한 강박은 첫날밤이라는 특수한 상황 속에서 절정에 다다르고, 마침내 신랑으로 하여금 갈댓잎 그림자를 오독(誤讀)하게 만든다. 즉 간부(奸婦)의 형상은 초야에 대한 신랑의 강박과 불안이 만들어 낸 그림자였던 것이다.[147] 게다가 수십 년 후 돌아온 신랑 앞에서 신부는 어떤 변명이나 원망도 하지 않는다. <장화 홍련>처럼 원귀가 자신의 사연을 토로하고 한을 해소하는 서술 방식이 옛 이야기에서 애용됨에도, 신부는 그저 침묵으로 일관한다.[148] 이처럼 전래동화 권장도서 목록 속 여성 표상들은 승리에 대한 보상물이나 초야/수태 이후에 남겨진 자(left ehind)로 등장되며, 전자와 후자 모두 그것을 숙명론적으로 받아들이고 있음을 알 수 있다.

3. 성녀 대 비체

가부장제가 공고하면 할수록 그것을 흐트러트릴 수 있는 잉여적 에너지를 가진 여성은 박해나 추방의 대상이 될 수밖에 없다. 시스템 내부의 논리로 '처리'되지 않는 것이야말로 시스템이 가장 두려워하는 존재이기 때문이다. 규범혼과 남아 출산을 통해 매끄럽게 가부장제 체제 속으로 편입되지 못한 여성은 괴물(monster)의 이미지로 표상되는데, 이러한 '괴물'들은 그들과 대비되는 성녀로 인해 더욱 추악하고 위험하게 그려진다. 성녀 대 악녀라는 이원론적 여성관은 동서양을 막론하고 매우 깊숙하게 침투되어 있는 상상적 도식이다.

---

147) 김영희, 「남성 주체의 결핍과 상실을 대리 표상하는 '사그라진 신부'-<첫날밤에 소박 맞은 신부> 이야기를 중심으로」, 『한국고전여성문학연구』 23, 한국고전여성문학회, 2011, p.309.
148) 김영희, 위의글, p.290.

이러한 악녀에게도 구원에 이르는 일말의 가능성은 남아 있는데 그것은 바로 유가의 효(孝) 이데올로기를 수용하는 것이다. <목련전>이나 <금우태자전> 같은 조선 전기 국문소설이 그러한 길을 예시한다.[149] <요술 쓰는 색시> 이야기에서 해괴망측한 외모로 외면당하던 색시가 시부의 인정을 받게 되는 계기가 시부의 관복에 곱게 자수한 흉배였음은 눈여겨 볼만하다. 시부의 인정을 획득하고, 신랑을 과거 급제시켜놓고 나자 그제야 색시는 원래의 미모를 드러내는데, 그동안 괴물의 탈을 쓰고 모욕을 자처했던 까닭을 다음과 같이 밝힌다. 바로 자신의 미색이 신랑의 과거 급제를 방해하는 걸림돌이 될까 경계하였다는 것이다. 아름다운 여인이되, 그 아름다움은 어디까지나 가문의 명예와 영달을 위해서만 소용되어야 한다는 것. 그것이 옛 이야기 속 여성들의 생존법이라 할 수 있다.

이처럼 악녀와 성녀를 가르는 기준은 여성의 몸(性)이 당대의 지배적 질서를 보다 공고히 하느냐, 허약하게 하느냐에 있다. 즉 성의 공적 유용과 사적 유용 여부가 중요한 것이다. 이러한 이분법적 여성 도식을 이야기 형식을 통해 유통시킴으로써 여성으로 하여금 자신 안의 악녀성을 부정하거나 억누르도록 유도하게 된다. 독자/청자가 정체성 확립 이전의 발달 단계에 있다면 이러한 여성 도식의 전염력은 더욱 강화될 가능성이 높다. 크리드(Creed)에 따르면 서양에서도 여성은 가부장제 질서를 어지럽히는 악마로 종종 취급되어 왔으며, 이러한 상상력 속에서는 여성이라는 타자에 대한 근본적 두려움이 내함되어 있다.[150] 즉 전래동화 속 괴물-여성들은 가부장제라는 주체가 자신의 경계 밖으로 '아브젝션'(abjection)해버리고 싶어 하는 비체였던 것이다.

비체란 주체가 자아의 경계를 만들기 위해서 자신에게 낯설거나 주체

---

149) 조현설, 「성녀와 악녀-조선 전기 불교계 소설의 여성 형상과 유가 이데올로기의 접점에 관한 시론」, 『불교어문논집』 8, 한국불교어문학회, 2003, pp.83-85.

150) Creed, Barbara, *The monstrous-feminine: film, feminism, psychoanalysis*, Routledge(1993), 손희정 역, 『여성괴물, 억압과 위반 사이 : 영화, 페미니즘, 정신분석학』, 여이연, 2008.

개념을 교란시키는 것을 추방하거나 거부해야 하는 대상을 의미한다.[151) 주체를 위협하는 것은 대상이 아니라 주체와 대상의 경계, 내부와 외부라는 질서의 안정성을 흐리는 존재이다. 그래서 주체도 대상도 아닌 '비체'에 대해 공포와 혐오가 생산된다.[152) 1980년대 소설에서 "운동권 딸" 역시 현숙한 중산층 어머니(성녀)들의 눈에 의해 괴물과 짐승의 이미지로 반사된다.[153)

지나치게 아름다워서 남성을 색계(色界)에 빠지게 하는 여성도 위험한 존재로 치부되지만,[154) 대체로 비체들은 이미 그 외모에서 성녀들과 차별적 표지를 지닌다. <장화 홍연>에서 새어머니가 묘사되는 부분은 다음과 같다.

> "툭 솟아 나온 퉁방울 같은 눈에, 진흙으로 만든 병처럼 생긴 코 그리고 입은 어찌나 큰지 목침도 들어갈 만하였습니다. 거기다 키는 장승만 하고 소리를 한 번 지르면 산이 울려서 허물어질 것만 같았습니다."

새어머니의 외모는 단순히 전형적 미의 범주를 벗어나는 정도가 아니

---

151) 정귀훈, 「비체 되기의 즐거움 : 마음의 범죄」, 『인문학연구』 92, 충남대학교 인문과학연구소, 2013, p.268.

152) 조현준, 「프랑켄슈타인에 나타난 "낯선 두려움"」, 『19세기 영어권 문학』 13-1, 19세기 영어권문학회, 2009, p.162.

153) 오자은, 「중산층 가정의 데모하는 딸들-1980년대 김향숙 소설에 나타난 모녀관계를 중심으로」, 『한국현대문학연구』 45, 한국현대문학회, 2015, p.414. "운동권 딸들은 '괴물'과 '짐승'의 이미지로 나타나는데 이는 엄마에게 자기 자신인 동시에 타자가 되어버린, 친숙하면서도 낯선 누군가를 바라보는 체험이다…이처럼 언캐니한 딸들을 바라보는 엄마의 시선에는 필연적으로 몰락에의 공포가 자리하고 있다."

154) "아! 색의 경계에 대해서는 장담하기 어렵도다…비록 현명한 군자라도 색계에 빠져 명예가 실추되기 쉬우니 조심하지 않겠는가? 경계하지 않겠는가?" 국립중앙도서관본 「남정기」 서, 무악고소설자료연구회 편, 『한국고소설관련자료집』 1, 태학사, 2001, pp.151-153, 이처럼 많은 고전 문학에서 색(色)은 유교적 성취인이 되기 위한 일종의 장애물이나 성장통으로 그려진다. 반면 17세기 일본 문학에서 색은 진정한 스이진으로 성장하기 위해 필수적인 미적 경험으로 다루어진다. 김선현, 「색에 대한 두 개의 시선」, 『한국어와 문화』 10, 숙명여자대학교 한국어문화연구소, 2011, p.63.

라, 미추의 규범 자체를 넘어서는 그로테스크 형상으로 그려지고 있다. 이 목구비의 배열은 데코럼(decorum)에 맞지 않고 자그마한 입과 키, 목소리가 상징하는 수동적 여성상에도 대척된다. 담장을 넘지 않아야 하는 부녀자의 목소리가 산을 허물 정도이니 도대체 왜 장화 홍연의 아버지가 후처로 그녀를 택했는지 이해하기 힘들 정도이다. 조선시대의 미인도를 통해 미인상을 분석한 연구에 따르면 가늘고 긴 눈과 풍성하게 넓은 이마, 작고 붉은 입술, 크지 않은 키가 미의 기준으로 통용되었다. 이러한 고전적 미인상은 남성의 '탐춘호화지정(探春好花之情)'이 될 만한, 애완과 성적 생식 능력을 드러내는 표지들을 중심으로 형성된다. 여기에 더하여 순응과 정절의 표지들-모나지 않고 덕스러운 '화용월태(花容月態)'-이 더해지면 완벽한 미인상이 완성된다.155) 반면 추녀의 눈은 <장화 홍연>에서와 같이 '퉁방울'이나 '왕방울'로 비유되고 추녀의 몸매는 "칠척장신에 허리통은 열 아름"으로 묘사된다. 지나치게 거대한 여성의 몸과 목소리는 남성이 추구하는 육체적, 권력적 우월성을 위협하기 때문이다.

<장화 홍연>을 위시한 옛이야기 속 숱한 계모들은 순응과 정절의 외적 표지를 갖춘 성녀들을 박해하는 서사적 기능에 충실하다. 성녀들은 계모의 박해를 통해 성공적 혼인에 도달하는 경우가 잦다는 점에서 계모는 '입사주도자'의 성격까지 지닌다.156) 장영란(2007)에 따르면 계모설화 중 악녀 계모가 형상화된 경우가 전체의 91퍼센트를 넘어선다.157) 드물게 '선한' 계모의 경우에는 의붓자식을 위해 친자식을 살해하는 끔찍한 모습을 보이기도 한다. 친자를 향한 모성애를 극복할 정도로 가문의 순혈성에 복무해야만 계모도 비로소 '어머니'로 인정받을 수 있는 것이다. 가부장제 속에서 계모는 배우자의 사망 후 차기 가계계승자에 의해 그 운명이 결정

---

155) 홍선표, 「화용월태의 표상 : 한국 미인화의 신체 이미지」, 『한국문화연구』 6, 이화여자대학교 한국문화연구원, 2004, pp.44-46.
156) 이인경, 「구비설화에 나타난 '어머니'」, 『국어국문학』 131, 국어국문학회, 2002, p.362.
157) 장영란, 위의글, p.155.

지어진다.158) 따라서 그들의 위치는 유동적이며 불안한 상태이며, 가문의 순혈성과 정통성을 위협하는 인물로 낙인찍히기 쉽다.

이러한 비체들은 외모 뿐 아니라 수행 능력에 있어서도 결여태나 잉여태로 표상된다. 즉 판단능력이나 덕성이 턱없이 부족하거나(결여태) 반대로 비정상적인 신이함(잉여태)을 지니기도 한다. 어느 쪽이든 규범적 여성상에 맞지 않는 일탈적 개인으로 처리된다는 점은 동일하다. 전자의 계열에서는 (남성에 비해 상대적으로) 어리석은 여성들의 모습이 부각되는데, <해와 달이 된 이야기>의 누이는 호랑이를 엄마로 오인하며 문을 열어주고, 웃음을 참지 못하고 호랑이에게 들키며, 오빠의 만류에도 불구하고 나무 올라오는 방법을 누설해버린다. 심지어 하늘로 올라가 달님이 되었다가 호랑이 울음이 무섭다며 해님이 된 오라비에게 입장을 바꾸자고 청한다. 막상 해님이 되고 보니 이제는 사람들의 시선이 부끄러워 더 센 빛을 뿜는다. 호랑이에게 떡과 지짐이, 왼팔, 오른팔, 왼다리, 오른다리, 몸뚱이를 차례로 내어준 어머니가 희생적 모성을 표상한다면, 누이는 미숙함과 어리석음을 표상한다. <부채 장수 아내와 달력 장수 아내>에서 달력 장수 아내는 합리적 판단을 하지 못하고 부채 장수 아내를 무조건 따라하다 남편에게 핀잔만 듣는다. <구렁덩덩 신선비>에서 언니들의 속임수에 빠져 신선비의 허물을 태우고 금기를 어긴 셋째 딸 역시 마찬가지다.

지나치게 잉여적인 수행능력을 가지고 있는 여성 역시 경계와 축출의 대상이 된다. 그들이 지닌 신이한 능력은 가문이나 사회를 위협하는 것으로 그려진다. <짐승의 말을 알아듣는 각시>에서 첫날밤에 쥐 소리를 듣고 웃던 며느리는 소박을 당한다. 동물과 소통할 수 있다는 것은 비범함

---

158) 이인경, 위의글, p.356. 최운식(1985)에 따르면 악한 계모 이야기는 9가지로 유형화되는데, 어린 아들을 버린 계모형, 난제를 부과하는 계모형, 아들의 간을 먹는 계모형, 콩쥐팥쥐형, 딸의 부정을 꾸민 계모형, 신방의 아들을 죽인 계모형, 자부의 부정을 꾸민 계모형, 새 사위를 죽이려는 계모형, 신부를 바꿔치기한 계모형 등이 그것이다. 최운식, 「계모설화에 대하여」, 『제14회 전국대회발표요지』, 민속학회, 1985, p.515.

보다는 괴기함에 가깝게 취급된다. 하지만 이 며느리는 그 능력을 가문을 위해 사용함으로써 다시 시가(媤家)의 사랑/승인을 쟁취한다. 새 소리를 듣고는 흉년이 들 것을 미리 알게 된 며느리가 시아버지에게 곡식을 비축하게 하였고, 그 결과 시아버지는 큰 부자가 될 수 있었기 때문이다. 장사에 버금가는 육체적 힘을 지녔으나 그것을 애써 숨기는 <이랴? 이랴!>의 여인은 물론이고 <방귀쟁이 며느리> 속 며느리 역시 자신의 방귀가 가진 힘을 숨기려고 "얼굴이 샛노래질 때까지" 애를 쓰다 결국 친정으로 쫓겨난다. 새로운 가문에 편입된 여성이 부정한 힘을 가진 것에 대한 경계가 내함된 이 이야기에서도 며느리는 방귀로 공을 세운 뒤에야 다시 시집으로 돌아올 수 있었다. 이처럼 전래동화 권장목록 속 여성 표상들은 가부장제 이데올로기에 순응하며 자신의 몸(性)으로 그것에 복무하는 성녀, 그리고 기존의 가치체계로 포섭할 수 없는 결여적/잉여적 존재인 비체로 도식화되는 경향이 강함을 알 수 있다.

4. 버려진 소녀의 여로

보상/남겨진 자로서의 여성 혹은 성녀와 비체는 그 성격은 상이할지라도 거주하는 공간은 대개 가정이었다.[159] 가정의 울타리 속에서만 여성은 그 신체적/사회적 안녕을 보장받을 수 있었기 때문이다. 가정 외부에서 존재하는 여성은 유녀(遊女/流女)일 수밖에 없었다. 남성의 경우 출가(出家)가 영웅의 일생을 완성해가는 하나의 단계일 때가 많지만, 여성에게는 그것이 사회문화적으로 불가능에 가까웠다. 그래서 어린이도서연구회의 전래

---

159) 서구에서도 이상적 여성의 행동범위는 아동(Kinder), 부엌(Küche), 교회(Kirche)의 3K로 제한되었다. Georg Siegmund, *Die Stellung der Frau in der Welt von heute*, Christiana-Verlag(1981), 박영도 역, 『현대여성의 지위』, 지평, 1988, p.60.

동화 권장 목록 속에서 집을 나온 남성 인물과 여성 인물의 운명은 상이하다. 남성의 경우 <주몽>, <대왕별, 소왕별>처럼 신화적 인물이 되거나 <장수 되는 물>, <복 타러 간 총각>처럼 여로의 끝에서 성과를 얻지만, 여성의 경우 자발적으로 집을 나오기보다는 축출되는 경우가 대부분이다. 그래서 그들의 이야기는 대개 수난담이 될 수밖에 없고 여로의 끝에서도 영웅이 된다기보다는 딸 혹은 며느리로서의 정체성을 되찾는 경우가 많다.

즉 여성에게 길을 가게 하는 동력은 세상을 구하는 것이 아니라 자신을 구하거나 복권시키려는 욕망이다. 물론 이 과정에서 여성들은 기지를 발휘하기도 하고(<도깨비가 데려간 세 딸>) 선녀/신녀가 되기도(<영혼의 수호신 리공주>, <사계절의 신 오늘이>, <감은장 아기>)

한다. 하지만 그러한 여로의 시작과 끝은 남성 인물들의 그것과 상이하다. 먼저 <감은장 아기>의 경우를 살펴보자. <감은장 아기>의 서사 구조는 다음과 같이 요약할 수 있다.

> ① 가난한 부부가 딸 셋을 키우며 살림을 불려간다.
> ② 부자가 된 부모가 딸 셋에게 누구 덕에 먹고 사는지 묻는다.
> ③ 큰딸과 둘째 딸은 부모 덕에 산다고 답하지만, 셋째 딸은 자기 덕에 산다고 답한다.
> ④ 부모는 화가 나 셋째 딸을 축출하고, 언니들은 이를 좋아하다 지네/버섯이 된다.
> ⑤ 부모는 딸들을 찾다 장님이 되고 셋째 딸은 마를 캐는 남자와 혼인한다.
> ⑥ 셋째 딸은 남편이 마를 캐는 곳에서 금덩이가 나오는 것을 일러주고 거지 잔치를 열어 부모를 찾는다.
> ⑦ 부모는 셋째 딸을 만나 눈을 뜨고 언니들도 사람으로 돌아온다.
> ⑧ 그 뒤 셋째 딸은 삼공신이 된다.

자수성가한 부모는 자식들에게 자신들의 노고에 대한 인정 욕망을 드러낸다. 이에 부응하는 두 딸과 달리 막내는 자기가 먹고 사는 것은 '자기 덕'이라고 말함으로써 부모의 욕망을 만족시키지 못한다. 내 덕에 내 인생을 살아간다는 감은장아기의 자의식은 부모에게 승인될 수 없었다. 부모 나아가 조상의 은덕으로 나고 살아간다는 전통적 규범에 반하는 도발적 발화였기 때문이다. 그녀가 다시 부모에게 인정과 사랑을 얻어낸 계기는 부자가 되어 열었던 거지 잔치이다. 잔치를 계기로 그들은 상봉하고 부모는 몰랐던 막내 딸의 가치에 '눈을 뜬다'.

　<바리공주> 역시 크게 다르지 않다. 다만 수난의 강도가 극도로 강화된다. 그녀가 통과하는 수난의 과정들은 다음과 같다. 그녀는 일곱 번째 공주로 태어난 까닭에 버림을 받는다. 이름조차 버려진 존재, '바리'이다. 가장 귀한 존재-공주-이면서 가장 비천한 존재-버려진 자식-인 그녀를 부모는 필요에 의해 다시 찾는다. 병든 부모를 위한 구약여로를 그녀는 자발적으로 선택하고, 9년의 여로 동안 바리는 의사죽음에 가까운 고난-물 긷기 3년, 불 때기 3년, 나무하기 3년, 7번의 출산-을 겪는다. 단순히 성장 의례라 하기에는 그 수난의 정도가 극단적이다. 결국 약을 찾아온 바리 앞에서 부모는 회개하고, 바리는 그제서야 진짜 딸로 인정받는다. 여정을 결심할 때 바리는 그 까닭을 다음과 같이 말한다. "나라에 은혜 입은 일 없고 부모님께 신세진 것도 없지만 어머니 배 안에 열 달 들어 있었으니 그 은혜 갚기 위해 제가 가겠습니다." 바리는 국가와 부모의 은덕을 받은 일이 없는 자신의 처지를 재차 강조한다. 제손으로 버린 자식에게 지옥길에서 약을 구해오라고 부탁하는 부모로서는 민망해질 법 하다.

　하지만 바리는 다시 말한다. "어머니 배 안에 열달 들어 있었"던 은혜는 죽음도 불사할 만하다는 것이다. 자신을 세상에 출현하도록 한 부모는 자기 존재의 정당성과 인과성을 보장할 수 있는 절대적인 타자(significant ther)이며, 그들의 인정을 받는 단계가 누락되면 이후의 발달 단계 역시 성취하기 어려운 것이다. 한편 여로의 과정에서 황천강을 떠도는 망자들은

본 바리공주는 그들의 한을 품는데 이후의 삶을 소용하고자 한다. "소녀, 부모님 품 안에서 잘 입고 잘 먹으며 살지 못하고 버려졌으니 버려진 존재들의 한을 어루만지며 살고 싶나이다. 이승 떠날 때 차마 억울해 발 못 떼는 억울한 혼령들 쓰다듬고 이끄는 만신들의 왕이 되겠나이다." 구약에 성공해 딸로서의 인정 욕구를 성취한 바리는 이제 완성된 존재로서 자신의 길을 선택할 수 있다. 딸로 인정받은 후에도 바리는 자신의 정체성을 여전히 '버려진 체험'에서 찾는다. 입지도 먹지도 살지도 못했던 버려진 존재 바리는, 자신과 같이 버려진 존재를 인도하고자 한다. 여기서 공감과 돌봄이라는 여성적 가치들이 부각된다.

감은장아기와 바리 모두 자의식에 눈을 뜬 '죄' 혹은 여성으로 태어난 '죄'로 인해 여정을 시작한다. <사계절의 신 오늘이>의 오늘이 정도만이 자발적으로 길을 떠나는 인물이지만 그녀 역시 부모라는 자신의 뿌리를 찾기 위해 떠난다. 윤인선(2001)은 바리의 희생효가 부모를 살리기 위해서라기보다는 정체성을 확립하기 위한 것이라 본다. 버림받은 딸로서의 수치심이 자살에 가까운 여로를 계속하게 했다는 것이다. 그래서 이 여로는 애증하는 부모에 대한 살의를 스스로에게 돌린, 일종의 '우회된 자살'로 개념화된다. 이처럼 버림받은 딸들은 수난으로 점철된 이계여행을 통해 정체성의 확립이라는 발달과제를 끝마칠 수 있다.[160]

조희웅(1985)에 따르면 탐색담은 주인공에게 결핍된 것을 찾기 위해 갖가지 시련을 극복해야만 하는 여행을 말한다.[161] 남성인물들의 탐색담에서 결핍된 것이 보물이나 복(福), 부(富), 사회적 위상이며 여로의 끝에서 그들이 영웅으로 거듭난다면, 여성인물들의 탐색담에서 결핍된 것은 '자기(self)'이다. 따라서 여로의 끝에서 그들은 자신의 정체성을 깨닫거나 응당

---

160) 윤인선, 「바리공주의 희생효와 심리적 서사구조」, 『한국언어문학』 47, 한국언어문학회, 2001, pp.9-16.
161) 조희웅, 「설화와 탐색모티프」, 『어문학논총』 5집, 국민대어문학회, 1985, pp.53-65.

그들의 것이었어야 할 딸의 지위를 복권한다. 그리고 험난한 여정을 모두 마친 여성인물들이 택하는 길이 신녀 혹은 선녀가 되는 것이라는 점 역시 의미심장하다. 감은장 아기는 복을 주는 신으로 격상되고, 오늘이는 사계절 소식을 세상에 전하는 선녀가 된다.

즉 영웅이 되거나 개국을 하는 사회적 기능이 아닌, 자연이나 생명, 운명을 모성적으로 돌보는 신화적 기능을 하게 되는 것이다. 남성 인물은 역사를 창조하는 추진력을 갖지만 여성은 여성적 노동이나 출산과 같은 육체적 수행을 통한 자기 희생을 통해 정체성을 찾아간다.[162] 정치권력의 주체가 될 수 없었던 여성들이 찾아낸 길이 바로 '선녀-되기'였던 것이다. 이처럼 여성 인물들은 여로의 끝에서 신격화된 후에도 버려진 자를 돌보거나 자연의 섭리를 전하는 기능을 수행하며, 기존의 질서에 도전하지 않는 보족적 존재로 표상됨을 알 수 있다.

5. 결론을 대신하여

이상의 작업에서는 어린이 전래동화 권장도서 목록 속 여성의 표상 방식을 검토해 보았다. 권장 전래동화 속 여성은 첫째, 보상 혹은 '남겨진 자'로서의 여성 인물, 둘째, 성녀 대 비체의 이분법적 도식, 셋째, 버려진 소녀의 여로 형식으로 나누어 살폈다. 이를 통해 전래동화 권장목록이 아동 독자들로 하여금 수동적이며 운명에 순응하는 여성 표상이 사회적으로 합의된 성역할인 것으로 인식하게 할 소지가 있음을 밝혔다. 또한 여성의 미나 성이 기존의 남성 중심 사회를 위해 유용되는 것이라는 관점을 전이시키는 기능을 하고 있었다. 여성의 미나 성이 기존 질서에 충실히

162) 크리티카 동인, 「컴퓨터 게임 스토리텔링의 서사 구조」, 『크리티카』 1, 이가서, 2005, p.141.

복무할 때 해당 여성은 성녀로 표상되고, 반대로 기존 질서를 흩트리는 잉여적/결여적 존재로 나타날 때 해당 여성은 비체로 표상됨을 알 수 있었다. 이는 아동 독자로 하여금 자신 안의 자연스러운 욕망을 통제하고 억압하도록 유도하고 자신에게 주어진 성적 한계를 암묵적으로 수용하게 한다.

한편 아동 전래동화 권장도서 목록은 버려진 소녀의 여로 형 이야기를 빈번하게 수록하여, 집이라는 안정적 공간 밖으로 버려진 여성이 감내하는 수난담을 다양하게 교육하고 있었다. 이러한 수난담에서는 주로 '인정받는 딸'로서의 정체성 찾기에 여로의 동력이 있기에 일반적인 남성 영웅의 여로와 그 과정 및 결과를 달리 한다. 즉 여정을 통해 영웅으로 성장하고 역사를 창조하는 남성과 달리, 육체적 수난을 겪으며 인정을 구하고 이후 모성적 돌봄의 화신이 되는 여성 표상들이 빈번히 등장한다. 이를 통해 남성과 여성이 밟아나가는 발달 단계가 상이하다는 인식을 심어줄 수 있다. 또한 여성들의 신체에 가해진 억압과 폭력이 성화의 한 단계로만 오인될 여지도 있다. 이들의 신체에 부가되는 수난은 엄연히 당대 사회가 부과한 것이기도 하기 때문에 그러한 오인은 문제적 지점이다.[163]

이러한 경향은 비단 특정 집단의 전래동화 권장도서 목록에서만 발견되는 것은 아니다. 북한 아동 도서 역시 가족주의의 틀 안에서 전통적 여성 표상을 교육하고 있다는 점에서 크게 다르지 않다. 다음의 인용문들을 살펴보자.

> "녀자란 뭐니뭐니 해도 음식손이 좋아야 하는건데..."하고 푸념하듯 중얼거렸다...시아버님의 까다로운 구미와 넉넉지 못한 살림을 탓했던 자기들의 생각이 짧았다는 것을 뉘우친 그들은 막내며느리의 방아풀음식솜씨를 배웠

---

163) 조현설, 위의글, pp.225-227. "이런 거듭되는 시험은...남성지배가 실현되는 장소로서의 가정을 건설하기 위해 남성지배의 양식(樣式)을 신체에 새겨 나가는 과정이고, 신체적 무의식으로 전이시켜 나가는 과정인 것이다."

다. 세 며느리의 정성으로 시아버지는 장수하였다고 한다.164)

> 옛날 어느 산골마을에 3대독자 외아들을 둔 늙은이내외가 살았다. 인물
> 곱고 마음씨가 착한데다 일솜씨 또한 깐지고 알뜰한 며느리를 맞는다. 시집
> 온지 한해가 지나도록 며느리의 몸에 태기가 없다. 백방으로 노력을 해도
> 나아지지 않자, 며느리는 시집의 행복을 비는 편지를 남기고 집을 떠났다...
> 시부모는 자기의 잘못을 뉘우치고...이듬해 온 집안이 그토록 바라던 아들이
> 태어났다.165)

<막내며느리와 방아풀>에서는 넉넉지 못한 살림도 맛깔스럽게 가꾸
고, 빼어난 음식 솜씨로 시아버지의 입맛을 맞추는 며느리가 등장한다. 다
른 며느리들도 그녀의 솜씨와 효성에 감화되어 시아버지를 장수토록 봉
양했다는 이야기다. <며느리와 익모초>에서는 솜씨(婦工)와 미모(婦容), 덕
성(婦德)을 모두 갖춘 며느리가 등장한다. 하지만 그러한 부덕 역시도 가계
계승을 위해 요청되는 여성의 덕목이었던 바, 결과적으로 가계계승자를
생산하지 못한 며느리는 스스로 집을 나간다. 여성의 몸은 철저히 가부장
적 생산성의 도구로 물화된다.

이처럼 아동 전래동화 권장도서 목록이 노출하고 있는 성적 편향성은
어떤 의미에서는 하나의 상징폭력으로 기능한다. 전래동화 속 남성 인물
과 여성 인물들이 보여주는 성적 질서가 강고하면 강고할수록 그것은 일
종의 상징폭력이 될 위험성마저 지닌다. 조현설(2001)에 따르면 건국신화
가 보여주는 남성지배의 상징적 질서 역시 하나의 상징폭력이다. 그리고
이러한 상징폭력은 물리적 폭력의 가능 조건이 된다.166) 따라서 상징적

---

164) 작가표기 없음, 「막내며느리와 방아풀」, 손병민 편, 『금강선녀와 백도라지』, 금성청년
    출판사, 1992.
165) 작가표기 없음, 「며느리와 익모초」, 손병민 편, 위의책.
166) 조현설, 「여신의 서사와 주체의 생산」, 『민족문학사연구』 18, 민족문학사학회, 2001,
    p.224.

406 | 제2부 문학교육의 실천적 쟁점들

질서의 유지를 위해 어떤 전래동화가 '권장'되었고, 그래서 그러한 권장도서 목록이 어떠한 사회적 효과를 거두었는지에 대한 섬세한 고찰이 필요하다.

하지만 권장도서 목록은 아동을 대상으로 한 것일수록 변화의 폭이 크지 않다. 이미 공고한 정전적 지위를 누리고 있는 전래동화들이 있고, 그것을 더욱 환상적인 삽화와 함께 말맛 나게 고쳐 쓰면 되는 것이다. 하지만 삽화와 언어의 아름다움 속에 숨어 있는 잔혹한 질서가 있다면 독자로 하여금 그 질서를 다시 한번 낯설게 바라볼 수 있도록 도와줄 수 있는 장치가 필요하다. 전래동화가 수행해온 "성교육" 행위를 역으로 바라볼 필요가 있기 때문이다. 이것은 물론 아동 학습자가 수행할 수 있는 독법은 아니다. 동화는, 권장도서 목록은, 교육은 이미 그 자체로 일정 정도 정치적이므로 권장 전래동화 목록을 조금 비튼다고 해서 크게 달라지는 것은 없을지도 모른다. 전래동화는 그야말로 '전래' 동화이므로 다시 만들거나 구술할 수 없는 노릇이기 때문이다.

그래서 중요한 것은 전래동화를 다시 보고, 다시 읽고, 다시 교육하려는 시도이다. 권혁준(2014)은 아동의 욕망과 본성을 긍정하는 방향으로 아동문학이 변신해야 함을 주장한 바 있다.[167] 권장도서 목록이 일종의 교육적 필요악이라면, 그 목록은 '지금, 여기'에서 욕망하는 아동과 대화할 수 있는 작품들로 채워지고, 지속적으로 갱신되어야 한다. 정전(canon)은 지고불변의 것일 수 없으며, 현재와 대화할 때 진정한 정전성을 가진다. '옛날 옛적' 이야기일수록 그것을 수용하는 아동의 '지금 여기'와 원근법적으로 대화해야 한다. 그러기 위해서는 기존의 교육용 전래동화 목록을 답습할 것이 아니라, 그러한 전래동화 속에 숨어있는 다양한 목소리들을 발굴하는 작업이 중요하다.

---

167) 권혁준, 「인간, 힐링, 그리고 문학교육 : 아동의 욕망과 아동문학의 역할」, 『문학교육학』 44, 한국문학교육학회, 2014, p.34.

진 리스(Jean Rhys)는 <제인 에어>를 읽고 주동인물 제인보다는 로체스
터의 처, 버사 앙뜨와네트에 주목할 수밖에 없었다. 리스 자신이 서인도제
도 출신 백인, 즉 크리올(Creaol)이었던 탓에 그저 광녀로만 그려지는 앙뜨
와네트를 보다 다층적으로 독해할 수 있었다. 앙뜨와네트의 광기는 그것
이 사회문화적 힘과 어떻게 관련되어 있는지 질문되지 않은 채 그저 질병
으로 해석되고, 그녀의 존재는 제인과 로체스터의 결합을 막는 장애물로
만 처리된다. 리스는 이러한 앙뜨와네트의 표상 속에 유럽중심주의와 남
성중심주의의 기괴한 결합이 작동하고 있음을 간파하였다. 그래서 그는
<제인 에어>를 <드넓은 사가소 바다>로 다시 쓰는(re-writing) 작업을 통
해 앙뜨와네트를 괴물-여성에서, 자연스러운 한 인간으로 재탄생시킨다.
<제인 에어>라는 정전에서 제대로 발화된 적 없는 앙뜨와네트의 목소리
(voice)를 해방시켜 준 것이다.[168]

우리 역시 전래동화 속 저 숱한 계모들과 집 밖으로 나선 소녀들, 그리
고 자신의 운명을 억압하는 틀 속에 숨은 여성들의 진짜 얼굴과 목소리를
찾아주고, 강력한 지혜와 힘을 뽐내는 여성 표상들(황우양, 대장엄마, 녹족부
인, 마고할미 등은 그러한 좋은 예가 될 것다)과 접촉할 수 있는 기회를 부여할
필요가 있다. 이러한 작업을 통해 우리는 아동들에게 더욱 다양한 결
(texture)과 시선(perspective)으로 동화와 삶을 읽어내는 독법을 교육할 수 있을
것이다.[169] 이러한 작업은 전래동화 권장목록이 수행해온 젠더 정치를 역
으로 수행하고자 하는 기획이라는 점에서 의미를 지닌다. 아동문학은 아동
을 위해 존재해야 하는 문학이며, 아동에게 특정한 역할이나 관념을 부과
하고 그들의 가능성을 통제하는 수단일 수 없기 때문이다.

---

168) 이혜진, 「재현된 여성들 : 제인 에어와 드넓은 사가소 바다」, 『여성연구논집』 22, 신라
    대학교 여성문제연구소, 2011, pp.122-133.
169) 권혁준(2014)이 지적한 바와 같이 아동문학은 실제 독자와 작가/구매자/연구자의 권력
    비대칭이 심각한 장르이다. 권혁준, 위의글, p.11.

참고문헌

1부

<자료>

강헌국, 「돈, 성, 그리고 사랑-<날개> 재론」, 『한민족어문학』 62, 한민족어문학회, 2012, pp.177-209.

고원, 「<날개> 3부작의 상징체계」, 권영민 편저, 『이상문학 연구 60년』, 문학사상사, 1998.

권영민, 「이상 소설의 서사적 성격」, 권영민 책임편집, 『이상 소설 전집』, 민음사, 2012.

권영민, 「이상 연구의 회고와 전망-이상 문학, 근대적인 것으로부터의 탈출」, 권영민 편저, 『이상문학 연구 60년』, 문학사상사, 1998.

권윤옥, 「이상 소설의 시간 분석-<날개>를 중심으로」, 『한국어문학연구』 21, 동악어문학회, 1986, pp.365-398.

권택영, 「출구 없는 반복-이상의 모더니즘」, 권영민 편저, 『이상문학 연구 60년』, 문학사상사, 1998.

권희돈, 「<날개>의 빈자리 메우기」, 『인문과학논집』 10, 청주대학교 인문과학연구소, 1991, pp.21-39.

김상선, 「이상의 <날개>」, 『어문논집』 10, 민족어문학회, 1975.

김상욱, 「이상의 <날개> 연구 : 아이러니의 수사학」, 『국어교육』 92, 한국국어교육연구회, 1996, pp.287-314.

김성수, 「이상의 <날개> 연구 1-페티시즘의 양상에 대한 해석」, 『원우론집』 28-1, 연세대학교 대학원, 1998, pp.9-46.

김용직, 「<날개>-까다로운 작품들의 바로 읽기」, 김용직 편저, 『이상』, 학지사, 1985.

김성수, 「근대 경험의 현상적 오감도-<날개>」, 『이상 소설의 해석 : 생과 사의 감각』, 태학사, 1999.

김종구, 「이상 <날개>의 시간, 공간, 구조 : 그 상징적 의미 분석을 중심으로」, 『서강어문』 1-1, 서강어문학회, 1981, pp.65-86.

김주리, 「근대적 신체 훈육의 관점에서 본 <날개>의 의미」, 신범순 외저, 『이상 문학

연구의 새로운 지평』, 역락, 2006.

김중하, 「이상의 <날개>-<날개>의 패턴 분석」, 『소설, 비평적 읽기의 실제』, 세종, 2005.

김윤식, 「<날개>의 두 텍스트 (A)와 (B), <봉별기> 속의 <날개>」, 『문학사상』 295, 문학사상사, 1997.

김윤식, 「<날개> 의 생성 과정론」, 김윤식 편저, 『이상문학전집』 4 - 연구논문 모음』, 문학사상사, 2001.

김정자, 「<날개>의 문체론적 연구 : 사고구조의 분석을 중심으로」, 『국어국문학』 15, 부산대학교 국어국문학과, 1978, pp.77-102.

김정희, 「<날개>에 나타난 도시의 아비투스와 내·외면적 풍경」, 『한민족어문학』 57, 한민족어문학회, 2010, pp.471-503.

김종건, 「이상 소설의 배경 연구-<날개>를 중심으로」, 『우리말글』 7, 우리말글학회, 1989, pp.55-74.

김현, 「이상에 나타난 만남의 문제」, 김윤식 편저, 『이상문학전집』 4. 연구논문 모음』, 문학사상사, 1995.

나병철, 「<날개>에 나타난 현대성과 현실성」, 『연세어문학』 19, 연세대학교 국어국문학과, 1986, pp.117-149.

남상권, 「이상 소설의 성립 조건-<날개>를 중심으로」, 『한민족어문학』 32, 한민족어문학회, 1997, pp.291-305.

명형대, 「이상 소설의 공간성 연구 (2) - <날개>를 중심으로」, 『인문논총』 4, 경남대학교 인문과학연구소, 1993, pp.21-51.

문재호, 「이상의 <날개> 연구」, 『숭실어문』 14, 숭실어문학회, 1998, pp.337-365.

박상준, 「잃어버린 정체성을 찾아서」, 신범순 외 저, 『이상 문학연구의 새로운 지평』, 역락, 2006.

박신헌, 「이상의 <날개>, 주제구현을 위한 작품 전개 방식 연구」, 『어문논총』 31-1, 경북어문학회, 1997.

박유희, 「이상 소설의 반어적 서술자 연구-<날개>를 중심으로」, 『민족문화연구』 40, 고려대학교 민족문화연구원, 2004, pp.177-211.

신범순, 「실낙원의 산보로 혹은 산책의 지형도」, 신범순 외 저, 『이상 문학연구의 새로운 지평』, 역락, 2006.

안지영, 「이상 문학에 나타난 분신 모티프와 메타적 글쓰기-<날개>를 중심으로」, 『한국현대문학연구』 37, 한국현대문학회, 2012, pp.155-187.

엄정희, 「꿈과 현실의 어긋난 소망-이상, <날개>의 꿈꾸는 자유」, 『국문학논집』 17, 단국대학교 인문대학 국어국문학과, 2000, pp.357-373.

오생근, 「동물의 이미지를 통한 이상의 상상적 세계」, 김윤식 편저, 『이상문학전집 4. 연구논문 모음』, 문학사상사, 1995.

유기룡, 「이상의 <날개> : 그 밝음을 향한 자기승화의 상징」, 『어문논총』 20-1, 경북어문학회, 1986, pp.21-44.

윤홍로, 「이상론」, 서정주 편저, 『현대작가론』, 형설출판사, 1980.

이경훈, 「아스피린과 아달린」, 『한국근대문학연구』 1-2, 한국근대문학회, 2000, pp.72-99.

이경훈, 「박제의 조감도-이상의 <날개>에 대한 일고찰」, 『사이』 8, 국제한국문학문화학회, 2010, pp.197-220.

이어령, 「날개를 잃은 증인」, 김용직 편, 『이상』, 문학과지성사, 1977.

이어령, 「공간기호론으로 읽는 <날개>, 이상 연구의 길 찾기」, 권영민 편저, 『이상문학 연구 60년』, 문학사상사, 1998.

이수정, 「지느러미와 날개의 변증법」, 신범순 외 저, 『이상 문학연구의 새로운 지평』, 역락, 2006.

이재선, 「권태와 탈출의 우의성-이상의 <날개>」, 근대문학100년 연구총서 편찬위원회, 『논문으로 읽는 문학사』, 소명출판, 2008.

이태동, 「자의식의 표백과 반어적 의미」, 권영민 편저, 『이상문학 연구 60년』, 문학사상사, 1998.

임명진, 「<날개>의 역설적 구조」, 『한국언어문학』 23, 한국언어문학회, 1984, pp.157-168.

임종국, 「이상 연구」, 김윤식 편저, 『이상문학전집 4. 연구논문 모음』, 문학사상사, 1995.

주지영, 「두 개의 태양, 그리고 여왕봉과 미망인의 거리 : 이상의 <날개>를 중심으로」, 『한국현대문학연구』 27, 한국현대문학회, 2009, pp.89-115.

최인자, 「이상 <날개>의 글쓰기 방식 고찰」, 『현대소설연구』 4, 한국현대소설학회, 1996, pp.355-375.

홍경표, 「이상의 <날개>-그 구조와 상징형식」, 『문학과 언어』 1-1, 문학과언어연구회, 1980, pp.25-50.

황도경, 「존재의 이중성과 문체의 이중성 : 이상 소설의 문체」, 『현대소설연구』 1, 한국현대소설학회, 1994, pp.130-156.

헨리 홍순임, 「이상의 <날개> ; 반식민적 알레고리로 읽기」, 『역사연구』 6, 역사학연구소, 1998, pp.249-260.

<국내 논저>
강민규, 「시 읽기에서 해석어휘의 활용에 관한 연구」, 『문학교육학』 43, 한국문학교육학회, 2014, pp.85-121.

고영화, 「시조교육의 위계화 연구」, 서울대학교 박사학위논문, 2007.

고정희, 「텍스트 중심 문학교육의 이론적 기반과 읽기 방법」, 『문학교육학』 40, 한국문학교육학회, 2013, pp.57-88.

_____, 『고전시가 교육의 탐구 : 시공간적 거리감, 전유, 정서를 중심으로』, 소명출판, 2013.

권택영, 「내포 저자 논쟁과 나보코프의 ≪롤리타≫」, 『미국소설』 15-2, 미국소설학회, 2008, pp.5-26.

김경수, 「구조주의적 소설연구의 반성과 전망」, 『현대소설연구』 19, 한국현대소설학회, 2002, pp.335-356.

김도남, 「해석 공동체의 개념 탐구-읽기 교육을 중심으로」, 『국어교육학연구』 26, 국어교육학회, 2006, pp.277-309.

김동영 외, 「국가수준 학업성취도 평가의 교과별 성취특성 분석 및 활용 방안」, 한국교육과정평가원 이슈페이퍼(ORM 2013-57-12), 2013.

김상욱, 「문학교육 연구방법론의 확장과 그 실제 : 서사 텍스트의 표현 능력을 중심으로」, 『문학교육학 21, 한국문학교육학회, 2006, pp.11-40.

김상진, 「엮어 읽기를 통한 시조 학습지도 방안 : 고등학교 수업을 대상으로」, 『국어교육연구』 47, 국어교육학회, 2010, pp.1-32.

김상훈, 「성경본문 해석을 위한 언어학적 담론 분석의 통합적 방법」, 『신약연구』 1, 한국복음주의신약학회, 2002, pp.101-128.

김석회, 「고전시가 연구와 국어교육」, 『국어교육』 107, 한국어교육학회, 2002, pp.13-30.

김성진, 「소설교육에서 해석의 다양성 문제 재론」, 『우리말글』 42, 우리말글학회, 2008, pp.155-180.

_____, 「서사 교육에서 맥락과 장르의 관계에 대한 연구」, 『문학교육학』 30, 한국문학교육학회, 2009, pp.291-312.

김수경, 「프레드릭 제임슨의 서사이론에 대한 연구」, 서울대학교 석사학위논문, 2009.

김승현, 우지운, 이영주, 「미디어 텍스트에서의 과해석 현상」, 『한국 언론학보』 51-3, 한국언론학회, 2007, pp.5-34.

김애령, 「텍스트 읽기의 열린 가능성과 그 한계 -드 만의 해체 독서와 리쾨르의 미메시스 독서-」, 『해석학연구』 29, 한국해석학회, 2012, pp.109-135.

김영채, 『사고력 : 이론, 개발과 수업』, 교육과학사, 2004.

김윤식, 『이상 연구』, 문학사상사, 1988.

_____, 『작은 글쓰기, 큰 글쓰기 : 문학사와 현장비평』, 문학수첩, 2005.

김은성, 「학습자들은 왜 문법학습을 꺼리는가?」, 『국어교육연구』 40, 국어교육학회, 2007, pp.35-72.

김일곤, 「애매성과 모호성」, 『인문논총』 1, 한양대학교 인문과학대학, 1981, pp.17-56.

김정우, 「시 해석교육 내용 연구」, 서울대학교 박사학위논문, 2004.

김종철, 김중신, 정재찬, 「문학 영역 평가의 이론과 실제 : 제7차 교육과정을 중심으로」, 『서울대학교 국어교육연구소 학술대회자료집』, 1998.

김종철, 「대학 교양 교육으로서의 문학교육의 방향 : 성인의 문학 생활화와 관련하여」, 『문학교육학』 10, 한국문학교육학회, 2002, pp.75-93.

김창래, 「유일하게 옳은 해석은 있는가? : 해석의 기준에 관하여」, 『해석학연구』 22, 한국해석학회, 2008, pp.99-137.

김창원, 「"문학 능력"의 관점에서 본 학습자 중심 문학교육학의 철학과 방향」, 『문학교육학』 40, 한국문학교육학회, 2013, pp.31-56.

_____, 「문학교육 평가론의 자기 성찰」, 『국어교육학연구』 47, 국어교육학회, 2013, pp.99-124.

김현, 『문학과 유토피아 : 공감의 비평』, 문학과지성사, 1993.

김현정, 「<어부사시사>의 해석에 대한 교육적 접근」, 『고전문학과 교육』 20, 한국고전문학교육학회, 2010, pp.195-224.

김혜련, 「은유적 텍스트와 해석의 상대주의」, 『해석학연구』 2, 한국해석학회, 1996, pp.304-324.

김혜영, 「소설 장르의 허구성 연구」, 『현대소설연구』 21, 한국현대소설학회, 2004, pp.47-65.

김홍중, 「근대적 성찰성의 풍경과 성찰적 주체의 알레고리」, 『한국사회학』 41-3, 한국사회학회, 2007, pp.186-214.

김효정, 「문학 수용에서의 공감 교육 연구」, 서울대학교 석사학위논문, 2007.

남민우, 「시 교육 평가의 개선 방안 연구」, 『문학교육학』 34, 한국문학교육학회, 2011, pp.133-159.

류수열, 「<사미인곡>의 콘텍스트와 상호텍스트적 읽기」, 『독서연구』 21, 한국독서학회, 2009, pp.81-109.

박성창, 「구조주의와 해석학 : 폴 리꾀르의 구조주의 해석을 중심으로」, 『불어불문학연구』 42, 한국불어불문학회, 2000, pp.75-100.

박아청, 『자기의 탐색』, 교육과학사, 1998.

박인기, 「제7차 국어과 교육과정의 목표에 대한 검토」, 『한국초등국어교육』 16, 한국초등국어교육학회, 2000, pp.33-55.

_____, 「국어과 평가의 반성과 전망」, 『국어교육학연구』 32, 국어교육학회, 2008, pp.5-31.

박재천, 김성훈, 양제민, 「Web 2.0기반 이러닝 협동학습 시스템 구축과 집단지성 발현에 대한 실증연구」, 『한국정보교육학회논문지』8-8, 한국정보기술학회, 2010,

pp.163-171.

박재현, 「한국의 토론 문화와 토론 교육」, 『한국교육학연구』 19, 국어교육학회, 2004, pp.289-318.

박혜진, 우신영, 조고은, 최영인, 「내러티브를 활용한 핵심 역량 중심의 국어과 창의·인성 수업모델 개발 연구」, 『한국어교육학회 학술발표논문집』, 한국어교육학회, 2012.

방민호, 「<童骸>의 알레고리적 독해와 그 의미」, 『현대소설연구』 48, 한국현대소설학회, 2011, pp.549-587.

변영계, 김광휘, 『협동학습의 이론과 실제』, 학지사, 1999.

성태제, 『교육연구방법의 이해』, 학지사, 2005.

송지언, 「시조 의미구조의 경험 교육 연구」, 서울대학교 박사학위논문, 2012.

송지언 외, 「학습자 질문 중심의 문학 감상 수업 연구 -<춘향전> 감상 수업을 중심으로」, 『문학교육학』 43, 한국문학교육학회, 2014, pp.131-165.

송지연, 「화행으로서의 허구의 이론」, 『불어불문학연구』 30, 불어불문학회, 1995, pp.635-637.

신운화, 「작품해석에 있어서의 온건한 의도주의」, 『미학』 68, 한국미학회, 2011, pp.97-128.

신진욱, 「의미의 객관성과 객관적 해석학」, 『사회와 이론』 6, 한국이론사회학회, 2005, pp.83-128.

_____, 「해석학의 존재론적 전환과 정당한 이해의 이상 : 사회과학의 해석적 방법론에 대한 함의」, 『한국사회학』 43-1, 한국사회학회, 2009, pp.23-55.

신형철, 「이상(李箱) 문학의 역사철학적 연구」, 서울대학교 박사학위논문, 2012.

양명수, 「폴 리쾨르의 해석학과 여성신학」, 『신학 사상』 149, 한국신학연구소, 2010, pp.163-208.

양미경, 「집단지성의 구현을 위한 협력학습의 원리 탐색」, 『교육 방법연구』 23-2, 2011, pp.357-483.

양정실, 「해석텍스트 쓰기의 서사교육 방법 연구」, 서울대학교 박사학위논문, 2006.

_____, 「현실 인식의 해석 관여 현상에 대하여 : <삼포 가는길>에 대한 고등학생의 수용 텍스트를 중심으로」, 『한중인문학연구』 20, 한중인문학회, 2007, pp.321-339.

양정실, 정진석, 이인화, 한태구, 우신영, 「맥락을 고려한 작품 읽기의 문학 교과서 구현 양상에 대한 비판적 검토-2009개정 교육과정에 따른 고등학교 문학 교과서 분석을 중심으로-」, 『문학교육학』 41, 한국문학교육학회, 2013, pp.299-337.

양창수, 「통합적 언어활동을 통한 국어과 교수 학습 방법 연구」, 한국교원대학교 석사학위논문, 2001.

염은열, 「국어과 교육과정과 초등 문학교육에서의 맥락」, 『한국초등국어교육』 47, 한국
　　초등국어교육학회, 2011, pp.149-172.

염창권, 「문학 수업을 통해 본 초등학생의 문학 능력」, 『문학교육학』 28, 한국문학교육
　　학회, 2009, pp.157-191.

우신영, 「서사수용에서 공감의 조정 교육 연구」, 서울대학교 석사학위논문, 2009.

＿＿＿, 「가치탐구활동으로서의 소설교육」, 『새국어교육』 86, 한국국어교육학회, 2010,
　　pp.229-256.

＿＿＿, 「소설텍스트 해석교육 내용 연구」, 『문학교육학』 42, 한국문학교육학회, 2013,
　　pp.271-303.

우정호, 『수학 학습-지도 원리와 방법』, 서울대학교출판부, 2003.

우한용, 「문학교육의 목표이자 내용으로서 문학능력의 개념, 교육 방향」, 『문학교육학』
　　28, 한국문학교육학회, 2009, pp.9-40.

＿＿＿, 「창의인성의 방향과 국어교육의 역할」, 『국어교육』 140, 한국어교육학회, 2013,
　　pp.271-290.

윤대석, 「"친일문학"과 문학교육」, 『문학교육학』 34, 한국문학교육학회, 2011, pp.9-30.

윤여탁, 「현대시 해석과 교육의 수용적 측면에 대한 연구」, 『국어교육』 92, 한국국어교
　　육연구회, 1996, pp.413-432.

이경섭, 「교육 목표 설정에 있어서의 주요 쟁점」, 『교육학연구』 32-5, 한국교육학회,
　　1994, pp.1-20.

이관희, 「다문화 국어교육에 대한 예비 초등 교사들의 인식 양상 연구」, 『한국초등국어
　　교육』 44, 한국초등국어교육학회, 2010, pp.34-73.

이인화, 「소설 교육에서 해석소통의 구조와 실천에 대한 연구」, 서울대학교 박사학위논
　　문, 2013.

＿＿＿, 「소설의 허구 세계에 대한 독자 간 의미 교섭의 실천 체계 연구」, 『문학교육학
　　』 40, 한국문학교육학회, 2013, pp.363-392.

이상구, 「문학교육에서의 협동학습 적용 방안」, 『국어교과교육연구』 6, 국어교과교육학
　　회, 2003, pp.163-204.

이성범, 『추론의 화용론』, 한국문화사, 2001.

이재호, 「해석학에서의 자기 이해의 문제」, 『윤리철학교육』 9, 윤리철학교육학회, 2008,
　　pp.161-181.

이정석, 「이상 문학의 정치성」, 『현대소설연구』 42, 한국현대소설학회, 2009, pp.369-395.

이지훈, 『사회과학의 메타분석방법론』, 충북대학교 출판부, 1993.

임시혁, 「발달연구의 횡단적 접근법에서 평균성장형태의 탐색」, 『교육평가연구』 19-1,
　　한국교육평가학회, 2006, pp.101-120.

장동규, 「허구서사의 추론적 읽기 교육 연구」, 서울대학교 석사학위논문, 2009.

정기철, 「리꾀르의 해석학과 수사학」, 『해석학연구』 22, 한국해석학회, 2008, pp.219-232.

정정순, 「맥락적 지식 중심의 한시 교육 : 두보의 「春望」을 중심으로」, 『우리말글』 53, 우리말글학회, 2011, pp.203-226.

정재찬, 「21C 문학교육의 전망」, 『문학교육학』 6, 한국문학교육학회, 2000, pp.49-76.

_____, 「상호텍스트성에 기반한 문학교육의 실천」, 『독서연구』 21, 한국독서학회, 2009, p.111-160.

정명환, 「부정과 생성」, 이태동 편, 『이상』, 서강대학교 출판부, 1997.

정진석, 「소설 이해로서 서술자의 신빙성 평가에 대한 연구」, 『국어교육학연구』 42, 국어교육학회, 2011, pp.627-667.

정호웅, 「현대문학 교육과 삶의 질-부분 읽기에서 전체 읽기로」, 『국어교육』 113, 한국어교육학회, 2004, pp.127-141.

조고은, 「동일작가 작품군의 상호텍스트적 시 읽기 교육 연구」, 서울대학교 석사학위논문, 2010.

조희정, 「고전시가교육 평가 연구 (1)-평가 프레임을 중심으로」, 『문학교육학』 31, 한국문학교육학회, 2010, pp.153-185.

_____, 「대학 교양 수업의 비평문 쓰기 교육 연구 : 내용 생성 전략을 중심으로」, 『작문연구』 12, 한국작문학회, 2011, pp.359-396.

주세형, 「학교 문법 다시 쓰기(2)-숙련자의 문법 탐구 방법을 중심으로-」, 『국어교육』 126, 한국어교육학회, 2008, pp.283-320.

주세형, 「평가 문식성 신장을 위한 국어과 교사 교육」, 『문법 교육』 15, 한국문법교육학회, 2011, pp.31-50.

진선희, 「아동문학의 독자 특성에 따른 문학 교육 내용 위계화 방향(1)-독자군별 경향을 중심으로」, 『국어교육학연구』 41, 국어교육학회, 2011, pp.79-125.

최미숙, 「현대시 해석교육에 대한 비판적 검토」, 『한국시학연구』 14, 한국시학회, 2005, pp51-74.

최인자, 「허구적 서사물의 플롯 이해에 기반한 서사 추론 교육」, 『국이교육』 122, 한국어교육학회, 2007, pp.439-465.

_____, 「문학 독서의 사회·문화적 모델과 맥락 중심 문학교육의 원리」, 『문학교육학』 25, 한국문학교육학회, 2008, pp.427-450.

최지현, 「문학능력의 위계적 발달, 평가 모형」, 『문학교육학』 28, 한국문학교육학회, 2009, pp.41-93.

최현, 「예술 비평과 감상에 있어서의 상대주의 옹호 : 죠셉 마골리스 예술론을 중심으로」, 서울대학교 석사학위논문, 1991.

최홍원, 「고전시가 모호성의 교육적 이해」, 『국어교육연구』 44, 국어교육학회, 2009,

pp.249-280.

최희경, 「자료 분석 소프트웨어(NVivo2)의 유용성과 한계-전통적 분석방법과 Nvivo2 분석방법의 비교」, 『정책분석평가학회보』 18-1, 한국정책분석평가학회, 2008, pp.123-151.

하근희, 「초등학생 학년군별 독자의 이야기책 읽기 반응 양상 연구」, 『학습자중심교과 교육연구』 11-4, 2011, pp.449-466.

한국교육심리학회 편, 『교육심리학용어사전』, 학지사, 2000.

한용환, 『소설학 사전』, 고려원, 1992.

허경철, 조덕주, 소경희, 「지식 생성 교육을 위한 지식의 성격 분석」, 『교육과정연구』 19-1, 한국교육과정학회, 2001, pp.231-250.

Woo, Shin-young, Comparative Research on The Fiction Interpretation of Learning Readers in Heterogeneous Class, SNU Journal of Education Research 20, 서울대학교 교육종 합연구원, 2011, pp.19-34.

<국외 논저>

Abbott, H. P., 『서사학강의』, 우찬제 외 역, 문학과지성사, 2010.

Bogdan, R., Biklen, S. K., 『교육의 질적 연구방법론』, 조정수 역, 경문사, 2010.

Chatman, S. B., 『영화와 소설의 서사구조 : 이야기와 담화』, 김경수 역, 민음사, 1995.

Culler, J. D., 『문학이론』, 이은경 외 역, 동문선, 1999.

Currie, G., The nature of fiction, Cambridge University Press, 1990.

Eco, U., 『해석의 한계』, 김광현 역, 열린책들, 1995.

_____, 『작가와 독자 사이』, 손유택 역, 2009.

_____, 『작가와 텍스트 사이』, 손유택 역, 열린책들, 2009.

_____, 『구조의 부재』, 김광현 역, 열린책들, 2009.

_____, 『일반 기호학 이론』, 김운찬 역, 열린책들, 2009.

Empson, W., Seven types of ambiguity, A New Directions book, 1947.

Feshbach, N. D., Empathy in children, Counseling Psychologist 5, 1975.

Fish, S., 「논증과 권유 : 비평활동의 두 기준」, 김용권 외 역, 『현대문학비평론』, 한신문 화사, 1996.

_____, Literature in the Reader: Affective Stylistics, Is There a Text in This Class?, Harvard University Press, 1980.

Frederking, V., Henschel, S., Meier, C., Roick, T., Stanat. P., Dickhauser, O., Beyond Functional Aspects of Reading Literacy: Theoretical Structure And Empirical Validity of Literary Literacy, L1-Educational Studies in Language and Literature 12, 2012.

Freire, P., 『페다고지 : 억눌린 자를 위한 교육』, 성찬성 역, 한마당, 1995.

Hamel, L., Frederick, M. S., You cant play if you dont know the rules: Interpretive conventions and the teaching of literature to students in lower-track classes, Reading and Writing Quarterly: Overcoming Learning Difficulties 14-4, 1998.

Hirsch, E. D., 『문학의 해석론』, 김화자 역, 이화여자대학교 출판부, 1988.

Hume, D., 『인간 본성에 관한 논고 제 2권 정념에 관하여』, 이준호 역, 서광사, 1996.

Iser, W., 『독서행위』, 이유선 역, 신원문화사, 1993.

Jameson, F., Fables of aggression: Wyndham Lewis, the modernist as fascist, Univ. of California Press, 1979.

Johanson, B., To All the Brethren: A Text-linguistic and Rhetorical Approach to 1 Thessalonians, Coniectanea Biblica New Testament Series 16, Almqvist&Wiksell Internatinal, 1987.

Johnson, P., Interpretation Games, College English 41-2, 1979.

Kagan, S., Cooperative learning resources for teachers, University of California, 1989.

Manen, M. Van, 『체험연구』, 신경림, 안규남 역, 동녘, 1994.

Meek, M., Armstrong, S., Austerfield, V., Graham, J., Plackett, E., Achieving literacy: Longitudinal studies of adolescents learning to read, Routledge & K. Paul, 1983.

Palmer, R., 『해석학이란 무엇인가』, 이한우 역, 문예출판사, 1988.

Parsons, M. J., How we understand art: a cognitive developmental account of aesthetic experience, Cambridge Univ. Press, 1987.

Rabinowitz, P. J., Smith, M. W., Authorizing Readers, Teachers College Press, 1998.

Ricoeur, P., 『해석 이론』, 김윤성, 조현범 역, 서광사, 1998.

_____, 『시간과 이야기』 2, 김한식, 이경래 역, 문학과지성사, 2000.

_____, 『텍스트에서 행동으로』, 박병수, 남기영 역, 아카넷, 2002.

_____, 『해석에 대하여 : 프로이트에 관한 시론』, 김동규, 박준영 역, 인간사랑, 2013.

Riffaterre, M., 『시의 기호학』, 유재천 역, 민음사, 1993.

Scholes, R. E., 『문학이론과 문학교육-텍스트의 위력』, 김상욱 역, 하우, 1995.

Said, E. E., 『음악은 사회적이다』, 박홍규, 최유준 역, 이다미디어, 2008.

Schraw, G., Bruning, R., Readers implicit models of reading, Reading Research Quartely 31-3, 1996.

Sharan, S., Cooperative learning: theory and research, Praeger, 1990.

Smith, Carlota, The Vagueness of Sentence in Isolation, Papers from the 13th Regional Meeting, Chicago Linguistic Society, 1977.

Thomson, J., Understanding Teenagers Reading: Reading Processes and the Teaching of Literature, Australian Assn for Teaching of, 1998.

Tyler, R. W., Basic Principles of Curriculum and Instruction, University of Chicago Press, 1949.

Weiner, B., An attributional theory of achievement motivation and emotion, Psychological Review 89, 1985.

Witte, T., Janssenm, T., Rijlaarsdam, G., Literary competence and the literature curriculum, paper for colloquium Mother Tongue Education in a Multicultural World, 2006. 6.22-25.

佐藤學, 『수업이 바뀌면 학교가 바뀐다』, 손우정 역, 에듀니티, 2014.

2부

1장 <학습자는 문학교육을 어떻게 경험하는가>

김두정, 「학교 교육과정 개발 및 운영의 요인으로서 학습자」, 『교육연구논총』 26(2), 충남대학교 교육발전연구소, 2005, pp.171-200.

김명석, 「작가 연구와 문학교육 : 소설가 박태원을 중심으로」, 『돈암어문학』 24, 돈암어문학회, 2011, pp.251-280.

김성룡, 「고전 문학의 재미와 고전 문학 교육의 재미」, 『고전문학과 교육』 28, 한국고전문학교육학회, 2014, pp.5-35.

김애령, 「텍스트 읽기의 열린 가능성과 그 한계-드 만의 해체 독서와 리꾀르의 미메시스 독서」, 『해석학연구』 29, 한국해석학회, 2012, pp.109-135.

박인기, 「스토리텔링의 교수·학습 활동 작용」, 『한국문학논총』 64, 한국문학회, 2013, pp.381-406.

박철홍, 「암기 위주 교육의 극복을 위한 대안 탐색 : 의미로서의 지식관과 교육적 의의」, 『교육철학』 22, 한국교육철학회, 2002, pp.81-97.

배성아, 안정희, 「국민공통 기본교과에 대한 학습자의 인식 및 요구 조사」, 『학습자중심교과교육연구』 10-1, 학습자중심교과교육학회, 2010, pp.173-193.

서경혜, 「좋은 수업에 대한 관점과 개념 : 교사와 학생 면담 연구」, 『교육과정연구』 22-4, 한국교육과정학회, 2004, pp.165-187.

서혁, 「교실문화 개선을 위한 국어과 교수·학습방법」, 『국어교육학연구』 33, 서울대학교 국어교육연구소, 2008, pp.33-71.

서혜애, 「과학영재교육원 생물반 중학생들의 특성」, 『영재교육연구』 19-3, 한국영재학회, 2009, pp.457-476.

송현정, 「국어 수업 참여에 대한 학습자 인식 실태 분석」, 『국어교육연구』 29, 서울대학교 국어교육연구소, 2012, p.111-138.

양정실, 정진석, 이인화, 한태구, 우신영, 「맥락을 고려한 작품 읽기의 문학 교과서 구현 양상에 대한 비판적 검토 -2009개정 교육과정에 따른 고등학교 문학 교과서 분석을 중심으로」, 『문학교육학』 41, 한국문학교육학회, 2013, pp.299-337.

우신영, 「현대소설 해석교육 연구-독자군별 해석텍스트의 분석을 중심으로」, 서울대학교 박사학위논문, 2015.

윤여탁 외, 「현대시 교육에서 지식의 성격과 교육의 방향」, 『국어교육연구』 27, 서울대학교 국어교육연구소, 2011, pp.215-260.

이지영, 「스토리텔링 수업 기술의 국어 수업 적용 연구」, 『청람어문교육』 45, 청람어문교육학회, 2012, pp.65-88.

최정임, 『인적자원개발을 위한 요구분석 실천 가이드』, 학지사, 2002.

한국교육개발원, 「초·중학생의 지적·정의적 발달단계 분석연구(Ⅲ)」, 『한국교육개발원 연구보고서』 RR 2002-4, 2002.

황혜진, 「재미의 관점에서 본 <큰누님 박씨 묘지명(伯姉孺人朴氏墓誌銘)>」, 『고전문학과 교육』 29, 한국고전문학교육학회, 2015, pp.45-76.

홍후조, 「국가교육과정기준의 연구 개발에서 학습자 집단의 요구분석을 위한 영역과 항목 설정 연구」, 『교육과정연구』 28-3, 한국교육과정학회, 2010, pp.143-175.

Eco, U., 『작가와 텍스트 사이』, 손유택 역, 열린책들, 2009.

Ernest, P., "The knowledge beliefs and attitude of th mathemarics teacher: A model", Journal of Educationa for Teaching 15(1), 1989.

Hamel, L., Fredrick, M. S., "you can't play if you don't know the rules: Interpretice conventions and the teaching of literature to students in lower-track classes", Reading and Writing Quarterly: Overcoming Learning Difficulties 14-4, 1998.

Meek, M., Armstrong, S., Austerfield, V., Graham, J. and Plackett, E., Acheiving literacy: Longitudinal studies of adolescents learning to read, Routledge& K. Paul, 1983.

Richards J., "Language Curriculum Development," RELC Journal 15(1), 1984.

Witkin, B. R.& Alrschuld, J. W., Planning and conducting Needs Assessments: A practical guide, CA: SAGE Publications, 1995.

2장 <문학교육과 윤리의 관계란 무엇인가>
고재천, 「효과적인 초등교사의 특성에 대한 예비초등교사들의 인식과 교육신념과의 관계」, 『초등교육학연구』 18(1), 초등교육학회, 2011, pp.1-22.

김경범, 「문학의 한 목적으로서 쾌락을 추구하기 위한 변론-스페인 중세 텍스트를 중심으로」, 『인문논총』 47, 서울대학교 인문학연구원, 2002, pp.1-28.

김귀식, 「문학교사의 정체성-나의 문학교사상」, 『문학교육학』 4, 한국문학교육학회, 1999, pp.305-319.

김상욱, 「초등학교 아동문학 제재의 위계화 연구」, 『국어교육학연구』 12(1), 국어교육학회, 2001, pp.151-178.

나귀수, 「초등학교 예비교사들의 수학 수업 관점에 대한 연구 : 예비교사들의 수업 논평 비교를 중심으로」, 『학교수학』 10(2), 대한수학교육학회, 2008, pp.279-296.

성경희, 조희진, 「사회과 교과 성격에 대한 예비교사 인식 조사 연구」, 『시민교육연구』 44(4), 한국사회과교육학회, 2012, pp.117-152.

신형철, 『몰락의 에티카』, 문학동네, 2008.

우신영, 「가치탐구활동으로서의 소설교육」, 『새국어교육』 86, 한국국어교육학회, 2010, pp.229-256.

우한용, 「문학교사의 양성과 재교육」, 『문학교육학』 4, 한국문학교육학회, 1999, pp.279-303.

_____, 「문학교육과 도덕성 발달의 의미망」, 『문학교육학』 14, 한국문학교육학회, 2004, pp.11-40.

_____, 우신영, 「소설의 담론구조와 윤리의 교육적 상관성에 대한 고찰 -염상섭의 <삼대>를 대상으로」, 『국어교육연구』 29, 서울대학교 국어교육연구소, 2012, pp.359-388.

이관희, 「다문화 국어교육에 대한 예비 초등 교사들의 인식 양상 연구」, 『한국초등국어교육』 44, 한국초등국어교육학회, 2010, pp.34-73.

이대규, 「문학 교사의 역할」, 『문학교육학』 4, 한국문학교육학회, 1999, pp.221-277.

이지훈, 『사회과학의 메타분석방법론』, 충북대학교 출판부, 1993.

정재찬, 『문학교육의 사회학을 위하여』, 역락, 2003.

_____, 「소통과 통합을 위한 문학교육」, 『국어교육』 145, 한국어교육학회, 2014, pp.193-213.

_____, 「문학교육과 도덕적 상상력」, 『문학교육학』 14, 한국문학교육학회, 2004, pp.41-78.

정진석, 「윤리적 가치 중심의 소설 읽기 연구」, 서울대학교 박사학위논문, 2013.

최지현, 「문학교사는 존재하는가 : 문학교사에 대한 문학교육학 교수, 예비교사, 그리고 국어교사의 이해」, 『문학교육학』 21, 한국문학교육학회, 2006, pp.41-76.

최정웅, 양경숙, 「뒤르켐의 기능주의 교육이론」, 『교육연구논집』 6, 대구효성가톨릭대학교 교육연구소, 1998, pp.27-48.

최희경, 「자료 분석 소프트웨어(NVivo2)의 유용성과 한계-전통적 분석방법과 Nvivo2 분석방법의 비교」, 『정책분석평가학회보』 18(1), 한국정책분석평가학회, 2008, pp.123-151.

Bindé J.(ed), Future of values, 이선희, 주재형 옮김, 『가치는 어디로 가는가? : 유네스코, 21세기의 대화; 세계의 지성 49인에게 묻다』, 문학과지성사, 2008.

Clark, C. M., Peterson, P. L., "Teacher's thought process", M. C. Wittrock(ed), Handbook of research on teaching, New York: MacMillan, 1986.

Ernest, P., "The knowledge, beliefs and attitudes of the mathematic teacher: A model", Journal of Education for Teaching 15(1), 1989.

_____, The Philosophy of Mathematics Education, London ; New York: The Falmer Press, 1991.

McCarty, M., Little Big Minds: Sharing Philosophy with kids, New York: Penguin, 2006.

Nussbaum, M. C., Love's knowledge, New York: Oxford University Press, 1990.

_____, Poetic justice: the literary imagination and public life, 박용준 옮김, 『시적 정의 : 문학적 상상력과 공적인 삶』, 궁리, 2013.

3장 <교육용 문학사는 어떻게 서술되어야 하는가>

김동식, 「풍속·문화·문학사」, 『민족문학사연구』, 민족문학사학회, 2001, pp.71-105.

김성환, 「1930년대 대중소설과 소비문화의 관계 양상 연구」, 『한국현대문학연구』 12, 한국현대문학회, 2002, pp.125-153.

김윤식, 『한국문학사논고』, 법문사, 1973.

김은정·류대곤, 『청소년을 위한 한국고전문학사』, 두리미디어, 2010.

김종욱, 「여전히 문제적인 30년대 소설들」, 『민족문학사연구』 16, 민족문학사학회, 2000, pp.386-397.

김지영, 「한국과 프랑스의 문학교과서 비교 연구」, 한국교원대학교 석사논문, 2004.

노지승, 「1930년대 작가적 자기 인식과 그 문학적 생산력에 관한 고찰」, 『한국현대문학연구』 7, 한국현대문학회, 1999, pp.151-184.

박헌호, 「'문학' '史' 없는 시대의 문학연구」, 『역사비평』 75, 역사비평사, 2006, pp.92-112.

양호환, 「역사 서술의 주체와 관점」, 『역사교육』 68, 역사교육연구회, 1998, pp.1-26.

유봉희, 「채만식 탁류 연구-미두장을 중심으로」, 인하대학교 석사논문, 2008.

유석환, 「경쟁하는 잡지들, 확산되는 근대문학」, 천정환 편저, 『식민지 근대의 뜨거운 만화경』, 성균관대학교출판부, 2010.

윤정헌, 「30년대 애정통속소설의 갈등 양상」, 『어문학』 60, 한국어문학회, 1997, pp.419-434.

이명구, 『이야기 한국고전문학사』, 박이정, 2007.

임규찬 외 편, 『임화 신문학사』, 한길사, 1993.

장덕순, 『이야기 국문학사』, 새문사, 2001.

정출헌 외, .『고전문학사의 라이벌』, 한겨레출판, 2006.

채호석, 『청소년을 위한 한국현대문학사』, 두리미디어, 2009.

천정환, 「1920-30년대 소설독자의 형성과 분화과정」, 『역사문제연구』 7, 역사문제연구
       소, 2001, pp.73-100.

한국현대문학회, 『한국문학과 풍속』 1, 국학자료원, 2003.

Burke, Peter 저, 조한욱 역, 『문화사란 무엇인가』, 길, 2006.

Fuchs, Eduard 저, 이기웅 외 역, 『풍속의 역사』 Ⅰ, 까치, 1988.

Whitehead, Alfred North 저, 오영환 역, 『교육의 목적』, 궁리, 2004.

4장 <청소년창작소설은 왜 외면되었는가>

<자료>

김은빈, 류연웅 외, 『팝콘전쟁』 대산청소년문학상 수상 작품집 22, 민음사, 2014.

<논저>

구병모, 『위저드 베이커리』, 창비, 2009.

김성진, 「청소년 소설의 장르적 특징과 문학교육」, 『비평문학』 39, 한국비평문학회,
       2011, pp.60-83.

김윤, 「청소년소설과 가족 이야기」, 『창비어린이』 11-4, 창작과비평사, 2013,
     pp.189-203.

김은하, 「청소년 문학과 21세기 소녀의 귀환-여성작가의 청소년 소설을 대상으로」, 『여
       성문학연구』 24, 한국여성문학학회, 2010, pp.293-326.

김혜정, 「청소년문학에 나타난 가족해체서사 연구」, 『아동청소년문학연구』 10, 2012,
       한국아동청소년문학학회, pp.177-193.

나병철, 「청소년 환상소설의 통과제의 형식과 문학교육」, 『청람어문교육』 44, 청람어문
       학회, 2011, pp.363-395.

박은숙, 김은경, 성경숙 외, 「개화기 근대소설을 통해 조명한 한국의 부모상」, 『Child
       Health Nursing Research』 11, 아동간호학회, 2005, pp.99-108.

서은경, 「현대문학과 가족 이데올로기 (1) : 아버지 부재의 성장소설을 중심으로」, 『돈
       암어문학』 19, 돈암어문학회, 2006, pp.83-110.

석지영, 『법의 재발견』, 김하나 역, W미디어, 2011.

심영희, 「IMF 시대의 청소년문제 양상과 과제 : 위험사회의 관점에서」, 『청소년학연구』
       5-3, 한국청소년학회, 1998, pp.115-145.

유가효, 김길안, 「부모자녀관계와 청소년의 정서지능」, 『인간발달연구』 10-1, 한국인간발달학회, 2003, pp.1-20.

이지훈, 『사회과학의 메타분석방법론』, 충북대학교출판부, 1993.

장은주, 「상처 입은 삶의 빗나간 인정투쟁」, 『사회비평』 29, 나남출판사, 2008.3, pp.14-34.

정선희, 「17·18세기 국문장편소설에서의 부모-자녀 관계 연구」, 『한국고전연구』 21, 한국고전연구학회, 2010, pp.169-200.

조은영, 정태연, 「자녀의 부모화와 관련된 심리적 특성들의 탐색」, 『한국심리학회지 여성』 9-1, 한국심리학회, 2004, pp.43-62.

조희정, 「치료 서사와 부모 이야기 쓰기」, 『국어교육』 114, 한국어교육학회, 2003, pp.267-294.

차경애, 「어머니의 언어유형과 아동의 인지능력의 발달」, 『사회언어학』 5-2, 한국사회언어학회, 1997, pp.705-731.

최새은, 「90년대 단편소설에 드러난 가족의 의미 : 발달적 관점에서 바라본 자녀서사와 부모서사」, 『문학치료연구』 28, 한국문학치료학회, 2013, pp.73-101.

하은하, 「부모서사진단검사도구의 문항설정」, 『문학치료연구』 10, 한국문학치료학회, 2009, pp.243-275.

한경자, 「아동양육과 간호역할」, 『부모-자녀 건강학회지』 3-1, 부모자녀건강학회, 2000, pp.95-101.

황도경, 나은진, 「한국 근현대문학에 나타난 가족담론의 전개와 그 의미 : 현대소설」, 『한국문학이론과 비평』 22, 한국문학이론과 비평학회, 2004, pp.237-258.

황종연, 『비루한 것의 카니발』, 문학동네, 2001.

황혜진, 조은상, 김혜미, 김지혜, 김현희, 「초기 청소년기 폭력성의 문학치료적 중재를 위한 시론 -폭력성 진단을 위한 폭력 상황의 유형화를 중심으로」, 『겨레어문학』 55, 겨레어문학회, 2015, pp.351-383.

Berstein, B. A., Class, codes and control: Theoretical studies towards sociology of language, London, UK: Routledge&Kegan Paul, 1971.

Maccoby, E. E. and Martin, J. A., Socialization in the context of the family: Parent-Child Interaction, In Mussen Editor, Handbook of child psychology, 1983.

5장 <문학교육 속 젠더 이데올로기를 찾아서>

권성아, 「교과서와 아동의 성역할 사회화」, 『연구노트』 9권, 행동과학 연구소, 1978.

권혁준, 인간, 힐링, 그리고 문학교육 : 아동의 욕망과 아동문학의 역할」, 『문학교육학』 44, 한국문학교육학회, 2014, pp.9-38.

김경중, 「페미니즘 관점에서 본 아동문학」, 『여성문학연구』 6, 한국여성문학연구회, 2001.

김선현, 「색에 대한 두 개의 시선」, 『한국어와 문화』 10, 숙명여자대학교 한국어문화연구소, 2011.

김영희, 「남성 주체의 결핍과 상실을 대리 표상하는 '사그라진 신부'-<첫날밤에 소박맞은 신부> 이야기를 중심으로」, 『한국고전여성문학연구』 23, 한국고전여성문학회, 2011, pp.285-334.

김은하, 「권장도서 목록을 버려야 하는 이유 : 어린이도서연구회 권장도서 목록 비판」, 『창비어린이』3-3, 창작과비평사, 2005, pp.49-67.

김자연, 「동화에서 남녀 평등의 문제」, 『여성문학연구』 6, 한국여성문학학회, 2001, pp.355-374.

박일형, 「선물의 덫에 갇힌 여성」, 『문학과영상』 6-2, 문학과영상학회, 2005, pp.159-182.

서영미, 「레짐과 어린이문학」, 『비교문학』 56, 한국비교문학회, 2012, pp.51-77.

송희영, 「페미니즘 시각에서 본 동화」, 『독일문학』 42-2, 한국독어독문학회, 2001, pp.195-207.

손아미, 「서구 동화에 나타난 성고정관념 연구」, 경희대학교 석사학위논문, 1996.

오자은, 「중산층 가정의 데모하는 딸들-1980년대 김향숙 소설에 나타난 모녀관계를 중심으로」, 『한국현대문학연구』 45, 한국현대문학회, 2015, pp.413-449.

윤인선, 「바리공주의 희생효와 심리적 서사구조」, 『한국언어문학』 47, 한국언어문학회, 2001, pp.185-202.

이상일, 「고전소설의 인물 비평 교육 연구 서설」, 『국어교육학연구』 44, 국어교육학회, 2012, pp.425-452.

이인경, 「구비설화에 나타난 '어머니'」, 『국어국문학』 131, 국어국문학회, 2002, pp.343-372.

이혜순, 「15, 16세기 한국 여성화자 시가의 의의-사미인곡, 속미인곡, 첩박명을 중심으로」, 『한국문화』 19, 서울대학교 규장각한국학연구원, 1997, pp.67-87.

이혜진, 「재현된 여성들 : 제인 에어와 드넓은 사가소 바다」, 『여성연구논집』 22, 신라대학교 여성문제연구소, 2011, pp.115-137.

장영란, 「한국 신화 속의 여성의 주체의식과 모성 신화의 전복적 기제」, 『한국여성철학』 8, 한국여성철학회, 2007, pp.141-171.

정귀훈, 「비체 되기의 즐거움 : 마음의 범죄」, 『인문학연구』 92, 충남대학교 인문과학연구소, 2013, pp.267-293.

정혜원, 「한국 동화에 나타난 '여자 어린이상' 연구」, 『돈암어문학』 17, 돈암어문학회, 2004, pp.241-265.

조현설, 「여신의 서사와 주체의 생산」, 『민족문학사연구』 18, 민족문학사학회, 2001, pp.219-242.

조현설, 「성녀와 악녀-조선 전기 불교계 소설의 여성 형상과 유가 이데올로기의 접점에 관한 시론」, 『불교어문논집』 8, 한국불교어문학회, 2003, pp.69-87.

조현준, 「프랑켄슈타인에 나타난 "낯선 두려움"」, 『19세기 영어권 문학』 13-1, 19세기 영어권문학회, 2009, pp.161-186쪽.

조희웅, 「설화와 탐색모티프」, 『어문학논총』 5집, 국민대어문학회, 1985, pp.53-65.

최경희, 「초등 국어 교과서 동화교재 고찰(1)」, 『초등교육연구』 24-2, 전주교육대학교 초등교육연구, 2013.

최운식, 「계모설화에 대하여」, 『제14회 전국대회발표요지』, 민속학회, 1985, pp.515-524.

최인학, 「동화」, 『한국 민속의 세계』 7, 고려대학교 민족문화연구원, 2002.

크리티카 동인, 「컴퓨터 게임 스토리텔링의 서사 구조」, 『크리티카』 1, 이가서, 2005.

한국교육과정평가원, 「제7차 교육과정에서 양성 평등 교육 실현 방안」, 양성평등교육자료집, 1999.

한국여성학회, 「동화에 나타난 고정관념과 차별의 문제」, 『또하나의 문화 32집-여성해방의 문학』, 또하나의 문화, 1993.

현지연, 「양성평등교육을 위한 비판적 동화 읽기 교육」, 고려대학교 석사학위논문, 2010.

홍선표, 「화용월태의 표상 : 한국 미인화의 신체 이미지」, 『한국문화연구』 6, 이화여자대학교 한국문화연구원, 2004, pp.33-62.

Creed, Barbara, The monstrous-feminine: film, feminism, psychoanalysis, Routledge(1993), 손희정 역(2008), 『여성괴물, 억압과 위반 사이 : 영화, 페미니즘, 정신분석학』, 여이연.

Derrida, Jacques, Given time 1, Counterfeit money, translated by Peggy Kamuf, University of Chicago Press, 1992.

Georg Siegmund, Die Stellung der Frau in der Welt von heute, Christiana-Verlag(1981), 박영도 역, 『현대여성의 지위』, 지평, 1988.

한우리독서문화운동본부홈페이지(http://www.hanuribook.or.kr/reference)

찾아보기

우신영

1984년 대구에서 출생하여 서울대학교 사범대학 국어교육과 및 동 대학원(교육학박사)을 졸업하고 명지대학교 교육대학원 조교수를 거쳐 현재 인천대학교 국어교육과 조교수로 재직 중이다. 주요 논문으로 「메타비평의 문학교육적 가능성에 대한 고찰」, 「소설 텍스트 해석 교육 내용 연구」, 「가치탐구활동으로서의 소설교육」 등이 있고 저서로 『근대, 삶 그리고 서사교육』(공저) 등이 있다.

소설 해석 교육론

초판 1쇄 인쇄 2017년 5월 30일
초판 1쇄 발행 2017년 6월 9일
저 자 우신영
펴낸이 이대현
편 집 홍혜정
표지디자인 최기윤

펴낸곳 도서출판 역락
주 소 서울시 서초구 동광로 46길 6-6 문창빌딩 2층
전 화 02-3409-2058, 2060
팩 스 02-3409-2059
등 록 1999년 4월 19일 제303-2002-000014호
이메일 youkrack@hanmail.net
역락블로그 http://blog.naver.com/youkrack3888

ISBN 979-11-5686-817-0 93370

이 도서의 국립중앙도서관 출판예정도서목록(CIP)은 서지정보유통지원시스템 홈페이지(http://seoji.nl.go.kr)와 국가자료공동목록시스템(http://www.nl.go.kr/kolisnet)에서 이용하실 수 있습니다.(CIP제어번호: CIP2017011985)